뇌연집

이 책은 2020년도 정부(교육부)의 재원으로 한국고전번역원의 지원을 받아
수행된 '권역별거점연구소협동번역사업'의 결과물임.

This work was supported by Institute for the Translation of Korean Classics - Grant funded by the Korean Government.

한국고전번역원 한국문집번역총서 / 이화여자대학교 한국문화연구원

뇌연집 3
雷淵集

남유용 南有容 지음

이주해 홍학희 옮김

일러두기

1. 이 책의 번역 대본은 한국고전번역원에서 간행한 한국문집총간 제217~218집 소재 《뇌연집(雷淵集)》으로 하였다. 번역 대본의 원문 텍스트와 원문 이미지는 한국고전종합DB(http://db.itkc.or.kr)에서 확인할 수 있다.
2. 내용이 간단한 역주는 간주(間註)로, 긴 역주는 각주(脚註)로 처리하였다.
3. 한자는 필요한 경우 이해를 돕기 위하여 넣었으며, 운문(韻文)은 원문을 병기하였다.
4. 맞춤법과 띄어쓰기는 한글 맞춤법과 표준어 규정을 따랐다.
5. 이 책에서 사용한 부호는 다음과 같다.

   ( ) : 번역문과 음이 같은 한자를 묶는다.
   〔 〕 : 번역문과 뜻은 같으나 음이 다른 한자를 묶는다.
   " " : 대화 등의 인용문을 묶는다.
   ' ' : " " 안의 재인용 또는 강조 문구를 묶는다.
   「 」 : ' ' 안의 재인용을 묶는다.
   『 』 : 「 」 안의 재인용을 묶는다.
   《 》 : 책명 및 각주의 전거(典據)를 묶는다.
   〈 〉 : 책의 편명 및 운문·산문의 제목을 묶는다.

차례

일러두기 • 4

뇌연집 제5권

시詩

함경도 관찰사 심이천 형 성희 이 길을 떠나면서 시를 구하기에 절구 한 수를 받들어 올렸다 계해년
北伯沈兄伊天 聖希 臨行索詩 奉贈一絶 癸亥 • 31

동원에서 우거하다가 관등을 하며 지었다 僑居東園 觀燈有賦 • 32

의숙의 집에서 작은 모임을 갖다가 오생 문경 재순 의 시운을 따라 지었다
宜叔宅小集 次吳生文卿 載純 韻 • 33

오생의 시가 맑고 담박한 것이 법도가 있어서 다른 운을 써서 주었다
吳生詩淸澹有典刑 用別韻以贈 • 34

조 첨지중추부사 번 의 수작 축하연에서 지은 시의 운을 따라 지었다
次趙僉樞 蕃 壽爵賀筵韻 • 36

이 김화 수령 최언 에 대한 만사 李金化 最彦 輓 • 37

《온공집》에 실린 시의 운을 따라 지었다 次溫公集韻 • 39

　두 번째 其二 • 40

이부 유대재 · 시강 이의숙과 청하동에서 놀다가 운을 얻었다
與兪吏部大哉李侍講宜叔遊靑霞洞 得韻 • 41

공필이 병이 나아 집으로 돌아왔기에 삼가 가대인의 〈모춘〉에 차운하여 기쁜 마음을 적었다
公弼病愈還宅 伏次家大人暮春韻 書喜 • 42

정군범 주 아우가 한천 선생께서 병석에 누워 지으신 절구 한 수를 읊기에 잇따라 화운하였다
鄭弟君範 鑄 誦寒泉先生病枕一絶 聊爾賡和 • 43

이 주부 정언 에 대한 만사 李主簿 廷彦 輓 • 44

사천의 시에 차운하여 고인이 된 제수 서 공인의 애장을 추후에 지었다
次槎川韻 追述亡嫂徐恭人哀章 • 46

윤성구 득민 에 대한 만사 尹聖求 得敏 輓 • 50

유생 이희문 도신 에 대한 만사 李生希文 度臣 輓 • 52

서장관으로 연경에 가는 태복 유대재를 전송하다
送兪太僕大哉以書狀赴燕 • 55

연경에 들어가는 부사 유 시랑 양휘 복명 를 전송하다
送副使柳侍郎陽輝 復明 入燕 • 58

유생 오문경이 부쳐준 시의 운을 따라 지었다 전날 밤에 의숙이 오생을 데리고 달빛을 밟고 와서 모였다
次吳生文卿見寄韻 前夜宜叔携吳步月來集 • 66

유 태복의 사헌에 부쳤다 奉投兪太僕使軒 • 67

예부의 시원에서 최 전중 진악 으로 하여금 운을 부르게 하고 이 영공 중협 · 남 영공 태량 과 함께 읊었다 갑자년
禮部試院使崔殿中 鎭岳 呼韻 與李令 重協 南令 泰良 同賦 甲子 • 68

호구의 새로운 거처에서 우연히 시를 불렀다 壺丘新居 偶占 • 70

바둑을 두고 난 후에 읊었다 棋罷有吟 • 71

한가로이 지내다 쌍계사의 승려를 만나 가을에 만폭동에 함께 가자는 약속을 하고 지었다

閒居逢雙溪衲子 置瀑洞秋期 有題 • 73

이평일 형만 이 귀양 사는 집에 차운하여 부쳤다
次寄李平一 衡萬 謫廬 • 75

두 번째 其二 • 77

세 번째 其三 • 77

십탄 이 어르신에 대한 만시 十灘李丈輓 • 78

두 번째 其二 • 79

세 번째 其三 • 80

칠석 전날에 가을 기운이 갑자기 서늘해져 처음으로 따뜻하게 데운 술을 마셨다
七夕前日 秋氣頓凉 始飮煖酒 • 82

가대인께서 동갑인 아홉 어르신들과 북영의 연정에 모이셨는데……갑작스럽게 그 뒤를 이어 화답하여 기쁜 마음을 기록하였다
家大人與同庚九老會北營蓮亭……率爾賡和以志喜 • 83

이 판부 병상 대감 어른께서 동원에 있는 소헐정에 제하라 하시기에 사천의 시운을 써서 명에 응하였다
李判府 秉常 台丈求題其東園少歇亭 用槎川韻 應命 • 85

여러 군자들이 수락산에서 놀다가 '한류석상일주송'으로 운을 나누어 시를 지었는데 내가 화운하여 진재에게 주어서 그림의 뜻을 펼쳐보였다
諸君子游水洛 用寒流石上一株松分韻賦詩 余爲和之 遺眞宰以發畫意 • 87

도원에 사는 조생 욱 이 시를 청하기에 네 수를 써주었는데 도원에서 옛날에 놀았던 일을 추억하여 기록하였다
桃源趙生 昱 乞詩 書贈四首 追記桃源舊遊 • 91

두 번째 其二 • 91

세 번째 其三 • 92

네 번째 其四 • 92

동호에서 배를 타고 東湖舟中 • 93

삼가 가대인의 시운을 따라 지어 도원의 조생에게 주었다
敬次家大人韻 贈桃源趙生 • 94

부사로 연경에 가는 어 참판 유룡 을 전송하며
送副使魚參判 有龍 之燕 • 96

금성 수령 이몽여가 시를 지어 세향과 함께 보내왔는데 내가 막 공복의 친척 상을 만나 화답할 수가 없어서 그 운을 사용하여 편지를 써서 사례하였다
金城宰李夢與有詩致歲餉 余新遭功戚 不可訓和 用其韻作書以謝 • 99

대전에 올린 연상시 大殿延祥詩 • 101

두 번째 其二 • 101

세 번째 其三 • 102

네 번째 其四 • 103

대전에 올린 춘첩자 大殿春帖子 • 104

두 번째 其二 • 105

세 번째 其三 • 106

네 번째 其四 • 106

정월 초하룻날 아침에 삼가 가대인께서 지은 시의 운을 따라 지었다 을축년
元朝敬次家大人韻 乙丑 • 107

삼가 가대인께서 내려 보여주신 시의 운에 화답하였다
敬和家大人下眎韻 • 108

매합에 쓰다 書梅閤 • 110

두 번째 其二 • 110

안변 수령 김치명 시찬 이 편지를 보내 한 번 놀러 오라고 부르기에 시를 써서 답하였다
安邊守金稚明 時粲 寄書邀我一遊 以詩答之 • 111

어떤 사람이 내 옷자락에 '밝고 원만하다.'라고 글씨를 쓰는 꿈을 꾸었기에 깨어난 후에 기록하였다
夢人書吾衣裾曰爲明爲圓 覺而識之 • 112

두 번째 其二 • 112

영남의 혜 상인은 내가 예전에 알지 못하였다……억지로 시권 안에 있는 시의 운을 따라 지어서 주었다
嶺南慧上人 余舊未識也……强次卷中韻以贈 • 114

호조 참판 권공과 필운대에서 꽃구경을 하자는 약속을 하였는데……권공이 시를 지었기에 삼가 화답하여 섭섭한 심정을 기술하였다
奉期小司徒權公弼雲臺看花……權公有詩 謹和以述惆悵之懷 • 115

봄날에 시랑 윤덕휘의 강가 정자에 올라 두보 시의 운을 따라 지었다
春日登尹侍郎德輝江亭 次杜韻 • 116

배를 띄우고 읍청루에 이르자 호부 원외랑 김사빈……이의숙 · 이평일 · 김사서 양택 가 모두 화답하였다
汎舟至挹淸樓 戶部金員外士彬……李宜叔李平一金士舒 陽澤 俱和 • 117

진암 시의 운을 따라 지어 지선 상인에게 주었다
次晉菴韻 贈至禪上人 • 119

관등을 하며 읊었다 觀燈有吟 • 120

단비 喜雨 • 121

현령 이공 언신 에 대한 만사 縣令李公 彦臣 輓 • 122

꿈에 바다에 떠서 산을 보았는데 옆에 있던 사람이 이것이 금강산이라고 하였다
夢浮海觀山 左人言是金剛 • 123

시랑 윤경유가 처음에 이조에서 일신으로 좌천되었다가 곧이어 양주로 옮겨졌기에 시를 써서 부쳤다
尹侍郎景孺初自吏部貶官一新 尋移楊州 以詩寄之 • 124

유생 오문경이 새로 지은 시 두 축을 보여주기에 그중 한 수의 운을 따라

지어서 돌려주었다
吳生文卿見示新篇二軸 次一首以歸之 • 126

수춘 태수가 당귀를 보내주었기에 당 앞에다 심었다
壽春太守寄當歸 種之堂前 • 127

초여름에 동림에서 글을 읽었는데 그곳 수령이 산골 생활에 필요한 살림살이 두 짐을 베풀어주었기에 두 수의 시로 사례하였다
初夏讀書東林 地主惠山資二擔 用二詩爲謝 • 128

두 번째 其二 • 128

옥류동 내원에서 놀다가 원공의 장실에서 기숙하였다
遊玉流洞內院 寄宿圓公丈室 • 129

시승 도숙은 스스로 호를 학곡이라 하였는데……내가 왔다는 말을 듣고 종이를 가지고 와서 시를 청하였다
詩僧道淑自號鶴谷……聞余來 持箋乞詩 • 130

《월곡집》에 있는 시의 운을 써서 옥동에서의 감회를 추억하며 지었다 오경보·오문경과 함께 읊었다
用月谷集韻追述玉洞感懷 與吳敬父文卿同賦 • 131

두 번째 其二 • 132

세 번째 其三 • 132

우연히 염계 선생이 비 장관에게 준 시를 읊었는데……참으로 나의 뜻과 같기에 차운하여 서울에 들어가는 경보를 전송하였다
偶誦濂溪先生贈費長官詩曰……眞余意也 次韻送敬父入洛 • 134

계방에 바위 위에 난 오동나무가 있는데 매우 기이하여 내가 일찍이 시 한 수를 남긴 것이……이전에 지은 시의 운을 써서 지었다
桂坊有石上桐 甚奇 余曾留一詩……用前韻 • 135

계방의 남쪽 뜰에 오래된 회화나무가 있는데 매우 푸르고 무성하여 한여름에 녹음이 땅에 가득하므로 또 앞의 운을 써서 지었다
桂坊南庭有古槐 甚蒼茂 方夏綠陰滿地 又用前韻 • 137

나흘 동안 당직을 서느라 서연을 모시지 못하였기에 주자의 〈염계서당〉의 운을 써서 계장에게 심회를 적어 주었다
禁直四日 未侍書筵 用周子濂溪書堂韻 書懷季章 • 138

태복 윤경이 심재 의 시운을 따라 사원에서 말 기르는 것에 대해 읊었다
次尹太僕敬以 心宰 韻 賦沙苑牧馬 • 141

또 경이의 시운을 따라 장원서에 있는 오래된 소나무를 읊었다
又次敬以韻 賦苑署古松 • 143

승화에서 당직을 선 지 오래되었는데 지부의 김사빈이 《청루시축》을 보여주기에 시 한 수에 거듭 화답하여 다시 부쳤다
承華淹直 金地部士彬以淸樓詩軸見示 疊和一篇 却寄 • 144

예안 수령으로 가는 김성중 광수 이 이별시를 구하기에 이 시를 써서 주었다 김은 옛것을 좋아하는 사람이다
禮安宰金成仲 光遂 索別詩 書此贈之 金好古者也 • 145

조생에게 부탁하여 해남으로 유배 가있는 한림 이현도 현중 에게 편지 삼아 부쳐달라고 하였다
託曺生寄簡李翰林顯道 顯重 海南謫居 • 148

구월 십오일 밤에 달빛이 매우 밝았다 九月十五日夜 月色明甚 • 149

김생 이홍 에 대한 만사 金生 履興 輓 • 150

윤계장이 전에 부쳐준 시의 운을 따라 지어 급제를 축하하였다
次尹季章前見寄韻 賀及第 • 152

원주 유생 유약에게 주다 유생은 옛날 전서에 조예가 있었는데 나를 위해 인장 여러 매를 만들어주었다
贈原州柳生約 柳生善古篆 爲余作印章數枚 • 153

꿈에 의숙과 함께 매화 아래에 앉아있었다……꿈에서 깨어나 시를 지었다
夢與宜叔坐梅花下……覺而有詩 • 155

가탄 可嘆 • 156

우옹이 지은 판원에 추증된 강효원 군의 묘비의 뒤에 제하였다

題尤翁譔贈判院姜君孝元墓碑後 • 160

두 번째 其二 • 161

《대동한묵》의 앞머리에 제하다 題大東翰墨卷首 • 163

정월 대보름날 밤에 운을 불렀다 병인년 元宵命韻 丙寅 • 164

호구에 초당이 완성되어 삼가 가대인께서 내려주신 시의 운을 따라 지었다
壺丘草堂成 伏次家大人下眎韻 • 165

달 밝은 저녁에 학의 소리를 들었다 月夕 聞鶴聲 • 166

옥류의 바위틈에 온통 창포가 자랐는데 아이가 아홉 뿌리를 잘라다가
……거꾸로 너를 옮겨 나에게 가져왔구나 마침내 썼다
玉流石縫皆菖蒲 豎子斲取九根……倒移汝就我乎 遂書之 • 167

미음 이 처사가 또 와서 시를 청하였다 薇陰李處士又來乞詩 • 168

현감 이군 의병 에 대한 만사 縣監李君 宜炳 輓 • 170

옥당 숙직실에서 다른 사람에게 운을 부르게 하고 벽에 그려진 백로를
읊었다
玉堂直廬使人呼韻 賦壁畫白鷺 • 172

시강을 하고 밤이 되어 물러 나와서 지었다 侍講 夜退有述 • 173

호구에 새로 지은 재사에서 술에 취하여 읊었다 壺丘新齋醉吟 • 174

여름날 화가 박용운이 왔기에 내가 말하기를……그림이 완성되고 나서
이를 읊었다
夏日 畫者朴龍雲來 余謂之曰……畫已 遂賦之 • 175

서 원주 명오 에 대한 만사 徐原州 命五 輓 • 176

이 청하 성 에 대한 만사 李清河 渻 輓 • 178

나무하는 노인에게 묻다 問樵老 • 180

나무하는 노인을 가장하여 답하다 擬樵老答 • 181

담장 밑에 쓸모없는 나무가 있는데 남쪽 창을 가리고 있었다……자못 시야가 확 트인 것이 기뻐할 만하였다
墻根有惡木直南牕……殊快豁可喜 • 182

연경에 사신으로 가는 시랑 윤경유를 송별하며
送別尹侍郞景孺使燕 • 183

삼가 김 충헌공 구 의 시연에 내려온 어제시의 운을 따라 지었다
敬次金忠憲公 構 諡宴御詩韻 • 185

아들 공보가 진사에 합격하고 어미의 무덤에 영소하니 감격에 겨워 읊었다
輔兒擧進士 榮掃母墳 感吟 • 187

두 번째 其二 • 187

세 번째 其三 • 188

유생 서한규가 아내의 상을 당하여 나에게 애장을 청하기에 삼가 가대인의 시에 화운하여 주었다
徐生漢奎喪其室 乞哀章於余 謹和家大人韻贈之 • 190

두 번째 其二 • 190

홍천 수령 윤계장이 부쳐온 시의 운에 화답하였다
和洪川宰尹季章寄示韻 • 191

두 번째 其二 • 191

우연히 중서 연당에서 쉬다가 읊었다 偶憩中書蓮堂 有吟 • 193

편지 말미에 써서 부사 윤경유에게 부쳤다 書簡尾 寄尹副使景孺 • 194

동포 김공 시민 에 대한 만사 東圃金公 時敏 輓 • 197

충주의 연당에서 《택당집》에 실린 시의 운을 써서 지었다
忠州蓮堂用澤堂集韻 • 199

배를 타고 팔봉서원에 이르니 유생들이 나와서 맞이하였다
泛舟至八峯書院 諸儒出迎 • 201

동북면에서 올라온 보첩을 연달아 받았는데……사흘 만에 호랑이를 잡고서 기쁜 마음에 시를 지었다
續得東北面報牒……越三日斯得 喜甚成詩 • 203

달천을 출발하면서 임 장군의 사당에 들렀다 發㺚川 過林將軍廟 • 206

나라 위해 목숨 바친 사람들을 애도하며 吊國殤 • 207

탄금대를 지나며 過彈琴臺 • 208

장암의 옛집을 지나며 過丈巖舊宅 • 209

누암서원 樓巖書院 • 211

홍원의 민가에서 묵었다 宿興元民家 • 212

여강에서 비를 만나 배를 매어두고 출발하지 않았다
驪江遇雨 維舟不發 • 213

양 능을 바라보며 望二陵 • 214

용문산이 나타나다 龍門山出 • 215

우만에 있는 민 장령의 옛집을 지나며 過牛灣閔掌令故宅 • 216

대탄 大灘 • 217

두미 斗尾 • 218

가대인을 모시고 배를 타고 충주로 올라가며 삼가 내려주신 시의 운을 따라 지었다
陪家大人 舟上忠州 敬次下示韻 • 219

배 안에서 홍석이 계억 아우의 시에 화운하였다
舟中和洪弟錫爾 啓億 韻 • 220

배를 타고 여주를 지나며 같은 배에 탄 제군들에게 보여주었다 눌재의 〈충주남루〉 운을 썼다
舟過驪州 示同舟諸君 用訥齋忠州南樓韻 • 222

또 홍 아우의 시에 화운하였다 又和洪弟韻 • 224

새벽에 배 안에서 舟曉 • 225

소명을 받든 날에 우연히 지었다 보아의 시운을 따라 지었다
承召日偶成 次輔兒韻 • 226

종인의 아들 강로에게 주었다 贈宗人子絳老 • 227

판교의 점사에서 학사 평일을 만나 써서 주었다
板橋店舍 遇平一學士寫贈 • 229

백학 白鶴 • 230

모강의 촌사에 머물며 소장을 올리고 비답을 기다렸다 돌아가려 할 때 벽에다 써서 주인옹에게 사례하였다
住茅江村舍 陳章待批 臨歸題壁謝主翁 • 231

선정전에 입시하였다가 일이 끝나자 물러나와 삼재 권공의 〈감회〉 장률에

차운하였다 入侍宣政殿 罷退 次三宰權公感懷長律 • 232

황주 유생 조성규에게 써서 주었다 書贈黃州趙生聖揆 • 234

승정원에서 숙직하면서 좌부승지 김 영공 사적과 함께 읊었다
銀臺直中 同左副金令公士迪賦 • 236

또 사적의 시에 화운하였다 又和士迪 • 237

임금께서 친히 진궁에 제사를 올리고 감회를 읊으신 어제시에 받들어 화운하였다
奉和聖製親祀眞宮感懷韻 • 238

술을 가지고 찾아온 사람이 있어 함께 두보의 시에 화운하였다
有人携酒來訪 共和杜韻 • 239

초여름에 이광보 광 아우가 찾아왔기에 운자를 뽑아 함께 읊었다
初夏李弟光甫 垙 見過 拈韻同賦 • 240

여름날에 벗들과 함께 읊었다 夏日 與諸友同賦 • 241

또 읊었다 又賦 • 242

앞 시의 운을 거듭 따라지었다 疊前韻 • 243

취하여 태복 이지중 정 의 시에 화운하였다 醉和李太僕止仲 瀞 • 244

시랑 서우경의 임정에 제하여 부쳤다 임정 주인이 지은 시의 운을 썼다
寄題徐侍郞虞卿林亭 用主人韻 • 245

아우를 데리고 북영의 정자에서 더위를 피하였는데 주군 형질 과 유생이 종유하였다. '계' 자를 얻어 지었다
携舍弟 北亭避暑 朱君 炯質 兪生從 得溪字 • 246

또 '동음풍패'로 운을 나누어 '풍' 자를 얻었다
又以洞陰風珮分韻 得風字 • 247

유생의 '동' 자에 차운하였다 次兪生洞字 • 248

주군의 '음' 자에 차운하였다 次朱君陰字 • 249

낙재의 '패' 자에 차운하였다 次樂哉珮字 • 250

왕명을 받들어 목릉의 제사를 섭행하다 承命攝祀穆陵 • 251

김절경 이적 이 구름을 읊은 시를 차운하였다
次金節卿 履廸 詠雲 • 252

삼가 가대인의 〈칠석에 부질없이 짓다〉에 화운하였다
敬和家大人七夕漫題韻 • 254

중원절에 이웃마을의 제군들을 모아 소용당에서 모시고 술을 마시면서 삼가 가대인께서 내려주신 시에 차운하였다
中元集隣里諸君 侍飮踈慵堂 敬次家大人下示韻 • 256

광문의 집에서 절경을 불러다 술을 마셨다 廣文家邀節卿飮酒 • 257

내가 상산에서 휴가를 얻어 서울로 가다가 도중에 신계현에 이르러……삼가 선원의 시에 차운하여 이를 기록하였다
余自象山乞暇走洛 道新溪縣……謹次仙源韻以識之 • 258

학륜 상인에게 주다 贈學輪上人 • 260

선친의 묘소에 참배하고 물러나와 울면서 썼다 신미년
拜先墓退而泣書 辛未 • 261

종암의 뒷동산에서 꽃구경을 하고 있는데 문원이 때마침 이르렀다
鍾巖後園看花 文遠適至 • 262

졸옹과 함께 술을 가지고 악록사에 이르러 운자를 뽑았다
與拙翁携酒至岳麓寺 拈韻 • 263

서종숙인 한조 달보가 찾아오셨기에 청령각에서 마주 앉아 술을 마시다가 운을 불러 함께 지었다
庶從叔漢朝達甫來訪 對飮淸泠閣 呼韻同賦 • 264

달보가 시를 부쳐오셨기에 심부름꾼을 앉혀놓고 화운하여 보냈는데 어제 헤어질 때의 슬펐던 심정을 회상하여 적었다
達甫寄詩來 對使和送 追記昨別惆悵之懷 • 265

제자와 함께 낙봉에 올랐다 同諸子登駱峯 • 266

영미정에서 제자와 함께 지었다 穎尾亭同諸子賦 • 268

오문경이 나를 초대하여 조촐하게 술자리를 갖고 제자들과 함께 지었다
吳文卿邀余小飮 與諸子同賦 • 269

안변 수령이 와서 함께 술을 마시고 운자를 뽑아 함께 지었다
安邊守來 與飮酒 拈韻同賦 • 270

북관으로 유배 가는 오경보에게 편지 삼아 부치다
簡寄吳敬父北關謫行 • 271

성 진사 범조 에 대한 만사 成進士 範朝 輓 • 272

새벽에 일어나 매화를 보았는데 꽃 한 송이가 이미 피었기에 기뻐하며 읊었다
晨起觀梅 一花已開 喜吟 • 274

김강백 이건 이 술을 가지고 와 대접하면서 막 치명을 부르려고 하였는데 치명이 제 발로 찾아왔다. 취한 후에 함께 지었다
金剛伯 履健 携酒來餉 正欲邀稚明 而稚明自至 醉後同賦 • 276

두 번째 其二 • 276

세 번째 其三 • 277

뇌연집 제6권

시 詩

도헌 정양래 형복 가 술상을 사려놓고 초청하였는데, 계장도 이르렀다 술 취한 후에 다시 앞의 운을 차운하다
鄭都憲陽來 亨復 置酒相邀 季章亦至 醉後又次前韻 • 281

대나무를 보다가 느낀 바가 있어 읊조리다 觀竹感吟 • 283

사군 윤경이의 집에서 김군필 상석, 계장, 경평, 치명과 술을 마시다가 앞의 운에 첩운하다
尹使君敬以宅 同金君弼 相奭, 季章, 景平, 稚明飮酒 疊前韻 • 284

치명의 집에서 계장, 이원명 의철 과 작은 모임을 가졌는데……나중에야 전통 속 시구의 고사를 채택해 쓰다
稚明宅 與季章, 李原明 宜哲 小集……後用傳筒故事 • 286

효순빈 만사 孝純嬪輓詞 • 288

두 번째 수 其二 • 289

세 번째 수 其三 • 291

윤경유의 집에서 치명, 원명과 함께 술을 마시다가 '한(寒)' 자를 얻어 함께 짓다
尹景孺宅 偕稚明, 原明飮酒 得寒字同賦 • 293

두 번째 수 其二 • 293

세 번째 수 其三 • 294

호서 안절사로 떠나는 치명 영공을 보내며 임신년
送稚明令公按節湖西 壬申 • 295

경유가 화전 열몇 폭을 보내주었기에 그중 두 폭에 시를 적어 사례하다
景孺惠花牋十數幅 題其二幅爲謝 • 297

두 번째 수 其二 • 297

의소세손 만사 懿昭世孫輓詞 • 298

유자공 만시 兪子恭輓 • 301

두 번째 수 其二 • 302

세 번째 수 其三 • 303

네 번째 수 其四 • 304

다섯 번째 수 其五 • 305

여섯 번째 수 其六 • 306

일곱 번째 수 其七 • 307

이 상사 사회 명환 의 집에서 모란을 감상하고 범 촉공의 운을 쓰다
李上舍士晦 明煥 宅賞牧丹 用范蜀公韻 • 309

북으로 돌아가는 임생 지수를 보내며 贈林生芝秀北歸 • 311

동쪽 교외를 지나다 광보를 만나 운자를 뽑아 같이 짓다
東郊路上遇光甫 占韻同賦 • 314

세검정에서 동촌과 북동의 여러 벗들과 만나 저녁이 끝날 때까지 잔치하며 술을 마시다가 방옹 문집 중의 운을 써서 함께 짓다
洗劍亭會東村北洞諸友 燕飮終夕 用放翁集韻同賦 • 315

중원일에 태학의 제생들과 명륜당에서 《주역》을 강했는데……입으로 네 개의 운을 불러 자리에 있는 사람들에게 보이다
中元日 與太學諸生 講易于明倫堂……口占四韻示席上 • 316

윤경평의 시를 차운하여 관직을 그만두고 북으로 돌아가는 전 원외 영수

를 보내다
次尹景平韻 送全員外 永壽 罷官北歸 • 318

화협옹주 만사 계유 和協翁主輓詞 癸酉 • 319

윤 판결사 흡 만사 尹判決事 潝 輓 • 321

조 학사 규장 중회 의 〈연행별첩〉에 뒤늦게 쓰다
追題趙學士奎章 重晦 燕行別帖 • 323

남한산성 수어장대(守禦將臺)에 올라 유수 이공 기진 의 운을 받들어 화답하다
南漢將臺 奉和留守李公 箕鎭 韻 • 325

동호의 배 안에서 경평과 함께 술을 마시다 東湖舟中 與景平飮酒 • 326

동호의 배 안에서 덕재의 운에 화답하다 경평
東湖舟中和德哉韻 景平 • 327

남쪽 이웃의 꽃나무 南隣芳樹 • 328

어가를 호종하여 북단에 이르렀으니 기우제를 지내기 위해서였다. 가는 도중에 읊다
扈駕北壇 祈雨也 途上有吟 • 329

풍계 태고정에서 동촌과 북리의 여러 벗들과 작은 모임을 갖다
楓溪太古亭 與東村北里諸友小集 • 330

중원일에 종암에서 여러 벗들과 함께 작은 모임을 갖다
中元日鐘巖 同諸子小集 • 331

경구당에서 밤에 술을 마시며 敬口堂夜飮 • 332

장차 성도로 가려고 하면서 선영에 성묘하고 서재종제 유증의 시운에 차운하다
將赴成都 拜掃先壟 次庶再從弟有曾韻 • 333

운수암에서 묵으면서 서재종제 유형의 시운에 차운하다
宿雲水菴 次庶再從弟有衡韻 • 335

서간 끄트머리에 적어 유문이 면지와 채색 붓을 보내준 것에 사례하다
書簡尾謝孺文惠綿紙彩管 • 337

정월 대보름날 동호에서 얼음을 밟다 갑술년
上元東湖蹋氷 甲戌 • 338

종암에서 황대경을 만나 월곡의 시운에 차운하다
鐘巖遇黃大卿 次月谷韻 • 339

공필이 동사의 제군들과 모여 서울 동쪽 낙산에서 술을 마시다가 지은 시에 차운하다
次公弼與東社諸君會飮東駱韻 • 341

여러 벗들이 술을 가지고 찾아와 대접해준 것에 사례하다
謝諸友携酒來餉 • 343

묘향산으로 유람을 떠나는 조생을 보내며 送曹生遊妙香山 • 344

동사의 여러 벗들이 밤에 나를 찾아와 주었기에 입으로 부르다
東社諸友夜訪口占 • 345

동리의 제군이 밤낮으로 저포희를 일삼느라 시 짓는 일을 자못 빠트리기에 장난삼아 시 한 수를 읊어 절경과 송계진 의손 에게 보여주다
東里諸君 日夜爲摴蒲戱 頗缺詩課 戱吟一首 示節卿宋季振 宜孫 • 346

장난삼아 절경의 시운에 차운하다 戱次節卿 • 348

술에 취해서 동사 제군의 시에 차운하다 醉次東社諸君韻 • 349

절경이 장차 풍계로 돌아가려 함에 골목을 마주하고서 함께 시를 짓고 술을 마시던 즐거움이……나의 서글픈 심정을 펼쳐본다
節卿將還楓溪 對閈詩酒之樂……抒悵懷 • 350

절경과 밤에 술을 마시다가 그의 시에 차운하다 을해년
與節卿夜飮次其韻 乙亥 • 352

장차 북영으로 피서차 떠나려던 자가 절경을 찾아왔기에 붙잡아두고 저녁이 될 때까지 술을 마시다가 운자를 불러 각자 시를 지었다
將北營避暑者過節卿 留飮至夕 呼韻各賦 • 354

매화를 심어 놓은 화분이 담장이 허물어지면서 같이 깨져버렸는데……
강백이 보낸 시에 차운하여 조소를 해명하다
梅盆爲壞墻仍破……次剛伯見寄韻解嘲 • 355

우곡정사에서 운자를 불러 함께 짓다. 이날이 7월 초하루였다
藕谷精舍 呼韻共賦 是日七月初吉 • 357

절경이 보내준 시에 화답하며 어젯밤 노닐었던 일을 기록하다
和節卿見寄 記昨宵遊事 • 358

술에 취하여 죽로와 졸옹에게 주다 醉贈竹老拙翁 • 359

나는 가을 들어 괴롭게도 잠이 적어져서……강백이 시를 지어 놀리기에
그의 운을 써서 조롱에 해명하다
余苦秋來少睡……剛伯有詩戱之 用其韻解嘲 • 360

죽로가 찾아오다 竹老見過 • 361

중양절에 북쪽 동네의 여러 벗들과 작은 술자리를 갖다
重陽同北洞諸友小飮 • 362

자리를 파한 후 홀로 앉았노라니 별과 달이 창가에 이미 가득하기에 북쪽
동네의 여러 벗들에게 편지 삼아 올리다
席罷孤坐 星月已滿牕矣 奉簡北洞諸友 • 363

북악산 아래에 사는 여러 군자들께서 홀연 장편시가 적힌 커다란 시축
하나를 보내왔는데……읽고서 포복절도하며 절구시 한 수로써 화답하다
嶽下諸君子 忽寄長篇詩一大軸……覽之絶倒 答以一絶 • 364

중양일에 공필이 공무로 인해 반촌에 있다가 재유 신 상사 석규 와 작은
술자리를 마련하고 시를 지었기에 그 운에 뒤이어 화답하다
重陽日 公弼以公事在泮村 與齋儒辛上舍 錫奎 小酌有詩 追和其韻 • 365

호중으로 돌아가는 윤계장을 보내며 送尹季章歸湖中 • 367

부사 황 시랑 대경의 이별석상에서 '여(餘)' 자를 얻다
副使黃侍郎大卿別席 得餘字 • 368

연경으로 가는 사람을 보내며 送人赴燕京 • 369

꿈에 감응하다 感夢 • 370

손주 兒孫 • 371

절경이 지은 시가 있기에 심부름꾼을 앞에 두고 화답해 부치다
節卿有詩 對使和寄 • 372

부학 김사서가 술을 가지고 와 마시다가 밤이 되어서야 흩어졌는데 이튿날 새벽에 시 두 편을 부쳐와 창화를 요구하였다
金副學士舒携酒來飮 至夜方散 翌曉寄二詩求和 • 373

두 번째 수 其二 • 373

사서가 앞의 시를 첩운하여 두 수를 부쳐왔기에 다시 이에 화운하다
士舒疊前韻二首寄來 又和之 • 374

두 번째 수 其二 • 374

졸옹과 함께 밤에 술을 마시다가 운자를 뽑다 與拙翁夜飮拈韻 • 375

소용당 누각에서 밤에 '촌' 자를 얻다 踈慵堂閣夜 得村字 • 376

죽옹의 옛날 매화를 보고 느낀 바를 읊다 병자년
見竹翁舊梅感吟 丙子 • 377

어 정랑 신로 유임 에 대한 만사 魚正郎莘老 有任 輓 • 378

두 번째 수 其二 • 378

세 번째 수 其三 • 379

네 번째 수 其四 • 379

다섯 번째 수 其五 • 380

죽옹에 대한 만가 竹翁輓歌 • 381

마당에 있는 멋진 나무 庭中有嘉樹 • 384

기성에서 입으로 부르다 騎省口占 • 385

도정절의 〈음주〉에 창화하다 20수 정축년

和陶靖節飮酒 二十首 丁丑 • 386
두 번째 수 其二 • 387
세 번째 수 其三 • 387
네 번째 수 其四 • 388
다섯 번째 수 其五 • 389
여섯 번째 수 其六 • 389
일곱 번째 수 其七 • 390
여덟 번째 수 其八 • 390
아홉 번째 수 其九 • 391
열 번째 수 其十 • 393
열한 번째 수 其十一 • 393
열두 번째 수 其十二 • 394
열세 번째 수 其十三 • 395
열네 번째 수 其十四 • 396
열다섯 번째 수 其十五 • 397
열여섯 번째 수 其十六 • 398
열일곱 번째 수 其十七 • 399
열여덟 번째 수 其十八 • 399
열아홉 번째 수 其十九 • 400
스무 번째 수 其二十 • 401
책을 볕에 쬐다 曬書 • 404
강가의 이른 봄 江上早春 • 405

민 장령의 무덤에 절하다 拜閔掌令墓 • 406

정성왕후에 대한 만사 貞聖王后輓詞 • 407

두 번째 수 其二 • 408

세 번째 수 其三 • 409

네 번째 수 其四 • 410

다섯 번째 수 其五 • 411

자성 인원왕후에 대한 만사 慈聖仁元王后輓詞 • 413

두 번째 수 其二 • 414

세 번째 수 其三 • 414

네 번째 수 其四 • 415

다섯 번째 수 其五 • 416

여섯 번째 수 其六 • 417

주 어사 형질 의 초상화를 보고 장난삼아 두 편의 시를 짓다. 주군이 장차 고림으로 가지고 돌아가려 한다
觀朱御史 炯質 畫眞 戱題二詩 朱君盖將携歸故林 • 419

두 번째 수 其二 • 419

장생 봉익의 〈삼세정려첩〉에 쓰다 題張生鳳翼三世旌閭帖 • 421

졸옹이 올해 회갑을 맞았는데, 이며 머리며 그다지 노쇠하지 않았기에 기뻐하며 시를 지어 드리다
拙翁今年回甲 而齒髮不甚衰 喜贈 • 423

초여름에 중령포에 있는 서씨의 정자로 놀러 나가 고기잡이 구경을 하였는데……강백의 시를 차운하다 무인년
初夏出遊中泠徐氏亭觀漁……次剛伯韻 戊寅 • 424

냇가에서 운자를 뽑다 川上拈韻 • 426

강백이 월곡을 그리워하며 지은 시에 화운하다 和剛伯有懷月谷韻 • 428

돌아올 무렵에 '림(林)' 자를 얻다. 주인 서군 유린 에게 주다
臨歸得林字 贈主人徐君 有隣 • 429

철쭉 躑躅 • 430

중하 기망일에 강백·문원·계진과 함께 사충사를 참배하였는데……강백의 시를 차운하다
仲夏既望 與剛伯, 文遠, 季振同拜四忠祠……次剛伯韻 • 431

월파정에 구불구불 오르다 迤登月波亭 • 433

간옹의 어노가 행주로부터 물고기를 지고 와 바치기에 기뻐서 간옹의 시를 차운하다
磵翁漁奴自杏洲負魚來餉 喜次磵翁韻 • 434

돌아오는 길에 달빛이 환히 밝기에 강가 누대에서 밤을 정해 노닐자던 처음 약속이 어긋났음을 몹시 슬퍼하다 마침내 헤어질 무렵의 시운을 썼다 歸路見月色皎然 尤悵江樓卜夜之失初計也 遂用臨散韻 • 435

간옹의 〈소나무 심는 노래〉에 화답하다 和磵翁種松歌 • 436

졸옹의 해당화를 보고 감회를 읊은 시에 화운하다
和拙翁詠海棠感懷韻 • 439

소용당에서 문형연을 받고 느낀 바를 적다 踈慵堂受文衡硯感賦 • 440

관직을 파하고 동쪽 교외에 잠시 머물다 罷官出東郊僑居 • 442

공좌가 비를 읊은 시에 차운하다 次公佐詠雨 • 443

잠시 머물고 있는 정자를 찾아온 사람이 있기에 함께 운자 하나를 뽑았다
有人見訪僑亭 共拈一韻 • 444

차운하여 정군범 아우에게 주다 次韻贈鄭弟君範 • 445

누각에 올라 우연히 짓다 登樓偶占 • 447

선성 현재에서 지어 집안 조카인 태수에게 보여주다

宣城縣齋 示舍侄太守 • 448

도산에 들어가다 入陶山 • 450

암서헌은 퇴도의 서당인데, 명아주 지팡이며 책 읽던 책상이 모두 남아있다. 퇴계의 운을 쓰다
巖棲軒 退陶書堂也 藜杖書床在焉 用退溪韻 • 451

도산일곡은 명종 대왕께서 그리게 하고서 감상하셨던 곳이다. 또 퇴계의 운을 쓰다
陶山一曲 明宗大王所畫看也 又用退溪韻 • 452

망미루에 올랐는데, 이날이 중양절이었다
登望美樓 是日重陽 • 453

두 번째 수 其二 • 453

비암에서 노닐다 遊鼻巖 • 454

눈앞의 두 물건을 보고 짓다 賦眼中二物 • 455

졸옹이 선성에 올라 지은 시에 차운하다 次拙翁登宣城韻 • 456

선성에 올라 청량산을 바라보니 뭇 봉우리들이 수려하고 아름다워 손으로 잡을 수 있을 것 같았다
登宣城望見淸凉 群峯姸秀可攬 • 457

선성 모당에서 쉬며 우연히 퇴지의 시 한 구절을 읽다가 이내 흥이 일어 마침내 벽에다 적어 태수 조카에게 보이다
憩宣城茅堂 偶誦退之詩一句 仍以起興 遂書其壁 示太守侄 • 459

청도 수령 김강백이 부쳐온 시를 차운하다 次淸道守金剛伯見寄韻 • 462

주자의 〈감흥〉시에 삼가 차운하다 20수 謹次朱子感興 二十首 • 463

두 번째 수 其二 • 464

세 번째 수 其三 • 464

네 번째 수 其四 • 465

다섯 번째 수 其五 • 466
여섯 번째 수 其六 • 467
일곱 번째 수 其七 • 468
여덟 번째 수 其八 • 470
아홉 번째 수 其九 • 471
열 번째 수 其十 • 471
열한 번째 수 其十一 • 473
열두 번째 수 其十二 • 473
열세 번째 수 其十三 • 474
열네 번째 수 其十四 • 475
열다섯 번째 수 其十五 • 475
열여섯 번째 수 其十六 • 476
열일곱 번째 수 其十七 • 477
열여덟 번째 수 其十八 • 478
열아홉 번째 수 其十九 • 479
스무 번째 수 其二十 • 480
영호루에서 현판에 적힌 증조부 문헌공의 시를 차운하다
暎湖樓 謹次曾王考文憲公板上韻 • 481

뇌연집

제5권

詩시

함경도 관찰사 심이천[1] 형 성희 이 길을 떠나면서[2] 시를 구하기에 절구 한 수를 받들어 올렸다 계해년(1743, 영조19)

北伯沈兄伊天 聖希 臨行索詩 奉贈一絶 癸亥

동쪽 성곽의 봄꽃 이별 앞에 근심하며	東郭煙花對別愁
관새로 저 멀리 떠나는 배를 전송하네	關雲迢遞送行輈
그대가 창주의 흥취[3] 버리지 않았음을 알았네	知君不廢滄洲興
강가에 홀로 턱 괼[4] 누각을 새로 중수하였으니	江上新修拄笏樓

1 심이천(沈伊天) : 심성희(沈聖希, 1684~1747)를 가리킨다. 조선 후기의 문신으로, 본관은 청송(青松)이며 자는 '이천(而天)'이라고도 한다. 성균관에 있을 때 소론인 윤증(尹拯)과 이진유(李眞儒)를 비난하다가 성균관에서 축출되었다. 얼마 뒤 노론의 복귀로 익릉 참봉에 등용되었고, 1725년(영조1) 문과에 급제한 후 삼사(三司)의 요직을 역임하고, 대사간 및 충청・경상도 등의 관찰사를 거쳐 이조 판서・대사헌에 올랐다.

2 함경도……떠나면서 : 《영조실록》 19년(1743) 2월 11일 기사에 심성희를 함경도 관찰사로 삼았다는 내용이 보인다.

3 창주의 흥취 : 벼슬에서 물러나 은거하려는 뜻을 말한다. 창주(滄洲)는 수려한 경치의 물가로, 보통 은자의 거처를 지칭한다.

4 홀로 턱 괼 : 벼슬살이하면서도 세속의 일에 얽매이지 않고 초연히 유유자적하는 풍도를 의미한다. 중국 동진(東晋)의 관리이자 서예가인 왕휘지(王徽之)가 한때 환충(桓沖)의 기병 참군(騎兵參軍)으로 있었는데, 환충이 "경(卿)이 부(府)에 있은 지 오래되었으니 요즘에는 사무를 잘 알아서 처리하겠지."라고 하였다. 그러나 왕휘지는 아무런 대꾸도 하지 않은 채 고개를 쳐들고 홀(笏)로 턱을 괴고는, "서산에 아침이 오니 상쾌한 기운이 이는구나."라고 하였다는 데서 나온 말이다. 《世說新語 簡傲》

동원에서 우거하다가 관등[5]을 하며 지었다

僑居東園 觀燈有賦

동원에서 저 멀리 조망하는 것 자못 즐거우나	頗喜東園眺望賖
병든 이 몸 호화로움을 숭상하는 건 아니라네	病夫非是矜豪華
근래에 조정과 재야에 어려움이 극심하니	年來朝野艱虞甚
몇몇 집에 등불 켜져 있나 한 번 세보네	試數燈光幾處家

5 관등(觀燈) : 관등놀이를 가리키는 것으로, 조선 시대에는 정월 대보름날이나 음력 4월 초8일 석가탄신일에 이를 기념하는 관등놀이가 열렸다.

의숙의 집에서 작은 모임을 갖다가 오생 문경[6] 재순 의 시운을 따라 지었다

宜叔宅小集 次吳生文卿 載純 韻

오생(吳生)은 백옥(伯玉)의 아들이다.

더딘 해 맑은 구름이 낙산 동쪽 봉우리에 흐르니	遲日淸雲駱峀東
흥이 오르매 사람들과 함께 나누고 싶네	興來聊欲與人同
이에 말을 타고 앞마을을 지나가니	乍能騎馬前村過
벌써 꾀꼬리 날아다니는 사월이로구나	已是流鶯四月中
오래 앉았노라니 꽃잎 떨어져 못생긴 땅이 없고	坐久落花無醜地
술기운 오르니 향기로운 풀에 산들바람이 부네	酒闌芳草有微風
간결하고 담박한 곳에 천기가 있음을 잘 아니	極知簡澹天機在
모란 함박 떨기 옆으로 술자리 옮길 필요 없다네	不必移樽菝芍叢

6 오생 문경(吳生文卿) : 오재순(吳載純, 1727~1792)을 가리킨다. 조선 후기의 문신으로, 본관은 해주이며 자는 문경, 호는 순암(醇庵)·우불급재(愚不及齋)이다. 명안공주(明安公主)의 손자이며 오원(吳瑗)의 아들이다. 음보로 관직에 나아갔으며, 1755년(영조31) 특명으로 6품에 올랐다. 1772년 문과에 급제한 후 승지·대사헌·직제학·이조 판서·대제학·판의금부사·판중추부사 등을 두루 역임하였다. 저서로 《순암집》 등이 있으며, 시호는 문정(文靖)이다.

오생의 시가 맑고 담박한 것이 법도가 있어서 다른 운을 써서 주었다

吳生詩淸澹有典刑 用別韻以贈

덧없는 인생에 무한한 것이 아름다운 계절인데	浮生無限是佳期
술잔을 앞에 두고 어찌하여 다시 슬퍼지는가	對酒如何更作悲
풀이 묵은 광릉[7]에서 사람들 곡하지 않고	草宿廣陵人不哭
꽃이 핀 동사에서 너는 시에 능하구나	花開東社爾能詩
치씨 집안에선 희지를 사위로 얻었으며[8]	郗家正得羲之壻
산씨 노인이 어찌 숙야의 고아를 외롭게 두었겠나[9]	山丈寧孤叔夜兒

7 광릉(廣陵) : 경기도 광주(廣州)의 별칭으로, 오재순(吳載純)의 아버지인 오원(吳瑗)의 무덤이 광주 월곡(月谷)에 있다. 오원은 이 시를 쓰기 3년 전인 1740년(영조16) 10월 10일에 작고하였다.

8 치씨……얻었으며 : 중국 동진(東晉)의 태부(太傅) 치감(郗鑑)이 왕씨(王氏) 집안의 자제들이 뛰어나다는 소문을 듣고는 사람을 시켜 왕씨 집에 가서 사윗감을 찾게 하였다. 이를 들은 왕씨 집안의 자제들이 모두 단정하게 차려입고 기다리고 있었는데, 오직 왕희지(王羲之)만은 배를 드러낸 채 동상(東床)에 누워 거들떠보지도 않았다. 사윗감을 고르기 위해 왔던 사람이 돌아가서 그 이야기를 하자, 치감이 "그 사람이 바로 나의 사윗감이다." 하고는 딸을 시집보냈다고 한다. 《晉書 卷80 王羲之列傳》 이 시에서 '치씨(郗氏)'는 이천보(李天輔)를, '희지(羲之)'는 오재순(吳載純)을 가리키는 것이니, 오재순은 이천보의 사위가 되었다.

9 산씨……두었겠나 : '산씨(山氏) 노인'과 '숙야(叔夜)'는 각각 중국 삼국 시대 위말진초(魏末晉初)의 관리이자 명사인 산도(山濤)와 혜강(嵇康)을 가리킨다. 이들은 죽림칠현(竹林七賢)의 일원으로 각별한 우정을 나누었는데, 혜강이 종회(鍾會)의 무함에 걸려 사형을 당하게 되자 아들 혜소(嵇紹)에게 "거원(巨源)이 있으니, 너는 외롭지

우리의 우정 평생토록 끝나지 않으리니	交道百年應未了
이 마음 오직 구천에서나 알아주리라	此心惟許九原知

않을 것이다."라고 말하였다. 후에 산도는 과연 혜소를 천거하여 비서승(祕書丞)으로 삼았다고 한다.《晉書 卷43 山濤列傳》 이 시에서 남유용(南有容)은 자신을 비롯한 오원의 친구들을 산도에, 오원을 혜강에, 오재순을 혜소에 비유하였다.

조 첨지중추부사 번 의 수작[10] 축하연에서 지은 시의 운을 따라 지었다

次趙僉樞 蕃 壽爵賀筵韻

대추 쥐고 배를 던지며 어린 손주와 장난치고 握棗投梨弄小孫
겨울 갖옷과 여름 갈옷으로 전원에 자적했네 寒裘暑褐自丘園
갑자기 옥관자[11]에 놀라니 먼지 낀 거울에 부끄럽고 忽驚鬢玉羞塵鏡
붉은 도포[12] 가져다 입으니 거적 문[13]에 빛이 나네 行取袍緋耀席門
반평생 우물 파고 밭 갈며 제왕의 공 몰랐는데 半世鑿耕忘帝力
남은 생의 세월엔 임금의 은혜 알고 살겠네 餘生齒髮識君恩
누런 관에 검은 지팡이[14] 그림으로 남길 만하니 黃冠烏杖堪圖畫
모두들 색동옷 입고 축수의 술자리에 모였네 幷着斒斕傍壽樽

10 수작(壽爵) : 80세 이상의 관원과 90세 이상의 백성에게 은전(恩典)으로 주는 벼슬을 말한다.

11 옥관자 : 관자(貫子)는 망건의 좌우에 달아 당줄을 꿰는 작은 고리로, 재료나 새김 장식을 다르게 하여 신분을 표시하기도 하였다. 《경국대전(經國大典)》 〈예전(禮典) 의장(儀章)〉에 따르면, 1품의 관리는 조각 없는 질이 좋고 작은 옥관자를, 정2품은 조각 없는 소형 금관자를, 종2품은 조각한 대형 금관자를, 정3품은 조각한 대형 옥관자를 사용하였으며, 당하 3품 이하 서인은 뼈 · 뿔 · 대모 · 마노 · 호박 등을 사용한다고 하였다. 첨지중추부사는 정3품 당상관(堂上官)이므로 옥관자를 사용한 것이다.

12 붉은 도포 : 조정의 고위 관원이 입던 관복이다.

13 거적 문 : 보통 청빈한 집이나 은자(隱者)의 거처를 비유하는 말로 쓰인다.

14 검은 지팡이 : 임금이 70세 이상의 연로한 대신들에게 내려주던 하사품의 하나이다.

이 김화 수령[15] 최언 에 대한 만사

李金化 最彥 輓

세로에 나와서는 공명의 복 없더니[16] 閱世功名薄
전원으로 돌아갈 땐 백발이 다 되었네 歸田鬢髮皤
도성의 먼지 속에 말을 멈추지 않았고 城塵無駐馬
강가에 비 내릴 때 도롱이를 걸쳤네 江雨有披簑
어쩌다 타향에서 질병에 걸리더니 偶抱漳濱疾
갑자기 이항의 노래를 멈추었네[17] 俄停里巷歌
시서의 가업이 남아있으니 詩書家業在
한 명의 아들도 도리어 많다네[18] 一子尙爲多

15 이 김화 수령(李金化首領) : 이최언(李最彦, 1673~1743)을 가리킨다. 조선 후기의 문신으로, 본관은 전주이며 자는 극미(極美)이다. 1699년(숙종29) 진사에 합격하였다.

16 세로(世路)에……없더니 : 《승정원일기》에 다음과 같은 기록이 보인다. 영조 1년(1725) 3월 28일에 이최언을 김화 현감(金化縣監)으로 삼았는데, 3년(1727) 윤3월 11일에 홍치중(洪致中)이 아뢰기를 "이번에 들으니 김화현에서 극적(劇賊)을 붙잡아 가두었는데 수직(守直)하는 사람을 몰래 죽이고 장시(場市)로 도망쳐 나와 수령을 죽여버려야 된다고 큰 소리로 떠들었다고 합니다. 이참에 김화현에도 강직하고 명석한 무관을 차출하여 보냄으로써 징치(懲治)할 수 있도록 해야 할 것입니다."라고 하니 상이 그리하라고 하였다. 윤3월 12일에 다시 광흥창 주부에 이최언을 단부(單付)하였는데, 지평 정홍제(鄭弘濟)가 수령인 사람이 소임을 감당하지 못한 책임을 어찌 면할 수 있겠느냐며 이최언을 파직하라고 하자 홍치중과 영조가 그 말이 옳다고 여겨 그리하라고 비답하였다.

17 갑자기……멈추었네 : 죽었다는 의미이다.

18 시서(詩書)의……많다네 : 《도곡집陶谷集)》 15권에 이의현(李宜顯)이 지은 〈세자익위사 사어 이공의 묘갈명〔世子翊衛司司禦李公墓碣銘〕〉이 실려 있는데, 이는 이최언의 아버지인 이세택(李世澤)의 묘갈명이다. 이의현은 이 글에서, "(이세택은) 세종대왕의 별자(別子)로 밀성군(密城君)에 봉해지고 시호가 장효공(章孝公)인 휘 침(琛)의 8세손이다.……아들 성언(聖彦)·최언(最彦)·중언(重彦)은 모두 사마시에 합격하고 벼슬이 현감에 이르렀으며,……최언은 아들이 없어 종제의 아들 경상(庚祥)을 양자로 삼았다."라고 하였다.

《온공집》[19]에 실린 시의 운을 따라 지었다

次溫公集韻

"저 멀리 천 리 밖까지 바라보니 산천의 모습 막 수를 놓은 듯하네. 비로소 알겠네, 평평한 땅에서는 푸르른 봄을 다 볼 수 없다는 것을.〔極目千里外, 川原繡畫新. 始知平地上, 看不盡青春.〕"[20] 계해년(1743, 영조19) 초여름에 우연히 《온공집(溫公集)》을 읽다가 이 시를 얻었는데 제(題)하기를, "2월 6일에 석각(石閣)[21]에 올라 요부 선생(堯夫先生)[22]에게 올렸다."라고 하였다. 느낀 바 있어 화운하였다.

어느 곳의 봄바람이 이리 좋은가　何處春風好
작은 동산에 꽃이 갓 피었네　小園花正新
모름지기 하나의 빛깔을 가지고도　須將一種色
천하의 봄을 알 수 있다네　驗得四方春

19 《온공집(溫公集)》 : 중국 북송의 명재상인 사마광(司馬光, 1019~1086)의 문집인 《온국문정사마공문집(溫國文正司馬公文集)》을 가리킨다.

20 저……것을 : 〈석각에서 봄에 바라보다〔石閣春望〕〉라는 제목의 시이다.

21 석각(石閣) : 석거각(石渠閣)을 가리키는 것으로, 중국 한(漢)나라 때 황실에서 서적을 보관하던 장서각(藏書閣)의 이름이다.

22 요부 선생(堯夫先生) : 중국 북송의 철학자 소옹(邵雍, 1011~1077)을 가리킨다.

두 번째 其二

작은 동산의 봄빛 비록 좋으나	小園春雖好
만물의 새로움 다 알긴 어렵다네	難窮物物新
누구와 더불어 높은 곳에 올라가	誰與登高去
천하의 봄을 두루두루 바라볼까나	縱觀天下春

이부 유대재·시강 이의숙과 청하동[23]에서 놀다가 운을 얻었다

與兪吏部大哉李侍講宜叔遊青霞洞 得韻

땅이 외지니 맑은 경치가 많고	地僻多晴景
손님이 오니 산새가 우네	客來山鳥鳴
바람 드는 창문을 차례로 열고	風櫺開次第
구름 낀 정자에 종횡으로 누웠네	雲檻臥縱橫
여린 잎새는 이제 겨우 색깔 분간되고	嫩葉纔分色
높이 걸린 샘물은 끊임없이 소리 내네	懸泉每有聲
대은[24]을 받아들일 만한 곳이니	猶堪容大隱
지름길 만들어지게 하지 마오	莫遣捷蹊成

23 청하동(青霞洞) : 북한산에 있는 골짜기의 이름이다.

24 대은(大隱) : 관직에 있으면서 은거한다는 뜻으로, 초야에서 은거하는 소은(小隱)과 상대되는 말이다. 중국 진(晉)나라 왕강거(王康琚)가 〈반초은(反招隱)〉에서, "소은은 산림에 은거하고, 대은은 조시에 은거하도다.〔小隱隱陵藪, 大隱隱朝市.〕"라고 한 데서 나온 말이다.

공필이 병이 나아 집으로 돌아왔기에 삼가 가대인[25]의 〈모춘〉에 차운하여 기쁜 마음을 적었다
公弼病愈還宅 伏次家大人暮春韻 書喜

지난날의 일은 끄집어내지 말지니	休提昨日事
우환이 마음을 쇠약하게 한다네	憂患使心衰
푸른 풀이 이제 막 웃음을 터뜨리니	草碧初開笑
노란 회화꽃 필 때가 된 듯하네[26]	槐黃似及期
잠이 많아서 일찍 부르는 걸 싫어하나	眠多嗔喚早
음식이 맛있어 늦게 올까 걱정이라네	食美畏來遲
집 밖에 나가서 한번 거닐어보기를	試步軒楹外
동산의 꽃가지 절로 어여쁘니	園花自好枝

25 가대인(家大人) : 남유용(南有容)의 아버지 남한기(南漢紀, 1675~1748)를 가리킨다.

26 노란……듯하네 : 회화꽃 필 때는 과거시험을 보는 시기를 뜻하기도 하고, 음력 7월을 뜻하기도 한다. 중국 당나라 때 과거시험에 떨어진 응시자들이 그해 7월에 새로 지은 문장을 다시 헌상(獻上)하였는데, 이때가 회화나무 꽃이 한창 노랗게 필 무렵인 데서 나온 말이다.

정군범 주 아우가 한천 선생께서 병석에 누워 지으신 절구 한 수를 읊기에 잇따라 화운하였다

鄭弟君範 鑄 誦寒泉先生病枕一絶 聊爾賡和

오도가 침으로 궁해졌는데 吾道固窮矣
선생의 병세 어떠하신지요 先生病若何
한번 보시오 물고기가 뛰어오른 후 試看魚躍後
다시 고요해졌을 때의 물결을 還是靜時波

이 주부 정언 에 대한 만사

李主簿 廷彦 輓

동사에서 서로 만난 것 곧 술자리였으니 東社逢迎卽酒筵
함께 구름 난간에 기대 졸졸 흐르는 샘을 읊었지 共倚雲檻賦鳴泉
한마디 말에 그대를 알아보았으니 기심[27] 없는 자였고
一言了爾無機者
두 눈으로 나를 바라보았으니 더욱 담박하였네 雙眼看吾更淡然
옥을 임금에게 바치지 않고 기꺼이 상자에 감추었으며[28]
玉未獻君甘韞櫝
경서를 자식에게 물려주고[29] 대신 전원으로 돌아갔네

27 기심(機心) : 자신의 목적을 이루기 위하여 교묘하게 꾀하는 마음을 말한다. 바닷가에 사는 어떤 사람이 매일 아침 수백 마리의 물새와 벗하며 어울려 노닐었는데, 그의 아버지가 데리고 놀 수 있도록 잡아 달라고 부탁하자 그 다음날 아침에는 한 마리도 내려와 앉지 않았다는 이야기가 《열자(列子)》 〈황제(黃帝)〉에 나온다.

28 옥을……감추었으며 : 벼슬길에 나아가지 않았다는 말로, 《논어》 〈자한(子罕)〉에서 나온 표현이다. 공자(孔子)의 제자 자공(子貢)이 "여기에 아름다운 옥이 있다고 할 때, 이것을 상자에 넣어 감춰두어야 합니까? 아니면 좋은 값을 받고 팔아야 합니까?"라고 묻자, 공자가 "팔아야지, 팔아야 되고말고. 나 역시 제값을 주고 살 사람을 기다리고 있다."라고 대답하였다.

29 경서를 자식에게 물려주고 : 중국 한나라 때 '추로(鄒魯)의 대유(大儒)'라고 일컬어졌던 위현(韋賢)이 네 아들을 잘 가르쳐 모두 현달하게 하였으므로, 당시에 "황금이 가득한 바구니를 자식에게 물려주기보다는 경서 한 권을 제대로 가르치는 것이 훨씬 낫다."라고 하였다는 데서 나온 말이다. 《漢書 卷73 韋賢傳》

經能遺子代歸田

고결한 사람이 주부 벼슬한 것이 무슨 해가 되랴마는

高人主簿知何害

추켜세워 천거할 힘 없었음 스스로 안타까워라　　無力吹噓可自憐

사천의 시에 차운하여 고인이 된 제수 서 공인[30]의 애장을 추후에 지었다

次槎川韻 追述亡嫂徐恭人哀章

우리 종가는 문헌공[31] 때부터	我宗自文憲
독자가 오래된 가문을 이어왔는데[32]	單嗣延故門
우리 대에 와서야 자녀가 줄을 이루어	及余始成行
화기애애하게 아우니 형이니 불렀네[33]	怡怡稱弟昆
막내아우는 문장으로 뛰어나	季也秀以文
우리 집안의 후손을 욕되게 하지 않았으며	不忝吾家孫
꼭 너와 같은 며느리를 고르고자 하여	擇婦欲如汝
부모의 사랑이 향하였네	父母愛所存
빛나지 않으랴 서씨 집안은 대대로	不顯徐氏世
가학에 본디 연원이 있어	詩禮固有源

30 서 공인(徐恭人) : 남유용(南有容)의 이복 아우인 남유정(南有定)의 처 달성 서씨(達城徐氏)를 가리키는 것으로, 문신 서명구(徐命九 1692~1754)의 딸이다.

31 문헌공(文憲公) : 남유용의 증조할아버지인 남용익(南龍翼, 1628~1692)을 가리킨다.

32 독자(獨子)가……이어왔는데 : 남유용의 증조할아버지인 남용익은 형제는 없고 누이만 3명이 있었으며, 할아버지인 남정중(南正重)은 적모(嫡母)에게서 나온 형제자매는 없고 서모(庶母)에게서 나온 3남 2녀가 있었으며, 아버지인 남한기(南漢紀)는 형제는 없고 누이만 6명이 있었다.

33 화기애애하게……불렀네 : 남한기는 남유상(南有常)·남유용·남유정 등 3명의 아들과 3명의 딸을 두었다.

후손 중에 빼어난 인재 많으며　　後出多俊哲
본손과 지손이 모두 번성하였네　　振振本支蕃
어리고 어여쁜 저 소녀는　　婉孌彼季女
규중에 좋은 말이 무성하였는데　　閨闥盛徽言
점을 치니 훌륭한 배필이라 하여　　龜筮謂嘉耦
시집오니 과연 명철한 여인이었네　　于歸果哲媛
과감하게 비녀며 귀걸이 같은 누추함을 벗어던지고[34]　　痛祛簪珥陋
덕성과 의리를 진실로 존숭하여서　　德義諒所尊
아침저녁으로 부녀자를 경계하는 말을 외우니　　晨夕誦婦誡
음성과 용모가 자못 맑고 온화하였네　　聲貌頗淸溫
깊고 고요하게 내면을 견지하여　　淵靜內自持
참으로 위의의 성대함이 있었으니　　寔有威儀繁
비록 시부모님의 사랑을 입었으나　　雖被尊章憐
전전긍긍 감히 은혜를 믿고 행동하지 않았네　　兢惕敢恃恩
지아비에 대한 도리를 깊이 이해한 데다　　深知夫子宜
더욱 고인의 뜻으로 돈독히 하니　　益用古意敦

34 과감하게……벗어던지고 : 탈잠(脫簪)의 규간(規諫)을 말하는 것으로, 남편을 보필하는 아내의 어진 덕을 의미한다. 중국 주나라의 선왕(宣王)이 어느 날 잠자리에서 게으름을 피우며 늑장을 부렸다. 이에 강후(姜后)가 방을 나와 비녀와 귀걸이를 벗고 죄가 있는 궁녀를 유폐시키는 곳인 영항(永巷)에서 대죄(待罪)하면서 부모(傅母)를 보내 왕에게 말을 전하기를, "첩이 못난 탓에 첩의 음심(淫心)이 나타나 군왕으로 하여금 예모(禮貌)를 잃고 늦게 조회하게 함으로써 군왕이 여색을 좋아하고 덕을 잊고 있음을 드러낸 꼴이 되었습니다."라고 자책하였다. 이로 인해 선왕이 각성하고 정사에 힘씀으로써 중흥주(中興主)라는 이름을 얻게 되었다. 《列女傳 周宣姜后》

참으로 두 사람의 아름다움이 합쳐져	允也二美合
거의 만복의 근원이 되었네	庶其爲福根
술년[35]에 통곡하였던 일은	慟哭閹茂事
창졸간이라 어이 다시 말하리오	倉卒那復論
된서리 내려 향기로운 혜초를 꺾고[36]	嚴霜折芳蕙
남은 위세 북당의 원추리[37]를 시들게 하였네	餘威悴堂萱
어둠 속 구천의 흙에	幽哉九原土
마르지 않는 것은 오직 눈물뿐인데	未晞惟淚痕
그래도 세상에 내려왔던 흔적 남았으니	猶存墮世跡
봉황이 원추[38]를 남겼네	九苞餘雛鵷
반짝반짝 빛나는 눈매 아름다우니	炯炯好瞳眉
물려받은 법도를 어찌 속일 수 있으랴	典刑安可諼
힘을 다해 외로운 뿌리[39]를 보호하여	努力護孤根

35 술년 : 이 시를 쓰기 전해인 1742년(영조18) 임술년을 가리킨다.

36 향기로운 혜초를 꺾고 : 혜초(蕙草)는 아름다운 향초(香草)로, 흔히 부인의 아름다운 자질을 '난초와 혜초의 자질〔蘭蕙之質〕'이라는 말로 표현한다. 혜초가 꺾였다는 것은 어질고 재주 있는 여인이 요절한 것을 의미한다.

37 북당의 원추리 : 《시경》 〈백혜(伯兮)〉에 "어찌하면 원추리를 얻어서, 저 당의 북쪽에 심을꼬.〔焉得萱草, 言樹之背?〕"라고 하였는데, 옛날에 모친이 북당(北堂)에 거처하였던 데서 북당의 원추리가 곧 모친을 의미하게 되었다.

38 원추(鵷雛) : 봉황의 일종이다. 《장자(莊子)》 〈추수(秋水)〉에, "남쪽에 새가 있는데, 이름을 원추라고 하네. 자네는 이 새를 아는가? 원추는 남해에서 출발하여 북해로 날아가는데, 오동나무가 아니면 머물지 않고 대나무 열매가 아니면 먹지 않으며 예천의 물이 아니면 마시지 않는다네."라는 내용이 보인다.

39 외로운 뿌리 : 돌보아 줄 사람이 없는 외로운 사람을 의미한다. 여기서는 고인(故

이 지초와 난초[40]의 동산을 다스려야지　理此芝蘭園
그대는 보았나 커다란 강과 바다의　君看江海大
근원이 곤륜산에서 비롯하는 것을[41]　濫觴自崑崙

人)의 아들을 가리킨다.

40 지초와 난초 : 훌륭한 자제들을 의미한다. 중국 동진(東晋) 때 큰 문벌을 이루었던 사안(謝安)이 자질(子姪)들에게, "어찌하여 사람들은 자기 자제가 출중하기를 바라는가?"라고 묻자 조카 사현(謝玄)이 "비유하자면 마치 지란(芝蘭)과 옥수(玉樹)가 자기 집 뜰에서 자라기를 바라는 것과 같습니다."라고 한 데서 유래하였다. 《晉書 卷79 謝安列傳》

41 그대는……것을 : 곤륜산(崑崙山)은 중국 서북방의 대지 가운데 우뚝 솟아 있는데, 옛날 중국에서는 모든 황하(黃河)의 원류가 이 산에서 발원한다고 생각하였다.

윤성구[42] 득민 에 대한 만사

尹聖求 得敏 輓

세모에 우리 임 생각 깊어가는데 歲暮偏深伯也思

위풍당당 군은 고인의 풍모 있네 頎然君是舊風姿

청금 입고 예를 갖춰 세자의 입학을 보좌하고[43] 青衿禮贊儲宮學

황갑에 이름 오르니 성주의 지우 입었네[44] 黃甲名登聖主知

인재 얻었다 기뻐하며 일찍이 잠 못 이루었는데 喜爲得人曾不寐

42 윤성구(尹聖求) : 윤득민(尹得敏, 1706～1743)을 가리킨다. 본관은 해평(海平)이며 자는 성구(聖求)이다. 윤두수(尹斗壽)의 후손으로, 통덕랑(通德郎) 윤식(尹湜)의 아들이다. 1740년(영조16) 증광시에서 진사 1등 3위로 합격하였으며, 1743년 성균관 유생을 대상으로 한 시험에서 뽑혀 직부전시(直赴殿試)하였다.

43 청금(青衿)……보좌하고 : 1742년(영조18)에 입학 집사가 되어 왕세자의 성균관 입학을 시위(侍衛)한 사실을 가리킨다. 청금은 푸른 깃을 댄 장삼(長衫)으로, 유생(儒生)의 옷이자 당시 성균관 학생들의 복장이기도 하였다. 이때의 상황을 《국역 영조실록》 18년 3월 25일과 26일 기사에서 인용하면 다음과 같다. "18년 3월 25일. 왕세자가 장차 입학하게 되어 성균관에서 생원・진사로 명망이 있는 사람을 정선(精選)하여 윤득민 등 무릇 9인을 집사(執事)로 비원(備員)하였다." "3월 26일. 왕세자가 입학하였다. 대제학 이병상(李秉常)이 박사(博士)로 진참(進參)하였는데, 장명(將命)은 윤득민이었다.……장명은 유생의 극선(極選)이었다."

44 황갑(黃甲)에……입었네 : 황갑은 과거에 갑과(甲科)로 급제하였다는 뜻으로, 갑과 급제자의 이름을 시권(試券)의 끝에 황지(黃紙)를 써서 붙인 데서 비롯하였다. 《영조실록》 19년(1743) 3월 21일 기사에 "홍문 제학 서종급(徐宗伋)에게 명하여 반궁(泮宮)에서 선비들에게 시험을 보여 진사 윤득민(尹得敏)을 뽑아 직부 전시(直赴殿試)하게 하고 나머지에게 모두 급분(給分)하였다. 삼일제(三日製)를 추후하여 설행한 것이었다."라는 말이 나오는데, 이를 가리키는 것으로 보인다.

세상 근심에 애통하니 사사로운 정 말할 수 있으랴 慟緣憂世可言私
희미한 등불 아래 평생의 이야기 못다 하였으니 殘燈未了平生話
아직도 호산에 밤비 내리던 때가 기억나네 尙記壺山夜雨時

유생 이희문[45] 도신 에 대한 만사
李生希文 度臣 輓

우뚝한 오동나무[46] 높은 뫼에 생기더니	孤桐生高岡
가지며 잎이며 어찌 그리 울창한가	枝葉何鬱鬱
잎은 그늘을 이뤄 봉황이 깃들 만하고	葉當蔭鳳凰
가지는 베어서 거문고와 비파를 만들 만하였네	枝當伐琴瑟
붉은 현 매고 너른 구멍[47] 내어	朱絃與疏越
대아[48]의 악가에서 절주로 삼았으니	大雅以爲節

45 이희문(李希文) : 이도신(李度臣, ?~1743)을 가리킨다. 본관은 연안이며, 희문은 그의 자인 것으로 보인다. 이천보(李天輔)의 종숙으로, 《진암집(晉庵集)》 권7에 〈종숙에게 올린 제문〔祭從叔文〕〉이 실려 있다.

46 우뚝한 오동나무 : 원문의 '고동(孤桐)'은 《서경(書經)》 〈하서(夏書) 우공(禹貢)〉에서 나온 말로, "역산 남쪽에 우뚝 자란 오동나무라.〔嶧陽孤桐.〕"라고 하였다. 채침(蔡沈)은 이에 주를 달아, "고동은 우뚝하게 자라는 오동나무이니, 그 재목이 거문고와 비파를 만들기에 적당하다.〔孤桐, 特生之桐, 其材中琴瑟.〕"라고 하였다.

47 붉은……구멍 : 종묘의 제사에 쓰이는 거문고를 가리킨다. 《예기(禮記)》 〈악기(樂記)〉에, "청묘에서 연주하는 비파는 붉은 실을 마전하여 줄을 만들고 판 밑에 구멍을 너르게 뚫는데, 한 사람이 선창하면 세 사람만이 화답하지만 유음(遺音)이 있다."라고 하였다. 마전한 숙사(熟絲)는 부드러워 탁한 소리가 나고 비파 바닥의 구멍이 크면 소리가 느리고 유장하다. 소리의 아름다움을 극도로 하지 않았기 때문에 좋아하는 자가 적지만, 이런 음악에는 다하지 않은 여음(餘音)이 있기 때문에 유음(遺音)이 있게 된다는 말이다.

48 대아(大雅) : 《시경》 시체(詩體)의 하나로, 가장 전아한 시이다. 주로 왕정(王政)의 흥망(興亡)을 노래하였으며 궁중의 연회나 전례(典禮) 때 연주되었다.

어느 곳에 이 악기를 보관할까	何所盛此器
엄숙한 청묘[49]의 방이라네	有嚴淸廟室
거문고를 타면서 명구를 치면	搏拊間鳴球
이에 희음이 발하게 되는데[50]	乃今希音發
이러한 일을 혹 만나지 못하면	玆事倘未偶
차라리 부엌으로 가 불에 타리라[51]	寧就廚下爇
뉘 능히 다른 나무들에 견주랴	誰能比衆木
먹줄 대고 깎으면 남다른 자질 되거늘	繩削爲異質
아득한 광릉의 산[52]엔	迢迢廣陵山

49 청묘(淸廟) : 종묘를 말하는 것으로, 국가의 정치와 교화를 행하는 곳이다. 하(夏)나라는 '세실(世室)', 은(殷)나라는 '중옥(重屋)', 주(周)나라는 '명당(明堂)' 또는 '청묘'라고 불렀다.

50 거문고를……되는데 : 귀신과 인간과 미물을 모두 감동시킬 수 있는 음악이라는 뜻이다. 《서경》 〈익직(益稷)〉에 "명구를 치고 거문고와 비파를 타면서 노래를 읊으니, 조고가 와서 이르시며 우빈이 자리에 있으면서 제후들과 덕으로 사양합니다. 당하에는 관악기와 땡땡이북을 진열하고, 음악을 합하고 멈추되 축과 어로 하며 생과 큰북을 번갈아 울리니, 새와 짐승이 너울너울 춤을 추며 〈소소〉 아홉 장이 끝까지 연주되자 봉황이 와서 춤을 춥니다.〔戛擊鳴球, 搏拊琴瑟, 以詠, 祖考來格, 虞賓在位, 群后德讓. 下管鼗鼓, 合止柷敔, 笙鏞以間, 鳥獸蹌蹌, 簫韶九成, 鳳凰來儀.〕"라고 한 데서 나온 말이다.

51 차라리……타리라 : 중국 후한(後漢) 말에 오(吳) 땅의 사람 중에 좋은 오동나무를 땔감으로 사용하는 자가 있었다. 문장가인 채옹(蔡邕)이 그의 집에서 나무가 타는 소리를 듣고, "이는 거문고의 좋은 재목이다."라고 하였다. 이에 그 나무를 달라고 하여 거문고를 만들었는데 과연 소리가 아름다웠다고 한다.《後漢書 卷60下 蔡邕列傳》

52 광릉(廣陵)의 산 : 광릉은 경기도 광주(廣州)의 옛 이름으로, 이곳에 있는 이도신 집안의 선산을 가리킨다.

세모에 서리와 눈 흠뻑 내렸을 텐데	歲暮饒霜雪
슬프고 슬프도다 이씨의 아들이	哀哀李氏子
길 제사[53]를 지내고 오늘 새벽에 나왔구나	祖軷今晨出
선비에게는 오동과 같은 마음 있어	士也有桐心
세운 뜻 자못 밝고 깨끗하다네	立意頗皎潔
품은 도 은은하게 드러났으나[54]	懷道闇以章
죽을 때까지 외려 오두막 신세였네	至死猶孤蓽
재목으로 태어났으나 재목이 되지 못하기도 하니	生材有不材
이러한 이치를 어찌 따질 수 있겠나	此理詎可詰
눈물을 흘리며 짧은 시를 쓰니	揮涕寫短篇
노래 불러 상불사[55]를 삼으리라	永言爲相紼

53 길 제사 : 원문의 '조발(祖軷)'은 조전(祖奠)과 같은 말로, 상여가 묘소로 가기 위해 집을 나갈 때 지내는 제사이다.

54 품은……드러났으나 : 《중용장구(中庸章句)》 33장의 "군자의 도는 은은하되 날로 드러난다.〔君子之道, 闇然而日章.〕"에서 나온 말이다. 군자는 문채가 드러나는 것을 싫어하여 숨기지만 품은 도가 심원하기 때문에 은연중 그 실제가 드러나게 된다는 뜻이다.

55 상불사(相紼詞) : 만사(輓詞)를 의미한다.

서장관으로 연경에 가는 태복 유대재를 전송하다[56]

送兪太僕大哉以書狀赴燕

노성한 준마가 예전에 지우를 입지 못하여	老驥昔未遇
마구간에 엎드려[57] 노예의 손에 곤욕을 당하였는데[58]	伏櫪困隷皁
한 번 울매 천구[59]가 텅 비어버리고[60]	一鳴空天廐
만 마리 말들이 다만 콩과 풀만 먹게 되었네	萬馬徒菽草
지존께서 누차 돌아보시고	至尊屢回眄

56 서장관으로……전송하다 : 《영조실록》 19년(1743) 7월 6일 기사에, "장계군(長溪君) 병(棅)을 동지 사은 정사(冬至謝恩正使)로, 유복명(柳復明)을 부사로, 유우기를 서장관으로 삼았다."라는 내용이 보인다. 태복(太僕)은 말과 수레를 담당하는 관직으로, 당시 유우기는 대동 찰방(大同察訪)의 자리에 있었다.

57 마구간에 엎드려 : 재주 있는 인물이 나이가 들도록 뜻을 펴지 못하고 궁지에 빠져 있는 상황을 비유하는 말이다. 중국 삼국 시대 위(魏)나라의 초대 황제 조조(曹操)가 〈하문을 걸어나오다〔步出夏門行〕〉에서, "늙은 천리마 마구간에 엎드려 있어도 뜻은 언제나 천 리 밖에 있고, 열사의 나이 늙었어도 장한 마음은 다함이 없네.〔老驥伏櫪, 志在千里; 烈士暮年, 壯心不已.〕"라고 한 데서 나온 말이다.

58 노예의……당하였는데 : 중국 당나라의 문인 한유(韓愈)의 〈잡설(雜說)〉에서 나온 말로, "세상에 백락이 있은 연후에야 천리마가 있음을 알게 된다. 천리마는 항상 있으나 백락은 항상 있지 않기 때문에 비록 명마가 있다고 할지라도 노예의 손에 곤욕을 치르면서 마구간 사이에서 보통 말들과 나란히 죽어갈 뿐, 천리마로 일컬어지지 못한다."라고 하였다.

59 천구(天廐) : 황실의 마구간을 이른다.

60 텅 비어버리고 : 좋은 말이 없다는 의미이다. 한유가 〈온처사가 하양군으로 부임해 가는 것을 전송하며 지은 서〔送溫處士赴河陽軍序〕〉에서, "백락이 한 번 기북의 들판을 지나가자 말들이 다 없어졌다."라고 한 데서 나온 말이다.

골격과 터럭이 훌륭한 것을 어여삐 여기셨으니	憐爾骨毛好
마땅히 임금의 수레에 멍에를 메고	行當駕五輅
주도[61]를 당당하게 치달려야 하였거늘	周道騁高武
어찌하여 사신의 수레를 좇아	胡爲逐使車
유연[62]의 도로를 달리게 되었나	却走幽燕道
유연의 십일월은	幽燕十一月
얼음과 싸락눈이 끝도 없이 하얗다네	氷霰白浩浩
대부와 시종들이 훌륭하여	大夫侍從良
화락한 모습으로 옥섬돌[63]을 걸어서	雍容玉墀步
두 손 가득 아름다운 문장 있었으니	滿手有繪章
임금을 위하여 화조를 받들었네[64]	爲君將火藻
이번 사행이 참으로 적절치 않으니	玆行亮非宜
마음에 괴롭지 않을 수 있으랴마는	能不惡懷抱

61 주도(周道) : '주(周)나라의 길'이라는 뜻과 '대로(大路)'라는 뜻이 있는데, 이를 다 포함하는 것으로 보인다. 여기서는 명(明)나라의 대로를 의미한다.

62 유연(幽燕) : '유주(幽州) 연경(燕京)'을 줄여서 말한 것으로, 곧 청(淸)나라를 가리킨다.

63 옥섬돌 : 대궐을 가리킨다.

64 화조를 받들었네 : 신하가 임금을 잘 보필함을 이른다. '화조(火藻)'는 중국 고대의 순(舜) 임금이 한 말에서 나온 것으로, "신하는 짐의 고굉과 이목이 되어야 한다. 내가 백성들을 도우려고 하거든 네가 도와주며, 내가 사방에 힘을 펴려 하거든 네가 해 주며, 내가 옛사람의 상(象)을 관찰하여 일(日)・월(月)・성신(星辰)・산(山)・용(龍)・화충(華蟲)을 그림으로 그리고 종이(宗彝)・조(藻)・화(火)・분미(粉米)・보(黼)・불(黻)을 수놓아 다섯 가지 색으로 오색의 비단에 드러내 옷을 만들려고 하거든 네가 밝혀 주어라."라고 하였다. 《書經 益稷》

평생 삼백 편의 시를 외웠으며[65]	平生三百詩
도를 들은 것이 대개 일찍부터였다네	聞道盖已早
돌아보건대 임금의 은혜 막중하니	顧惟主恩重
말 달리기엔 늙었다고 감히 말하랴	驅馳敢言老
나에게 두 명의 벗이 있는데	余也有二友
청컨대 그대 행로에 벗히시게	請子件行路
하나는 신이의[66]라 하고	一名愼爾儀
하나는 염이조[67]라고 하는데	一名廉爾操
근본적으로 취향이 같으니	知子本同趣
한 번 들으면 곧 반가워 엎어질 것이요	一聞卽顚倒
장차 가서 함께 주선하면	且去與周旋
천하의 누가 나를 모욕하겠는가	天下孰余侮

65 삼백……외웠으며 : 삼백 편의 시는 《시경》을 가리키는 것으로, 사신(使臣)으로서 전대(專對)하는 능력을 갖추었다는 말이다. 《논어》 〈자로(子路)〉에 "《시경》 삼백 편의 시를 외우면서도 사방에 사신으로 가서 혼자 응대하지 못한다면 비록 많이 외운다 한들 무슨 소용이 있겠는가?"라는 공자의 말이 보인다.

66 신이의(愼爾儀) : "네 거동을 신중히 하라."라는 의미이다.

67 염이조(廉爾操) : "네 몸가짐을 청렴하게 하라."라는 의미이다.

연경에 들어가는 부사 유 시랑 양휘 복명 를 전송하다[68]

送副使柳侍郞陽輝 復明 入燕

선우[69]가 사냥을 나갔을 때	單于出于畋
우리가 은조하고 은동하니[70]	我人殷頫同
붉은 활[71]과 건장한 말을	彤弓及高馬

68 연경에……전송하다 : 유 시랑(柳侍郞) 양휘(陽輝)는 유복명(柳復明, 1685~1760)을 가리키는 것으로, 유복명은 1743년(영조19)에 동지 겸 사은 부사로 청(淸)나라에 다녀왔다. 유복명의 본관은 전주이며 자는 양휘, 호는 만촌(晩村)이다. 1717년(숙종43) 문과에 장원급제한 후 1721년(경종1) 지평으로 있으면서 연잉군(延礽君)의 세제 책봉에 반대하는 소론 인사를 탄핵하다가 파직되었으며, 1724년 영조 즉위 후 재기용되어 대사간·도승지에 올랐으나 정미환국으로 다시 파직되었다. 이후 사면되어 형조참의·대사헌·경기 관찰사를 지내고 1745년 지중추부사 자헌대부로 기로소에 들어갔다. 시호는 정간(貞簡)이다.

69 선우(單于) : 청나라 황제를 낮잡아 부른 말이다.

70 은조(殷頫)하고 은동(殷同)하니 : 《주례(周禮)》〈추관사구 하(秋官司寇下) 대행인(大行人)〉에 나오는 말로, "시회할 때에는 사방의 금지사항을 발표하고, 은동할 때에는 천하의 정치를 시행하게 한다. 시빙할 때에는 제후들과 우호를 체결하고, 은조할 때에는 크고 작은 나라들의 사특함을 제거한다.〔時會, 以發四方之禁; 殷同, 以施天下之政; 時聘, 以結諸侯之好; 殷頫, 以除邦國之慝.〕"라고 하였다. 원문의 '은(殷)'은 '시(時)'와 상대되는 말로 '정기적'이라는 뜻이며, '동(同)'은 육복(六服)의 제후들이 모두 함께 천자를 알현하는 것이고 '조(頫)'는 일복(一服)의 제후가 알현하는 것을 이른다. 여기서는 청나라 황제를 알현하였다는 의미 정도로 쓰인 것 같다.

71 붉은 활 : 천자가 공이 있는 제후에게 하사하는, 붉게 칠을 한 활이다. 《시경》〈동궁(彤弓)〉에 "붉은 활이 느슨하게 풀어져 있는 것을 고이 받아 간직하였더니, 내 아름다운 손님이 있거늘 성심으로 주려 하는지라.〔彤弓弨兮, 受言藏之. 我有嘉賓, 中心

내려주어 대동[72]을 놀라게 하였네	錫賚驚大東
공께서 또 조정사[73]로 가시게 되니	公又朝正去
사신 행렬 끊이지 않는데	冠盖太憧憧
때는 숭정 후[74]	維時崇禎後
계해년이 장차 저물어가려 할 무렵	癸亥歲將終
요동과 계주[75] 사이를 돌아보매	顧視遼薊間
오랑캐 기운 아직도 흉흉하니	虜氣尙洶洶
옛말이 그저 망령되구나	古語徒妄耳
어느새 백 년이 지나버렸네[76]	未覺百年窮
지난날 현종 연간 초에	往者顯宗初
우리 할아버지께서 연경에 사신으로 가셨다가[77]	吾祖使燕中

貺之.]"라고 하였으며, 《춘추좌씨전》 문공(文公) 4년의 기사에 "제후들이 왕이 통한하게 여기는 상대를 대적하여 공을 세우면, 왕이 붉은 활 1개·붉은 화살 100개·검은 활과 화살 1000개를 하사하여 공에 보답하는 연회임을 밝힌다."라고 하였다.

72 대동(大東) : 우리나라를 가리킨다.

73 조정사(朝正使) : 정월 초하루에 신년 인사를 하러 중국으로 보내는 사신을 말한다. 하정사(賀正使)와 같은 말이다.

74 숭정(崇禎) 후 : 숭정은 중국 명나라의 마지막 황제인 의종(毅宗)의 연호로, 명나라를 그리워하고 청나라를 배척하는 마음에서 이렇게 말한 것이다.

75 요동(遼東)과 계주(薊州) : 조선에서 연경(燕京)으로 들어가는 길에 있는 지역이다.

76 어느새……지나버렸네 : 옛말에 "오랑캐의 운세는 백 년을 넘지 않는다."라는 말이 있는데, 청나라는 백 년을 넘어가고 있음을 한탄하는 말이다.

77 지난날……가셨다가 : 남유용(南有容)의 증조할아버지인 남용익(南龍翼)이 1666년(현종7)에 사은 겸 진주사의 부사(副使)로 청나라에 다녀온 사실을 가리킨다.

계문[78]에서 선비 하나[79]를 만났는데	薊門逢一士
털옷이 자못 엉키고 해졌었다 하네	毳服頗蒙戎
하늘을 가리키며 흥망을 통탄하고	指天慟興亡
목청껏 노래 부르며 눈물을 마구 흘리면서	浩歌淚橫縱
말하기를 형초와 교유할 때	謂言荊楚交
영웅호걸이 많이 왕래하였는데	往來多豪雄
읊조린 노래 초택에 흩어져[80]	謳吟散草澤
마치 가을벌레 울음소리 같아졌다네	有似啼秋虫
헤어지려 할 때 글을 써주었는데	臨別贈篇翰
읽는 이의 가슴에 기가 꽉 막힐 지경이었다 하셨네	讀者氣塡胸
이제 팔십 년이 지났는데	至今八十年
하늘이 취하였나[81] 아직도 흐리멍덩하여	天醉猶夢夢

78 계문(薊門) : 연경(燕京) 덕승문(德勝門)의 서북쪽에 위치한 문의 이름으로, 우리나라에서 중국으로 들어가는 관문을 지칭하는 것이다.

79 선비 하나 : 명나라 유민을 가리키는 것으로 보인다.

80 읊조린……흩어져 : 중국 초(楚)나라의 충신 굴원(屈原)이 지은 〈어부사(漁父辭)〉에 나오는 말로, "굴원이 조정에서 쫓겨나 강가에서 노닐고 못가에서 읊조릴 적에 안색은 초췌하고 모습은 마른 나뭇가지와 같았다.〔屈原旣放, 遊於江潭, 行吟澤畔, 顏色憔悴, 形容枯槁.〕"라고 하였다. 굴원은 소인의 참소로 조정에서 쫓겨나 초택을 거닐면서 나라를 걱정하는 노래를 지어 불렀다.

81 하늘이 취하였나 : 하늘이 술에 취하여 오랑캐인 청나라에게 중국을 다스리게 한 것을 한탄한 것이다. 중국 후한의 문인 장형(張衡)의 〈서경부(西京賦)〉에서 나온 말로, "옛날에 천제(天帝)가 진 목공(秦繆公)을 좋아하여 목공이 천제를 뵐 적에 균천광악(鈞天廣樂)을 연주하여 연향을 베풀어 주자 천제가 취하였다. 이에 천제가 금책(金策)을 만들어 이 땅을 하사하되 순수(鶉首)의 분야에서 잘라주었다."라고 하였다.

유민들은 타락[82]으로 배를 불리고	遺黎飫酮酪
조종으로부터 내려오던 은택 다 끊어졌네	流澤斬祖宗
구차하게 살아온 지 이미 몇 대가 지나	呴濡旣累世
습속이 다 갈려 없어졌으며	習俗成磨礱
오랑캐와 한족의 형세 서로 벌어져	夷漢勢相懸
마치 아이종 채찍질하듯 하네	鞭撻如家僮
고개를 숙이고 수치를 참으며	俛首忍愧耻
달단 몽고[83]와 혼인을 맺으니	娶嫁聯㺚蒙
천하의 일을 알 수 있는데	天下事可知
뜻있는 선비가 어찌 듣지 못하겠는가	志士寧無聽
이번 사행에 사신들을 가려 뽑으면서	今行簡使价
조정의 의논이 명공[84]에게 모임에	朝議屬明公
상아홀[85]로 이에 명령을 받드니	象笏乃承命
참판의 승질로 은총을 베푸셨네[86]	寵以貳卿崇

82 타락 : 짐승의 젖을 넣고 끓여서 만든 음식으로, 유목민족인 여진족의 대표적인 음식이다.

83 달단(韃靼) 몽고(蒙古) : 몽고족을 가리킨다.

84 명공(明公) : 명성과 지위를 갖춘 사람에 대한 존칭이며, 상대를 높여 부르는 말이기도 하다. 여기서는 유복명을 가리킨다.

85 상아홀 : 상아(象牙)로 만든 홀(笏)로, 4품 이상의 벼슬아치가 소지하였다.

86 참판의……베푸셨네 : 《국역 영조실록》에서 이에 대한 기사를 인용하면 다음과 같다. "19년(1743) 7월 1일. 김재로가 전 참의 유복명이 오랫동안 같은 벼슬에 적체되어 있었다 하여 품질(品秩)을 올려 동지 부사(冬至副使)로 차출하기를 청하니, 임금이 허락하였다." "7월 6일. 장계군(長溪君) 병(棅)을 동지 사은 정사(冬至謝恩正使)로, 유복명을 부사로, 유우기(兪宇基)를 서장관으로 삼았다." "8월 4일. 유복명을 공조 참판

《시경》 삼백 수를 뱃속에 채우고 拄腹三百詩
진작부터 외워서 능통하니[87] 夙昔誦以通
풍속을 보고 흥망을 알며 觀風識興廢
음악을 듣고 성쇠를 점치네 聞樂卜汚隆
이에 생각건대 사신의 직책이 玆惟使者職
오계[88]와 장차 자취를 나란히 할 것이거늘 吳季將比蹤
이 고루한 선비는 원대한 계책 없고 腐儒無遠猶
근심하는 바가 울타리와 담장에 있네 所憂在藩墉
진나라의 수척함[89] 또한 무엇이 기쁘겠나 秦瘠亦何喜
한나라의 병통이 바야흐로 크게 곪아갔으니 漢病方大癰
사람들의 마음이 태평에 젖어서 人心狃昇平
변방의 계책 점점 더 애통해졌네 邊計轉哀恫

으로 삼았다." "8월 14일. 유복명을 호조 참판으로 삼았다."

87 《시경》……능통하니 : 《시경》의 시를 외워 사신(使臣)으로서 전대(專對)하는 능력을 갖추었다는 말이다.

88 오계(吳季) : 중국 춘추 시대 오(吳)나라의 공자(公子) 계찰(季札, ?~?)을 가리킨다. 오왕 수몽(壽夢)의 넷째 아들로, 형제 중 가장 현명하여 후계자로 지명되었으나 굳이 사양하고 받지 않았다. 세 형을 차례로 보좌하면서 오나라의 부강을 이끌었고, 셋째 형인 이말(夷末)이 즉위한 후에는 왕의 즉위를 알리기 위해 각국을 순방하는 일을 자처하였다. 각국의 어진 사대부들과 교류하며 만방에 명성을 떨쳤으며, 후대에 사신의 임무를 잘 수행하는 사람의 대명사로 불렸다. 《史記 卷31 吳太伯世家》

89 진나라의 수척함 : 자신과 별 상관없는 사람의 어려움을 가리키는 말이다. 중국 당나라의 문인 한유(韓愈)의 〈쟁신론(爭臣論)〉에 "마치 월(越)나라 사람이 진(秦)나라 사람의 살지고 여윈 것을 보는 것처럼 마음속에 기쁘거나 슬픈 느낌을 전혀 갖지 않는다."라는 말이 나오는데, 월나라와 진나라는 각각 중국의 서북쪽과 동남쪽에 위치하여 멀리 떨어져 있다.

관문 방비의 계획이 엉성하고	齟齬關防畫
국경의 수비가 허술하였으며	踈濶山谿封
장정의 수를 줄여 귀신에게 군포를 물리고	虧丁誅鬼布
비축을 도와 관리들의 솥을 불려주었네	扶儲饒吏饔
더러운 둔마를 군마와 뒤섞어놓고	糞駑雜戎牡
마소 잡는 기구로 무기를 충당하면서	屠械充戰鋒
장수는 날마다 성대한 잔치 베풀며	將帥日高宴
문서와 장부를 교묘하게 미봉하네	文簿工彌縫
주상께서 홀로 근심하고 애쓰시는데	主上獨憂勤
조정은 또 조용하고 평화로우니	廊廟且雍容
뉘 능히 잘못된 일을 조목조목 열거하여	誰能條弊事
하나하나 구중궁궐 속에 알릴 수 있을까	一一徹九重
공은 시무를 파악하는 재능으로	公惟識務才
이치를 봄에 우둔하지 않으시니	見理不倥侗
얼마 전 사구의 아랫자리가 되어	乃者亞司寇
얼굴빛을 바로 하니 완악한 자들 두려워 벌벌 떨었네	正色慴頑童
한양의 부호와 귀인들 사는 마을에선	京師豪貴里
술주정과 약탈이 그로 인해 사라지게 되었는데[90]	酗奪爲之空

90 얼마……되었는데 : 당시 유복명이 형조 참의로 있으면서 금주(禁酒) 단속을 하고, 금주령 내리기를 주청한 사실을 가리킨다. 《국역 영조실록》에서 이에 대한 기사를 인용하면 다음과 같다. "19년(1743) 3월 20일. 임금이 형조 참의 유복명을 불러 풍문으로 들은 금주의 폐단에 대해 묻기를, '금주를 비록 그만둘 수는 없다 해도, 염문(廉問) 또한 폐단이 많으니, 도민(都民)으로 하여금 연못 속의 물고기가 되지 않게 하는 것이 옳다.' 하니, 유복명이 대답하기를, '신이 신금(申禁)하던 초기에 세 차례에 걸쳐 알아듣

나라를 떠나 갑자기 먼 길 가시게 되니 去國忽遠邁
나의 마음 근심스럽구나 令我心忡忡
관문에 눈이 한 길이나 쌓여 關河雪一丈
가리온 말[91]의 발자국 찍히는데 駱馬蹄相舂
왕사를 참으로 소홀히 할 수 없으니 王事實靡盬
나라의 선비가 마땅히 수고로움을 다해야 하네[92] 國士當瘁躬
두루 언덕과 진펄을 달려 자문을 하며[93] 周爰原隰諏
노력하여 서두르지 말아야 할 것이니 努力莫悤悤
어찌 같으랴 정나라의 대부가 豈如鄭大夫

도록 하였고, 이어 또 방(榜)을 걸어 효유하였습니다. 그리고 무릇 금법을 범하는 자는 일체 각 부(部)에 맡겨 보고하도록 하였습니다. 또 본조(本曹)에서 금리(禁吏)를 내보내면 빙자하여 침요(侵僥)할 염려가 없지 아니하기 때문에 항상 풍문으로 들어 알아차리고는 빚은 술의 대・중・소에 따라 율(律)에 의거해 다스리곤 하였습니다. 그러니 어찌 시끄럽고 가혹하며 잔단 폐단이 있겠습니까?' 하였다. 이때 유복명은 금주를 자신의 임무로 삼고 있었는데, 도민 중에 법을 범하여 죄를 받은 자가 많았다."

91 가리온 말 : 갈기가 검은 흰 말을 가리키는 것으로, 사신이 타고 다니는 말을 의미한다. 《시경》 〈사모(四牡)〉 제2장에 "네 필의 말이 쉴 새 없이 달려가니, 가리온 말이 하 많도다. 어찌 돌아가길 생각지 않으랴만, 왕사를 소홀히 할 수 없기에, 편안히 쉴 겨를이 없도다.〔四牡騑騑, 嘽嘽駱馬. 豈不懷歸, 王事靡盬, 不遑啓處.〕"라고 하였다.

92 왕사를……하네 : 《시경》 〈사모(四牡)〉에서 나온 말로, 이 시는 사신의 수고를 위로한 시이다. 바로 앞의 주석을 참조.

93 두루……하며 : 《시경》 〈황황자화(皇皇者華)〉에서 나온 말로, "휘황한 꽃이여, 저 언덕과 진펄에 있도다. 부지런히 달리는 사나이는, 행여 못 미칠까 염려하도다.〔皇皇者華, 于彼原隰. 駪駪征夫, 每懷靡及.〕", "내 말은 망아지이니, 여섯 가닥 고삐가 매끈하도다. 말을 달리며 채찍질하여, 두루 이에 자문을 하도다.〔我馬維駒 六轡如濡 載馳載驅 周爰咨諏〕"라고 하였다. 이 시는 사명(使命)을 받고 떠난 신하가 행여 임금의 뜻에 미치지 못할까 매양 염려하는 뜻을 노래한 것이다.

다만 국풍을 노래하는 데 능하였던 것[94]과　　　　徒能歌國風

94 정나라의……것 : 중국 정(鄭)나라의 양공(襄公)이 진(晉)나라에 갔을 때 정나라의 대부 자전(子展)이 〈장중자(將仲子)〉를 읊었고, 진나라의 대부 조맹자(趙孟子)를 위해 잔치를 베풀었을 때 역시 정나라의 대부 대숙(大叔)이 〈야유만초(野有蔓草)〉를 읊었다. 또 진나라의 대부 한선자(韓宣子)가 정나라에 왔다가 돌아갈 때 정나라의 대부인 육경(六卿)이 그를 교외에서 전별하였는데, 한선자가 "청컨대 그대들은 나에게 시를 읊어 주어 내가 정나라 사람들의 지향이 어떤지 알게 해주시오."라고 하였다. 이에 이들이 각각 시를 읊었는데, 자차(子齹)가 〈야유만초〉를, 자대숙(子大叔)이 〈건상(褰裳)〉을, 자유(子游)가 〈풍우(風雨)〉를, 자기(子旗)가 〈유녀동거(有女同車)〉를, 자류(子柳)가 〈탁혜(籜兮)〉를 각각 읊었다. 이 노래들은 모두 《시경(詩經)》에 실린 국풍(國風) 가운데 정나라의 노래들로, 정풍(鄭風) 가운데서도 음란하기로 이름난 노래들이다.

유생 오문경이 부쳐준 시의 운을 따라 지었다 전날 밤에 의숙이 오생을 데리고 달빛을 밟고 와서 모였다

次吳生文卿見寄韻 前夜宜叔携吳步月來集

종이창에 달빛을 맞이하니 말끔하기 그지없는데	紙窓延月澹新晴
반가운 손님 문 앞에 이르니 눈이 홀연 밝아지네	佳客臨門眼忽明
시주머니 겸 약봉지 끼고 하루하루 살아가는데	契活詩囊兼藥裹
옥 같은 사위 얼음 같은 장인 함께 와 흉금을 나누네[95]	襟期玉潤與氷清
마을의 먼 풍경은 등불이 막 흩어지려 하고	村墟遠色燈初散
정원의 엷은 추위에 눈이 오려고 하네	庭院微寒雪欲行
소년의 언어 묘한 것이 심히 기쁘니	强喜少年言語妙
문단에 다시 와종[96]의 소리 일어나리	詞垣重起臥鐘聲

95 옥……나누네 : 원문의 '옥윤(玉潤)'과 '빙청(氷淸)'은 각각 사위와 장인에 대한 미칭이다. 중국 진(晉)나라 사람 위개(衛玠)는 용모와 자태가 준수하여, 그가 총각(總角) 머리에 양(羊)이 끄는 수레를 타고 낙양(洛陽) 시가지에 들어서면 사람들이 다투어 나와 구경하면서 옥인(玉人)이라고 찬탄하였다. 위개의 장인 악광(樂廣) 또한 천하에 명망이 높아서, 사람들이 "장인은 빙청(氷淸)이요 사위는 옥윤(玉潤)이다."라고 하였다고 한다.《晉書 卷36 衛玠列傳》 오재순은 이천보의 사위로, 이 시가 쓰인 1743년에 17살의 나이로 혼인하였다.

96 와종(臥鐘) : 앞으로 문단에서 큰 역할을 하게 될 문인을 가리킨다.

유 태복의 사헌[97]에 부쳤다

奉投兪太僕使軒

서쪽 교외에서 나그네 전송하는 수레 몇 량이었던가 幾兩西郊送客車
겨울 매화만 말없이 나를 시름케 하네 寒梅脉脉獨愁余
북방의 눈보라에 돌아오는 기러기 없으니 朔方風雪無回鴈
용만[98]에 이르거든 자주 편지 부쳐주오 須及龍灣數寄書

97 사헌(使軒) : 여기서는 사신이 묵는 숙소를 가리킨다.

98 용만(龍灣) : 평안북도 의주(義州)의 옛 이름이다.

예부의 시원에서 최 전중[99] 진악 으로 하여금 운을 부르게 하고 이 영공[100] 중협 · 남 영공[101] 태량 과 함께 읊었다

갑자년(1744, 영조20)

禮部試院使崔殿中 鎭岳 呼韻 與李令 重協 南令 泰良 同賦 甲子

붉은 문서 자리에 쌓아놓고 날마다 가까이 보는데 朱券堆筵日見親
부질없이 꽃과 버들 따라 절로 계절 이루었구나 漫從花絮自爲辰
누구인가 채찍을 잡고 좋은 말 없다 나무라는 것이[102] 誰歟執策非無馬

99 최 전중(崔殿中) : 최진악(崔鎭岳, 1695~?)을 가리킨다. 조선 후기의 문신으로, 본관은 동주(東州)이며 자는 치중(峙仲)이다. 41세이던 1735년(영조11)에 문과에 급제하였다. 다른 사항은 알 수 없다.

100 이 영공(李令公) : 이중협(李重協, 1681~?)을 가리킨다. 조선 후기의 문신으로, 본관은 경주이며 자는 화중(和仲)이다. 1713년(숙종39) 문과에 급제한 후 정언 · 지평을 지내다 서장관으로 청나라에 다녀왔다. 이후 사간 · 수찬 · 교리 등을 역임하다 대간의 도리를 지키지 않는다 하여 의금부에 갇혔다가 해남으로 귀양 가고 다시 경원(慶源)으로 이배되었다. 1728년(영조4) 다시 승지에 오른 후 대사간 · 공조 참판 · 도승지 등을 역임하였다.

101 남 영공(南令公) : 남태량(南泰良, 1695~1752)을 가리킨다. 조선 후기의 문신으로, 본관은 의령이며 자는 유능(幼能), 호는 광릉거사(廣陵居士)이다. 1727년(영조3) 문과에 급제한 후 헌납 · 대사간 · 도승지 · 이조 참판 등을 역임하였다. 후에 이조 판서에 추증되었다.

102 채찍을……것이 : 중국 당나라의 문인 한유(韓愈)의 〈잡설(雜說)〉에서 나온 말로, "천리마에 채찍질을 하되 제대로 된 방법으로 하지 않고, 먹이를 주되 그 재능을 다할 수 없게 하고, 울어도 그 뜻을 알아주지 못하고 채찍을 잡고 다가가 말하기를, '천하에 훌륭한 말이 없다.'라고 하니, 아! 참으로 말이 없는 것인가, 말을 알아보지 못하는 것인가?"라고 하였다. 인재를 알아보지도, 제대로 기를 줄도 모름을 비판한

선비가 피리를 잡으면 사람을 현혹시킬 수 있다네[103] 士也操竽或眩人

경서(經書)를 공부한 선비들을 모아놓고 글재주를 시험하니, 어떻게 참된 재주를 얻을 수 있겠는가.

척박한 땅[104] 적셔줄 비와 이슬 빌려서 好借雨露霑瘠士

좋은 이웃 만나 널리 복숭아꽃 오얏꽃 심었으면 廣栽桃李賴芳隣

행주[105]에 내일이면 가벼운 배 있을 테니 杏洲來日輕舟在

오사모[106] 떨치고 묵은 먼지 속으로 들어가려네 擬拂烏紗入宿塵

것이다.

103 선비가……있다네 : 한유의 〈진상에게 답하는 글〔答陳尙書〕〉에서 나온 말이다. 제나라 왕이 피리를 좋아하였는데, 제나라에서 벼슬살이를 구하는 자가 비파를 가지고 가서 3년이나 왕의 문 앞에 서 있었으나 들어갈 수 없었다. 이에 원망하며 말하기를, "내가 비파를 타면 귀신을 오르내리게 할 수 있고, 내가 비파를 타는 것은 헌원씨(軒轅氏)의 가락과 합치한다."라고 하였다. 여기서는 선비가 옳고 그름이 아니라 임금의 취향을 따름으로써 세상을 오도(誤導)할 수도 있다는 뜻으로 쓰였다.

104 척박한 땅 : 문맥상 원문의 '척사(瘠士)'는 '척토(瘠土)'의 오기인 것으로 보인다.

105 행주(杏洲) : 경기도 고양시(高陽市)의 옛 이름이다. 행주대첩 이후로는 '행주(幸州)'라는 표기가 일반적으로 사용되었다.

106 오사모(烏紗帽) : 벼슬아치들이 관복(官服)을 입을 때에 쓰던 모자로, 검은 사(紗)로 만들었기 때문에 오사모라고 불렀다.

호구의 새로운 거처에서 우연히 시를 불렀다

壺丘新居 偶占

오솔길은 높은 곳으로 이어져 풀빛 무성하고　小徑緣高草色萋
사립문은 저자와 멀어 숨어 살 거처를 얻었네　柴門遠市得幽棲
촌가의 연기 밭두둑에 닿으니 사람들 말소리 들려오고　村煙接陌通人語
골짝의 벽려 덩굴 처마에 엉기니 새 울음소리 들리네　洞薜縈簷有鳥啼
새벽녘 벽에선 책을 펼치며 항상 달을 보고　曉壁撥書常見月
밤의 창가에선 베개에 기대 시냇물 소리 듣노라　宵窓欹枕欲聞溪
갑작스레 산거의 흥취 일어나면　儵然忽起山居興
부질없이 돌아올 기약 말하며 늙은 처를 속이네　漫說歸期誑老妻

바둑을 두고 난 후에 읊었다

棋罷有吟

하루 종일 쩡쩡거리는 것 또한 미련함 중의 하나라 終日丁丁亦一癡
모름지기 두지 않는 것이 바로 고수의 바둑임을 알아야지 須知不着是高碁
어쩌다 약한 상대를 꺾고 어찌 용맹하다 하리오 偶摧弱敵寧爲武
만약 강병을 만났다면 감히 기이한 수를 냈겠는가 使値强兵敢出奇
한 순간인들 살리고 죽임을 잊을 수 있겠는가 一刻可能忘活殺
평생토록 심기를 구속할까 그게 두렵네 百年端恐累心期
거미줄과 매미 허물 운운한 것은 높은 식견 아니니 蛛絲蜩甲非高識
어찌 파옹이 백학관에서 지은 시[107]만 하겠는가 何似坡翁鶴觀詩

107 파옹(坡翁)이……시 : 중국 북송의 문인 소식(蘇軾)이 지은 〈바둑 두는 것을 구경하며〔觀棊〕〉를 가리키는 것으로, 중국 여산(廬山)의 도관(道觀)인 백학관(白鶴觀)에서 지은 시이다. 시는 다음과 같다. "여산의 오로봉 앞 백학관 있던 자리. 키 큰 솔은 마당에 그늘을 드리우고 바람은 맑고 햇빛은 아름다웠네. 내 그때 홀로 머물면서 아무도 만나지 못했는데 누군가 바둑을 두는지 문밖에 신발 두 켤레만 놓여있네. 사람 소리 들리지 않고 이따금 바둑돌 내려놓는 소리뿐. 바둑판 마주하고 둘이 앉아서 누구인가 이런 맛을 궁구하는 이. 미늘 없는 낚시를 드리운 뜻이 어찌 방어 잉어에 있었으리. 어린아이도 제법 둘 줄 알아 손 가는 대로 바둑돌 내려놓네. 이기면 참으로 기쁘고 져도 또한 즐거우니 유유자적 한가롭고 여유 있게 그저 또 한 판 둘 따름이네.〔五老峰前, 白鶴遺址. 長松蔭庭, 風日清美. 我時獨游, 不逢一士. 誰與棋者, 戶外屨二. 不聞人聲, 時聞落子. 紋枰坐對, 誰究此味. 空鉤意釣, 豈在魴鯉. 小兒近道, 剝啄信指. 勝固欣然, 敗亦可喜. 優哉遊哉, 聊復爾耳.〕"《東坡全集 卷24》

형공(荊公)[108]이 바둑을 두며 지은 시에서 "마음은 거미줄 같아 푸른 하늘을 휘감고 다니는데, 몸은 매미 껍질처럼 마른 가지 되었네.〔心似蛛絲縈碧落, 身如蜩甲化枯枝.〕"[109]라고 하였으니, 바둑이 사람을 구속하는 것이 이렇게까지 되는 것이다. 동파(東坡)는 "이기면 참으로 기쁘고 져도 또한 즐겁다네.〔勝固欣然, 敗亦可喜.〕"라고 하였으니, 형공에 비해 자못 초탈하였다고 하겠다. 그러나 여전히 승패의 뜻을 잊어버리지는 못하였으니, 모두 바둑을 두지 않는 것으로 고수가 되는 것만 못한 것이다.

108 형공(荊公) : 중국 북송의 문인이자 정치가인 왕안석(王安石)을 가리킨다. 그러나 이 시는 황정견(黃庭堅)이 지은 것으로, 두 사람의 바둑 시가 종종 비교되었으므로 남유용(南有容)이 착각한 것으로 보인다. 왕안석의 시는 〈바둑〔棋〕〉으로, 원문은 다음과 같다. "莫將戲事擾眞情, 且可隨緣道我贏. 戰罷兩奩收黑白, 一枰何處有虧成."

109 마음은……되었네 : 마음을 온통 바둑판에 쏟고 몸을 조금도 움직이지 않는 모양을 표현한 말이다. 중국 북송의 문인 황정견(黃庭堅)의 〈혁기(奕棊)〉 2수 중 제2수에 나오는 구절로, 원문과 내용은 다음과 같다. "우연히 공무가 없어 객사에서 쉬다가 모인 자리에서 병법 논하며 바둑 두 판을 겨루었지. 마음은 거미줄 같아 푸른 하늘을 휘감고 다니는데 몸은 매미 껍질처럼 마른 가지 되었네. 상동은 한 눈으로 기꺼이 한 집을 죽였고 천하를 반분하여 아직 버틸 만하네. 누가 말했나 우리가 시간을 아낀다고. 별 기울고 달이 져도 알지 못하였는데.〔偶無公事客休時, 席上談兵校兩棊. 心似蛛絲游碧落, 身如蜩甲化枯枝. 湘東一目誠甘死, 天上中分尙可持. 誰謂吾徒猶愛日, 參橫月落不曾知.〕"《古今事文類聚 前集 卷42 伎藝部 奕棊》

한가로이 지내다 쌍계사[110]의 승려를 만나 가을에 만폭동[111]에 함께 가자는 약속을 하고 지었다
閒居逢雙溪衲子 置瀑洞秋期 有題

베개에 기대 꾀꼬리 소리 들으며 잠이 드니	欹枕眠黃鳥
벼슬을 그만두고 잠깐의 한가로움을 얻었네	休官得暫閒
버들잎 뾰얀데 안개가 그치지 않고	柳晴烟不歇
꽃잎 말끔한데 비가 막 돌아오네	花澹雨初還
하얀 겹옷[112] 새 옷이 지어지니[113]	白袷成新服
푸른 짚신[114]이 옛 산을 추억하네	靑鞋憶舊山
우연히 연사[115]의 노승을 만나	偶逢蓮社老

110 쌍계사(雙溪寺) : 수락산(水落山)에 있는 절의 이름이다.

111 만폭동(萬瀑洞) : 강원도 금강산(金剛山)에 있는 골짜기의 이름이다.

112 하얀 겹옷 : 사인(士人)의 복장을 가리킨다.

113 새 옷이 지어지니 : 《논어(論語)》 〈선진(先進)〉에 나오는 말로, 명리(名利)를 버리고 천리(天理)와 함께 유유자적하는 것을 말한다. 공자(孔子)가 일찍이 제자들에게 각자의 포부를 묻자 모두들 정치에 관심을 두었으나 증점(曾點)만은 "늦은 봄에 봄옷이 만들어지거든 관자 대여섯 사람과 동자 예닐곱 사람과 함께 기수에서 목욕하고 무우(舞雩)에서 바람 쐬고 시 읊으며 돌아오겠습니다."라고 하자 공자가 크게 칭찬하였다고 한다.

114 푸른 짚신 : 자연에서 유유자적하는 은자의 차림을 뜻한다. 중국 성당(盛唐)의 시인 두보(杜甫)가 〈봉선의 유 소부가 새로 그린 산수 병풍에 대한 노래〔奉先劉少府新畫山水障歌〕〉에서 "약야계요, 운문사로다. 나만 홀로 어이하여 속세의 진흙에 빠져 있나. 푸른 짚신에 삼베 버선 신고 놀기를 이제부터 시작하리라.〔若耶溪雲門寺! 吾獨胡爲在泥滓? 靑鞋布襪從此始.〕"라고 한 데서 나온 말이다.

청산을 유람하자 약속 남겼네 留約翠微間

115 연사(蓮社) : 승려와 유자(儒者)의 모임을 뜻한다. 중국 동진(東晋) 시대에 여산(廬山) 동림사(東林寺)의 고승 혜원(慧遠)이 도연명(陶淵明)·사령운(謝靈運) 등 승속의 18현과 함께 염불 결사를 하였는데, 그 절의 못에 백련이 있었으므로, '백련사(白蓮社)' 혹은 '연사'라고 칭한 데서 나온 말이다. 《蓮社高賢傳 慧遠法師》

이평일[116] 형만 이 귀양 사는 집에 차운하여 부쳤다
次寄李平一 衡萬 謫廬

내가 남쪽으로 이배(移配)되었을 때[117] 평일(平一)이 모강(茅江)까지 따라와 송별하며 시 한 수를 남겨서 이르기를, "뇌연은 동파와 같으니 또한 만 리 밖 해남이라.[118] 필마로 와서 전송하는데 밝은 해만 차가운 물을 비추는구나.〔雷淵似東坡, 海南亦萬里. 一馬來相送, 白日照寒水.〕"라고 하였는데 나의 행색이 황망하여 미처 화답할 겨를이 없었다. 그로부터 4년째 되는 해에 평일이 간관(諫官)으로서 세 신하의 일을 말하였다가 멀리 궁벽한 땅으로 귀양을 가게 되었다.[119] 내가 그때 마침

116 이평일(李平一) : 이형만(李衡萬, 1711~?)을 가리키는 것으로, 평일은 그의 자이다. 조선 후기의 문신으로, 본관은 경주이다. 1735년(영조11) 문과에 급제한 후 설서·지평 등을 지냈으며, 1744년 정언으로서 정실(鄭實)·민백상(閔百祥)·조중회(趙重晦)의 사면을 청하는 상소를 올렸다가 영조의 노여움을 사 기장현(機張縣)으로 유배되었다. 얼마 후 풀려났으며, 이후 주로 홍문관과 세자시강원·사헌부·사간원·승정원 등에서 근무하였다. 1751년에는 판결사로서 민백창(閔百昌)·이태(李泰) 사건을 조사하기도 하였다.

117 내가……때 : 남유용(南有容)은 1741년(영조17) 10월에 정언이 되었는데, 이때 상소를 올려 〈대훈(大訓)〉을 논한 일로 제주(濟州) 정의현(旌義縣)에 유배의 명이 내렸다. 곧이어 해남현(海南縣)으로 이배되었다가 다음해 1월에 석방된 바 있다.

118 뇌연은……해남이라 : 남유용과 소식(蘇軾)이 모두 '해남(海南)'이라는 지역에 유배된 적이 있는 사실을 말하는 것이다. 구법당(舊法黨)에 속한 소식은 신법당(新法黨)이 득세하면서 1097년에 중국 최남단의 해남도(海南島)에 유배된 바 있다.

119 그로부터……되었다 : 1744년(영조20) 4월 5일에, 이형만이 언로가 막힌 것을 개탄하면서 정실(鄭實)·민백상(閔百祥)·조중회(趙重晦)의 사면을 청하는 상소를

태묘(太廟 종묘(宗廟))에서 제사를 배종(陪從)하게 되어 숙재(宿齋)[120] 중이라 감히 나갈 수가 없어서 마침내 이전에 받았던 시에 화답하여 이르기를, "평일은 일개 소년의 몸으로 시사를 논하다 천 리 밖으로 유배되었네. 이런 사람들 몇 명만 더 있어도 내 나물 먹고 물 마심을 즐길 수 있으리.[121]〔平一一少年, 論事謫千里. 此輩更數人, 吾可樂蔬水.〕"라고 하였다. 그런데 시가 완성되기 전에 평일이 이미 출발하였기에 또 그 뒤를 이어 세 수를 작성해서 심부름꾼이 가는 편에 부쳐 보냈다. 마지막 장에 서로 권면하는 뜻을 깊이 담았으니 평일이 답을 하지 않을 수 없을 것이다.

장부가 한 번 발분하니	丈夫一發憤
반걸음에 만 리가 보이네[122]	跬步視萬里
신하가 되면 불충을 병통으로 여기나니	爲臣病不忠
병통이 장기 가득한 물[123]에 있는 것 아니라네	病不在瘴水

올렸다. 상소가 올라가자 영조가 이를 보고 대노하여 이형만을 경상남도 기장현(機張縣)에 귀양 보냈으며, 그의 소장을 봉납(捧納)한 승지 역시 체직시켰다.

120 숙재(宿齋) : 제사를 거행하기 전에 목욕재계하는 것을 이른다.

121 내……있으리 : 벼슬을 그만두고 전원으로 물러나 안빈낙도하는 생활을 말한다. 《논어》 〈술이(述而)〉에서 공자(孔子)가 "나물밥에 물을 마시고 팔을 베고 눕더라도 즐거움이 또한 그 속에 있으니, 떳떳하지 못한 부귀는 나에게 뜬구름과 같다."라고 한 데서 나온 말이다.

122 반걸음에……보이네 : 《순자(荀子)》 〈권학(勸學)〉에 "반걸음이라도 쌓이지 않으면 천 리에 이를 수가 없다."라고 하였으며, 〈수신(修身)〉에 "반걸음이라도 쉬지 않고 나아가면 절름발이도 천 리를 갈 수 있다."라고 하였다.

두 번째 其二

어찌 조석으로 그리워하는 맘 없으리오　豈無晨夕戀
부모님께서 아득한 천 리 밖에 계시는데　庭闈渺千里
임금에게 충성함이 곧 어버이의 뜻이니　忠君乃親志
양지[124]가 숙수의 봉양[125]보다 낫다네　養志勝菽水

세 번째 其三

내가 할 일 다했다고 말하지 마오　莫謂吾事了
앞으로 가야 할 길 만 리나 남았다오　前途卽萬里
부디 발 디디는 곳을 조심할지니　努力愼所蹈
사람을 빠뜨리는 것이 꼭 물인 것은 아니라오　溺人未必水

123 장기(瘴氣) 가득한 물 : 장기는 축축하고 더운 땅에서 생기는 독한 기운으로, 이형만이 바닷가에 있는 기장현으로 귀양 가게 된 것을 말하는 것이다.

124 양지(養志) : 부모의 뜻을 받들어 마음을 편하고 기쁘게 해드리는 것으로, 《맹자(孟子)》 〈이루 상(離婁上)〉에서 나온 말이다. 증자(曾子)가 그의 아버지 증점(曾點)을 봉양할 적에 반드시 술과 고기를 장만하고는 식사가 끝나면 반드시 누구에게 줄 것인지 묻고 남은 것이 있냐고 물으면 있다고 하였으니 이는 '뜻을 봉양한 것〔養志〕'이요, 증원(曾元)이 그의 아버지 증자를 봉양할 적에 반드시 술과 고기를 장만하였으나 누구에게 줄 것인지 묻지 않고 남은 것이 있냐고 물으면 없다고 하였으니 이는 단지 '몸만을 봉양한 것〔養口體〕'이라고 하였다.

125 숙수의 봉양 : '숙수(菽水)'는 '콩죽과 물'이라는 뜻으로, 가난하지만 어버이를 극진하게 봉양하는 것을 비유할 때 쓰는 말이다. 공자의 제자 자로(子路)가 집안이 가난해서 효도를 제대로 하지 못한다고 탄식을 하자, 공자가 "콩죽을 끓여 먹고 물을 마시더라도 기쁘게 해 드리는 일을 극진히 행한다면, 그것이 바로 효이다."라고 위로했던 데서 나온 말이다. 《禮記 檀弓下》

십탄 이 어르신에 대한 만사
十灘李丈輓

동산의 교목에 가을이 왔음을 일찍 알고	東山喬木早知秋
부자[126]께서 거문고와 책을 벗해 누대에 누우셨네	夫子琴書臥一樓
모습과 기색은 사람 중에 고인의 풍모 남아있고	態色人中餘古貌
치란성쇠는 국외에서 시국에 대한 근심 있으셨네	平陂局外有時憂
순량을 어찌 공수[127]·황패[128]를 예로 들리오[129]	循良孰以龔黃例

126 부자(夫子) : 여기서는 장자(長者)를 일컫는 말로, 이우신(李雨臣)을 가리킨다.

127 공수(龔遂) : ?~? 중국 전한(前漢)의 관료로, 순리(循吏)의 대표적인 인물로 꼽힌다. 선제(宣帝) 때 발해 태수(渤海太守)로 부임하였는데, 당시 발해의 백성들이 학정에 시달리다 칼을 차고 도적이 되는 경우가 많았다. 공수가 부임한 후 이를 보고, "너희들은 왜 소와 송아지를 허리에 차고 다니느냐?"라고 하며 허리에 차고 있는 칼을 팔아서 소와 송아지를 사게 한 후 농사를 짓게 하여 풍요로운 고장으로 만들었다고 한다. 《漢書 卷89 循吏傳》

128 황패(黃霸) : ?~기원전 51. 중국 전한(前漢)의 관료로, 순리(循吏)의 대표적인 인물로 꼽힌다. 하남 태수·양주 자사·영천 태수 등 지방관으로 있으면서 선정을 펼쳤다. 영천을 총 8년간 다스렸는데, 가난한 이들에게 닭과 돼지를 길러 생활에 보태게 하였으며 고을의 모든 일을 파악하고 주재하였다. 이에 간사한 자는 고을을 떠나고 도적의 수 역시 날로 줄어들었으니, 치적을 인정받아 경조윤으로 승진하였다. 기원전 58년에 전국 각지에서 봉황이 나타났는데, 영천에서 가장 많이 관찰되었다고 한다. 《漢書 卷89 循吏傳》

129 순량을……들리오 : 순량(循良)은 법을 지켜 백성을 잘 다스리는 관리를 뜻하며, 보통 어진 고을 원을 가리킨다. 이우신은 1714년(숙종40)에 정읍 현감(井邑縣監)이 되었는데, 이때 여씨향약(呂氏鄕約)을 실시하여 풍속을 순화한 공으로 종묘 령(宗廟令)으로 승진하였다. 1718년에 인제 현감(麟蹄縣監)이 되어 3세(稅)를 감면하였으며,

명론은 내 팔준·팔급[130]에게서 구하리　名論吾從俊及求
뻔질나게 소인배들 관각에 올랐으니　袞袞兒曹登館閣
대가의 문장 그만두기 어려우셨네　大家文采故難休

두 번째 其二

애환으로 중년에 헛된 인연 겪으시더니　悲歡中歲閱浮緣
만년 들어 유유자적 복력이 온전하셨네　晚節優游福力全
꼭 과거에 급제하여 높은 관직 오를 필요 없으니　未必崇華憑上第
또한 건강하여 장수를 감당할 수 있으셨네　也能康健耐高年
종문에는 이미 부탁하여 손자를 후사로 삼았으며　宗門已託孫爲後
황천길엔 무엇이 슬프리오 부인이 앞에 가신 것을　泉路何傷婦在前
자연의 조화 따라 돌아가시니[131] 세상 미련 전혀 없어

이후 대구 판관(大邱判官)으로 옮겨 민폐를 제거하였고, 함양 군수(咸陽郡守)를 지냈다. 1725년(영조1)에 의성 현감(義城縣監)으로 나가 흉년을 당한 백성들을 구제하고, 1727년 부평 부사(富平府使)로 승진하였다. 1733년에 원성 현감(原城縣監)이 되어 향약 12조문을 국문으로 번역하여 백성들이 알기 쉽게 하였다. 이 공으로 통정대부(通政大夫)에 올랐으며, 백성들은 송덕비를 세워 그 덕을 기렸다.

130 팔준(八俊)·팔급(八及) : 뛰어난 인재를 뜻하는 것으로, 중국 후한 말기에 명사(名士)를 분류하던 명칭 중의 일부이다. 그중 '팔준(八俊)'·'팔고(八顧)'·'팔급(八及)'·'팔주(八廚)'라는 명칭이 있는데, '준'은 사람 중에 빼어난 자를 가리키고, '고'는 덕행으로 사람을 이끌만한 자를 가리키며, '급'은 추종자를 이끌 능력이 있는 자를 가리키고 '주'는 재물로써 사람을 구제할 수 있는 자를 가리킨다. 여기서 '준고급주(俊顧及廚)'라는 말이 나와 재덕이 뛰어난 인재를 가리키게 되었다.

131 자연의……돌아가시니 : 중국 동진(東晉)의 시인 도잠(陶潛)의 <귀거래사(歸去來辭)>에 "자연의 조화를 따라 죽음으로 돌아가거니, 천명을 즐길 뿐 다시 무얼 의심하리오.〔聊乘化以歸盡, 樂夫天命復奚疑.〕"라고 한 데서 온 말이다. 죽음을 자연의 순리로

乘化了無塵世念

홀연히 누운 것이 꼭 주무시는 듯하셨네　　　　　倏然一枕宛如眠

공의 부인께서 지난 겨울에 먼저 돌아가셨다.

세 번째 其三

만년에 늘 물가 대숲 옆에 살고자 하셨으니　　　垂老長懷水竹居

탄옹[132]께서 자호하기를 또한 소소라고 하셨네　　灘翁自號亦蕭踈

흰 구름 밝은 달 두고 삼생[133]을 이야기하고　　　白雲明月三生話

화려한 집 황량한 무덤[134] 보며 몹시도 애통해하셨지

華屋荒原一慟餘

붙잡은 상여 줄에 슬픔이 얽히니 원례의 어자와 같고[135]

牽紼悲纏元禮御

받아들이는 것이다.

132 탄옹(灘翁) : 이우신(李雨臣)을 가리키니, 그의 호가 십탄(十灘)이기 때문이다.

133 삼생(三生) : 불교 용어로, 전생(前生)·금생(今生)·내생(來生)을 이르는 말이다.

134 화려한……무덤 : 살아서 살던 집과 죽어서 묻힌 무덤을 이르는 것으로, 인간의 덧없는 흥망성쇠를 뜻하기도 한다. 중국 위(魏)나라의 문인 조식(曹植)이 〈공후인(箜篌引)〉에서 "살아서는 화려한 집에서 살더니, 죽어서는 산언덕으로 돌아갔구나.〔生在華屋處, 零落歸山丘.〕"라고 한 데서 나온 말이다.

135 원례(元禮)의 어자(御者)와 같고 : 원례는 중국 후한의 고사(高士)인 이응(李膺)의 자로, 천하의 선비들이 모두 그를 흠모하였다. 당시 명사(名士)였던 순상(荀爽)이 이응을 찾아가 만나보고 또 그의 말을 모는 어자 노릇을 하였는데, 집에 돌아가서 기뻐하여 말하기를, "오늘에야 이군(李君)의 어자가 될 수 있었다."라고 하였다고 한다. 《後漢書 卷67 李膺列傳》 여기서는 이우신을 원례에, 그의 상여를 끄는 사람들을 순상에 비유한 것이다.

젖힌 휘장에 눈물 쏟아지니 숙피의 글 남았구나[136] 披帷淚迸叔皮書
우리 형님 잡초 우거진 산소 구비에 吾兄宿草東崦曲
애달픈 곡소리 부치고 싶지만 멀어서 안 들리겠지[137]
欲託哀聲恐漠如

내가 구성(駒城)[138]에서 객지 생활을 하고 있을 때 공께서 시를 부쳐 이르시기를, "천 봉우리의 흰 구름은 나그네의 뜻이요, 창가의 밝은 달은 고인의 기약이라.[139]〔千嶂白雲遊子意, 一窓明月故人期.〕"라고 하셨으니 제3수에서 이를 언급하였다.

136 숙피(叔皮)의 글 남았구나 : 숙피는 중국 후한의 역사가인 반표(班彪, 3~54)의 자이다. 만년에 역사 연구에 몰두하여 《사기후전(史記後傳)》 60여 편을 편찬하였고, 《한서(漢書)》를 편찬하려다 마무리하지 못하고 죽자 그의 아들 반고(班固)와 딸 반소(班昭)가 뜻을 이어 완성하였다. 채 완성하지 못한 이우신의 원고를 가리키는 것으로 보인다.

137 우리……들리겠지 : '우리 형님'은 남유용(南有容)의 큰형인 남유상(南有常)을 가리키는 것으로, 이우신의 사위였다. 남유상은 장인인 이우신이 작고하기 16년 전인 1728년(영조4)에 이미 세상을 떠났다.

138 구성(駒城) : 경기도 용인(龍仁)의 옛 이름이다.

139 천……기약이라 : 여기서 나그네는 남유용을, 고인(故人)은 남유상을 이르는 것으로 보인다.

칠석 전날에 가을 기운이 갑자기 서늘해져 처음으로 따뜻하게 데운 술을 마셨다

七夕前日 秋氣頓凉 始飮煖酒

정원의 나무에서 가을 소리 나더니	庭樹生秋響
쓸쓸하게 나그네의 옷자락 펄럭이네	凄凄動客袍
벌레 울음소리는 밤이 새도록 들리고	虫吟引宵永
매미 날개는 바람을 타고 높이 나네	蜩翼厲風高
아직 시원한 대자리 치우지 않았는데	未遽踈淸簟
슬그머니 따뜻한 막걸리가 생각나네	居然憶煖醪
염량에도 능히 변치 않을 수 있다면	炎凉能不變
여기서 인중 호걸임을 알 수 있다네	於此見人豪

가대인께서 동갑인 아홉 어르신들과 북영[140]의 연정[141]에 모이셨는데 내가 어르신들의 집안 자제들을 따라 하루 종일 시중을 들었다 술자리가 무르익자 호조 참판 권공[142] 적 이 시를 내었는데 낙사 기영회[143]의 운[144]을 사용하였기에 갑작스럽게 그 뒤를 이어 화답하여 기쁜 마음을 기록하였다

家大人與同庚九老會北營蓮亭 余從諸老家子弟陪侍終日 酒半小司徒權公 𥛚 出詩 用洛社耆英會韻 率爾賡和以志喜

140 북영(北營) : 창덕궁 북쪽에 있던 훈련도감의 분영(分營)을 가리킨다.

141 연정(蓮亭) : 창덕궁 후원에 있던 애련정(愛蓮亭)을 가리키는 것으로 보인다.

142 권공(權公) : 권적(權𥛚,, 1675～1755)을 가리킨다. 조선 후기의 문신으로, 본관은 안동이며 자는 경하(景賀), 호는 창백헌(蒼白軒) 등이다. 1713년(숙종39) 문과에 급제한 후, 대사간・대사헌・대사성・한성 판윤・형조 판서・예조 판서・판의금부사・우빈객 등 요직을 두루 역임하고 기로소에 들어갔다. 계모에 대한 효성이 지극해 정문(旌門)이 세워졌으며, 저서로 《창백헌집》이 있다. 시호는 효정(孝貞)이다.

143 낙사 기영회(洛社耆英會) : 중국 북송의 정치가 문언박(文彦博)이 서도 유수(西都留守)로 있을 때 부필(富弼)의 집에서 사마광(司馬光) 등 어질고 나이 든 사대부들을 모아 놓고 술자리를 베풀어 서로 즐겼던 모임을 낙양 기영회(洛陽耆英會) 또는 낙사 기영회라고 하였다.

144 낙사 기영회의 운 : 낙사 기영회에서 문언박이 지은 〈백온・중산 등을 모시고 동갑 모임을 가졌다〔奉陪伯溫中散等作同甲會〕〉의 운을 가리킨다. 시의 원문과 내용은 다음과 같다. "네 명의 나이 삼백 열두 살인데 하물며 함께 병오년에 태어났음에랴. 양원에서 시를 읊는 객이요 상산에서 지초 캐는 신선이로세. 청담이 끊임없으니 바람이 자리에 일고 흰머리 소소하니 눈이 어깨에 가득하네. 이러한 모임 일찍이 없었던 일이니 낙양에서 응당 그림 그려 전해야 하리.〔四人三百十二歲, 況是同生丙午年. 占得梁園爲賦客, 合成商嶺採芝仙. 淸談亹亹風生席, 素髮蕭蕭雪滿肩. 此會從來誠未有, 洛中應作畫圖傳.〕"

아홉 현인 덕을 같이 하고[145] 또 연세도 같으신데　九賢同德更同年
태어나신 달과 날짜만 조금 앞서거니 뒤서거니 하네　月日差堪序後先
군자의 마음이라 난초가 방에 있는 듯하고[146]　君子心期蘭在室
신선의 풍모라 백발이 어깨에 드리웠네　神仙顏貌雪垂肩
한겨울 소나무[147] 뜻을 일으켜 구장[148]에 참여하고　寒松作意參鳩杖
노숙[149]한 분들 빛을 발하여 주연을 벌였네　老宿揚輝敞酒筵
예로부터 낙양의 아름다운 일 전해오는데　從古洛中傳勝事
이번 놀이 그 누가 그림으로 그려 전할까　玆遊誰與畫圖傳

145 덕을 같이 하고 : 동일한 지향을 갖고 생각과 행동이 일치하는 것을 가리킨다. 《서경》 〈태서 중(泰誓中)〉에, "나에게는 난을 다스리는 신하 열 명이 있는데, 그들과 나는 마음이 같고 덕이 같다."라고 한 주(周)나라 무왕(武王)의 말이 실려 있다.

146 군자의……듯하고 : 군자의 인품이 지란지실(芝蘭之室), 즉 지초와 난초 같이 향기로운 풀이 있는 방에 있는 것 같다는 말이다. 《공자가어(孔子家語)》 〈육본(六本)〉에, "선한 사람과 함께 어울리는 것은 마치 지초와 난초가 있는 방에 들어가 있는 것과 같아서 오래 있어 그 향기를 맡지 못할 정도가 되면 곧 그와 동화되게 된다."라고 한 데서 나온 말이다.

147 한겨울 소나무 : 《논어》 〈자한(子罕)〉에, "날이 추워진 후에야 소나무와 잣나무가 나중에 시든다는 것을 알 수 있다."라고 하였다. 날씨가 아무리 추워져도 변하지 않는, 꿋꿋한 절개의 상징이다.

148 구장(鳩杖) : 손잡이 부분에 비둘기 모양을 새긴 지팡이로, 옛날에 나라에서 공로가 높은 늙은 신하에게 하사하던 물품이다.

149 노숙(老宿) : 나이와 덕이 높은 유자(儒者)를 이른다.

이 판부[150] 병상 대감 어른께서 동원에 있는 소헐정[151]에 제하라 하시기에 사천의 시운을 써서 명에 응하였다

李判府 秉常 台丈求題其東園少歇亭 用槎川韻 應命

조정에서 물러나실 때마다 홀로 가셨으니　朝退每孤往
작은 정자가 북쪽 숲에 기대어 있네　小亭依北林
유유자적 노년을 지낼 만하나　優游聊晩景
세상에 대한 근심과 즐거움[152]은 초심 그대로라네　憂樂尙初心

150 이 판부(李判府) : 판중추부사 이병상(李秉常, 1676~1748)을 가리킨다. 조선 후기의 문신으로, 본관은 한산(韓山)이며 자는 여오(汝五), 호는 삼산(三山)이다. 1710년(숙종36) 문과에 급제한 후 대사간·대사성·대사헌·대제학·형조 판서·공조 판서 등 요직을 두루 역임하였으며, 기로소에 들어가고 봉조하(奉朝賀)가 되었다. 노론의 당파적 입장을 굳게 지키며 탕평책을 반대하다 여러 번 파직되었다. 시호는 문청(文淸)이다.

151 소헐정(少歇亭) : 이병상의 집에 지어놓은 정자의 이름이다. 이천보(李天輔)의 〈소헐정기(少歇亭記)〉에 "지금 은퇴하신 봉조하(奉朝賀) 삼산(三山) 이공(李公)은……거처하는 집 북쪽에 정자를 지어놓고 편히 쉬는 곳으로 삼았는데, '소헐(少歇)'이라는 편액을 달았으니, 대개 사상채(謝上蔡)의 말에서 취해온 것이었다."라는 말이 보인다.

152 세상에……즐거움 : 중국 북송의 정치가 범중엄(范仲淹)의 〈악양루기(岳陽樓記)〉에 다음과 같은 말이 나온다. "아! 내가 일찍이 옛 어진 사람들의 마음을 살펴보았는데 이 두 가지와는 전혀 달랐으니, 어째서인가? 그들은 외물로 인하여 기뻐하지 않고, 자기 때문에 슬퍼하지 않았다. 조정의 높은 자리에 있을 때에는 백성들을 근심하고 강호에 멀리 나가 있을 때는 임금을 근심하였으니, 이는 나아가서도 근심하고 물러나서도 근심하는 것이다. 그렇다면 어느 때에 즐거워하였을까? 그들은 틀림없이 말했을 것이다. '천하의 근심을 누구보다 먼저 근심하고, 천하의 즐거움을 가장 나중에 즐거워

골짝 외지니 차가운 샘물 흘러나오고 洞僻寒泉出
뜨락 한적하니 고목이 깊구나 庭閒古木深
자욱한 먼지며 멈춰선 말 없으니 風埃無歇馬
찾아오는 이 거의 없음을 알겠네 料得少人尋

하라.'라고."

여러 군자들이 수락산에서 놀다가 '한류석상일주송'[153]으로 운을 나누어 시를 지었는데 내가 화운하여 진재[154]에게 주어서 그림의 뜻을 펼쳐보였다

諸君子游水洛 用寒流石上一株松分韻賦詩 余爲和之 遺眞宰以發畫意

김윤겸은 문곡[155]의 서손으로 그림을 잘 그렸는데 스스로 호를 진재라고 하였다.

아스라이 돌비탈은 저 멀리 이어지고　　靡靡石磴逈

버석버석 소나무 녹나무는 차갑네　　淅淅松楠寒

153 한류석상일주송(寒流石上一株松) : 중국 당나라 시인 노동(盧仝)의 〈유산하는 정삼을 만난 것을 기뻐하며 짓다〔喜逢鄭三遊山〕〉 가운데 마지막 구절이다. 시의 원문은 다음과 같다. "相逢之處花茸茸, 石壁攢峰千萬重. 他日期君何處好? 寒流石上一株松."

154 진재(眞宰) : 김윤겸(金允謙, 1711~1775)의 호이다. 조선 후기에 활동한 도화서의 화원(畫員)으로, 본관은 안동이며 자는 극양(克讓), 호는 진재・산초(山樵)・묵초(默樵) 등이다. 김수항(金壽恒)의 넷째 아들 김창업(金昌業)의 서자로, 명사들과 유람과 시회(詩會)를 함께하며 교유하였다. 정선(鄭敾)의 진경산수화풍을 계승하였으며, 중국 북방 및 금강산・한양 근교・단양・영남 지방 등을 여행하면서 진경산수화 제작에 몰두하였다.

155 문곡(文谷) : 김수항(金壽恒, 1629~1689)의 호이다. 조선 후기의 문신으로, 본관은 안동이며 자는 구지(久之)이다. 김상헌(金尙憲)의 후손이자 김수흥(金壽興)의 아우이다. 1651년(효종2) 알성 문과에 장원으로 급제한 후 도승지・육조의 판서・우의정・좌의정 등을 역임하였다. 숙종 즉위 후 허적(許積)・윤휴(尹鑴)를 배척하다 남인의 미움을 받아 영암에 유배되고 철원으로 이배되었다. 1680년(숙종6) 경신대출척으로 영의정이 되어 남인의 죄를 다스리다 남인이 재집권하자 진도로 유배, 위리안치되었다가 사사되었다. 1694년(숙종20)에 신원, 복관되었다. 한때 사림의 종주로 추대되었으며, 시문에 뛰어나고 글씨를 잘 썼다. 저서로 《문곡집》이 남아있으며, 시호는 문충(文忠)이다.

행인을 만나 산사가 어디 있는지 묻는데 逢人問山寺
석양이 말 안장을 비추네 斜暉在馬鞍

위의 시는 〈산에 들어가다〔入山〕〉이다.

바윗가 시내엔 푸른 덩굴이 이어지고 巖磎翠藤接
개울 길에는 붉은 낙엽이 흘러가네 澗道赤葉流
온종일 안개 자욱한 가운데 盡日烟霏中
그윽한 데 선가를 찾지 못하네 未窮禪家幽

위의 시는 〈절을 찾다〔尋寺〕〉이다.

객이 이르러도 누대에 오르지 않고 客至不上樓
시냇가 바위를 밟으며 가네 去蹋澗中石
상방의 등은 제 혼자 걸려있고 上房燈自懸
산 속 나무 어둑하여 이미 저녁이라네 山木晦已夕

위의 시는 〈내원(內院)[156]〉이다.

겨울 짐승은 숲 아래 웅크려 있고 寒獸伏林下
어린 중은 샘가에서 물을 긷네 小僧汲泉上
창을 열고 동트는 빛을 보는데 開窓覽曙色
묵은 구름 아직 봉우리를 벗어나지 않았네 宿雲未出嶂

위의 시는 〈새벽에 일어나다〔曉起〕〉이다.

156 내원(內院) : 내원암(內院庵)을 가리키는 것으로, 수락산(水落山)에 있는 암자의 이름이다.

골짝 텅 비어 흐르는 물 맑고 세차며　　谷虛水淸駛
서리 무성하니 바위가 썰렁하네　　霜繁石蕭瑟
오래 앉았노라니 폭포 있는지 잊어버리고　　坐久却忘瀑
다만 온갖 소리 하나인 듯 느껴지네　　但覺衆籟一

위의 시는 〈옥동(玉洞)[157]〉이다.

승려에게 철쭉 지팡이 돌려주고　　還僧躑躅杖
동자에게 술 단지 메게 하네　　荷童以酒壺
골짝을 나서 다시 말을 세우니　　出谷更駐馬
늦은 단풍 한 그루가 밝게 빛나네　　晩楓明一株

위의 시는 〈산을 나서다〔出山〕〉이다.

은사[158]를 부르는 노래 남아있으니　　招隱有遺歌
나의 마음 동쪽 봉우리[159]에 있다네　　我懷在東峯
초가집 있던 곳 알지 못하여[160]　　不識茅屋處

157 옥동(玉洞) : 수락산의 옥류동(玉流洞)을 가리키며, 이곳에 옥류 폭포가 있다.

158 은사(隱士) : 여기서는 조선 전기 생육신(生六臣)의 한 명인 김시습(金時習, 1435~1493)을 가리킨다.

159 동쪽 봉우리 : 원문의 '동봉(東峯)'은 수락산 만장봉(萬丈峰)을 가리킨다. 김시습은 이 봉우리를 매우 사랑하여 동봉이라는 애칭을 붙이고, 또 자신의 호로 삼기도 하였다.

160 초가집……못하여 : 김시습이 거처하던 장소를 찾지 못하였다는 것이다. 수양대군(首陽大君)이 왕위를 찬탈하였다는 소식을 듣고 승려가 되어 전국 각지를 유랑하던 김시습은 성종이 왕위에 오르자 1471년(성종2년)에 서울로 올라왔고, 이듬해 수락산에 들어갔다. 그는 수락산 중에서도 만장봉을 매우 사랑하여 '동봉(東峯)'이라 이름 짓고

쓸쓸하게 깊은 솔숲에 기대었네 惆悵倚深松

위의 시는 〈옛 일을 회상하다〔懷古〕〉이다.

매월당(梅月堂)을 지어 거처하였으며, 또 폭천(瀑泉) 부근에는 폭천 정사(瀑泉亭舍)를 지어 거처하였다. 그는 이곳에 살면서 농사를 짓고, 또 유가·불가·제자백가의 서적 5000여 권을 쌓아놓고 읽었다고 한다. 그러나 남유용(南有容)이 살았던 시대에 이미 자취를 찾을 수 없었고, 또 자세한 기록도 남아있지 않았다고 한다.

도원[161]에 사는 조생 욱 이 시를 청하기에 네 수를 써주었는데 도원에서 옛날에 놀았던 일[162]을 추억하여 기록하였다
桃源趙生 昱 乞詩 書贈四首 追記桃源舊遊

시냇물 굽이굽이 꺾어 흐르는데	一溪屢曲折
떨어진 꽃잎이 물을 따라 떠가네	落花流水去
홀연 고깃배 탄 객을 만났으니	忽逢漁舟客
예가 바로 나루를 물은 곳인 듯[163]	似是問津處

두 번째 其二

오래된 시내에 날다람쥐 치달리고	澗古蒼鼯走

161 도원(桃源) : 강원도 정선(旌善)의 옛 이름이다.

162 도원에서……일 : 남유용(南有容)의 아버지인 남한기(南漢紀)가 64세이던 1738년(영조14) 2월에 정선 군수(旌善郡守)로 부임하였다가 3년 뒤인 1741년에 사직한 바 있다. 이때 있었던 일을 가리키는 것으로 보인다.

163 시냇물……듯 : 도원(桃源), 즉 강원도 정선을 무릉도원(武陵桃源)에 비유한 것으로, 중국 동진(東晋)의 문인 도잠(陶潛)이 지은 〈도화원기(桃花源記)〉에서 그 내용을 가져온 것이다. 진(晉)나라 무제(武帝) 때 무릉(武陵)에 사는 한 어부가 배를 타고 가다 길을 잃었는데, 시내를 따라 계속 가다 보니 양쪽 언덕에 도화(桃花)가 흐드러지게 피어 흩날리고 있었다. 그러다 시내의 근원에 갑자기 별천지(別天地)가 나타났는데, 그곳에서 진(秦)나라 때 난리를 피해 들어온 사람들을 만나 대접을 잘 받고 돌아왔다. 그 고을 태수가 그 말을 듣고 사람을 시켜 그곳을 다시 찾으려고 하였으나 길을 찾지 못하였고, 고사(高士)인 유자기(劉子驥) 또한 그곳에 가려고 하였으나 가지 못하고 죽음으로써 마침내 나루를 묻는 사람이 없게 되었다고 한다. 《陶淵明集 卷6》

텅 빈 배에 흰 새가 날아오르네　　舟虛白鳥上
술에 취해 의풍정[164]에 누우니　　醉臥倚風亭
온종일 한 그루 솔바람 소리 들리네　　盡日孤松響

세 번째 其三

아스라이 개울 길 멀기만 한데　　靡靡澗道遠
도롱이에 산비가 떨어지네　　簑衣山雨滴
송아지는 방만하게 걷지 말아라　　牛子莫放步
산옹이 취해서 떨어지려 하니　　山翁醉欲落

네 번째 其四

희미한 달 아직 높이 뜨지 않았는데　　微月出未高
바람과 이슬이 차가운 절벽을 씻어내네　　風露灑寒壁
밤기운 서늘해 봉창[165] 닫고 누우니　　夜凉掩篷臥
강물 소리 솨 하고 들려오네　　江聲來淅瀝

164 의풍정(倚風亭) : 강원도 정선에 있는 정자의 이름이다.

165 봉창(篷窓) : 거적을 씌운 배의 창문을 의미한다.

동호[166]에서 배를 타고

東湖舟中

지친 말로 도성 거리 돌아다니기 어려워	倦馬難爲紫陌遊
일어나 강해로 오니 고깃배가 있네	起來江海有漁舟
봉창 걷자 용문의 풍경 손에 잡힐 듯하니	褰篷欲攬龍門色
뜬구름 보내 나의 두 눈 가리게 하지 마오	莫遣浮雲隔兩眸

166 동호(東湖) : 한강(漢江) 가운데 뚝섬에서 옥수동에 이르는 곳을 일컫는데, '두뭇개'라고도 하였다. 서울 지역 한강의 동쪽에 위치하여 붙여진 이름이다.

삼가 가대인의 시운을 따라 지어 도원의 조생에게 주었다
敬次家大人韻 贈桃源趙生

해진 갈옷 차림 그대의 험난한 행로를 슬퍼하니	裋褐悲君行路難
새벽녘 눈보라에 창가의 추위 매섭네	曉來風雪一窓寒
꾀꼬리는 깊은 골짝에서 높은 나무로 옮겨가는데[167]	鸎從幽谷遷于木
풀이 물가에 있으니 난이라 지목하네[168]	草在芳洲目以蘭
영사[169]는 재능이 많아 종도 또한 사랑하였고[170]	穎士多才奴亦愛

167 꾀꼬리는……옮겨가는데 : 《시경》 〈벌목(伐木)〉에서 나온 말로, "쩡쩡 소리를 내며 나무를 베거늘 꾀꼴꾀꼴 새가 울도다. 깊은 골짜기에서 나와 높은 나무로 옮겨가도다. 꾀꼴꾀꼴 꾀꼬리 울음이여, 벗을 찾는 소리로다.〔伐木丁丁, 鳥鳴嚶嚶. 出自幽谷, 遷于喬木. 嚶其鳴矣, 求其友聲.〕"라고 하였다. 이 시는 대개 벗의 필요성을 읊은 시라고 하는데, 앞부분을 따로 떼어 학문의 진전이나 신분의 상승을 비유하는 내용으로 쓰기도 하였다.

168 풀이……지목하네 : 중국 한나라 때 지어진 작자 미상의 악부인 〈임고대(臨高臺)〉에서 나온 말로, "강가에 향기로운 풀 있으니 난이라 지목하네〔江有香草目以蘭.〕"라고 하였다. 남유용(南有容)은 권1에 실린 〈난초에 꽃이 피고 봄비가 내렸기에 기쁜 마음으로 시를 읊어 태화께 올리다〔蘭有華値春雨喜吟上太華〕〉에서 이 구절을 언급하며, "이를 해석하는 자가 말하기를 '강에 향초가 있는데 비록 그 이름을 알지는 못하나 모두들 난초로 지목하였다.'라고 하였다."라고 하였다.

169 영사(穎士) : 소영사(蕭穎士, 717~768)를 가리킨다. 중국 당나라의 문인·명사로, 자는 무정(茂挺)이다. 4살에 글을 짓고 10살에 태학생이 되었으며, 735년(개원23)에 진사에 장원으로 합격하였다. 서예와 옛날 주문(籀文)에 조예가 깊고 시를 잘 지었으며, 비서정자(秘書正字)를 지냈다. 집안에 장서(藏書)가 많고 그 집안의 노비들도 모두 문자를 알고 시에 능하였다고 한다. 문인들이 문원 선생(文元先生)이라 불렀으며, 저서로 《소무정문집》 등이 남아있다.

매신[171]은 불우할 때 아내가 크게 탄식하였네[172]　買臣落魄婦休嘆
선향에서 산을 나누어 살자는[173] 약속 오래되었는데 仙鄕久置分山約
수레를 차비하고 서로 어울리다 보니 어느덧 세모라네
膏秣相從指歲闌

170 종도 또한 사랑하였고 : 소영사를 10년 동안 섬긴 종이 있었는데, 모진 매를 자주 맞았다. 어떤 사람이 종에게 떠날 것을 권하자, 종은 "내가 떠나지 못하는 것이 아니라 그의 훌륭한 재주를 사랑해서 남아있는 것이다."라고 말하고는 끝내 떠나지 않았다. 《新唐書 卷202 蕭穎士傳》

171 매신(買臣) : 주매신(朱買臣, ?~기원전 115)을 가리킨다. 중국 전한(前漢)의 관료로, 자는 옹자(翁子)이다. 집이 가난하여 50살이 되도록 땔나무 장사를 하며 공부하였다. 후에 장안(長安)으로 가서 상계리(上計吏)에 속해 지내던 중, 엄조(嚴助)의 추천으로 무제(武帝)에게 《춘추》를 강설하게 되어 중대부(中大夫)에 오르게 되었다. 그 후 회계 태수(會稽太守)를 지내고 황명으로 동월(東越)을 공격해 공을 세웠으며, 입조하여 주작도위(主爵都尉)가 되고 결국 승상장사(丞相長史)가 되었다.

172 아내가 크게 탄식하였네 : 주매신은 집이 가난하여 땔나무를 팔러 다니면서 책을 읽었다. 아내가 이를 부끄럽게 여겨 이혼하려 하자 주매신은 자신이 50살에 부귀해질 상인데 지금 40이 넘었으니 조금만 기다려달라고 하였다. 그러나 아내는 결국 이혼 후 다른 남자에게 시집을 갔고, 후에 땔나무를 줍다 주매신과 마주치자 밥 한 끼를 대접하였다. 주매신은 그 후 장안으로 가서 무제(武帝)에게 인정을 받고 고향인 회계(會稽)의 태수가 되어 돌아왔다. 태수를 맞이할 길을 청소하고 있던 전처 부부를 본 주매신이 그들을 수레에 태워 관사에 데려가 밥을 대접하였는데, 한 달쯤 뒤 전처는 부끄러움에 스스로 목숨을 끊고 말았다.

173 산을 나누어 살자는 : 친한 사람끼리 경치 좋은 곳에서 함께 사는 것을 말한다. 중국 송나라의 문신 장영(張詠)이 화산(華山)에 은거하고 있는 희이 선생(希夷先生) 진단(陳摶)을 만나서, "원컨대 화산 반쪽을 나누어 살고 싶은데 되겠습니까?"라고 하자, 진단이 "다른 사람이면 몰라도 공이라면 내 마땅히 반을 나누어주겠소."라고 말하였다는 고사가 있다. 《宋史 卷457 隱逸列傳上 陳摶》

부사로 연경에 가는 어 참판[174] 유룡 을 전송하며
送副使魚參判 有龍 之燕

유주[175]의 길에 말을 몰고 가노라니　驅馬幽州道
호가[176] 소리 들리고 백초[177]가 나부끼네　胡笳白草翻
백 년의 짧은 운이 아니요[178]　百年非短運
삼호는 다 헛말이로구나[179]　三戶是空言

174 어 참판(魚參判) : 어유룡(魚有龍, 1678~1764)을 가리킨다. 조선 후기의 문신으로, 본관은 함종(咸從)이며 자는 경우(景雨)이다. 1713년(숙종39) 문과에 급제하였다. 경종 때 대간의 자리에서 왕세제 책봉을 반대하는 소론파의 처벌을 주장하고 세제대리청정을 반대하는 조태구(趙泰耉) 등을 탄핵하다 임인옥사를 맞아 유배되었다. 영조 즉위 후 재기용되어 사간·집의·황해 감사 등을 지냈으나 정미환국으로 파직되었다. 이후 복직되어 대사간·한성 판윤을 거쳐 지중추부사로 기로소에 들어가고 판돈녕 부사에 올랐다. 시호는 정헌(靖憲)이다.

175 유주(幽州) : 지금의 중국 하북성(河北省) 일대의 땅 이름이다.

176 호가(胡笳) : 옛날 중국 북방의 민족들이 불던 관악기를 이른다.

177 백초(白草) : 북방의 변경 지역에 많이 나는 풀의 이름으로, 흰색을 띠고 있으며 주로 말 먹잇감으로 쓰인다. 북방 변경의 황량한 풍경을 묘사할 때 흔히 쓰인다.

178 백……아니요 : 옛말에 "오랑캐의 운세는 백 년을 넘지 않는다."라는 말이 있는데, 청나라는 백 년을 넘어가고 있음을 한탄한 것이다.

179 삼호(三戶)는 다 헛말이로구나 : 중국 전국 시대 말년에 진(秦)나라가 초(楚)나라 회왕(懷王)을 속여서 청하고는 돌려보내지 않았다. 회왕이 돌아오지 못하고 결국 그곳에서 죽게 되자 초나라 사람들의 진나라에 대한 원한이 매우 깊어져 당시에 "초나라가 비록 세 집〔三戶〕이라도 진나라를 망치는 것은 반드시 초나라일 것이다."라는 말을 하였다고 한다. 그런데 그 뒤에 초나라 항우가 군사를 이끌고 삼호진(三戶津)을 건너 진나라의 장감(章邯)을 격파하고 멸망시켰으니 그 말이 예언이 되었다는 이야기가 있

학의 그림자는 화표[180]에서 길을 잃고[181]	鶴影迷華表
봉화 연기는 변방 관문에 가득 찼네	狼煙漲塞門
황하 밖에 싸움 일어났단 말 전해 듣고	傳聞河外戰
가장 먼저 군사 일으킨 악왕[182]의 후손이여[183]	首事岳王孫

다.《史記 卷7 項羽紀》 여기서는 더 이상 명(明)나라의 원수를 갚을 길이 없음을 한탄한 것이다.

180 화표(華表) : 화표주(華表柱)를 말하는 것으로, 옛날에 궁전이나 성문, 무덤 앞에 장식용으로 세우던 거대한 돌기둥이다. 여기서는 특히 정영위(丁令威)의 고사와 관련된 중국 요동성(遼東城) 성문 앞의 백탑(白塔)을 가리킨다.

181 학의……잃고 : 정영위와 관련된 고사에서 나온 말로, 도잠(陶潛)의《수신후기(搜神後記)》 권1에 다음과 같은 이야기가 전한다. 정영위는 중국 한나라 때 요동(遼東) 사람으로, 도를 배워 신선이 되었다는 전설 속의 인물이다. 영허산(靈虛山)에서 도를 닦아 신선이 된 후 학으로 변해서 고향을 찾아왔는데, 벌써 천 년의 세월이 지나 아무도 알아보는 사람이 없었다. 이때 어떤 소년이 활을 들고 쏘려고 하자 공중으로 날아가 배회하면서 말하기를, "이 새는 정영위라네. 집 떠난 지 천 년 만에 비로소 돌아왔네. 성곽은 옛날 그대로인데 사람들은 옛날 백성이 아니네. 어찌 신선술 배우지 않아 무덤만 즐비한가?〔有鳥有鳥丁令威, 古家千年今始歸. 城郭如故人民非, 何不學仙冢纍纍?〕"라고 탄식하며 창공으로 날아가 버렸다고 한다.

182 악왕(岳王) : 중국 남송의 명장 악비(岳飛, 1103~1141)를 가리킨다. 자는 붕거(鵬擧)이다. 1126년에 금(金)나라 군대에 북송이 무너지자 고종(高宗)과 함께 남쪽으로 퇴각하였다. 이후 청원군 절도사(淸遠軍節度使)·선무부사(宣撫副使)·선무사 등에 임명되어 중원의 회복에 진력하였으며, 금나라가 점령했던 일부 지역을 수복하였다. 그러나 주화파의 우두머리였던 재상 진회(秦檜)가 악비를 무고하여 옥에 가둔 후 1141년에 '그런 일이 있었을지도 모른다.'라는 죄명을 씌워 처형하였다. 효종(孝宗) 때 무목(武穆)이라는 시호가 내려졌고, 영종(寧宗) 때 악왕(鄂王)에 추봉되었다. 저서에《악무목집(岳武穆集)》이 남아있다.

183 황하……후손이여 : 중국 남송의 충성스러운 장수 악비의 후손 악종기(岳鍾琪, 1686~1754)가 청나라의 장수가 되어 청나라 오랑캐를 위해 복무하는 것을 한탄한

것이다. 악종기는 악비의 21세손으로, 자는 동미(東美)이며 호는 용재(容齋)이다. 1711년(강희50) 연납(捐納)으로 송반진중군유격(松潘鎭中軍遊擊)에 임명되었다가 부장(部將)으로 발탁되었으며, 이후 서장(西藏)의 반란을 진압한 공으로 사천(四川) 총독에 임명되었다. 1717년 몽고 중가르부(部)의 티베트 침입을 막았고, 1723년(옹정원년) 청해(青海)에서 몽고 나복장단진(羅卜藏丹津)의 반란을 진압하고 북서쪽 변경을 확보하기 위해 노력하였다. 이후 천섬(川陝) 총독으로 임명되었으며, 1729년 영원대장군(寧遠大將軍)에 임명되어 갈이단책령(噶爾丹策零)을 토벌하였다. 제생(諸生) 증정(曾靜)이 편지를 보내 반청(反淸) 활동에 나설 것을 권하였지만 바로 고발하였다. 1732년 탄핵을 받고 삭탈관직 당하였으나 건륭제가 즉위하면서 용서받았다. 1748년(건륭13) 사천 총독으로 재기하여 대금천(大金川)의 반란을 진압하였으며, 이후 공작(公爵)에 봉하여지고 양근(襄勤)이라는 시호를 받았다. 강희제・옹정제・건륭제 삼대를 섬겨 삼조무신거벽(三朝武臣巨擘)이라고 불렸다.

금성[184] 수령 이몽여가 시를 지어 세향[185]과 함께 보내왔는데 내가 막 공복[186]의 친척 상을 만나 화답할 수가 없어서 그 운을 사용하여 편지를 써서 사례하였다

金城宰李夢與有詩致歲餉 余新遭功戚 不可詶和 用其韻作書以謝

의중을 시찰 속에 모두 다 쏟아놓으셨으니 意中詩札劇傾倒
마치 도성 안에 한 번 다녀온 듯합니다 可敵城裏一往還
이 아우는 병든 몸으로 겨울을 맞아 少弟病殼當歲寒
늘상 약봉지와 시서를 끼고 삽니다 尋常藥裹詩書間
물외에 대한 생각을 그만두려 해도 그럴 수 없으니 欲罷不能物外想
한 번씩 금강산에 들어갔다 나왔다 합니다 一出一入金剛山
지난번에 〈원유편〉[187]을 통쾌하게 읽었으니 向來快讀遠遊篇
저로 하여금 목을 쭉 빼고 마음이 안정되지 못하게 하였습니다 令我引領心不閒

184 금성(金城) : 강원도 김화(金化) 지역의 옛 이름이다.

185 세향(歲餉) : 세밑이나 새해에 인사로 드리는 물품을 가리킨다.

186 공복(功服) : 조선시대에 상제가 입던 상복 가운데 대공복(大功服)과 소공복(小功服)을 아울러 이르는 말이다. 대공복은 종형제·자매·중자부(衆子婦)·중손(衆孫)·중손녀(衆孫女)·질부·남편의 조부모·백숙부모(伯叔父母)·질부 등의 상사(喪事)에 입었으며, 소공복은 종조부모·재종형제·종질·종손 등의 상사에 입었다.

187 〈원유편(遠遊篇)〉 : 중국 초(楚)나라의 충신 굴원(屈原)의 작품이 그 효시인데, 세상에 용납되지 못한 굴원이 선인(仙人)들과 함께 어울려 놀면서 천지 사방 이르지 않은 데 없이 두루 유람하고자 하는 뜻을 피력하였다. 이후로 여러 편의 〈원유편〉이 계속해서 지어졌는데, 여기서는 누구의 〈원유편〉을 가리키는 것인지 알 수 없다.

저의 동장[188]을 돌려주고 일찌감치 돌아와야　　　還我銅章早歸來

율리[189]의 높은 풍도를 비로소 따라잡을 수 있을 것입니다

栗里高風始可攀

공이 팽택(彭澤 도잠(陶潛))으로 자신을 비유하였기 때문에 농담한 것일 따름이니, 의아해하지 마십시오.

188 동장(銅章) : 구리로 만든 관인(官印)으로, 군현(郡縣)을 맡은 지방관이 몸에 차는 것이다.

189 율리(栗里) : 중국 동진(東晉)의 시인 도연명의 고향이다. 도연명이 팽택 현령(彭澤縣令)으로 있을 때 군(郡)의 독우(督郵)가 순시를 나오게 되자 현리가 도연명에게 의관을 갖추고 독우를 뵈어야 한다고 하였다. 도연명은 "내가 다섯 되의 하찮은 녹봉 때문에 시골의 소인에게 허리를 굽힐 수는 없다."라고 탄식하고는 인끈을 풀어 던지고 〈귀거래사(歸去來辭)〉를 읊으며 고향인 율리로 돌아갔다고 한다. 《晉書 卷94 陶潛列傳》

대전에 올린 연상시[190]

大殿延祥詩

보의 옥좌 높이 임하고 상서로운 안개 붉은데　黼座高臨瑞靄紅
일천 관원 절하고 춤추니[191] 패옥 소리 가지런하네　千官拜舞珮聲同
서광 어린 양곡[192]에서 새해 첫날의 해를 맞이하고　祥光暘谷賓初日
화기 어린 청대[193]에서 따뜻한 바람 분다 고하네　和氣淸臺告協風
아래위가 서로 교류하니 태운[194]임을 알겠고　上下相交知泰運
크고 작은 것 함께 길러지니 천공을 징험하네　洪纖幷育驗天功
우리 왕께서 보배로 여기는 바는 금과 옥이 아니니　吾王所寶非金玉
최고의 상서는 응당 곡식의 풍년을 보는 것이라　上瑞應看稻黍豐

두 번째 其二

의장[195]은 천관의 걸음을 열고　仗闢千官步

190 연상시(延祥詩) : 조정의 문관(文官)들이 원단(元旦), 즉 정월 초하루를 축하하며 지어 올리는 시이다.

191 절하고 춤추니 : 조정의 하례(賀禮) 의식 때, 백관(百官)이 무릎을 꿇어 절하고 발을 구르며 춤추는 것을 말한다.

192 양곡(暘谷) : 동방의 해 뜨는 곳을 가리킨다. 《회남자(淮南子)》 〈천문훈(天文訓)〉에, "해는 양곡에서 떠올라 함지(咸池)에서 목욕한다."라고 하였다.

193 청대(淸臺) : 관상감의 별칭이다.

194 태운(泰運) : 천지상하가 막히지 않고 통하는 대운(大運)을 말하는 것으로, 초봄의 입춘에 태운이 회복된다고 보았다.

195 의장(儀仗) : 나라의 의식(儀式)에 위엄을 보이기 위하여 격식을 갖추어 세우는

궁궐은 만물의 광채를 머금었네 宮含萬物輝
양기를 자라게 하는 방법 알고 싶다면 欲知陽氣長
모름지기 은미한 도심을 확충시켜야 하네[196] 須擴道心微
바람이 따뜻하니 구멍 속에 칩거하던 벌레 일어나고 風暖坏潛起
풍년이 드니 구렁에서 야위어가던 백성 살이 오르네 年豐壑瘠肥
모두 몸가짐을 공손히 하시는[197] 교화를 우러러 보니 共瞻恭己化
간서가 드문 것[198] 괴이할 것 없어라 無怪諫書稀

세 번째 其三

어전의 버들 갓 피고 맑은 봄볕 더딘데 御柳新舒淑景遲
군왕은 난간 앞의 가지를 꺾지 않으시네 君王不折檻前枝
만물을 낳고 이루는 데엔 다른 방도 없고 生成萬物無他術

병장기를 이른다.

196 모름지기……하네 : 《서경》 〈대우모(大禹謨)〉에서 나온 말로, 순(舜) 임금이 우(禹) 임금에게 황제의 자리를 넘겨줄 때 심법(心法)을 전수하면서 당부한 말이다. "인심(人心)은 위태롭고 도심(道心)은 은미하니, 정밀하게 하고 한결같이 해야 진실로 그 중도(中道)를 잡을 것이다."라고 하였다.

197 몸가짐을 공손히 하시는 : 임금이 자기 몸을 공손히 한다는 뜻으로, 《논어》 〈위령공(衛靈公)〉에서 공자가 순(舜) 임금의 덕을 칭송한 말이다. 공자가 "무위로 다스리신 이는 순 임금이실 것이다. 대저 무엇을 하셨겠는가? 몸을 공손히 하고 바르게 남면하셨을 뿐이다."라고 하였다.

198 간서가 드문 것 : 태평성세라는 말이다. 간서(諫書)는 임금에게 간하는 서장(書狀)으로, 중국 성당의 시인 잠삼(岑參)의 〈좌성 두 습유에게 부치다〔寄左省杜拾遺〕〉에 "성명한 조정에 흠결된 일 없으니, 간서가 드문 걸 스스로 깨닫겠네.〔聖朝無闕事, 自覺諫書稀.〕"라는 말이 나온다.

어진 마음이 처음 발할 때를 살펴보고 취해야 한다네

驗取仁心始發時

네 번째 其四

날은 길고 용루[199]는 고요하니	晝永龍樓靜
뭇 신하들 모시고 글을 강하네	群臣侍講書
조정에서 물러나며 희색이 만면하니	退朝多喜色
안일하지 않음[200]이 처음처럼 한결같으시네	無逸一如初

199 용루(龍樓) : 중국 한나라 때 태자궁에 있던 문의 이름으로, 문루(門樓) 위에 구리로 된 용의 장식이 있던 데서 비롯하였다. 후에 전하여 세자가 거처하는 집, 또는 세자를 가리키게 되었다.

200 안일하지 않음 : 원문의 '무일(無逸)'은 《서경(書經)》의 편명이기도 한데, 중국 주나라 문왕(文王)의 동생 주공(周公)이 문왕의 아들이자 자신의 조카인 성왕(成王)이 어린 나이에 즉위하게 되자 통치에 대한 조언을 제시하기 위해 지은 글이다. 채침(蔡沈)은 〈무일〉을 해석하면서 "주공은 성왕이 국정에 있어 안일하지 말아야 함을 알지 못할까 두려워 이 글을 지어 훈계한 것"이라고 하였으며, 〈무일〉의 첫머리 역시 "아! 군자는 안일하지 않음을 처소로 삼습니다."라고 시작한다.

대전에 올린 춘첩자[201]

大殿春帖子

겹겹의 대궐 문에 기운과 빛깔 새롭더니　閶闔重重氣色新
단번에 봄날의 풍광 고르게 피어났네　一番春物發生均
깊고 고요한 마음[202]이 태운을 만나니 깊은 두려움 간직하고　淵心遇泰存深懼
아름다운 풍속 노래에 오르니 지극한 인정을 징험한다네　美俗騰謠驗至仁
희각[203]의 화려함은 당나라의 전례를 따랐고　戲閣芬華唐典故
조서의 관대함은 한나라의 경륜을 본받았네　詔頒寬大漢經綸
하늘의 조화와 성군의 교화 모두 흔적이 없으니　天功聖化俱無跡
〈강구요〉[204]와 〈격양가〉[205] 부르던 사람에게 물어야겠네

201 춘첩자(春帖子) : 입춘(立春) 날 대궐 안 전각의 기둥에 써 붙이는 주련(柱聯)을 가리킨다. 제술관에게 명하여 하례하는 시를 지어 올리게 하고, 연꽃과 연잎의 무늬를 그린 종이에 써서 붙였다. 남유용(南有容)은 1744년(영조20) 12월에 대전 춘첩자(大殿春帖子)를 지어 올려 1등을 하였는데, 그때 지은 시가 이 시인 것으로 보인다.

202 깊고 고요한 마음 : 《중용장구》 제32장에, "성인(聖人)은 그 어짊이 간곡하고 지극하며, 마치 못처럼 깊고 고요하며, 하늘처럼 넓고 크다."라는 말이 나온다.

203 희각(戲閣) : 잔치를 여는 장소를 가리킨다.

204 〈강구요(康衢謠)〉 : 태평성대를 구가한 노래이다. 강구(康衢)는 사통팔달(四通八達)의 큰 거리를 이른다. 요 임금이 천하가 제대로 다스려지고 있는지를 살피기 위해 미복 차림으로 큰 거리로 나갔는데, 아이들이 "우리 백성들에게 곡식을 먹임이 그대의 지극한 덕(德) 아님이 없으니 나의 지식을 주장하여 아는 체하지 않고 오직 임금의

須問康衢擊壤人

두 번째 其二

양의 덕이 바야흐로 태운을 여니 陽德方開泰
군왕의 마음 원기를 본받으려[206] 진념하시네 王心軫體元
백성들 위로하려 한련[207]을 멈추시고 勞民停漢輦
선비들 가까이하느라 요준[208]을 물리시네 親士却堯樽
임금의 표준은 봄과 함께 수립되고 君極春俱立
백성들의 풍속은 날로 아울러 돈독해지네 民風日並敦
성군의 세상을 보좌할 재주 없어 無才補聖世
노래 지어 부르며 크나큰 은혜에 보답하노라 歌詠答洪恩

법칙을 따르네.〔立我蒸民, 莫非爾極. 不識不知, 順帝之則.〕"라고 노래하니, 요 임금이 듣고 기뻐하였다고 한다. 《列子 仲尼》

205 〈격양가(擊壤歌)〉: 태평성대를 구가한 노래이다. 요 임금 때 어떤 노인이 땅을 두드리면서 불렀다는 노래로, "해가 뜨면 나가서 일하고 해가 지면 들어가서 쉬도다. 우물 파서 물을 마시고 밭 갈아서 밥을 먹으니, 임금의 힘이 나에게 무슨 상관이 있으랴.〔日出而作, 日入而息. 鑿井而飮, 耕田而食, 帝力何有於我哉?〕"라는 내용인데, 이 역시 백성들이 자유롭게 살아가며 만족해하는 모습을 읊은 것이다. 《論衡 藝增》

206 원기를 본받으려 : 원문의 '체원(體元)'은 '체원거정(體元居正)'의 줄임말로, 임금이 천지의 원기(元氣)를 근본으로 삼아 항상 정도(正道)에 입각해서 정치를 행하는 것을 말한다.

207 한련(漢輦) : 임금의 수레를 미화하여 표현한 것이다.

208 요준(堯樽) : 요 임금의 술동이로, 곧 성군(聖君)이 하사한 술이라는 뜻이다. 여기서는 임금의 술잔을 미화하여 표현한 것이다.

세 번째 其三

조정의 관리들 동운 자욱한 대궐[209]을 호위하건대 廣庭冠珮護彤雲

친히 대비[210]께 하례 올리셨다는 기쁜 소식 들려오네 親賀東朝喜語聞

일찌감치 문왕이 어른을 잘 봉양하셨음[211]을 아셨으니 早識文王能養老

초봄의 온화한 기운이 사람들을 용동시키네 首春和氣聳人群

네 번째 其四

봄이 오니 '인' 자의 뜻을 春來仁字義

경연 석상에서 자세히 강론하시네 熟講廈氈間

사면의 은택은 머나먼 변방까지 적시고[212] 解澤霑遐裔

아첨하는 말은 근신의 반열에서 근절되었네 諛辭絶近班

209 동운 자욱한 대궐 : 동운(彤雲)은 채색 구름으로, 원래 신선이 사는 선경(仙境)을 상징한다. 여기서는 대궐을 가리킨다.

210 대비(大妃) : 숙종의 계비(繼妃)인 대왕대비(大王大妃) 인원왕후(仁元王后)를 가리킨다.

211 문왕이……봉양하셨음 : 《맹자》 〈진심 상(盡心上)〉에, "백이가 주왕(紂王)을 피해 북해의 바닷가에 살다가 문왕이 일어났다는 말을 듣고 분발하여 말하기를, '내 어찌 그에게 귀의하지 않겠는가. 내 들으니, 서백은 늙은이를 잘 봉양한다.'라고 하였다. 태공이 주왕을 피하여 동해의 바닷가에 살다가 문왕이 일어났다는 말을 듣고 분발하여 말하기를, '내 어찌 그에게 귀의하지 않겠는가. 내 들으니, 서백은 늙은이를 잘 봉양한다.'라고 하였다. 천하에 노인을 잘 봉양하는 사람이 있으면 어진 사람들이 그를 자기가 귀의할 곳으로 삼는다."라는 말이 보인다.

212 사면의……적시고 : 변방에 귀양 간 신하를 사면하거나 처벌을 완화해준다는 말이다.

정월 초하룻날 아침에 삼가 가대인께서 지은 시의 운을 따라 지었다 을축년(1745, 영조21)

元朝敬次家大人韻 乙丑

봄빛은 은하수 흐르는 새벽 속에 들고	春入星河曉
하늘은 비와 이슬 내리는 계절을 열었네	天開雨露辰
사람의 마음은 아직 옛것을 애석해하나	人情猶惜故
만물의 모습은 앞다투어 새롭게 변해가네	物態競趍新
번승[213]은 대궐에 펼쳐지고	幡勝宣雙闕
도소주[214]는 사방 이웃을 한데 모으네	屠蘇集四隣
오래된 〈초화송〉[215]이 전하여 오니	椒花傳舊頌
내 그것으로 우리 부모님을 축수하리	吾以壽吾親

213 번승(幡勝) : 옛 풍속에 인일(人日)이나 입춘이면 봄이 온 것을 경축하는 의미로 머리에 꽂았던 채색(彩色) 조화(造花)를 가리키는데, 입춘이 되면 대궐에서 백관들에게 이것을 하사하였다고 한다. 채승(彩勝)·인승(人勝)이라고도 한다.

214 도소주(屠蘇酒) : 길경(桔梗)·방풍(防風)·육계(肉桂) 등의 약재로 빚은 술을 가리키는데, 옛날 풍속에 이 술을 마시면 사악한 기운을 물리칠 수 있다 하여 정월 초하룻날 이 술을 마셨다.

215 〈초화송(椒花頌)〉 : 신년 축사(新年祝詞)를 의미한다. 중국 진(晉)나라 때 유진(劉臻)의 처 진씨(陳氏)가 남편에게 〈초화송〉을 지어 바치면서 신년 초하루를 축수하였던 데서 유래하였다. 《晉書 烈女傳》

삼가 가대인께서 내려 보여주신 시의 운에 화답하였다
敬和家大人下眎韻

눈 덮인 집에 온기 돌기 시작하니 雪屋生初暖
놀고 쉬는 삶 편안함을 얻었네 棲遲得晏如
나지막이 삼수의 구절[216]을 읊조리고 微吟三秀句
자주 백원처럼 옷깃을 정돈하네[217] 屢整百源裾
거칠고 게으른 성품 구도를 방해하니 踈懶妨求道
청명함은 마음을 비우는 데에 있네 淸明在致虛

216 삼수(三秀)의 구절 : 중국 북송의 철학자 주희(朱熹)가 운당포(篔簹鋪)에서 읽고, 또 스스로 지었던 시를 가리킨다. 일찍이 주희가 길을 가다가 운당포란 곳에서 쉬게 되었는데, 그 벽에 "빛나는 영지는 일 년에 세 번 맺히는데, 나는 홀로 어찌하여 뜻만 있고 이루지 못하는가.〔煌煌靈芝, 一年三秀, 予獨何爲, 有志不就?〕"라고 새겨진 글귀를 보고 공감하여 여러 번 반복하여 읽었다. 40년 뒤에 다시 그곳을 지나게 되었는데 그 글이 보이지 않자 지난 일을 회상하며 시를 짓기를, "흐르는 백년 인생 얼마나 되는가? 영지가 세 번 맺힘은 무엇을 위함인가? 금단은 세월 늦도록 소식이 없으니, 운당포 벽 위의 시에 거듭 탄식하노라.〔鼎鼎百年能幾何? 靈芝三秀欲何爲? 金丹歲晚無消息, 重歎篔簹壁上詩.〕"라고 하였다. 《朱子大全 卷84 題袁機仲所校參同契後》

217 자주……정돈하네 : 백원(百源)은 중국 북송의 철학자 소옹(邵雍)을 가리키는 것으로, 소옹은 〈내외음(內外吟)〉 2수를 읊어 다음과 같이 말하였다. "의관을 엄정히 하는 것은 외면을 닦는 것이요, 행의를 순결히 하는 것은 내면을 닦는 것이라네. 내면과 외면을 함께 닦는다면 누군들 찾지 않으리오?〔衣冠嚴整, 謂之外修. 行義純潔, 謂之內修. 內外俱修, 何人不求?〕 의관을 엄정히 하지 않는 것은 외면이 게으른 것이요, 행의를 닦지 않는 것은 내면이 게으른 것이라네. 내면과 외면이 모두 게으르다면 누군들 침뱉지 않으리오?〔衣冠不整, 謂之外惰. 行義不修, 謂之內惰. 內外俱惰, 何人不唾?〕"

노쇠할수록 스스로 노력하여야 하니　　衰齡須自强
아직도 보지 못한 책 남아있다네　　猶有未看書

매합[218]에 쓰다

書梅閤

향기로운 꽃 오래된 가지에 피기 드문 것 안타까워서 自惜芳菲着故稀
아름다운 객 아니면 사립문 열지 않는다네 不緣佳客不開扉
매합 밖에 봄바람 좋은 줄 또한 알지만 亦知閤外春風好
다만 검은 먼지 흰옷[219]을 더럽힐까 걱정이라네 只恐緇塵染素衣

두 번째 其二

활짝 피든 못 피든 또한 봄보다 먼저 오니 從他開盡也先春
울창해진 후 꽃을 피움은 도리어 참된 의미 적다네 鬱養爲花却少眞
고사니 미인이니 품평을 그만두오 高士美人休藻品
스스로가 원래 담박한 몸이니 自家元是澹然身

218 매합(梅閤) : 매화를 키우는 작은 방을 가리키는 것으로 보인다.

219 흰옷 : 하얀 매화 꽃잎을 가리킨다.

안변 수령 김치명[220] 시찬 이 편지를 보내 한 번 놀러 오라고 부르기에 시를 써서 답하였다

安邊守金穉明 時粲 寄書邀我一遊 以詩答之

학포[221]의 맑은 물결에 자주 술잔을 씻으니	鶴浦晴波洗盞頻
수령의 의복과 말 풍진을 벗어났네	使君衣馬出風塵
봄이 오면 도원 찾는 나그네 되려 하니	春來擬作尋源客
강산의 주인이 바뀌게 하지 마오	莫遣江山換主人

220 김치명(金穉明) : 김시찬(金時粲, 1700~1766)을 가리킨다. 조선 후기의 문신으로, 본관은 안동이며 자는 치명, 호는 초천(苕川)이다. 김상용(金尙容)의 현손이다. 1735년(영조11) 문과에 급제한 후, 대교로 있을 때 소론 일파의 처벌을 청하였다가 탕평책에 반대한다 하여 흑산도로 유배되었다. 1740년 복관된 후 대사간 등을 지냈으나, 1759년 부제학을 사양하는 글 속에 불경스러운 구절이 있다 하여 다시 흑산도로 유배되었다. 1806년(순조6) 이조 판서에 추증되었으며, 저서로 《초천집》이 있다. 시호는 충정(忠正)이다.

221 학포(鶴浦) : 함경도 안변도호부(安邊都護府)에 있던 호수의 이름이자 현(縣)의 이름으로, 지금의 강원도 통천(通川) 지역에 해당한다.

어떤 사람이 내 옷자락에 '밝고 원만하다.'라고 글씨를 쓰는 꿈을 꾸었기에 깨어난 후에 기록하였다

夢人書吾衣裾曰爲明爲圓 覺而識之

밝고 넓음[222]과 원만하고 통달함[223]은 본래 하나의 뿌리이니 明溥圓通本一根

선유와 부처가 어찌 헛되이 말했으리오 儒先佛子豈空言

꿈에서 깨니 이부자리에 맑은 빛 구르는데 夢回衾簟淸光轉

매화는 차가운 가지에 터지고 달빛은 처마에 가득하네 梅放寒梢月滿軒

두 번째 其二

밝기는 유리 같고 원만하기는 구슬 같으니 明似琉璃圓似珠

222 밝고 넓음 : 원문의 '명부(明溥)'는 '명통공부(明通公溥)', 즉 '밝아서 통하게 되고 공정하여 넓어진다.'의 줄임말로, 중국 북송의 철학자 주돈이(周敦頤)의 《통서(通書)》 권20 〈성학편(聖學篇)〉에 나오는 말이다. 어떤 사람이 성인(聖人)을 배울 수 있냐고 묻자 주돈이가 대답하기를, "한결같음이 요체가 되니, 한결같음이란 욕심이 없는 것이다. 욕심이 없으면, 고요할 때에는 텅 비게 되고 움직일 때에는 곧게 된다. 고요할 때에 텅 비면 밝아지고 밝아지면 통하게 되며, 움직일 때에 곧으면 공정하게 되고 공정하면 넓어지게 된다. 밝아서 통하게 되고 공정하여 넓어지면, 거의 성인의 도에 가까울 것이다."라고 하였다.

223 원만하고 통달함 : 원문의 '원통(圓通)'은 불가(佛家)의 용어로, 원(圓)은 원만하여 치우치지 않은 것이고 통(通)은 통달하여 막힘이 없는 것으로 법성(法性)을 깨달음을 이르는 말이다.

원만하고 밝음은 원래 함께 태어난 것이라네　圓明原與此生俱

밝음은 비추지 않음이 없고[224] 원만함은 막힘이 없으니　明無不照圓無滯

이불을 뒤집어써도 또렷하게 나를 깨워 일으키네　倒被惺惺喚起吾

224 밝음은……없고 : 《중용장구(中庸章句)》 제21장에, "성실함으로 말미암아 밝아짐을 '성(性)'이라 이르고 밝음으로 말미암아 성실해짐을 '교(敎)'라고 이르니, 성실하면 밝아지고 밝아지면 성실해진다."라고 하였다. 주자(朱子)는 이에 주를 달아, "덕이 성실하지 않음이 없어 밝음이 비추지 않음이 없는 자는 성인의 덕으로서 성(性)대로 하여 간직한 자이니, 하늘의 도이다.……성실해지면 밝지 않음이 없고, 밝아지면 성실함에 이를 수 있을 것이다."라고 설명하였다.

영남의 혜 상인은 내가 예전에 알지 못하였다 집까지 찾아와 시를 청하면서 얻지 못하면 돌아가지 않겠다고 하기에 억지로 시권 안에 있는 시의 운을 따라 지어서 주었다

嶺南慧上人 余舊未識也 踵門乞詩 謂不得則不歸 强次卷中韻以贈

선가의 오묘한 깨달음은 시와 상관없으니　禪家妙悟不干詩

병 속의 물[225] 진흙 속의 꽃[226]에서 절로 스승 얻는다네　瓶水泥花自得師

누가 같으랴 눈썹 허연 노승이 시축을 태우고　誰似雪眉焚卷子

신변에 오직 바랑만 따르게 한 것과　身邊惟遣鉢囊隨

225 병 속의 물 : 중국 당나라의 유학자인 이고(李翺)가 당대의 고승인 약산유엄(藥山惟儼) 선사를 찾아가, "어떤 것이 도입니까?"라고 물었다. 선사가 손을 들어 위를 가리키고 아래를 가리키며 "알겠습니까?"라고 묻자 이고가 모르겠다고 하였다. 이에 선사가 "구름은 푸른 하늘에 있고 물은 병 안에 있는 것이오."라고 하자 이고가 크게 깨닫고 오도송(悟道頌)을 지어 바쳤으니, "수련으로 얻은 몸은 학의 모양 같은데, 천 그루 소나무 아래 두어 상자의 경이로다. 내 와서 도를 물으니 다른 말씀 없으시고, 구름은 푸른 하늘에 있고 물은 병 안에 있다 하네.〔練得身形似鶴形, 千株松下兩函經. 我來問道無餘說, 雲在靑天水在瓶.〕"라고 하였다. 여기서 '구름은 푸른 하늘에 있고 물은 병 안에 있다.'라는 유명한 화두가 나오게 되었다.

226 진흙 속의 꽃 : 연꽃을 의미한다. 연꽃은 더러운 진흙 속에서도 생명력을 잃지 않고 아름답고 향기로운 꽃을 피워낸다. 이는 무명(無明)에 둘러싸여 있으면서도 세속에 미혹되지 않고 스스로 깨우침을 얻어서 불성(佛性)이 드러나게 된다는 불교의 가르침과 유사하다.

호조 참판 권공[227]과 필운대[228]에서 꽃구경을 하자는 약속을 하였는데 이날 관직에 부르는 왕명을 어겼기 때문에[229] 또한 감히 사적인 모임에 나갈 수가 없었다. 권공이 시를 지었기에 삼가 화답하여 섭섭한 심정을 기술하였다

奉期小司徒權公弼雲臺看花 是日以館職違召 亦不敢赴私會也 權公有詩 謹和以述惆悵之懷

산 비 갓 개고 꽃은 가지에 가득한데　山雨新晴花滿枝
아지랑이와 밝은 햇살 더디게 흐르네　游絲白日與遲遲
말 안장 얹고 새벽 소명에 달려 나가지 못하였는데　未成韝馬趁晨召
감히 유람하는 수레를 좇아 지난날의 기약을 실천하랴　敢逐游車踐昨期
술동이의 술은 내일도 맛날 줄 또한 알겠지만　樽酒亦知來日好
풍광은 시간이 지나면 시들까 정녕 걱정이라오　風光端恐過時衰
멀리서도 알겠네 다섯 노인 높은 곳에 올라서　遙知五老登高處
서리 내린 귀밑머리에 표연히 저녁 바람 띠었을 것을　霜鬢飄然帶晚吹

227 호조 참판 권공(權公) : 권적(權𥛚, 1675~1755)을 가리킨다.

228 필운대(弼雲臺) : 인왕산(仁王山) 서쪽 기슭에 있는 바위의 이름으로, 이항복(李恒福)의 옛 집터이다. 주변 인가에서 살구나무를 많이 심어 봄이면 꽃구경하는 사람들이 모여들었으며, 많은 시인묵객들의 사랑을 받았다고 한다.

229 관직에……때문에 : 관직(館職)은 조선 시대 홍문관 부제학 이하의 관원과 성균관 대사성 이하의 관원에 대한 총칭이다. 남유용(南有容)은 이 시를 쓴 1745년(영조21) 3월에 홍문관 부수찬에 제수되었으나 사체(辭遞)하였다.

봄날에 시랑 윤덕휘의 강가 정자에 올라 두보 시의 운을 따라 지었다

春日登尹侍郎德輝江亭 次杜韻

갈매기는 강 맑은데 무슨 슬픔 있기에 鷗鷺江淸有底哀
일천 이랑 버들 그늘로 스스로 돌아오나 柳陰千畝自飛回
풍진에 지친 기색 푸른 나귀에 있고 風埃倦色靑驢在
창해로 돌아가고픈 마음 하얀 배가 떠오네 滄海歸心白舫來
석양빛 비추자 먼 데 섬을 찾고 返照相將尋遠嶼
봄바람 아직 남아 높은 누대에 기대네 春風不盡倚高臺
다음 약속 기약하며 푸른 절벽 아래를 가리키면서 前期且指蒼屛下
풀방석 깔고 바위에 술 채우고[230] 실컷 취해보자 하네 藉草窪樽醉百杯

230 바위에 술 채우고 : 원문의 '와준(窪樽)'은 가운데가 움푹 파여 마치 술통처럼 생긴 바위를 가리키는 말이다. 중국 당나라 때 호주 별가(湖州別駕) 이적지(李適之)가 현산(峴山)에 올라가 한 말 술을 부어놓을 만한 바위 구덩이를 발견하고 그 자리에 와준정(窪罇亭)을 세우고 놀았다 하여, 산에서 호방한 술자리를 갖는 것을 의미하기도 한다.

배를 띄우고 읍청루[231]에 이르자 호부 원외랑 김사빈[232] 문행 이 술을 싣고 와서 맞이하였다. 술에 취하여 〈악양루〉[233]의 운을 따라 지으니 이의숙·이평일·김사서[234] 양택 가 모두 화답하였다

汎舟至挹淸樓 戶部金員外士彬 文行 載酒相邀 醉次岳陽樓韻 李宜叔李平一金士舒 陽澤 俱和

하찮은 벼슬이라 그런대로 한가로이 지내며 　　　　棲遲聊薄宦

231 읍청루(挹淸樓) : 서울 용산(龍山)의 강가에 있던 누각의 이름으로, 남유용(南有容)이 황경원(黃景源)·이천보(李天輔)·오원(吳瑗) 등과 물놀이를 하러 가서 자주 오르던 곳이다. 《강한집(江漢集)》〈진암집서(晉菴集序)〉에, "황경원이 공을 따라 배를 타고 용산에 이르니 오백옥 공과 남덕재 공이 배에 함께 있는지라, 드디어 손을 잡고 읍청루에 올랐다."라는 말이 나온다.

232 김사빈(金士彬) : 김문행(金文行, 1701~1754)을 가리킨다. 조선 후기의 문신으로, 본관은 안동이며 자는 사빈, 호는 화음(華陰)이다. 김수증(金壽增)의 증손자이다. 1726년(영조2) 진사에 합격하여 해주 판관이 되었으며, 1746년 문과에 급제한 후 수찬·사간·보덕·승지·대사간 등을 역임하였다.

233 〈악양루〉 : 중국 성당(盛唐)의 시인 두보(杜甫)의 〈등악양루(登岳陽樓)〉를 가리킨다. 원문은 다음과 같다. "昔聞洞庭水, 今上岳陽樓. 吳楚東南瞬, 乾坤日夜浮. 親朋無一字, 老去有孤舟. 戎馬關山北, 憑軒涕泗流"

234 김사서(金士舒) : 김양택(金陽澤, 1712~1777)을 가리킨다. 조선 후기의 문신으로, 본관은 광산이며 자는 사서, 호는 건암(健庵)이다. 김장생(金長生)의 5세손이자 숙종의 장인 김만기(金萬基)의 손자이다. 1743년(영조19) 문과에 급제한 후 원손 사부·대사성·대제학·우의정·영의정 등 요직을 두루 역임하였으며, 할아버지와 아버지 김진규(金鎭圭)에 이어 3대가 대제학을 지내 당대에 이름을 떨쳤다. 저서로 《건암집》이 남아있으며, 시호는 문간(文簡)이다.

봄 술 마시고 높은 누대에 누웠네	春酒臥高樓
포구에 해 뜨니 갈매기 울음소리 들리고	浦日鷗鳴得
물가에 안개 끼니 나무 빛깔 둥둥 뜬 듯	汀烟樹色浮
모래사장 평평하니 말 달리고 싶으나	沙平欲馳馬
조수 가득하니 또 배를 매어두었네	潮滿且維舟
홀홀히 올라와 굽어보고 있노라니	忽忽登臨感
푸른 물결만 만고에 흐르는구나	滄波萬古流

진암 시의 운을 따라 지어 지선 상인에게 주었다
次晉菴韻 贈至禪上人

백운 상인(白雲上人) 지선(至禪)이 진암(晉菴) -의숙(宜叔)의 호- 시의 운을 가지고 나에게 시를 지어달라고 하였다. 대저 동정(動靜)은 하나의 이치인데 진암은 동만 알고 정은 알지 못한다. 그러므로 그 말이 이와 같으니, 그 의미를 반대로 하여 화답하여서 상인의 뜻을 계발하였다.

성대한 만물[235]이 각각 인연을 따르니 芸芸夫物各隨緣
새는 구름 속에 날고 물고기는 물에서 헤엄치네[236] 鳥則雲飛魚泳川
만약 동 가운데 정을 머금고 있는 뜻을 안다면 若識動中含靜意
행각을 하든 참선을 하든 무슨 상관있으리 何妨行脚且參禪

235 성대한 만물 : 《도덕경(道德經)》 16장에, "대저 만물이 성대하게 자라나고 각기 그 뿌리로 돌아간다〔夫物芸芸, 各復歸其根.〕"라고 한 데서 나온 말이다.

236 새는……헤엄치네 : 《시경》 〈한록(旱麓)〉에 나오는 '연비어약(鳶飛魚躍)'의 경지를 이르는 것으로, "솔개는 날아 하늘에 이르거늘, 물고기는 연못에서 뛰놀도다. 즐겁고 화평한 군자여, 어찌 사람을 진작시키지 않으리오.〔鳶飛戾天, 魚躍于淵. 豈弟君子, 遐不作人?〕"라고 하였다. 이는 이 세상 모든 만물이 저마다의 자리를 얻어 자연의 순리대로 살아가면서 저절로 조화를 이루는 상태를 표현한 것이다.

관등[237]을 하며 읊었다

觀燈有吟

태평한 광경이 나의 게으름을 일깨우니 昇平物色起吾慵
크고 작은 거리마다 등불 나무 밝디 밝네 九陌千街火樹濃
땅에서 솟아난 겹겹의 섬광 뭇 별들을 흔들고 湧地層芒搖列宿
산자락의 작은 점들 먼 데 봉화를 어지럽히네 依山小點亂遙烽
'난(亂)'은 어지럽힌다는 뜻이다.
한밤의 휘장 속 글자는 비추어주지 못하니 未成照字窺宵幌
장차 새벽종 울릴 때까지 기름에 불붙여가며 읽으리 且與沾膏到曙鐘
그저 밝은 광채로 온 숲과 골짜기 비추어 但使揚輝遍林谷
도깨비들이 자취를 감추게 할 뿐이라네 肯敎魑魅得潛蹤

237 관등(觀燈) : 관등놀이를 가리키는 것으로, 조선 시대에는 정월 대보름날이나 음력 4월 초8일 석가탄신일에 이를 기념하는 관등놀이가 열렸다.

단비

喜雨

《호음집》[238]에 실린 시의 운을 써서 지었다.

새벽녘에 구름이 지붕까지 드리우더니　際曉雲垂屋
아침 내내 비가 사립을 비추며 내리네　崇朝雨暎扉
곡식의 씨앗을 자라게 할 수만 있다면　但能滋穀種
다시 꽃잎 날리는 것이 아쉬우랴　可復惜花飛
젖은 참새는 처마를 엿보며 다가오고　濕雀窺簷近
뜬 안개는 나무를 좇아 에워싸네　浮烟逐樹依
책을 말려 겨우 벽에 올려놓았으니　曬書纔上壁
한가로운 삶에 어그러짐 없으랴　閑事得無違

238 《호음집(湖陰集)》: 조선 중기의 문신 정사룡(鄭士龍, 1491~1570)의 문집 이름이다.

현령 이공[239] 언신 에 대한 만사

縣令李公 彦臣 輓

대대로 교유하며 사돈 맺어 그 자체로 가볍지 않고 世好姻親自不輕
중년의 곤궁과 재액을 하물며 함께 겪었음에랴 中年窮厄況同更
형이라 부르고 아우라 부르며 서로 눈물을 보였고 說兄說弟相看淚
병을 근심하고 가난을 근심하며 품은 정 다 나누지 못하였네 憂病憂貧未了情
〈삼부〉를 바치고 맴도는 동안 몸은 이미 늙었고[240] 三賦低回身已老
말직에서 침체하였으나 뜻은 항상 평안하였네 一官潦倒意常平
이제 부질없이 뒤따라 모시던 곳 생각하니 只今漫憶追陪地
골목길 버들만 쓸쓸히 고성을 마주하누나 巷柳蕭條對古城

239 이공(李公) : 이언신(李彦臣, 1682~?)을 가리킨다. 본관은 연안(延安)이며 자는 군방(君邦)이다. 46세인 1727년(영조3)에 생원시에 합격하였으며, 다른 사항은 알 수 없다.

240 〈삼부(三賦)〉를……늙었고 : 중국 성당(盛唐)의 시인 두보(杜甫)는 진사 시험에 낙방하고 곤궁하게 지내다가 40세이던 751년(천보10) 봉래궁에서 〈삼대례부(三大禮賦)〉를 지어 현종(玄宗)에게 바쳤다. 이로 인해 현종의 칭찬을 받고 집현원 대제(集賢院待制)를 명받았으나 결국 임용되지 못하였다고 한다. 여기서는 이언신이 문장 실력은 있으나 세상의 인정을 받고 제대로 쓰이지 못한 사실을 가리킨 것으로 보인다.

꿈에 바다에 떠서 산을 보았는데 옆에 있던 사람이 이것이 금강산이라고 하였다

夢浮海觀山 左人言是金剛

푸른 바다 출렁출렁 해를 걷어 돌아가니	碧海洶洶捲日迴
천 길 은빛 산이 하늘을 찌를 듯 열리네	銀山千仞觸天開
어찌 알랴 꿈속의 경치가 진짜 경치 아닌지	安知夢境非眞境
훗날 와서 유람한다면 두 번째 오는 것이라네	他日來遊是再來

시랑 윤경유가 처음에 이조에서 일신으로 좌천되었다가[241] 곧이어 양주로 옮겨졌기에 시를 써서 부쳤다

尹侍郎景孺初自吏部貶官一新 尋移楊州 以詩寄之

본래 추방당하여 나갔는데	本因行遣出
다시 새서[242]를 달리하여 불러 올리셨네	還異璽書徵
분수 밖에 허리에 돈을 차고 학을 타더니[243]	分外腰錢鶴
공공연히 옥돌에 점을 찍는 파리들이라[244]	公然點玉蠅

241 시랑……좌천되었다가 : 《영조실록》 20년(1744) 10월 19일 기사에, "이조 참의 윤급(尹汲)을 일신 현감(一新縣監)으로 삼았는데, 이언세(李彦世)와 윤광천(尹光天)을 대각의 자리에 의망(擬望)하여 통과시켰기 때문이었다. 임금이 처음에 윤급을 제수하여 여산 현감(礪山縣監)으로 삼으면서 말하기를, '청주(淸州)는 그 마음을 깨끗하게 하고자 하는 것이고, 여산(礪山)은 그 마음을 신칙하여 갈고 닦게 하려는 것이다.' 하였는데, 곧바로 부사(府使)는 관질이 높다고 하여 일신 현감으로 바꾸도록 하고 말하기를, '일신(一新)이란 고을 이름도 또한 그 마음을 새롭게 하고자 하는 것이다.' 하였다." 라는 말이 보인다.

242 새서(璽書) : 임금의 옥새(玉璽)를 찍은 문서, 즉 교서(敎書)를 말한다.

243 허리에……타더니 : 여러 가지 행복을 한 몸에 갖추어 지닌 것을 비유한 말이다. 옛날에 어떤 사람들이 모여서 각각 바라는 바를 말하였는데, 그중 한 사람은 양주 자사(揚州刺史)가 되고 싶다 하고, 또 한 사람은 많은 재물을 갖고 싶다 하고, 또 한 사람은 학을 타고 승천하고 싶다고 하였다. 그러자 옆에 있던 다른 사람이 말하기를, "나는 허리에 십만 꿰미의 돈을 차고 학을 타고 양주로 날아가서, 앞서 말한 세 사람의 소원을 겸하고 싶다."라고 하였다 한다.

244 옥돌에……파리들이라 : 흠 없는 옥돌에다 파리가 오물을 내갈기듯, 소인이 옥과 같은 군자를 헐뜯고 무함하는 것을 비유하는 말이다. 여기서는 윤급을 옥돌에, 윤급을 참소한 사람을 파리에 비유한 것이다.

갓 갠 날 붉은 바위에 흐르는 물이요	新晴紫巖水
한가한 밤 하얀 연꽃에 비치는 등불이라	閑夜白蓮燈
오연한 관리[245]에게는 좋은 날 많으니	傲吏多佳日
가벼운 가마로 흥에 겨워 다닐 만하리	輕輿興可乘

245 오연한 관리 : 자질구레한 예법에 구애받지 않으면서, 고위 관리 앞에서도 기가 꺾이지 않는 말단 관리를 말한다.

유생 오문경이 새로 지은 시 두 축을 보여주기에 그중 한 수의 운을 따라 지어서 돌려주었다

吳生文卿見示新篇二軸 次一首以歸之

내 옛사람들의 시를 보니	吾觀古人詩
대부분 천기를 울려내었네	蓋以天機鳴
진솔하고 담백하게 성정을 발하니	眞澹發性情
가락이 절로 맑고 온화하였네	律呂自和淸
간간이 외롭고 메마른 시어를 쓴 것은	間作孤瘦語
참으로 우환을 겪어서라네	諒以憂患更
그대 나이 바야흐로 묘령인데	吾子方妙齡
깃들인 심회가 어찌 평온치 아니한가	託懷何不平
옛날의 군자처럼 되기를 기약하고서	相期古君子
어찌 시인의 정을 논하는가	豈論韻士情

수춘[246] 태수가 당귀를 보내주었기에 당 앞에다 심었다

壽春太守寄當歸 種之堂前

수레와 말은 물처럼 흘러가고[247]	車馬如流水
늘어진 버들가지 대로를 스치는데	垂楊拂大道
선생은 문밖을 나서지 않고	先生不出門
손수 당귀초[248]를 심었네	自種當歸草

246 수춘(壽春) : 강원도 춘천(春川)의 옛 이름이다.

247 수레와……흘러가고 : 수레와 말의 왕래가 빈번함을 형용한 말이다. 중국 후한의 장제(章帝)가 마황후(馬皇后)를 태후(太后)로 받들어 극진히 모시자, 태후에게 아부하려는 자들이 황제에게 태후의 마씨(馬氏) 형제들을 제후에 봉해주기를 청하였다. 이에 태후가 "전에 탁룡문 곁을 지나가는데, 보니까 외가에 문안을 드리는 자들이 수레는 흐르는 물과 같고 말은 헤엄치는 용과 같더라."라고 하면서 전한(前漢) 때 골육상잔으로 나라가 패망한 사실을 상기시키며 거절하였다고 한다. 《後漢書 卷10上 皇后紀 明德馬皇后紀》

248 당귀초 : '당귀(當歸)'는 '마땅히 돌아가야 한다.'는 의미를 담고 있다.

초여름에 동림에서 글을 읽었는데 그곳 수령[249]이 산골 생활에 필요한 살림살이 두 짐을 베풀어주었기에 두 수의 시로 사례하였다

初夏讀書東林 地主惠山資二擔 用二詩爲謝

누런 초가 푸른 대나무 야인의 거처에　黃茅綠竹野人居
하얀 쌀 붉은 막걸리와 수령의 편지라　白米紅醪地主書
책상머리서 열흘에 《주역》을 독파할 수 있으니　可了牀頭十日易
산중의 생계 문득 여유작작하여라　山中活計却紓餘

두 번째 其二

짚신 끌고 오래된 시내 한편에 나가 읊노라니[250]　曳屨行吟古磵隈
붉은 바위는 맑은 햇살 아래 푸른 이끼 가득하네　紫巖晴日滿青苔
시내 너머엔 느릅나무 버드나무 천 그루 없으니　隔溪楡柳空千樹
우리 고을 수령이 타고 오신 말 매기 어렵다네　難繫吾州五馬來

249 수령 : 원문의 '지주(地主)'는 자기가 살고 있는 고을의 수령을 가리키는 말이다.

250 짚신……읊노라니 : 빈한한 은자(隱者)의 노래를 말한다. 증자(曾子)가 위(衛)나라에 있을 때 사흘이나 불을 때지 못하고 십 년 동안 옷을 해 입지 못하였으나, 그러한 생활 속에서도 "낡아서 뒤축이 터진 신발을 끌고 상송(商頌)을 노래하니 그 소리가 천지간에 가득 찼는데, 마치 금석(金石)에서 나오는 것처럼 맑았다."라고 하였다. 《莊子 讓王》 이는 빈한한 가운데에도 맑은 절조를 고수하는 삶을 의미한다.

옥류동[251] 내원[252]에서 놀다가 원공의 장실[253]에서 기숙하였다

遊玉流洞內院 寄宿圓公丈室

맑은 시내 가까운 포단[254]에서 하룻밤 묵으니	蒲團一宿近淸溪
새벽을 헤치고 앞다투어 골짝 새들 울어대네	拂曙爭先谷鳥啼
구름 덮인 상방[255]엔 승려 아직 안 일어났는데	雲掩上房僧未起
어느새 나는 이미 오래된 소나무의 서쪽에 있네	翛然吾已古松西

251 옥류동(玉流洞) : 수락산(水落山)에 있는 골짜기의 이름이다.

252 내원(內院) : 내원암(內院庵)을 가리키는 것으로, 수락산에 있는 암자의 이름이다.

253 장실(丈室) : '사방 한 길 크기의 방'이라는 뜻에서 나온 말로, 절의 방을 가리킨다. 후세에는 절의 주지를 가리키는 뜻으로 와전되어 주지승의 방을 의미하게 되었다.

254 포단(蒲團) : 부들로 짠 둥근 방석으로, 승려가 좌선(坐禪)할 때나 예배할 때 사용하던 것이다.

255 상방(上房) : 절의 주지가 거처하는 방을 가리킨다. 본래 산 위에 있는 절을 일컫던 말인데, 주지가 거처하는 곳이 절에서 가장 높은 곳에 있으므로 주지를 가리키는 말로 변하게 되었다.

시승 도숙은 스스로 호를 학곡이라 하였는데 그의 제자 치일 또한 도를 좋아하여 벽곡[256]을 하였다 내가 왔다는 말을 듣고 종이를 가지고 와서 시를 청하였다

詩僧道淑自號鶴谷 有弟子致一 亦好道辟穀 聞余來 持箋乞詩

학곡은 고족[257]을 거느렸으며	鶴谷將高足
용담에 유서 깊은 고가가 있네	龍潭有故家
새벽 재계하고 솔잎으로 식사하며	晨齋飯松葉
밤 경쇠 울리고 《연화경》을 강하네	宵磬講蓮華
오래된 섬돌엔 푸른 이끼 가득하고	古砌青苔滿
텅 빈 산엔 세찬 비 쏟아지네	空山白雨斜
포단에 화롯불 하나뿐이니	蒲團一爐火
그대의 담박한 삶이 기특하구려	憐爾澹生涯

학곡의 경실(經室)은 용담(龍潭)[258]에 있는데, 서우(瑞雨)가 도를 닦던 곳이다. 제2구에서 회고의 감회를 겸하여 담았다.

256 벽곡(辟穀) : 일체의 곡물(穀物)을 먹지 않고 초근목피(草根木皮)만 섭취하며, 화식(火食)을 하지 않는 것이다. 원래 신선이 되기 위한 도교 양생술(養生術) 중의 하나이다.

257 고족(高足) : 학식과 품행이 높은 제자를 가리킨다.

258 용담(龍潭) : 수락산에 있는 못의 이름이다.

《월곡집》[259]에 있는 시의 운을 써서 옥동[260]에서의 감회를 추억하며 지었다 오경보[261] · 오문경[262]과 함께 읊었다

用月谷集韻追述玉洞感懷 與吳敬父文卿同賦

끌고 가던 신발에 꾀꼬리 내려앉고	曳履黃鳥下
노승의 납의 그 앞에서 펄럭였지	皓衲翩其前
어느 곳에서 한바탕 읊조려볼까	何所舒我歗
반짝반짝 둥근 낚싯돌 있었네	有爛釣石圓
읊조리는 것은 본디 그리워하는 바 있어서이니	歗也固有思
하얀 구름이 산마루에 걸렸었네	白雲在山顚
구슬픈 계수나무 시[263]를	悽悽桂樹詩
바위 머리 흐느끼는 샘물 가에 썼었지	巖首寫悲泉
유람 다니지 않겠다 맹세했는데	矢心絶行遊
이제 오게 된 것 또한 우연이로다	今來亦偶然
분별하여 도를 말할 수 있다면	辨乎可言道

259 《월곡집(月谷集)》 : 남유용(南有容)의 벗인 오원(吳瑗)의 문집 이름이다.

260 옥동(玉洞) : 수락산(水落山) 옥류동(玉流洞)을 가리키는 것으로 보인다.

261 오경보(吳敬父) : 오원의 이복 아우 오찬(吳瓚, 1717～1751)을 가리킨다.

262 오문경(吳文卿) : 오원의 아들 오재순(吳載純, 1727～1792)을 가리킨다.

263 계수나무 시 : 《초사(楚辭)》 가운데 한(漢)나라의 회남 소산왕(淮南小山王) 유안(劉安)이 지은 〈초은사(招隱士)〉를 가리킨다. "계수나무가 무더기로 자람이여, 산의 깊은 곳이로다.〔桂樹叢生兮山之幽.〕"라고 시작하는데, 조정에서 멀리 떨어져 은거하는 은사(隱士)의 삶을 묘사하면서 은사를 불러들이는 내용을 담고 있다.

사대[264]가 뜬 안개처럼 보이리　四大視浮烟

두 번째 其二

남쪽 창은 고요하기 물과 같은데　南牕靜如水
적막하게 산 그림자 다가오네　寂寞來山影
경영을 쉬자 도의 오묘함이 드러나서　休營道妙見
만물의 움직임이 나의 고요함으로 돌아오네　萬動歸吾靜
우연히 왔다가 수풀 아래에 놀면서　偶來林下遊
생각에 잠겨 외경을 잊어버렸네　冥懷忘外境
출처는 일찍이 먹었던 마음 깨달았으니　行藏悟夙心
한 줄기 경쇠 소리 아직 멈추지 않았네　未罷一聲磬
세도는 요원하여 가이 없으니　世道茫無涯
근심스러운 생각에 마치 취한 것 같아라　憂思如酩酊
가서 나의 벗을 불러오고 싶지만　欲往招我友
바위와 시내 가시덤불에 가로막혔네　巖蹊翳榛梗

세 번째 其三

우리 보리가 밭에 가득하려 하는데　我麥欲盈疇
산들바람이 남쪽 교외에서 불어오네　好風自南郊
일찍이 세상을 잘 다스리려는 마음 품었으므로　夙懷善世心
선뜻 친구들과의 사귐을 끊지 못하네　未遽息朋交

264 사대(四大) : 사람과 만물을 구성하는 네 개의 요소로, 지(地)・수(水)・화(火)・풍(風)을 뜻하는 불가의 용어이다. 《圓覺經》

만약 팔원팔개[265]와 같은 친구 있다면	倘及元凱儔
굳이 형문모옥[266]에 은거할 것을 생각하랴	何必懷衡茅
날짐승 또한 친구를 찾으려고	禽鳥亦求友
즐거운 소리로 서로 재잘거리네	好音相咬咬
쑥대 우거진 곳에 살아도[267] 외려 즐거움 아는데	蓬藋猶知樂
하물며 깊숙한 가지에 둥지 틀고 삶에랴	況乃巢深梢
나는 지금 어찌 그러지 못하고	我時胡未然
그대들과 함께 산문을 두드리는가	山扃與子敲

265 팔원팔개(八元八凱) : 팔원은 고신씨(高辛氏), 즉 제곡(帝嚳)의 재주 있는 아들 8인을 가리키고, 팔개는 고양씨(高陽氏), 즉 전욱(顓頊)의 재주 있는 아들 8인을 가리킨다. 순(舜) 임금은 팔원을 등용하여 사방에 인(仁)·의(義)·예(禮)·지(智)·신(信)의 오교(五敎)를 널리 펴게 하였고, 팔개를 등용하여 토지와 농사를 주관하게 하였다고 한다. 후에 전하여 재덕(才德)이 있는 사람을 가리키는 말로 쓰이게 되었다.

266 형문모옥 : 대문도 없는 초가집이라는 뜻으로, 은자가 사는 가난한 집을 의미한다.

267 쑥대……살아도 : 깊숙한 곳에서 은거하고 있다는 말이다.

우연히 염계 선생[268]이 비 장관에게 준 시를 읊었는데 “산수를 찾아다니면 짝 찾기 어렵고, 명리를 사랑하면 마음이 한가롭기 힘드네. 이곳에서 그대를 만나 내 마음 매우 즐거우니, 높고 멀다 사양치 말고 함께 올라가세나.”[269]라고 한 것이 참으로 나의 뜻과 같기에 차운하여 서울에 들어가는 경보를 전송하였다

偶誦濂溪先生贈費長官詩曰 尋山尋水侶尤難 愛利愛名心少閑 此地逢君吾甚樂 不辭高遠共躋攀 眞余意也 次韻送敬父入洛

산수 유람은 진정 벗과 함께 하기 어려움 깨닫겠고 遊山眞覺友朋難
속된 것은 사람의 마음을 한가롭지 못하게 하네 俗子使人心不閑
맑은 흥 다하지 못했는데 그대 떠나가려 하니 淸興未闌君欲去
석문의 계수나무 떨기를 뉘와 함께 잡고 오를까 石門叢桂共誰攀

268 염계 선생(濂溪先生) : 주돈이(周敦頤, 1017～1073)를 가리킨다. 중국 북송의 유학자로, 자는 무숙(茂叔)이며 호는 염계이다. 이학(理學)의 토대를 마련한 공으로 공자(孔子)의 사당에 종사되었으며, 정호(程顥)・정이(程頤)・소옹(邵雍)・장재(張載)와 함께 북송오현(北宋五賢)으로 불린다. 《주자전서(周子全書)》・《통서(通書)》・〈태극도설(太極圖說)〉등의 저술을 남겼으며, 시호는 원공(元公)이다.

269 산수를……올라가세나 : 주돈이의 〈비군 장관과 함께 노님을 기뻐하며 짓다〔喜同費君長官游〕〉이다.

계방[270]에 바위 위에 난 오동나무가 있는데 매우 기이하여 내가 일찍이 시 한 수를 남긴 것이 지금까지도 벽간에 남아있다. 어제 춘방[271]에서 당직을 서게 되어 이웃 재사에 있던 익찬 윤계장[272] 봉오 에게 들렀다가 우연히 오동나무 그늘 아래 앉았는데 생각지도 못하게 팔 년 동안 이렇게 크고 늙었기에 이전에 지은 시의 운을 써서 지었다

桂坊有石上桐 甚奇 余曾留一詩 至今在壁間 昨持被春坊 過尹翊贊季章 鳳五 于隣齋 偶坐桐陰下 不意八年之中老大至此 用前韻

서원 땅 밟지 않은 지 이제 십 년 되었는데[273]	不蹋西垣今十載
오동나무 가지가 온통 처마 밑에 닿으려 하네	桐枝渾欲拂簷低
풍진 속에 실의하며 무슨 일을 이루었는가	風埃潦倒成何事
〈영지가〉[274] 부르고 나니 해가 또 저무네	歌罷靈芝日又西

270 계방(桂坊) : 조선 시대 세자익위사(世子翊衛司)의 별칭이다.

271 춘방(春坊) : 조선 시대 세자시강원(世子侍講院)의 별칭이다.

272 윤계장(尹季章) : 윤봉오(尹鳳五, 1688~1769)를 가리키는 것으로, 계장은 그의 자이다. 조선 후기의 문신으로, 본관은 파평(坡平)이며 호는 석문(石門)이다. 1714년(숙종40) 사마 양시에 합격한 후 왕세제(王世弟)인 영조를 측근에서 보필하였다. 1746년(영조22) 문과에 병과로 급제한 후 부수찬·교리·동지의금부사·대사헌 등을 역임하였다. 1763년에 특진관으로 판돈녕부사를 겸하고, 1768년에 기로소에 들어갔다. 저서로 《석문집》이 남아있으며, 시호는 숙간(肅簡)이다.

273 서원……되었는데 : 서원(西垣)은 '대궐의 서쪽 담장 안'이라는 뜻으로, 여기서는 세자익위사를 가리킨다. 남유용(南有容)은 39세이던 1736년(영조12) 1월에 세자익위사 시직(侍直)에 임명되었었다.

274 〈영지가(靈芝歌)〉: 중국 북송의 유학자 주희(朱熹)가 운당포(篔簹鋪)에서 읽고, 또 스스로 지었던 시를 가리키는 것으로, 이룬 것 없이 세월만 보냄을 한탄하는 내용이다.

계방의 남쪽 뜰에 오래된 회화나무가 있는데 매우 푸르고 무성하여 한여름에 녹음이 땅에 가득하므로 또 앞의 운을 써서 지었다

桂坊南庭有古槐 甚蒼茂 方夏綠陰滿地 又用前韻

뜰의 오동나무 담장의 대나무 모두 맑은 운치 있어 庭梧埤竹俱淸韻
달빛 어린 잎 안개 낀 가지 본디 낮지 않지만 月葉烟枝故不低
어찌 같겠는가 천 길 만 길짜리 녹나무[275]가 爭似豫章千萬仞
하늘까지 닿아 서쪽으로 지는 해를 붙잡을 수 있는 것과 連天住得落暉西

275 녹나무 : 좋은 재목의 하나로, 훌륭한 인재를 비유하기도 한다.

나흘 동안 당직을 서느라 서연[276]을 모시지 못하였기에 주자의 〈염계서당〉[277]의 운을 써서 계장에게 심회를 적어 주었다

禁直四日 未侍書筵 用周子濂溪書堂韻 書懷季章

원유하여 나의 벗을 찾아갔으니 遠遊求我友
계수나무 자란 산그늘이었네[278] 桂樹山之陰
도봉산의 물과 돌 맑으니 道峯水石淸
마치 고인의 마음을 보는 듯하였네[279] 如見古人心

276 서연(書筵) : 왕세자를 모시고 강학(講學)하는 자리를 의미한다.

277 주자(周子)의 〈염계서당〉 : 중국 북송의 유학자 주돈이(周敦頤)가 지은 〈염계서당(濂溪書堂)〉을 가리킨다.

278 계수나무 자란 산그늘이었네 : 중국 한나라 때 회남 소산왕(淮南小山王) 유안(劉安)의 무리가 초(楚)나라의 굴원(屈原)을 동정하며 지은 〈초은사(招隱士)〉에서 나온 표현으로, 시의 첫머리에 "계수나무가 무더기로 자람이여, 산의 깊은 곳이로다.〔桂樹叢生兮山之幽.〕"라고 하였다. 은자(隱者)가 머무는 곳으로, 여기서는 윤봉구가 즐겨 찾던 도봉산(道峯山)을 가리키는 것이다.

279 마치……듯하였네 : 1573년(선조6)에 양주 목사(楊州牧使) 남언경(南彦經)이 조광조(趙光祖)의 학문과 행적을 기리는 뜻으로 도봉서원(道峯書院)을 건립하고, 이듬해에 사액(賜額)을 받았다. 1696년(숙종22)에는 송시열(宋時烈)이 조광조와 나란히 배향되었는데, 1723년(경종3)에 출향되었다가 1725년(영조1)에 다시 배향되었다. 도봉산은 도봉서원이 건립된 이후로 서울 주변의 명사들이 즐겨 찾는 명소가 되었으며, 유력 가문 자제들이 수학하고 학문을 토론하는 장소가 되었다. 특히 효종 대 이후부터 송시열・김상헌(金尙憲)・이단상(李端相)・권상하(權尙夏)・윤봉구(尹鳳九)・김수항(金壽恒)・김창협(金昌協)・박세채(朴世采) 등 서인(西人) 사류들이 즐겨 찾는

서성거리며 남기신 자취 보노라니　　裵徊覽餘躅
얽혀드는 생각 어쩌면 그리도 깊고 깊던지　　紆思何沉沉
부름을 받고 붉은 궐문 안으로 들어오니　　被召入紫闥
맡은 임무 참으로 청심한 직책이었네[280]　　職司實清深
때마침 내리는 비는 무더위를 씻어내고　　時雨洗煩炎
대나무 오동나무는 울창하여 빽빽하네　　竹梧蒼以森
경서를 보관한 오래된 누각이 있어　　藏經有古閣
우뚝하게 푸른 봉우리를 마주하고 있네　　峩峩面青岑
시서가 번쩍번쩍 두 눈에 가득하니　　詩書燦盈矚
나의 흉금을 툭 트이게 할 수 있겠네　　可以踈我襟
어찌하면 마음 맞는 선비를 얻어서　　安得會心士
거문고와 비파처럼 조화로이 읊을까　　諧吟如瑟琴
동궁은 고요하고 또 깊숙하니　　銅闈靜且邃
어찌하면 영음[281]을 들을 수 있을까　　何由聆英音
미천한 정성 바치고 싶어　　微誠欲自獻
감히 산림으로 돌아가지 못하네　　未敢歸山林
매양 성주[282]의 시대를 생각할 때마다　　每懷成周際
근심스러워 편히 잠들지 못하네　　怵惕不安衾

곳이 되었다.

280 부름을……직책이었네 : 남유용(南有容)은 이해에 부수찬·문학·사서·헌납·장령·부교리·사간 등에 제수되었다.

281 영음(英音) : 세자의 음성을 미화하여 이르는 말이다.

282 성주(成周) : 중국 주나라 때 주공(周公)이 조카 성왕(成王)을 보좌하여 다스리던 시대를 가리키는 것으로, 주나라의 전성기였다.

선보께서 밝으신 가르침 남기셨으니　先輔有明誨
시간을 아끼기를 금 보듯 하라 하셨네[283]　惜日當寸金
병계 노인께 말씀드리건대　眷言屛溪老
귀 기울여 훌륭한 잠언 간직하시길　側耳懷良箴

병계(屛溪) 윤봉구(尹鳳九)[284] 공이 당시에 진선(進善)이셨는데,[285] 계장의 큰형님이시다.

283 선보께서……하셨네 : '선보(先輔)'는 성왕의 섭정을 지낸 주공을 가리키며, '밝으신 가르침'은 《서경》 〈무일(無逸)〉을 가리킨다. 〈무일〉은 주공이 성왕에게 군주의 도리를 설명하면서 특히 안일함에 빠져서는 안 된다고 경계한 글이다. 서두에서 "아! 군주는 안일함이 없는 법입니다." 하고, 이어서 임금의 친경(親耕)과 권농(勸農)을 통해 백성의 노고와 생활의 어려움을 이해하고, 임금 스스로 근면하고 근신하여 안일에 빠지지 말 것이며, 상벌을 바르게 하라는 등의 이야기를 기록하였다.

284 윤봉구(尹鳳九) : 1683~1768. 조선 후기의 문신・학자로, 본관은 파평이며 자는 서응(瑞膺), 호는 병계・구암(久菴)이다. 1714년(숙종40) 진사에 합격하였고, 유일(遺逸)로 천거되어 지평・서연관・대사헌・공조 판서 등을 역임하였다. 1741년 주자(朱子)를 보은 춘추사(春秋祠)의 송시열(宋時烈) 영당에 추봉할 것을 주장하다가 삭직되었다. 권상하(權尙夏)의 문하에서 수학한 강문팔학사(江門八學士)의 한 사람이며, 현실 참여보다 성리학자로서 심성론을 수립하는 데 치중하였다. 저서로 《병계집》이 있으며, 시호는 문헌(文獻)이다.

285 당시에 진선(進善)이셨는데 : 진선은 조선 시대 세자시강원의 정4품 관직으로, 세자의 교육을 담당한다. 학행이 뛰어난 재야유현(在野儒賢) 중에서 선임되었으며, 윤봉구는 당시 세자였던 장헌세자(莊獻世子)의 교육을 담당하였다.

태복 윤경이[286] 심재 의 시운을 따라 사원[287]에서 말 기르는 것에 대해 읊었다

次尹太僕敬以 心宰 韻 賦沙苑牧馬

산천에서 흩어졌다 모이면 언제나 질서정연하고　散合原川每有倪

수천 마리가 한 뜻으로 움직이며 서로 헤매지 않네 千群一意不相迷

바람을 따라잡고[288] 발이 땅에 안 닿으니[289] 잘 몰아야 할 것이요 追風絶地須良馭

그림자를 돌아보고 교만함을 뽐내며 또 큰 소리로 울어대네[290]

286 윤경이(尹敬以) : 윤심재(尹心宰, 1701～?)를 가리킨다. 조선 후기의 문신으로, 본관은 파평이며 경이는 그의 자이다. 1726년(영조2) 진사에 합격하였으며, 다른 사항은 알 수 없다.

287 사원(沙苑) : 원래 중국 섬서성(陝西省) 위수(渭水) 가에 있는 땅의 이름인데, 목축하기에 알맞은 곳이라 당(唐)나라 때 사원감(沙苑監)을 두어 말을 길렀다. 후대에 조정의 말을 목축하는 곳을 의미하게 되었다.

288 바람을 따라잡고 : 원문의 '추풍(追風)'은 말이 달리는 속도가 바람도 따라잡을 만큼 빠르다는 뜻으로, 중국 진(秦)나라 시황(始皇)이 타고 다녔던 일곱 명마 가운데 하나의 이름이기도 하다. 일곱 명마의 이름은 추풍·백토(白兎)·섭영(躡影)·분전(奔電)·비핵(飛翮)·동작(銅爵)·신부(晨鳧)이다.

289 발이……닿으니 : 원문의 '절지(絶地)'는 발이 땅에 안 닿을 만큼 빠르다는 뜻으로, 중국 주나라 목왕(穆王)이 타고 다녔던 여덟 준마 가운데 하나의 이름이기도 하다. 여덟 준마의 이름은 절지·번우(翻羽)·분소(奔宵)·초영(超影)·유휘(踰輝)·초광(超光)·등무(騰霧)·협익(挾翼)이다. 일설에는 적기(赤驥)·도려(盜驪)·백의(白義)·유륜(踰輪)·산자(山子)·거황(渠黃)·화류(華騮)·녹이(綠耳)라 하기도 한다.

顧影生驕且遠嘶

무성한 풀이 말발굽에 가득하니 저절로 장성하고 豐草滿蹄聊自壯

번잡한 가슴걸이[291] 머리까지 닿으니 문득 수그러지네

繁纓到首却成低

승황[292]이 반드시 천한[293]에 다 뽑혀 들어가는 것 아니니

乘黃未必天閑盡

내 몸에 비단 말다래[294] 찼다고 자랑하지 말라 莫詑身邊錦障泥

290 그림자를……울어대네 : 중국 성당의 시인 두보(杜甫)의 〈총마행(驄馬行)〉에서 나온 말로, 그중 일부를 인용하면 다음과 같다. "등공의 말 좋아하는 성벽 사람들이 다 아는데, 처음으로 화총을 얻으니 대완국의 종자라네. 예로부터 전해 듣고 한번 보기 원하였는데, 끌고 오자 좌우 사람들 정신이 모두 송연해지네. 웅장하고 빼어난 자태 어쩌면 그리도 우뚝한가. 그림자 돌아보고 교만하게 울며 스스로 총애받음 자랑하네. 〔鄧公馬癖人共知, 初得花驄大宛種. 夙昔傳聞思一見, 牽來左右神皆竦. 雄姿逸態何崷崒, 顧影驕嘶自矜寵.〕"

291 번잡한 가슴걸이 : 원문의 '반영(繁纓)'은 원래 천자나 제후가 타던 말의 띠 장식으로, 반(繁)은 뱃대끈이고 영(纓)은 가슴걸이를 가리킨다. 여기서는 앞의 구와 대구(對句)가 되어야 하는 자리이므로, '무성한 풀밭(豐草)'에 맞추어 '번(繁)'자를 형용사로 처리하였다.

292 승황(乘黃) : 전설 속 신마(神馬)의 이름으로, 용의 날개가 달렸으며 황제(黃帝)가 타고 신선 세계로 올라갔다고 한다. 후에 어마(御馬)를 가리키게 되었다.

293 천한(天閑) : 어마(御馬)를 기르는 천자의 마구간을 뜻한다.

294 비단 말다래 : 말다래는 말을 탄 사람의 옷에 진흙이 튀지 않도록 안장 양쪽에 늘어뜨리는 물건인데, 이를 비단으로 장식한 것이다. 중국 진(晉)나라 사람 왕제(王濟)가 말을 타고 가는데 말이 물을 건너기를 주저하자, "이 말이 비단으로 만든 말다래를 아끼는 것이다."라고 하며 말다래를 벗겼다고 한다.

또 경이의 시운을 따라 장원서에 있는 오래된 소나무를 읊었다

又次敬以韻 賦苑署古松

성근보[295] 선생께서 손수 심으신 것이다.

백묘의 넓은 정원이 맑은 여운을 입어 園庭百畝被餘淸
떠오르는 달과 돌아가는 구름을 담담하게 보내고 맞이하네 出月還雲澹送迎
고요한 밤 은하수는 먼 하늘에 이어지고 夜靜星河延遠色
쾌청한 가을 물수리는 차가운 소리를 떨구네 秋晴雕鶚落寒聲
서리에 뭇 나뭇잎 시드는데 홀로 무성하고 霜凋衆葉惟孤秀
바람에 성근 가지 뽑히는데 힘껏 버티네 風掣踈柯尙力爭
어쩌다 앉는 사모[296] 쓴 객 밉살스러워 偶坐生憎紗帽客
왕성 가까이 뿌리 내린 것 분명코 후회하리 托根端悔近王城

295 성근보(成謹甫) : 성삼문(成三問, 1418~1456)을 가리킨다. 조선 전기의 문신·학자로, 사육신(死六臣)의 한 사람이다. 본관은 창녕이며 자는 근보·눌옹(訥翁), 호는 매죽헌(梅竹軒)이다. 세조가 단종을 몰아내고 왕위에 오르자 단종의 복위를 꾀하다가 발각되어 친국을 받고 처형당하였다. 영조 때 이조 판서에 추증되었으며, 저서로 《성근보집》이 남아있다. 시호는 충문(忠文)이다.

296 사모(紗帽) : 벼슬아치들이 관복(官服)을 입을 때에 쓰던 모자이다.

승화[297]에서 당직을 선 지 오래되었는데 지부[298]의 김사빈[299]이 《청루시축》을 보여주기에 시 한 수에 거듭 화답하여 다시 부쳤다

承華淹直 金地部士彬以淸樓詩軸見示 疊和一篇 却寄

누워서 날 새기를 기다리니 점점 더 슬퍼지는데　臥數殘更思轉哀
창문 너머 오동잎에 빗소리가 돌아오네　隔牕梧葉雨聲迴
푸른 바다에 하얀 갈매기 좇아 짝하지 못하고　滄波未逐白鷗侶
초록 나무에 노란 꾀꼬리 날아오는 소리를 또 듣네　綠樹又聞黃鳥來
사흘 동안 궐내에서 지은 시 없는데　三日無詩題禁省
지난밤 꿈에 강가의 누대에 기대섰네　前宵有夢倚江臺
멀리서 알겠네 오연한 관리 한가로이 노니는 곳에서　遙知傲吏婆娑處
강산에 베개를 높이 하고 술잔 내오라 부르고 있을 것임을　高枕江山喚酒杯

297 승화(承華) : 세자궁을 가리키는 것으로, 옛날 중국에서 세자궁의 문 이름이 승화문(承華門)이었던 데서 유래하였다.

298 지부(地部) : 호조(戶曹)를 가리킨다.

299 김사빈(金士彬) : 김문행(金文行, 1701～1754)을 가리킨다.

예안[300] 수령으로 가는 김성중[301] 광수 이 이별시를 구하기에 이 시를 써서 주었다 김은 옛것을 좋아하는 사람이다

禮安宰金成仲 光遂 索別詩 書此贈之 金好古者也

오늘이니 옛날이니 하는 것은 모두 허환한 자취이나	今古皆幻跡
이 마음만은 예와 이제가 없는데	是心無古今
항상 괴이하였네 옛것을 좋아하는 사람이	常怪好古人
자취를 좇으며 마음을 구하지 않는 것이	循跡不求心
김자는 참으로 옛것을 좋아하여	金子眞好古
온화하고 맑기가 태초의 마음과 같았으니	冲澹太初襟
어질고 어리석은 이들이 함께 동화되어	賢愚與俱化
성대하기가 마치 거문고와 비파를 타는 듯하였네[302]	沛然如瑟琴
이러한 도는 백성을 기르기에 마땅하니	是道宜長民
앞으로의 일을 내 점칠 수 있겠네	今往吾其占

300 예안(禮安) : 경상북도 안동(安東)의 옛 이름이다.

301 김성중(金成仲) : 김광수(金光遂, 1699~1770)를 가리킨다. 조선 후기의 문인이자 서화가이며 골동 서화 애호가이다. 본관은 상주(尙州)이며, 자는 성중, 호는 상고당(尙古堂)이다. 이조 판서 김동필(金東弼)의 아들로 문벌가 출신이나 몇 번의 지방 수령을 지낸 것 외에 벼슬을 마다하고 평생 책과 서화에 심취하여 살았다. 박지원(朴趾源)에게서 '감상지학(鑑賞之學)의 개창자'라는 평을 들었으며, 〈화조도〉·〈초충도〉 등의 그림과 금석탁본집인 《상고서첩(尙古書帖)》을 남겼다.

302 마치……듯하였네 : 《시경》 〈상체(常棣)〉에서 나온 말로, "처자들이 잘 지내고 화합함이 마치 거문고와 비파를 타는 듯하네.〔妻子好合, 如鼓瑟琴.〕"라고 하였다.

더구나 이곳은 선정의 고장이라[303] 況玆先正鄕
선한 풍속이 차츰차츰 연마되었네 善俗有磨漸
어린아이들은 시서를 가슴에 새기고 童孺服詩書
남자와 여자는 밭 갈고 누에치기에 힘쓰니 男女力耕蠶
이러한 백성들은 참으로 부리기 쉬워[304] 斯民實易使
알고 있는 바를 이끌어주면 된다네 誘掖因所諳
그대가 가서 다만 청정한 정사 베풀어 君去但淸淨
노래 부르는 소리가 발을 흔들지 않는다면 嘯歌不動簾
관아의 문 고요하기가 물과 같고[305] 公門靜如水
닭 울고 개 짖는 소리 외딴 마을까지 들릴 것이네[306] 鳴吠達窮閻

303 더구나……고장이라 : 선정(先正)은 퇴계(退溪) 이황(李滉)을 가리킨다. 이황은 경상도 예안현(禮安縣) 온계리(溫溪里)에서 태어났다. 1547년(명종2) 병을 이유로 사직하고 고향으로 내려가 토계(兎溪) 인근에 양진암(養眞庵)을 짓고 학문에 전념하였으며, 1549년 병을 이유로 다시 관직에서 물러나 토계 인근에 한서암(寒棲庵)을 짓고 거처로 삼았다. 1551년에 계상서당(溪上書堂)을 지어 후학을 양성하였으며, 1556년에 예안향약을 만들고, 1561년에는 도산서당(陶山書堂)을 세워 후진을 양성하였다. 1570년(선조3) 고향에서 작고하자, 1574년 도산서당의 뒤편에 도산서원을 세워 그의 위패를 안치하였다.

304 이러한……쉬워 : 《논어》 〈양화(陽貨)〉에서 나온 말로, "군자가 도를 배우면 사람을 사랑하고, 소인이 도를 배우면 부리기가 쉽다."라고 하였다.

305 관아의……같고 : 송사(訟事)나 민원 등 번잡하고 시끄러운 일로 들락거리는 백성이 없다는 말이다.

306 닭……것이네 : 어진 정사를 펼침으로써 백성들이 저절로 많이 모여들게 되는 것을 말한다. 《맹자》 〈공손추 상(公孫丑上)〉에서 나온 말로, "하후와 은주의 전성기에 땅이 천 리를 넘은 자가 있지 않았는데, 지금 제나라는 그만한 땅을 소유하고 있으며, 닭 울음과 개 짖는 소리가 서로 들려서 사방 경계에 이르고 있다."라고 하였다.

매번 말할 때마다 선정을 일컫고	每語稱先正
기이한 정사를 쓰지 말 것이며	莫以異政參
책상머리에 기이하고 편벽된 것을 물리친다면	几案屛奇僻
진실하고 소박함에 백성들이 높이 우러를 것이네	眞樸尊民瞻
옛 도는 이것을 벗어나지 않으니	古道不外是
단빈에 송나라 사람의 부끄러움을 풀 수 있다네	釋宋人慙

송나라 사람 가운데 옛것을 좋아하는 사람이 있었는데 혹자가 말하기를, "내가 요(堯) 임금이 순(舜) 임금에게 전한 보물을 가지고 있소."라고 하였다. 송나라 사람이 천금(千金)을 가지고 그 재물을 구하려고 하자 그 사람이 자신의 마음을 가리키며 말하기를, "요·순 임금이 서로 전한 것은 이 마음에 지나지 않소. 그런데 그대는 이것을 구하지 않고 오직 옛사람들의 조악한 자취만을 구하니, 또한 말단적인 것이 아니겠소?"라고 하니 송나라 사람이 크게 부끄러워하였다.

조생에게 부탁하여 해남으로 유배 가있는 한림 이현도[307] 현중 에게 편지 삼아 부쳐달라고 하였다
託曺生寄簡李翰林顯道 顯重 海南謫居

강남으로 쫓겨난 신하 다시 구월을 맞이하였으니[308] 逐客江南再授衣
성상의 은혜 어느 날에야 귀환을 내려주실까 聖恩何日賜環歸
궁벽한 땅에 몸을 숨김이 복인 줄 어찌 알겠나 藏身嶺海焉知福
장안의 큰길에는 지금처럼 함정과 덫 있다네 逵道如今有穽機

307 이현도(李顯道) : 이현중(李顯重, 1708~1764)을 가리킨다. 조선 후기의 문신으로, 본관은 한산이며 현도는 그의 자이다. 1743년(영조19) 문과에 급제한 후 정언·교리·수찬·승지 등을 역임하였다. 주로 삼사(三司)에서 일하면서, 영조에게 화평옹주(和平翁主)의 집을 방문하지 말 것을 주청하고 또 영조의 언로 차단을 비판하였다. 승지로 있을 때 강진(康津)으로 유배 가기도 하였다.

308 강남으로……맞이하였으니 : 이와 관련하여 《영조실록》 20년(1744) 5월 26일 기사에 다음과 같은 내용이 기록되어 있다. "'이현중(李顯重)의 일은 더욱 놀랍고 망령스러운 것으로 최초에는 거만하게 집에 있으면 유독 궐하(闕下)에 나와서 기다리지 않았고, 억지로 입정(入庭)하기에 이르러서는 그의 대책(對策)에서 말을 가리지 않고 했으니, 조심하고 두려워하는 마음은 전혀 없고 괴이하고 패려스러운 말은 많이 있었습니다. 따라서 삭출(削黜)시키는 가벼운 견책으로는 진실로 그 죄를 징계하기에 부족하니, 마땅히 귀양 보내는 법전을 시행해야 합니다.' 하니 비답하기를, '이현중은 간략히 처분했으니 그대들이 진달한 대로 조처하는 것이 옳다. 해남현(海南縣)으로 멀리 귀양 보내도록 하라.' 하였다." 이는 대사간 한사득(韓師得)의 상소 가운데 일부분으로, 어떤 잘못을 하였는지 더 이상의 설명은 보이지 않는다.

구월 십오일 밤에 달빛이 매우 밝았다

九月十五日夜 月色明甚

둥근 달 한아하고 옥 누각[309] 널찍한데	轉月雍容玉宇寬
얼음 바퀴[310]엔 먼지 한 톨도 묻지 않았네	氷輪不受一塵干
성인이 관물[311]함에 원래 방법 많으니	聖人觀物元多術
응당 군왕에게 들여보내 긴 밤 내내 보게 하리	應入君王永夜看

309 옥 누각 : 원문의 '옥우(玉宇)'는 '경루옥우(瓊樓玉宇)'를 줄여서 말한 것으로, 신화 속에 나오는 월궁(月宮) 속의 누각을 말한다.

310 얼음 바퀴 : 달의 이칭(異稱)이다.

311 관물(觀物) : 만물의 현상을 살펴 천지자연의 이치를 탐구하는 것이다.

김생[312] 이홍 에 대한 만사

金生 履興 輓

북산[313] 교목[314]의 좋은 종자는 北山喬木好種子

들불이 지나가자[315] 새싹이 텄다네 野火過盡見萌芽

몸은 가시덤불 쑥대에 가려도 기운은 이미 올라와 身翳榛蒿氣已上

우뚝하게 줄기를 곧추세우고 맑은 가지를 붙들었네 昂然直幹扶淸柯

고로들은 아직도 교목이었을 때를 말하면서 故老猶及喬木時

312 김생(金生) : 김이흥(金履興, ?~1745)을 가리킨다. 본관은 안동이며, 고조할아버지는 김수항(金壽恒), 증조할아버지는 김창업(金昌業), 할아버지는 김우겸(金祐謙), 아버지는 김유행(金由行)이다. 그 외 다른 사항은 알 수 없다.

313 북산(北山) : 여기서는 북악산(北岳山)을 가리키는 것으로 보인다. 안동 김씨 중에서도 신 안동 김씨의 서울 일대 가문이 북악산 기슭의 장동(壯洞)에 터를 잡고 살기 시작하였으니, 이들을 장동 김문(壯洞 金門)이라고 부른다. 김상용(金尙容)·김상헌(金尙憲) 형제로부터 시작하여, '삼수(三壽)'라 불리는 김상헌의 손자 김수증(金壽增)·김수홍(金壽興)·김수항(金壽恒)과 '육창(六昌)'이라 불리는 김수항의 아들 김창집(金昌集)·김창협(金昌協)·김창흡(金昌翕)·김창업(金昌業)·김창즙(金昌緝)·김창립(金昌立)이 대표적인 인사이다.

314 교목(喬木) : 오랜 세월에 걸쳐 크고 무성하게 자란 나무로, 누대에 걸쳐 중신(重臣)을 배출하여 국가와 화복(禍福)을 함께하는 명문세가(名門世家)를 비유하는 말이다.

315 들불이 지나가자 : 김이흥의 고조할아버지인 김수항은 기사환국 때 사사되었으며, 김수항의 큰형인 김수증은 관직을 떠나 은둔하였고 둘째 형인 김수흥은 기사환국 때 유배지에서 죽었다. 증조할아버지인 김창업의 큰형인 김창집은 신임사화 때 유배되었다 사사되었으며, 그 영향으로 김창집의 여섯 아우들은 모두 벼슬을 하지 않고 은거하였다. 할아버지인 김우겸과 아버지인 김유행 역시 벼슬을 하지 않았다.

네가 꼭 닮았다고 기뻐하며 어루만졌네 以女似之喜摩挲
대들보인지 땔감인지 아직 운명을 점치지 못했는데 梁棟薪櫍未卜命
알지 못하겠네 하늘의 뜻이 결국 무엇이란 말인가 不知天意竟若何
알지 못하겠네 하늘의 뜻이 결국 무엇이란 말인가 不知天意竟若何
지금처럼 거꾸러져 진흙탕에 버려졌으니 如今顚倒委泥沙
자네가 꺾이고 잘려 재목이 되지 못함이 마땅하다면 女合札折不爲材
오늘날의 재목들은 나뭇결이 바르단 말인가 今之材者脉理邪
하늘의 조화 까마득하니 어찌 따지리오 造化蒼茫那渠詰
북산으로 머리 돌리고 내 탄식하노라 回首北山吾咨嗟

윤계장이 전에 부쳐준 시의 운을 따라 지어 급제를 축하하였다

次尹季章前見寄韻 賀及第

공이 사책[316]에서 용두[317]를 얻었다는 말 듣고　　聞公射策得龍頭
등불 앞에 일어나 앉아 해진 갖옷을 여미네　　起坐燈前擁弊裘
인적 고요한데 시서만 베갯머리에 뭉쳐 있고　　人靜詩書團一枕
밤 차가운데 종루[318]만 서쪽 누대에 남았네　　夜寒鐘漏在西樓
고난은 같은 조정에 서게 된 나의 기쁨보다 클 것이요　　艱難甚我同朝喜
출처는 초야로 가려는 그대의 계획 기다릴 것이네　　出處須君適野謀
세상에 뜻이 전혀 없다는 말 믿지 않으니　　未信全無當世意
손수 과목[319] 펼쳐듦에 온갖 시름 사라지리　　手披科目失千愁

316 사책(射策) : 과거 시험 방식의 하나로, 출제자가 대나무 조각〔策〕에 문제를 써서 통 안에 넣어놓으면 응시자가 하나를 뽑아 그 자리에서 문제를 푸는 것이다. 과거 시험 그 자체를 의미하기도 한다.

317 용두(龍頭) : 과거에 장원급제하는 것, 혹은 장원급제한 사람을 지칭하는 말이다.

318 종루(鐘漏) : 시간을 알리는 종과 물시계를 가리킨다.

319 과목(科目) : 과거시험의 종목을 가리킨다.

원주 유생 유약[320]에게 주다 유생은 옛날 전서에 조예가 있었는데 나를 위해 인장 여러 매를 만들어주었다

贈原州柳生約 柳生善古篆 爲余作印章數枚

충조[321]의 유법을 보존하고 있으니　　蟲鳥存遺法
그대 글씨에 담긴 정신 깊음이 기특하여라　　憐君筆意深
한평생 부질없이 옛것을 좋아하더니　　百年空好古
넓은 세상에 그대 마음 아는 이 있었네　　四海有知心

유생(柳生)의 전서(篆書)가 중국에 들어가 연(燕) 땅 사람 임본유(林本裕)[322]의 칭찬을 받았다. 서로 주고받은 편지가 있는데 이역(異域)에 사는 절친한 친구라고 표현하였다.[323]

320 유약(柳約) : ?~? 본관은 진주(晉州)이고, 자는 휴문(休文)이다. 금석문과 전서·예서에 조예가 깊었는데, 산수 유람하기를 좋아하여 처자식이 추위에 떨고 굶주려도 개의치 않더니 결국 가난으로 고생하다가 죽었다고 한다.

321 충조(蟲鳥) : 전서(篆書)의 글씨를 가리킨다. '조충조전(雕蟲鳥篆)'의 줄임말로, 전서가 벌레나 새의 발자국처럼 생긴 데서 나온 말이다.

322 임본유(林本裕) : ?~? 중국 청나라 초기의 학자이자 도장가이다. 임포(林逋)의 후손으로, 자는 익장(益長)이며 자호는 욕옹(辱翁)이다. 원래 명(明)나라 사람으로 젊어서 오삼계(吳三桂)의 서기가 되었는데, 청나라에 잡혀가 개주(蓋州)의 백성이 되었다. 젊어서 좌절을 겪은 후로 작은 누각에 기거하면서 독서로 소일하며 세상에 나오지 않았다고 한다. 도장을 잘 새기기로 이름이 났으며, 음운학에 밝아 《성위(聲位)》를 저술하였고 《요재전집(遼載前集)》을 찬사(撰寫)하였다. 《青城雜記 卷4 醒言》《四庫提要 卷74》《湛軒書 外集 卷7 燕記 王擧人》

323 유생(柳生)의……표현하였다 : 이에 대한 이야기가 《청성잡기(青城雜記)》 권4 〈성언(醒言)〉에 다음과 같이 실려 있다. "도곡(陶谷) 이상 의현(李相宜顯)이 사신으로

초가는 강산에 멀리 떨어져 있고 茅屋江山遠
연잎 적삼[324]엔 싸락눈 들이치나 荷衫霰雪侵
붉은 대문[325] 안에는 발도 들이지 않고 朱門脚不到
오직 나에게만 찾아왔다네 於我獨來尋

연경에 갈 때 유약이 도장 몇 개를 파서 여행 선물로 주었다. 이 당시 유약은 이름이 알려지지 않았으므로 이상(李相)도 별로 대수롭게 여기지 않았다. 이상이 연경에 도착하여 기이한 돌을 사고는 도장을 잘 새기는 자를 물으니 모두 개주(蓋州)에 사는 임본유(林本裕)를 추천하기에 돌아오는 길에 개주에 들러 그를 방문하였다.……오랫동안 담소를 나누고서 이상이 예물을 주며 도장을 새겨 줄 것을 요청하자 그가 그러겠노라고 하고는 행장 속에 조선에서 새겨 온 도장이 있는지 물었다. 이상이 유약에게 받은 도장을 꺼내 보여 주자 그가 깜짝 놀라 기이하게 여기다 유약의 솜씨에서 나온 것임을 알고는 손수 편지와 선물을 마련해 주면서 유약에게 자신의 도장도 새겨 줄 것을 부탁하였다. 임본유가 죽을 때까지 그와 여러 통의 편지를 주고받았는데 마침내 천하에 절친한 친구라고까지 하였으니, 유약의 명성이 이때부터 천하에 알려졌다."

324 연잎 적삼 : 벼슬 안 하고 사는 은사(隱士)의 옷을 의미한다.

325 붉은 대문 : 부호나 고관대작의 집을 가리킨다. 보통 왕공가(王公家)의 문은 붉은색을 칠하고 민가의 문은 모두 흑색이나 청색을 칠하였는데, 후에 부호나 고관대작들이 왕공가를 따라 문을 붉은색으로 칠하게 된 데서 나온 말이다.

꿈에 의숙과 함께 매화 아래에 앉아있었다. 의숙이 시사에 대해 이야기하고 있는데 갑자기 병풍 너머에서 어떤 사람이 "오늘 저녁에는 그저 매화나 보는 것이 좋겠소."라고 하였다. 내가 깜짝 놀라 돌아보고 "이것은 백옥의 목소리이다."라고 하고 꿈에서 깨어나 시를 지었다

夢與宜叔坐梅花下 宜叔談時事 忽隔屛有人曰 今夕只可看梅花 余驚顧曰 此伯玉聲也 覺而有詩

고인과 헤어진 지 이제 육 년이라	一隔故人今六年
백아의 거문고는 적막하게 산천을 마주하네[326]	牙絃寂寞對山川
꿈속 청진한 말에 심기일전하였으니[327]	夢中一轉淸眞語
누가 매화를 보내 생전의 인연 잇게 하였나	誰遣梅花續舊緣

326 백아의……마주하네 : 중국 춘추 시대 초(楚)나라의 악사 백아(伯牙)가 거문고를 잘 탔는데, 그의 친구 종자기(鍾子期)만이 이것을 알아들었다. 백아가 높은 산에 뜻을 두고 거문고를 타면 종자기가 "아! 훌륭하다. 높고 높은 것이 마치 태산과 같구나."라고 하였고, 흐르는 강물에 뜻을 두고 거문고를 타면 종자기가 "아! 훌륭하다. 넘실대는 것이 마치 강하와 같구나."라고 하였다. 종자기가 죽자 백아는 거문고 줄을 끊어버리고 다시는 타지 않았으니, 여기서 지음(知音)이라는 말이 나왔다. 《列子 湯問》 이 시에서는 백아를 남유용(南有容) 자신에게, 종자기를 오원(吳瑗)에게 비유하여 지음을 잃었음을 슬퍼한 것이다.

327 꿈속……심기일전하였으니 : 원문의 '일전어(一轉語)'는 선가(禪家)에서 나온 말로, 학인(學人)의 심기(心機)를 일전(一轉)시킬 수 있는 말이라는 뜻이다. 즉 참선하는 사람이 미혹에서 벗어나 깨달음을 얻을 수 있게 하는 중요한 말을 의미한다.

가탄

可嘆

이해에 도산(陶山) 이 상공(李相公) 의현(宜顯) 께서 졸서(卒逝 돌아가심)하시고, 한천(寒泉) 이 선생(李先生) 재(縡) 께서 풍질(風疾)에 걸려 말씀을 못하게 되셨으며, 삼산(三山) 이 상서(李尙書) 병상(秉常) 께서 벼슬을 그만두고 떠나가셨다. 이 세 가지 일이 세운(世運)과 관련되므로 〈가탄〉 세 수를 지었다.

우뚝하신 이 승상[328]은	嶷嶷李丞相
선왕께서 물려주신 원로라	先王所遺老
충성과 신의를 일찍부터 갈고 닦아	忠信夙自厲
명망과 절의 해가 갈수록 높아지셨네	名節晩愈好
나아가고 물러남에 백성들이 모두 우러렀으니	進退民具瞻
마치 아름드리나무가 있는 듯하였는데	如木有合抱
나라의 어른 이미 돌아가시고	耆舊旣淪喪

328 이 승상(李丞相) : 이의현(李宜顯, 1669~1745)을 가리킨다. 조선 후기의 문신으로, 본관은 용인(龍仁)이며 자는 덕재(德哉), 호는 도곡(陶谷)이다. 김창협(金昌協)의 문인으로, 1694년(숙종20) 문과에 급제한 후 승지・예조 판서・우의정・영의정 등 요직을 역임하고 판중추부사・영중추부사가 되었으며, 1742년 벼슬을 그만두고 봉조하가 되었다. 민진원 사후 노론의 영수로 추대되었으며, 노론사대신을 신원하고 신임옥사가 무옥(誣獄)임을 밝히는 데 평생을 진력하였다. 저서에 《도곡집》이 있으며, 시호는 문간(文簡)이다.

전장[329]은 날로 거꾸러져 가네 典章日顚倒
세상의 도 점점 더 아득해지니 世道轉茫然
나라 걱정에 머리가 다 셌네 憂國髮爲皓

밝고 밝으신 한천옹[330]은 昭昭寒泉翁
나아가고 물러남 어쩌면 그리도 현명하셨는지 進退何其賢
기미를 보고 벼슬을 사양하셨으며 見幾謝簪笏
도를 품고 임천에서 즐거워하셨네 懷道樂林泉
말씀에 능하신 것 어찌 피사나 음사[331]리요 能言詎詖淫
명리의 가르침 참으로 선명하였네 名理實粲然
도를 비록 몸소 행하지 않으셨어도 道雖不身行
외려 말로 전할 수 있으셨는데 尙可由口傳

329 전장(典章) : 나라의 제도와 문물을 의미한다.

330 한천옹(寒泉翁) : 이재(李縡, 1680~1746)를 가리킨다. 조선 후기의 문신 · 학자로, 본관은 우봉이며 자는 희경(熙卿), 호는 도암(陶庵) · 한천이다. 1707년(숙종33) 문과에 급제한 후 대사성 · 대사헌 · 이조 참판 · 도승지 · 대제학 등을 지냈다. 그러나 임인옥사 · 정미환국 등을 겪으면서 정계에서 물러나 용인 한천에 거주하면서 임성주(任聖周) · 김원행(金元行) 등 학자를 길러내는 데 힘썼다. 노론 가운데 준론(峻論)의 대표적 인물로, 정계와 학계를 배후에서 움직였다. 저서로 《도암집》 등이 있으며, 시호는 문정(文正)이다.

331 피사나 음사 : 원문의 '피음(詖淫)'은 '피음사둔(詖淫邪遁)'의 줄임말로, 병폐가 있는 4가지 종류의 말을 가리킨다. 《맹자》 〈공손추 상(公孫丑上)〉에서 맹자가 지언(知言), 즉 사물의 도리에 밝은 말을 설명하며, "편파적인 말〔詖辭〕에서 가려진 바를 알며, 방탕한 말〔淫辭〕에서 빠져 있는 바를 알며, 바르지 않은 말〔邪辭〕에서 괴리된 바를 알며, 둘러대는 말〔遁辭〕에서 논리가 궁함을 알 수 있다."라고 하였다.

선생께서 이제 말씀을 하지 않으시면 先生今不言
제자들이 어떻게 도를 전하리오[332] 弟子何述焉

상서[333]께서는 규장[334]과 같은 자질로 尙書珪璋資
화락하게 아름다운 명성 지니셨네 豈弟將令名
온화한 모습으로 조정에 서셔도 雍容廊廟間
초야에 계실 때의 뜻을 바꾸지 않으셨네 不改韋布情
시절이 위태로울 땐 나무 위에 앉아있듯 하셨고[335] 時危如集木
치사할 나이가 되자 곧바로 영화를 사양하셨네[336] 年至卽辭榮
누구인가 옛 도를 그리워하여 誰哉懷古道
임금을 위해 그의 떠남을 만류한 이는 爲王留其行
세자께서 바야흐로 학문에 뜻을 두셨으니 儲君正嚮學

332 제자들이……전하리오 : 《논어》 〈양화(陽貨)〉에서 나온 말로, 공자가 "나는 말을 하지 않으려고 한다."라고 하자 자공(子貢)이 "선생님께서 만일 말씀을 하지 않으시면 저희들이 어떻게 도를 전하겠습니까."라고 하였다.

333 상서(尙書) : 이병상(李秉常, 1676~1748)을 가리킨다.

334 규장(珪璋) : 고대 중국에서 조빙(朝聘)할 때 사용한 옥으로 만든 예기(禮器)로, 매우 고아한 인품에 비유된다.

335 나무……하셨고 : 혹시라도 나무에서 떨어질까 조심하는 것처럼, 실수가 없도록 매사에 신중을 기한다는 말이다. 《시경》 〈소완(小宛)〉에, "온유하고 공손한 사람이 나무 위에 앉아 있는 듯. 두려워하고 두려워하는 소심한 자가 깊은 골짜기에 임하는 듯. 전전하고 긍긍하여 살얼음을 밟는 듯하노라.〔溫溫恭人, 如集于木. 惴惴小心, 如臨于谷. 戰戰兢兢, 如履薄氷.〕"라고 한 데서 나온 말이다.

336 치사할……사양하셨네 : 《영조실록》 21년(1745) 5월 20일 기사에, "강화 유수(江華留守) 이병상이 상소하여 거듭 치사(致仕)를 청하니, 특별히 허락하였다."라는 말이 나온다. 이때 이병상의 나이 70살이었다.

노성한 신하를 버려서는 안 된다네[337] 未可棄老成

337 누구인가……된다네 : 《영조실록》 21년(1745) 8월 23일 기사에 이에 대한 이야기가 나온다. "(우의정 조현명(趙顯命)이) 또 말하기를, '숙묘(肅廟)께서 동궁(東宮)에 계실 때 선정신(先正臣) 송준길(宋浚吉) 같은 이는 여러 해 동안 시강(侍講)하였고, 빈객(賓客) 중에 조복양(趙復陽)·이단하(李端夏) 같은 이는 모두 청명 문학(淸名文學)의 선비였습니다. 오늘날 비록 이같이 여러 사람을 얻기는 어렵더라도 이병상(李秉常) 같은 이는 개제(愷悌)한 사람입니다. 마땅히 동궁을 교양(敎養)시킬 만한데 쉽사리 치사(致仕)하도록 윤허하셨으니, 어찌 안타깝지 않겠습니까?' 하니, 임금이 말하기를, '나는 그 사람의 아름다운 덕을 이루어주고 싶었다.' 하니, 조현명이 말하기를, '이병상에게 있어서는 고상한 만절(晩節)을 이루게 하였지마는, 국가로 볼 때는 사람을 부리는 도리가 아닙니다.' 하였다."

우옹이 지은 판원[338]에 추증된 강효원[339] 군의 묘비[340]의 뒤에 제하였다
題尤翁譔贈判院姜君孝元墓碑後

효원(孝元)은 세자시강원의 서리로 심양(瀋陽)에서 소현세자(昭顯世子)를 시종하였는데, 필선(弼善) 정뇌경(鄭雷卿)[341] 공과 함께 배반한 포로[342]를 죽이려 도모하였다가 일이 발각되어 죽임을 당하였다.

338 판원(判院) : 판결사(判決事)를 가리키는 것으로, 인조(仁祖)가 강효원에게 판결사를 추증하였다.《順菴集 卷27 故侍講院弼善贈贊成雲溪鄭公行狀》판결사는 조선시대 장례원(掌隷院)의 장관으로, 정3품 당상관에 해당한다.

339 강효원(姜孝元) : 1603~1639. 조선 후기의 서리로, 본관은 진주이다. 1637년(인조15) 세자시강원의 서리로 청나라에 볼모로 잡혀가는 소현세자(昭顯世子)를 수행하였다. 당시 조선인으로 청나라의 앞잡이가 되어 횡포를 부리던 통역관 정명수(鄭命壽)를 필선 정뇌경(鄭雷卿)과 함께 심양(瀋陽)에서 모살하려 하였으나 사전에 발각되었다. 그 죄로 처형당하였는데, 사형장에서도 정명수를 편드는 조신들을 꾸짖었다. 시신은 조선에 보내졌고, 한성부 좌윤에 추증되었다. 처는 노비가 되었으나 평생 수절하였고, 1668년(현종9) 왕명으로 아들과 손자가 면천되었다.

340 우옹이……묘비 : 송시열(宋時烈)이 지은 〈강효원묘표(姜孝元墓表)〉를 가리킨다.《송자대전(宋子大全)》권190에 실려 있다.

341 정뇌경(鄭雷卿) : 1608~1639. 조선 중기의 문신으로, 본관은 온양이며 자는 진백(震伯), 호는 운계(雲溪)이다. 1630년(인조8) 문과에 급제한 후 병조 좌랑·정언·지평 등을 역임하였다. 1636년 병자호란으로 왕이 피난 갈 때 교리로 호종하였으며, 이듬해 소현세자(昭顯世子)가 청나라 심양(瀋陽)에 잡혀갈 때 자청해 수행하였다. 청나라 앞잡이 정명수(鄭命壽)를 강효원과 함께 모살하려다 사전에 발각돼 처형당하였다. 사후 도승지에 추증되었다가 다시 이조 참판에 추증되었으며, 뒤에 찬성을 더하였다. 시호는 충정(忠貞)이다.

향기롭고 더러운 이름 모두 황량한 무덤 신세이나 流芳遺臭共荒墳
태산과 기러기 털 같은 목숨[343] 어디에서 나뉘는가 泰嶽鴻毛底處分
풀숲 속 석 자의 묘갈을 한번 보라 試看草中三尺碣
몇 사람이나 우옹[344]의 글을 얻을 수 있었던가 幾人能得此翁文

두 번째 其二

먼지 날리는 거리에 평정건[345] 쓴 이들 이루 셀 수 있었으랴 何限塵街平頂巾
당시에는 그대도 다 똑같이 보였다네 當年看爾一般身
누가 알았으랴 한 절의로 인을 이룬[346] 곳에서 誰知一節成仁處

342 배반한 포로 : 정명수(鄭命壽, ?~1653)를 가리킨다. 천례(賤隷) 출신으로, 1618년(광해군10) 명나라가 후금을 토벌할 때 강홍립(姜弘立)을 따라 출정하였다가 포로가 되었다. 이후 청나라에 살면서 조선의 사정을 자세히 밀고하여 황제의 신임을 얻었고, 병자호란 때 통역으로 입국하여 조선 침략의 앞잡이 노릇을 하였다. 청나라의 세력을 등에 업고 영중추부사까지 올랐으며, 왕을 모독하고 세폐(歲幣)를 노략질하는 등 갖은 행패를 부렸다. 1653년(효종4) 심양(瀋陽)에서 성주(星州) 포수 이사용(李士用)에게 살해당하였다.

343 태산과……목숨 : 중국 전한(前漢)의 역사가 사마천(司馬遷)의 〈임 소경에게 보내는 답서〔報任少卿書〕〉에서 나온 말로, "사람이라면 본디 한 번은 죽게 마련인데, 어떤 사람의 죽음은 태산보다도 무겁고 어떤 사람의 죽음은 기러기 털보다도 가볍다."라고 하였다.

344 우옹(尤翁) : 송시열(宋時烈, 1607~1689)을 가리킨다.

345 평정건(平頂巾) : 꼭대기 부분이 평평한 모자로, 두건의 일종이다. 우리나라에서는 고려 때 사인(士人)과 유생들이 이를 착용하였으며, 조선 초기에는 향리(鄕吏)들이 착용하였고, 후기에는 서리(胥吏)들이 착용하였다.

346 인을 이룬 : 살신성인(殺身成仁)하였다는 말이다.

조정의 고기 먹는 인사들[347] 부끄러워 죽을 지경이었을 줄[348]

愧死巖廊肉食人

347 고기 먹는 인사들 : 원문의 '육식인(肉食人)'은 후한 녹봉을 받는 고위 관원을 비하하여 부르는 말이다.

348 한 절의로……줄 : 송시열이 지은 〈강효원묘표〉에, "숭정(崇禎) 기묘년(1639, 인조17) 4월 18일에 드디어 정뇌경과 함께 죽음을 당하였는데, 죽을 때 그는 재신(宰臣) 중에 정명수를 비호하던 자들에게, '너희들이 어찌 차마 이럴 수 있는가?'라고 하며 크게 꾸짖었다."라는 말이 나온다. 또 안정복(安鼎福)이 지은 정뇌경의 행장에, "강효원은 공과 함께 죽을 때 재신을 욕하면서 한 마디도 자신에 대해 변명하지 않아 참으로 훌륭하였다."라는 말이 나오는데, 이때의 재신은 박로(朴簵)와 신득연(申得淵)으로, 전부터 오랑캐들과 왕래하면서 정명수와 관계가 있었으므로 정명수의 죄를 덮어준 것을 꾸짖은 것이라고 하였다. 《順菴集 卷27 故侍講院弼善贈贊成雲溪鄭公行狀》

《대동한묵》[349]의 앞머리에 제하다

題大東翰墨卷首

고인들은 단지 시서의 학문으로만 꼽을 뿐	古人只數詩書學
사물을 진정시키는 풍류[350]는 쉬 논하지 못하리	鎭物風流未易論
천기를 그려낸 여사가 존재하니	陶寫天機餘事在
먹물 글씨에 태평성세의 흔적 남아있네	墨華留着太平痕

349 《대동한묵(大東翰墨)》: 우리나라 사람들의 글씨를 모아놓은 서첩인 것으로 보이며, 자세한 사항은 알 수 없다.

350 사물을 진정시키는 풍류 : 중국 동진(東晋)의 명재상 사안(謝安, 320~385)의 풍류가 사람들을 진정시키는 역량이 있었다는 고사에서 나온 말이다. 사안은 세상에 뜻이 없어 회계(會稽)에서 은둔 생활을 하다가 마흔이 넘어 정계에 투신하였다. 회계에 있을 때 왕희지(王羲之)·지둔(支遁) 등과 교유하며 풍류를 즐기고 예서·행서·초서 등 글씨에도 능하여, 당대의 문화인으로 명성이 자자하였다. 383년에 전진왕(前秦王) 부견(苻堅)이 100만 대군을 이끌고 비수(淝水)까지 쳐들어왔는데, 당시 재상이었던 사안은 아무 말도 하지 않고 산속 별장으로 가서 친구들과 농담을 하며 바둑을 두었다. 밤에 산책을 나갔다 돌아와서 장수들에게 임무를 맡겼는데, 이후 8만 군사로 부견의 백만 대군을 격파하였다. 승전보가 전해졌을 때에도 바둑을 두고 있었는데, 편지를 읽고 아무 말도 하지 않다가 객이 무슨 내용이냐고 묻자 그제야 무심하게 승전의 소식을 전하였다. 그러고는 바둑을 끝내고 들어가면서 문지방을 넘을 때 너무도 기쁜 나머지 나막신이 문지방에 부딪혀 부러진 것을 깨닫지 못할 정도였으니, 자신의 감정을 억누르고 사람들을 진정시킴〔矯情鎭物〕이 이와 같았다는 이야기가 전한다. 《晉書 卷79 謝安》

정월 대보름날 밤에 운을 불렀다 병인년(1746, 영조22)

元宵命韻 丙寅

세상 사람들 모두 머리 돌려 바라보니	四海共回首
얼음으로 만든 바퀴 먼 하늘에 떠오르네	氷輪來遠霄
은하수 밝으니 응당 밤하늘 갤 것이요	河明應夜霽
바람 광활하니 별이 흩날리려 하네	風濶欲星飄
집집마다 풍악 소리 웅장함을 다투고	戶競歌鐘壯
사람들은 얼마나 멀리 걸어다녔나 자랑하네[351]	人誇步屧遙
어찌 홀로 사람들과 다를 수 있으랴	那能獨殊衆
지팡이 짚고 남쪽 다리로 가봐야지	扶策且南橋

351 사람들은……자랑하네 : 정월 대보름 밤에 하는 다리 밟기 놀이를 가리킨다. 다리를 건너는 횟수는 지역에 따라 달랐는데, 1년이 12달인 데서 1년 액막이를 위하여 12번을 건너기도 하고, 36번을 건너기도 하고, 지역에서 가장 큰 다리나 오래된 다리를 자기 나이 수대로 왕복하기도 하였다.

호구에 초당이 완성되어 삼가 가대인께서 내려주신 시의 운을 따라 지었다
壺丘草堂成 伏次家大人下眎韻

이십 일 동안 열두 번의 소명을 어겼으니 廿日違逋十二召
변방에 유배 가고 외직에 보임된들 어찌 혹독한 처벌이겠나 流邊補外豈深文
오히려 두어 칸 집에서 편히 살게 하셨으니 猶使安居數椽屋
이 몸이 무엇으로 성명하신 임금께 보답하리오 此身何以答明君

달 밝은 저녁에 학의 소리를 들었다
月夕 聞鶴聲

오동나무 가지 곁에 달이 두렷하니	梧桐枝畔月分明
맑은 의경 서로 이끌려 학이 절로 울음 우네	淸意相牽鶴自鳴
외로운 충성 가지고 능히 감격하지도 못하였으니[352]	未把孤誠能感激
낮은 관직에 얽매여 사는 나의 인생 부끄럽네	一官羈絆愧吾生

352 외로운……못하였으니 : 중국 북송의 문신 소철(蘇轍)이 지은 〈진주 장공 안도를 대신하여 비답에 사례한 표〔代陳州張公安道謝批答表〕〉에 "외로운 충성 품고도 아뢰지 못하였는데 임금의 사랑 입게 되어 다만 놀라우니, 감격스런 마음 참으로 비유할 수가 없습니다."라는 구절이 나오는데, 이를 염두에 둔 표현이다.

옥류의 바위틈에 온통 창포가 자랐는데 아이가 아홉 뿌리를 잘라다가 호구의 당 앞에 심었다 마땅히 돌아가야 하는데 돌아가지 않고 거꾸로 너를 옮겨 나에게 가져왔구나 마침내 썼다

玉流石縫皆菖蒲 竪子斲取九根 壺丘堂前栽 當歸不歸 倒移汝就我乎 遂書之

옛사람은 달을 보고 돌아가고픈 생각 많아져	古人見月多歸思
스스로 일어나 조롱을 열고 백한을 놓아주었네[353]	自起開籠放白鷴
창포는 본디 산속에서 자라는 풀인데	菖蒲故是山中草
무슨 일로 진토 사이에 옮겨다 심었나	何事移栽塵土間

353 옛사람은……놓아주었네 : 중국 만당(晩唐)의 시인 옹도(雍陶)가 〈손 명부가 구산을 그리워하는 시에 화답하다〔和孫明府懷舊山詩〕〉에서, "가을이 와 달을 보니 돌아가고픈 생각이 많아져, 스스로 일어나 조롱을 열고 백한을 날려 보내네.〔秋來見月多歸思, 自起開籠放白鷴.〕"라고 한 것을 가리킨다. 백한은 꿩과에 속하는 아름다운 새의 이름으로, 조롱에 넣고 기르는 애완용 새이다.

미음 이 처사[354]가 또 와서 시를 청하였다

薇陰李處士又來乞詩

조상의 덕 떨침은 대로에게 힘입고 先德發揮因大老

어린아이 도야함은 징군[355]에게 부탁하였네 小兒陶鑄屬徵君

군은 한천옹(寒泉翁)[356]에게 글을 청하여 그 조상의 묘에 명(銘)을 새기고 그 아들을 보내 민사원(閔士元)[357]에게 수학하게 하고서 스스로 이르기를 평생의 사업을 다 마쳤다고 하였다.

돌아오니 사방 벽에 외로운 거문고만 남아 歸來四壁孤琴在

희음[358]을 타고자 하나 사람들이 듣지 않네 欲奏希音人不聞

354 미음(薇陰) 이 처사(李處士) : 이정엽(李鼎燁, ?~?)을 가리키는 것으로, 자는 군중(君重)이다. 거문고를 잘 타고 시를 잘 썼다고 한다. 김종수(金鍾秀)의 《몽오집(夢梧集)》 권4 〈미음 이 처사의 시권의 뒤에 제하다〔題薇陰李處士詩卷後〕〉에 "(이 처사는) 가릉의 강가에서 살았다.〔家于嘉陵江上.〕"라는 말이 나오는 것으로 보아 가릉, 즉 지금의 경기도 가평(加平)에 세거하였던 연안 이씨 일원이 아닐까 추측되며, 미음은 이정엽의 집 근처에 있었던 물의 이름과 관련된 것으로 보인다.

355 징군(徵君) : 학행(學行)으로 임금의 부름을 받은 선비를 말한다. '징사(徵士)'라고도 한다.

356 한천옹(寒泉翁) : 이재(李縡, 1680~1746)를 가리킨다.

357 민사원(閔士元) : 민우수(閔遇洙, 1694~1756)를 가리킨다. 조선 후기의 문신·학자로, 본관은 여흥이며 자는 사원, 호는 정암(貞菴)이다. 민진후(閔鎭厚)의 아들이며, 권상하(權尙夏)를 사사하였다. 20세가 되기 전에 사마시에 장원으로 합격하고 성균관에 들어가 학문을 닦았다. 이후 원손보양관·대사헌·성균관 좨주·세자 찬선 등을 역임하고, 1758년 특명으로 자헌대부 좌참찬에 증직되었다. 저서로 《정암집》이 있으며, 시호는 문간(文簡)이다.

358 희음(希音) : 보통 사람에게는 잘 들리지 않는 위대한 소리를 의미한다. 《도덕경

(道德經)》 41장에, "큰 소리는 잘 들리지 않으며, 큰 형상은 모양이 없는 것처럼 보인다.〔大音希聲, 大象無形.〕"라고 하였다.

현감 이군[359] 의병 에 대한 만사
縣監李君 宜炳 輓

의관이 낡고 해져도 가난을 개의치 않고 骯髒衣冠不受貧
평생을 떠돌아다니며 청진에 몸을 맡겼네 百年飄泊任淸眞
술은 말을 거꾸러트릴 정도라 바야흐로 세상을 놀라게 하고 酒能倒馬方驚俗
글씨는 거위를 싸주고 싶을 만큼 썼다 하면 입신의 경지였네[360] 書欲籠鵝動有神
곤궁을 떨치고 막 현감 인끈 드리웠던 기쁨도 잠시 乍喜撥窮纔縣紱
죽을 때까지 도로 유생 신세 누가 불쌍히 여기리오 誰憐到死却儒巾

군이 이미 나이 든 후에 처음으로 벼슬에 올라 적성(積城)[361]의 현감이 되었는데, 곧바로 파직되어 돌아와 성균관에서 기숙하다가 재사(齋舍)에서 죽었다.

359 이군(李君) : 이의병(李宜炳, 1683~1746)을 가리킨다. 조선 후기의 문신으로, 본관은 용인(龍仁)이며 자는 문중(文仲), 호는 오정(梧亭)이다. 1715년(숙종41) 생원시에 합격하고, 공조 정랑과 적성 현감(積城縣監)등을 역임하였다. 필법(筆法)으로 명성이 높았다.

360 글씨는……경지였네 : 이의병의 글씨가 중국 동진(東晋)의 명필 왕희지(王羲之)의 글씨에 필적한다는 말이다. 왕희지가 거위를 매우 좋아하였는데, 산음현(山陰縣)의 한 도사(道士)가 거위를 많이 기르고 있었다. 왕희지가 가서 구경하고 거위를 사려고 하자, 도사가 "《도덕경(道德經)》을 써주면 거위를 많이 주겠다."라고 하였다. 이에 왕희지가 《도덕경》을 써주고 거위를 가지고 갔다고 한 데서 나온 말이다.

361 적성(積城) : 경기도 파주(坡州)의 옛 이름이다.

경박한 세상에 선비 되기 어려운 줄 오래전에 알았으나

久知薄世難爲士

하늘의 뜻 어찌하여 다시 어진 이에게 재앙을 내리는가

天意如何更禍仁

옥당 숙직실에서 다른 사람에게 운을 부르게 하고 벽에 그려진 백로를 읊었다

玉堂直廬使人呼韻 賦壁畫白鷺

여뀌 꽃 마름 잎은 맑은 물속에 잠겼는데	蓼花菱葉蘸淸漪
너울대는 하얀 날개에 주살을 겨눌 자 누구랴[362]	雪翮飄然弋者誰
멀리서 고향의 낚시 드리우던 곳 생각하며	遠憶故山垂釣處
턱 고이고 하루 종일 바둑도 두지 않네	支頤終日罷圍碁

362 너울대는……누구랴 : 양웅(揚雄)의 《법언(法言)》 〈문명(問明)〉에, "(군자는) 치세에는 출현하고 난세에는 숨어야 할 것이니, 큰 기러기가 아득하게 멀리 날아가면 주살을 가진 자들이 어떻게 쏘아 맞히겠는가.〔治則見, 亂則隱, 鴻飛冥冥, 弋人何簒焉?〕"라고 하였다. 큰 기러기가 아득하게 멀리 날아간다는 것은, 어지러운 세상을 보고 미리 벼슬자리를 떠나는 것을 비유하는 말이다.

시강을 하고 밤이 되어 물러 나와서 지었다

侍講 夜退有述

《자치통감(資治通鑑)》〈당태종기(唐太宗紀)〉를 강하고, 또《주례(周禮)》의 몇몇 조목은 오늘날 시행될 만한지 아닌지 하문하셨다.

고요한 밤 용루는 촛불로 둘러싸였는데 夜靜龍樓蠟燭圍
때때로 들리는 물시계 소리 귓가에 돌아오네 時聞淸漏耳邊歸
정신이 만약 이른다면 지금도 옛날 같을 것이요 精神若到今猶古
명분과 실상이 서로 섞인다면 옳음도 그름이 될 것이네 名實相蒙是也非
임금의 말씀 봄바람처럼 부니 앞자리 따뜻해지고 天語春噓前席暖
임금의 칭찬 산처럼 높으니 모시는 신하 작아지네 袞褒山出侍臣微
고루한 선비는 끝내 시서의 실력 부끄러우니 腐儒終愧詩書力
반딧불이 어찌 아침햇살에 보탬 될 수 있으랴 螢爝何堪補旭暉

호구에 새로 지은 재사에서 술에 취하여 읊었다

壺丘新齋醉吟

연영[363]에서 강을 마치고 남은 술병이 있어　　延英講罷有餘壺
곧바로 나의 띳집으로 가 혼자 즐겼네　　徑就茅茨得自娛
만년에 군신 간의 마음 은연히 맞으니　　晩節君臣微有契
처음에 직설[364]을 꿈꾸었던 마음 어찌 오활하기만 하였으랴　　初心稷卨豈全迂
영지는 늘그막에도 외려 세 번 꽃을 피우고　　靈芝歲晏猶三秀
날랜 매는 바람이 높을 때 한 번 부를 수 있다네　　俊鶻風高可一呼
끝내 변변찮은 재주 잘 쓰이지 못할까 두려우니　　終恐薄才難了得
응당 돌아가야 할 곳 강호뿐인가 하노라　　秖應歸宿是江湖

363 연영(延英) : 연영각(延英閣)을 가리키는 것으로 보인다. 고려 때 대궐 안에 서적을 비치하고 임금이 신하들과 학문에 관하여 질의하던 곳으로, 조선 시대에 집현전(集賢殿)으로 바뀌었다.

364 직설(稷卨) : 중국 고대 요순(堯舜) 시대의 두 명신 직(稷)과 설(契)을 가리킨다. 직은 중국 요・순 임금의 신하로, 구관의 하나인 후직(后稷)이 되어 농사를 관장하였다. 후에 곡식의 재배 방법을 발달시킨 농경신(農耕神)이자 주(周)나라의 시조로 받들어졌다. 설은 순 임금 때의 신하로, 구관의 하나인 사도(司徒)가 되어 문교(文敎)를 펴는 것을 관장하였다. 후에 은(殷)나라의 시조로 받들어졌다.

여름날 화가 박용운[365]이 왔기에 내가 말하기를 "내가 산가를 매우 그리워하니 나를 위해 그려주지 않겠는가."라고 하였다. 그림이 완성되고 나서 이를 읊었다

夏日 畫者朴龍雲來 余謂之曰 吾甚思山家 盍爲我畫之 畫已 遂賦之

어린아이는 장대를 드리워 푸른 물에서 낚시하고 稚子沉竿釣碧波
늙은이는 홍에 겨워 또한 들썩거리네 老夫牽興亦婆娑
어느 마을의 금객이 나귀를 타고 이르는가 何村琴客騎驢至
오늘 산가에는 즐거운 일이 많구나 此日山家樂事多

365 박용운(朴龍雲) : 이천보(李天輔)의 《진암집(晉菴集)》 권6에 〈박용운 화첩기〔朴龍雲畫帖記〕〉가 실려 있는데, 이천보는 이를 박용운의 소전(小傳) 삼아 짓는다고 하였다. 이 글에 의하면, 박용운은 호남(湖南) 전주(全州) 사람인데 그림 솜씨를 가지고 도성에서 노닐었다고 한다. 스스로 글을 읽어본 적이 없다고 하였으나 술에 취하면 하는 말이 도(道)를 가진 자와 비슷하였으며, 부자와 현달한 사람을 좋아하지 않았다. 그림은 홍이 일어날 때만 그렸으며, 필세(筆勢)가 자못 기이하고 웅건하였다고 한다.

서 원주[366] 명오 에 대한 만사

徐原州 命五 輓

거동과 풍모는 맑고 여위었으며	典刑清者瘦
재주와 가문은 관리 중의 순량[367]인데	才閥吏之循
벼슬은 어찌하여 세 개의 척박한 고을에 올랐으며[368]	宦豈躋三薄
나이는 겨우 육순을 만나 작고하였는가	年纔遇六屯
이불을 점검하다 보니[369] 응당 사자를 위한 눈물 흐르고	點衾應死淚
널에 기대어보니 혹시 혼이 돌아오려나	依櫬倘歸魂
만사를 우경[370]이 잘 주재하니	萬事虞卿在

366 서 원주(徐原州) : 서명오(徐命五, ?~?)를 가리킨다. 조선 후기의 문신으로, 본관은 달성이며, 서종신(徐宗愼)의 아들이다. 신녕 현감(新寧縣監)・옥천 군수(沃川郡守)・원주 목사(原州牧使)를 지냈으며, 다른 사항은 알 수 없다.《書院謄錄 英祖 17年 8月 15日》《英祖實錄 18年 4月 4日》

367 순량(循良) : '순리(循吏)와 양리(良吏)'를 줄여서 말한 것으로 법을 지켜 백성을 잘 다스리는 관리를 뜻하며, 보통 어진 고을 원을 가리킨다.

368 벼슬은……올랐으며 : 앞앞의 주석 참조.

369 이불을 점검하다 보니 : 시신을 염습(殮襲)할 때 쓰는 이불을 점검하는 것이다. 염습은 3일에 걸쳐서 진행되는데, 첫째 날에는 시신을 깨끗이 씻기고 수의(襚衣)로 갈아입힌 후 홑이불을 덮어놓으니 이것을 습(襲)이라고 한다. 둘째 날에는 고인이 평소 입던 옷과 이불로 시신을 싸서 묶은 다음 홑이불로 덮어놓으니, 이것을 소렴(小殮)이라고 한다. 셋째 날에는 소렴한 시신을 관에 넣고 옷이나 흙으로 관을 채우니, 이것을 대렴(大殮)이라고 한다.

370 우경(虞卿) : 서명오의 아우인 서명구(徐命九, 1692~1754)의 자이다. 조선 후기의 문신으로, 호는 약허(若虛)이다. 1717년(숙종43) 문과에 급제하여 승문원 정자에

집안에 어렴풋이 그대가 있는 듯하네　　　　門闌優若存

보임되었다. 1722년(경종2) 영조가 왕세제로 있을 때 소론(少論)의 과격파인 김일경(金一鏡) 등이 환관을 시켜 세제를 죽이려 하자 이를 탄핵하여 음모를 막았다. 영조 즉위 후 세자시강원 사서 · 승지 · 한성부 좌윤 · 대사헌 · 경기 관찰사 · 공조 참판 · 동지의금부사 등을 역임하였다.

이 청하[371] 성 에 대한 만사

李淸河 渻 輓

일찍이 아드님[372]의 말을 접하고	早接阿戎語
맑고 소탈하신 풍모를 상상하였네	淸疎想典刑
안씨의 《가훈》[373]처럼 의로운 가르침 전하시고	顔經傳義訓
모의의 격문으로 남은 생을 위로하셨네[374]	毛檄慰殘齡

371 이 청하(李淸河) : 청하 현감(淸河縣監) 이성(李渻, ?~?)을 가리키는 것으로, 청하는 경상북도 포항의 옛 이름이다. 그 외 다른 사항은 알 수 없다.

372 아드님 : 이재(李縡)의 《도암집(陶菴集)》 32권 〈목사 이공의 묘갈〔牧使李公墓碣〕〉에 이성이 명덕(命德)·명복(命福)·명적(命迪) 세 아들을 두었다는 기록이 보이는데, 여기서는 이명덕을 가리키는 것으로 보인다. 이명덕(李命德, 1698~?)은 본관은 연안이며 자는 장오(章五)이다. 1738년(영조14) 생원시에 1등으로 합격하였으며, 그 외 다른 사항은 알 수 없다.

373 안씨의 《가훈》 : 《안씨가훈(顔氏家訓)》을 가리키는 것으로, 이 책은 중국 남북조 시대 말기의 귀족 안지추(顔之推)가 자손을 위하여 저술한 교훈서이다.

374 모의의……위로하셨네 : '모의의 격문'은 '모의(毛義)를 벼슬에 임명하는 격문(檄文)'이라는 뜻이다. 모의는 중국 후한(後漢)의 여강(廬江) 사람으로, 집이 가난하였으나 효자로 일컬어졌다. 장봉(張奉)이라는 사람이 그의 이름을 사모하여 찾아갔는데, 마침 부(府)에서 그를 안양 영(安陽令)으로 임명하는 격문이 당도하였다. 모의가 그 격문을 받아 보고 매우 기뻐하자 장봉이 마음속으로 비루하게 여겼다. 그 후 모의가 모친이 죽자 벼슬을 그만두었고 현량(賢良)으로 추천되었으나 나아가지 않으니 장봉이 탄식하며 말하기를, "어진 이는 정말 헤아리기 어렵구나! 지난번 기뻐한 것은 어버이의 봉양을 위해 뜻을 굽힌 것이니, 이른바 집이 가난하고 어버이가 늙으면 관직을 가리지 않고 출사한다는 것이다."라고 하였다. 《後漢書 卷39 劉平列傳》 여기서는 이성이 부모님을 위하여 노년에 벼슬길에 나아갔다는 말인 것으로 보인다.

어머님 기다리시는데 속절없이 해는 기울고　　閭望空斜日
아들은 머리에 별을 이고 부지런히 달려갔네　　庭趍是戴星
차마 생사의 애통함을 글로 쓰리오　　忍題存沒慟
떠나는 길에 눈물이 함께 떨어지네　　行路涕俱零

나무하는 노인에게 묻다

問樵老

내가 변사(卞師)를 따라 풍암(楓巖)을 유람하였는데, 때는 늦은 가을이라 나뭇잎이 한창 붉게 물들고 모래톱의 물이 맑고 얕았다. 그런데 어떤 나무하는 노인이 시내의 근원을 따라 나와서는 둘러보지도 않고 가버렸다. 내가 한참 동안 바라보다가 "이 노인은 안타깝게도 무심하구려."라고 하니 변사가 말하기를, "무심하기 때문에 항상 이러한 경지를 갖게 되는 것이오."라고 하였다. 내가 크게 깨닫고 마침내 시 두 수를 읊었다.

섶을 지는 것 또한 참으로 고생일 텐데	負薪良亦苦
노인의 집은 어디에 있는 것일까	翁家住何處
푸른 산에 단풍잎이 보기 좋으니	靑山楓葉好
앉아서 시나 읊고 가겠노라	且坐吟詩去

나무하는 노인을 가장하여 답하다

擬樵老答

단풍나무를 두고 시를 짓는다면	楓樹一題詩
여기가 바로 득의할 곳이오	便是得意處
이미 득의하러 왔다고 말하면	旣言得意來
도리어 실의하고 갈까 두렵소	還恐敗意去

담장 밑에 쓸모없는 나무가 있는데 남쪽 창을 가리고 있었다. 베어버리고 싶었으나 오래된 나무이기 때문에 베지 않았는데 밤에 큰비가 내려 담장을 무너뜨리고 나무를 거꾸러뜨렸다. 창에 기대어 눈을 들어보니 자못 시야가 확 트인 것이 기뻐할 만하였다

墻根有惡木直南牕 欲伐而爲其老 夜大雨 堆墻倒木 凭牕擧目 殊快豁可喜

내리는 비 담장을 무너뜨려 그 소리 우레 같더니　天雨摧墻響似雷
담장 밑에 쓸모없는 나무가 단번에 무너졌네　墻根惡木一時頹
이번 가을 국화 딸 적엔 아름다운 흥 더할 테니　今秋采菊添佳興
드러난 남산의 모습이 반쯤 들어오리라[375]　露出南山半面來

375 이번……들어오리라 : 중국 동진(東晋)의 시인 도잠(陶潛)이 〈음주(飮酒)〉에서, "동쪽 울타리 아래에서 국화를 따다가, 유연히 남산을 바라보노라.〔採菊東籬下, 悠然見南山.〕"라고 한 것을 염두에 둔 표현이다.

연경에 사신으로 가는 시랑 윤경유[376]를 송별하며[377]
送別尹侍郎景孺使燕

나라와 사람은 바뀌었어도	故國人民改
명가의 문필은 남아있으리	名家翰墨餘
요동의 구름은 그대를 편치 않게 할 것이요	遼雲不宜子
계문의 나무는 정녕 나를 근심케 하리	薊樹正愁余
귀로의 행장에는 연경의 비단 없고[378]	歸橐無燕錦
달리는 말안장엔 노나라의 책[379] 있으리	征鞍有魯書

376 시랑(侍郎) 윤경유(尹景孺) : 윤급(尹汲, 1697~1770)을 가리키는 것으로, 경유는 그의 자이다. 시랑은 육부(六部)의 장관인 상서(尙書)에 버금가는 벼슬로, 조선시대의 참판에 해당한다. 《영조실록》 22년(1746) 11월 20일 기사에, 윤급을 호조 참판으로 삼았다는 기록이 보인다.

377 연경에……송별하며 : 《영조실록》 22년(1746) 8월 19일 기사에 의하면, "해흥군(海興君) 이강(李橿)을 동지 사은사로, 윤급(尹汲)을 부사로, 안집(安潗)을 서장관으로 삼았으니, 퇴책(退柵) 문제를 준청하였기 때문에 사은사를 겸하여 보내는 것이었다."라고 하였다.

378 귀로의……없고 : 《영조실록》 22년(1746) 11월 6일 기사에 다음과 같은 내용이 보인다. "임금이 사은 겸 동지정사 해흥군 이강・부사 윤급・서장관 안집(安潗)을 환경전(歡慶殿)에서 인견하고 하교하기를, '무늬 있는 비단의 반입을 각별히 엄칙하되, 이 일은 서장관이 주관하여 힘을 기울여 엄금하도록 하라.' 하고 이어 선온(宣醞)을 명하였다. 이때에 사치가 날로 더 심하여 임금이 그 폐단을 깊이 염려한 나머지 무늬 있는 비단의 반입을 금지하라고 명하고 사행에게 신칙하여 사들여오지 못하도록 하였었는데, 이때에 와서 또 직접 신칙한 것이었다."

379 노나라의 책 : 원문의 '노서(魯書)'는 《춘추(春秋)》를 가리킨다.

바람에 날리는 모래 발갈[380]을 흐릿하게 할 테니	風沙迷渤碣
눈을 들어보면 그 마음 어떠하리오	擧目意何如

380 발갈 : 발해(渤海)와 갈석산(碣石山)을 줄여서 말한 것으로, 곧 요동(遼東) 지역을 가리키는 말이다.

삼가 김 충헌공[381] 구 의 시연[382]에 내려온 어제시의 운을 따라 지었다

敬次金忠憲公 構 諡宴御詩韻

원보(元輔 영의정) 김공(金公)[383] 재로(在魯) 이 돌아가신 상국(相國) 충헌공(忠憲公)의 선시일(宣諡日 임금이 시호(諡號)를 내리는 날)[384]에 하사받은 시의 운을 가지고 부탁하며 갱화(賡和)[385]할 것을 명하였다. 대저 음악을 내리라는 명을 중지케 하여 겸양을 드러냄에[386] 시를 반포하심

381 김 충헌공(金忠憲公) : 김구(金構, 1649~1704)를 가리킨다. 조선 후기의 문신으로, 본관은 청풍이며 자는 사긍(士肯), 호는 관복재(觀復齋)이다. 1682년(숙종8) 문과에 급제한 후, 수찬・승지를 거쳐 황해・충청・전라・평안도의 4도 관찰사 및 대사간・육조의 판서・우의정을 역임하였다. 삼사(三司)에 있을 때 시무소(時務疏)를 올려 노・소간의 대립을 조정하는 데 힘썼으며, 판결사로 있으면서 숙종에게 단종(端宗)의 복위를 건의해 실행하였다. 시호는 충헌(忠憲)이다.

382 시연(諡宴) : 조상에게 시호(諡號)가 내려진 것을 경축하기 위해 여는 잔치로, 연시연(延諡宴)이라고도 한다.

383 김공(金公) : 김구의 아들 김재로(金在魯, 1682~1759)를 가리킨다. 조선 후기의 문신으로, 본관은 청풍이며 자는 중례(仲禮), 호는 청사(淸沙)・허주자(虛舟子)이다. 대사간・대사성・승지・이조 참판을 거쳐 삼정승 등 요직을 두루 역임하였다. 신임사화와 정미환국을 겪고 영조의 탕평책을 어겨 여러 차례 파직과 유배를 겪었으나, 노론의 영수로서 권력 기반을 확고히 하는 데 큰 역할을 하였다. 김재로가 죽자 영조가 직접 조문하고 제문도 친히 지어 보냈으며, 기사대신(耆社大臣)이 되고 영조의 묘정에 배향되었다. 시호는 충정(忠靖)이다.

384 돌아가신……선시일(宣諡日) : 《영조실록》 16년(1740) 9월 20일 기사에, 상신(相臣) 김구(金構)의 연시(延諡)가 행해질 것이라는 기록이 보인다.

385 갱화(賡和) : 임금의 시나 노래에 화답하여 신하가 이어서 짓거나 부르는 것이다.

으로써 그 일을 영광스럽게 하셨으니, 두터운 지우(知遇)이며 성대한 하사(下賜)였다. 은총의 광영이 미침에 고관들의 시선이 쏠렸는데, 감히 졸렬한 말을 엮어서 송축하고 하례하는 정성을 깃들인다. 정묘년(1747, 영조23)

풍악 소리 떠들썩한 잔치는 다만 지금을 영광스럽게 할 뿐 轟筵金石秖榮今
어찌 지난날을 깊이 슬퍼하는 규장[387]에 미치리오 爭及奎章愴昔深
효성스러운 생각은 평생 옥을 손에 쥔 듯하였으니[388] 孝思百年如執玉
성군께서는 처음부터 노신의 마음을 알고 계셨다네 聖君元識老臣心

386 대저……드러냄에 : 《영조실록》 16년(1740) 9월 20일 기사에서 이와 관련된 내용을 인용하면 다음과 같다. "고(故) 상신(相臣) 김구(金構)의 연시(延諡) 때 음악을 내리라고 한 명을 도로 거두어들이라고 명하였다. 김구는 좌의정 김재로의 아비이다. 임금이 장차 연시를 행한다는 말을 듣고 특별히 음악을 내려주도록 명하였는데, 김재로가 임금에게 아뢰기를, '외조(外朝)의 연시(延諡) 때 음악을 내리는 것은 예전의 전례가 없습니다. 신이 감히 받을 수 없을 뿐만 아니라 성상께서도 새로운 법규를 만들어서는 안 됩니다.' 하니, 임금이 그 말을 가상하게 여겨 드디어 그 명령을 거두어들였다."

387 규장(奎章) : 임금이 쓴 글이나 글씨를 지칭한다.

388 효성스러운……듯하였으니 : 《예기(禮記)》 〈제의(祭義)〉에서 나온 말로, "(부모의 제사를 지낼 때) 효자는 마치 옥을 손에 쥔 것처럼 하고 물이 가득 찬 그릇을 받들고 있는 것처럼 하여, 조심조심 경건하게 감당할 수 없는 것처럼 하고 잃어버릴까 걱정하는 것처럼 한다."라고 하였다.

아들 공보가 진사에 합격하고[389] 어미의 무덤에 영소[390]하니 감격에 겨워 읊었다

輔兒擧進士 榮掃母墳 感吟

청삼[391] 입고 허리 굽힌 아들아이 가련도 하니	青衫傴僂可憐兒
혹시 넋이 있거든 와서 술 한 잔 받으시오	倘有魂來把一巵
그대 죽던 날 황망하여 할 말을 다 못했는데	死日蒼黃言不盡
구천으로 한 번 가더니 영 지각이 없구려	泉臺一去永無知

두 번째 其二

사씨의 처는 항상 자식 가르치지 않음을 괴이히 여겼고[392] 謝妻常怪不教兒

도씨 노인은 유연하게 술잔을 들이켰네[393] 陶老悠然進酒巵

389 아들……합격하고 : 남유용(南有容)의 아들 남공보(南公輔)는 1747년(영조23) 식년시에서 진사에 합격하였다.

390 영소(榮掃) : 과거에 급제하거나 관직에 처음 임용되는 등 경사스러운 일이 있을 때 부모 및 조상의 묘소에 나아가 깨끗이 청소를 한 후 자신의 영예를 고(告)하고 제사를 지내는 것을 말한다. 고영(告榮) 혹은 영분(榮墳)이라고도 한다.

391 청삼(青衫) : 하급 문관이나 유생(儒生)이 입는 푸른 도포를 가리킨다.

392 사씨의……여겼고 : 사씨(謝氏)는 중국 동진(東晋)의 재상 사안(謝安)을 가리킨다. 사안의 부인 유씨가 아이들을 가르치면서 당시 태부(太傅)였던 남편에게 "어찌하여 당신이 자식 교육을 위해 힘쓰는 모습을 볼 수가 없소?"라고 하자 사안이 대답하기를, "나는 나 자신의 언행으로 항상 자식들을 가르치고 있소."라고 하였다 한다.《世說新語 德行 謝公夫人教兒》

한바탕 웃음에 참으로 천고의 일 되었으나	一笑眞成千古事
이제 와서 슬픔과 기쁨 뉘와 함께 알리오[394]	今來悲喜與誰知

세 번째 其三

몇 년 새 머리 벗겨져 어린아이 흡사한데	年來頭禿似童兒
병든 폐는 아직 술잔을 기울일 만하네	病肺猶堪引酒巵
무덤 앞에서 술을 마시는 것은 비례인가 아닌가	飮酒墓前非禮否
이러한 나의 마음 일찍이 칠원이 있어 알았다네[395]	此心曾有漆園知

393 도씨……들이켰네 : 도씨(陶氏) 노인은 중국 동진의 시인 도잠(陶潛)을 가리킨다. 도잠은 44살에 〈자식들을 꾸짖다〔責子〕〉라는 시를 썼는데, 그 내용은 다음과 같다. "백발은 양쪽 귀밑머리를 덮었고, 피부도 예전 같지 않네. 비록 아들 다섯을 두었지만, 하나같이 종이와 붓을 싫어하네. 서는 벌써 열여섯인데, 게으르기 짝이 없고, 선은 곧 열다섯인데, 글공부를 좋아하지 않네. 옹과 단은 열셋이지만, 여섯과 일곱조차 분간 못하고, 통은 아홉 살이 다 되도록, 배와 밤만 찾고 있네. 하늘이 내린 운수가 이러할진대, 그저 술이나 들이켤밖에.〔白髮被兩鬢, 肌膚不復實. 雖有五男兒, 總不好紙筆. 阿舒已二八, 懶惰故無匹. 阿宣行志學, 而不愛文術. 雍端年十三, 不識六與七. 通子垂九齡, 但覓梨與栗. 天運苟如此, 且進盃中物.〕"

394 이제……알리오 : 남유용은 1713년(숙종39) 16살에 유명홍(兪命弘)의 딸 기계유씨(杞溪兪氏)와 혼인하고 24살에 아들 남공보를 낳았는데, 34살에 부인 유씨의 상(喪)을 당하였다.

395 이러한……알았다네 : '칠원(漆園)'은 장자(莊子)를 가리키는 것으로, 《장자》〈지락(至樂)〉에 다음과 같은 이야기가 나온다. "장자(莊子)의 처가 죽자 혜자(惠子)가 조문을 갔는데, 장자는 다리를 뻗고 앉아 동이를 두드리며 노래를 부르고 있었다. 혜자가 말했다. '그대는 아내와 살면서 자식을 기르다가 이제 늙었네. 아내가 죽어서 울지 않는 것도 너무한 일인데 동이를 두드리며 노래를 부르다니 너무 심하지 않은가?' 장자가 말했다. '그렇지 않다네. 처음 아내가 죽었을 때 어찌 슬프지 않을 수 있었겠나. 하지만 태어나기 이전을 살펴보면 본래 생명이란 것이 없다네. 생명만 없는 게 아니라

본래 형체도 없고, 형체만 없는 게 아니라 본래 기(氣)도 없다네. 흐릿하고 아득한 사이에 섞여 있다가 변해서 기가 생기고, 기가 변하여 형체가 생기고, 형체가 변하여 생명이 생긴 것이네. 이제 다시 변하여 죽음이 된 것이니, 이것은 봄・가을・겨울・여름의 사시가 운행하는 것과 같다네. 아내는 지금 천지 사이의 큰 방에서 편안히 자고 있는데 내가 큰 소리로 운다면 내가 천명에 통하지 못한 것이라, 그래서 울음을 그친 것이라네.'"

유생 서한규가 아내의 상을 당하여 나에게 애장을 청하기에 삼가 가대인의 시에 화운하여 주었다

徐生漢奎喪其室 乞哀章於余 謹和家大人韻贈之

차가운 등불과 외로운 베개 둘 다 썰렁한데	寒燈孤枕兩凄凄
살아갈 계책 궁리하다 보니 개 짖고 닭이 우네[396]	活計商量及犬鷄
비로소 알았네 그동안 어미 된 이의 고충을	始識向來爲母苦
무슨 수로도 한밤중 아이 울음을 멈출 수가 없네	百方難住夜兒啼

두 번째 其二

가난한 집안의 생계를 아내에게 의지해	貧家生活仗山妻
해마다 채마밭 가꿔 나물 반찬 있었다네	樊圃年年飯有蔬
지붕 끝에 비둘기 울고 성근 비 지나간 후	屋角鳩鳴踈雨過
봄풀이 황량한 밭 뒤덮어도 어쩌지 못하네	不禁春草沒荒畦

396 개……우네 : 날이 새 새벽이 되었다는 말이다.

홍천 수령 윤계장이 부쳐온 시의 운에 화답하였다

和洪川宰尹季章寄示韻

계장(季章)이 언사한 일로 외직에 보임되었다.[397]

마음을 풀이헤쳐 성군께 보여드리고 싶어라 披心願與聖君看
말로는 마음 맞기[398] 어려움을 마침내 알았겠지 言語終知際會難
한 번 쫓겨남이 도를 곧추세움에 방해된 적 있었던가 一黜何曾妨直道
아홉 번 단련을 겪지 않으면 단약 이루기 어렵다네[399] 未經九轉不成丹

두 번째 其二

두견새 소리를 듣고 지은 시에 화답하였다.

강가에 우는 두견새 울음소리[400]를 들어보오 江上啼鵑試聽看

397 계장이……보임되었다 : 1747년(영조23) 1월 15일에 교리 윤봉오가 병조 판서 원경하(元景夏)를 비판하는 상소를 올리자, 영조가 이를 읽고 윤봉오에게 소장을 도로 돌려주도록 명하였다. 그런데 윤봉오가 다시 상소를 올려 원경하에 대하여 논하면서, "결단코 전하께서 가까이하실 만한 신하가 아니며, 곧 조정에 있어 간사하게 아첨하는 신하입니다."라고 하였다. 이에 화가 난 영조는 1월 19일에 윤봉오를 전보시켜 홍천 현감(洪川縣監)으로 삼았다. 《英祖實錄》

398 마음 맞기 : 원문의 '제회(際會)'는 '풍운제회(風雲際會)'의 줄임말로, 명군(明君)과 양신(良臣)이 서로 의기투합하는 것을 가리킨다.

399 아홉……어렵다네 : 중국 동진(東晋)의 사상가 갈홍(葛洪)은 금단(金丹)에는 일전지단(一轉之丹)에서 구전지단(九轉之丹)까지 9종류의 금단이 있는데, 9번 단련한 구전지단은 3일만 먹으면 신선이 되어 불로장생할 수 있다고 하였다. 《抱朴子 內篇 金丹》

귀양 간 관리의 마음 이런 밤 견디기 어려우리	謫官懷抱此宵難
응당 전원을 두루 밟는 꿈 꿀 테니	也應夢躡田園遍
살구 열매 막 푸르고 철쭉꽃 붉으리라	杏子初青躑躅丹

400 두견새 울음소리 : 고향으로 돌아가고 싶은 마음을 표현하는 매개체이다. 중국 촉(蜀)나라의 망제(望帝) 두우(杜宇)가 재상 별령(鱉令)에게 대규모 운하 공사를 맡기고 그의 아내와 간음하였다가 왕위를 빼앗기고 달아났다. 망제는 죽어서 두견새가 되어 고향을 그리워하며 밤낮으로 슬피 울었는데, 그 울음소리가 "귀촉도 불여귀(歸蜀道, 不如歸.)", 즉 "촉도로 돌아가자. 돌아감만 못하다."라고 하는 것처럼 들렸다. 이에 촉나라 사람들이 망제를 가엽게 여겨 두견새를 '촉나라의 넋'이라는 뜻의 '촉백(蜀魄)' 또는 '망제의 혼'이라는 뜻의 '망제혼(望帝魂)'이라고 불렀다는 고사가 전한다.

우연히 중서 연당[401]에서 쉬다가 읊었다

偶憩中書蓮堂 有吟

물고기는 맑은 못에서 뛰고 새는 꽃밭에서 지저귀는데 魚躍淸池鳥哼花
숲속의 푸른 안개가 오사모에 방울지네 一林烟翠滴烏紗
고향으로 돌아가고픈 마음 어찌 금할 수 있으리 故園歸思那禁得
시구가 이루어지는 대로 하얀 모래에 써보네 詩句隨成寫白沙

401 연당(蓮堂) : 의정부(議政府)에서 사용하는 건물의 이름이다.

편지 말미에 써서 부사 윤경유에게 부쳤다[402]

書簡尾 寄尹副使景孺

사신의 수레 돌아갈 날을 손꼽고 있다 하니 聞說星軺指日旋

그동안의 이별의 한 펼칠 필요 없겠네 向來離恨不須宣

변방 노인 말을 잃어버린 것이 어찌 복이 아니겠나[403] 塞翁失馬寧非福

섭령 되어 날아가는 오리[404]는 그럴 만한 연고 있다네 葉令飛鳧會有緣

아옹다옹 다투는 것은 예와 같은데 蠻觸戰爭如昨日

친구들 타관살이 금년이 가장 심하네 朋儕流落最今年

산공의 얼음 같은 감식안[405]에 조금도 부끄러움 없어 山公氷鑑差無愧

402 편지……부쳤다 : 당시 윤급(尹汲)은 동지 겸 사은사의 부사(副使)로 중국에 가 있었다.

403 변방……아니겠나 : 새옹지마(塞翁之馬)의 고사를 인용하여 전화위복이 되었음을 표현한 것이다.

404 섭령……오리 : 지방관으로 나가 고을살이 하는 것을 이른다. 중국 후한(後漢)의 왕교(王喬)가 신선술을 익혔는데, 섭현(葉縣)의 현령으로 있으면서 초하루와 보름 때마다 수레나 말도 타지 않고 머나먼 길을 와서 조회에 참석하였다. 황제가 이를 괴이하게 여겨 살펴보게 하였는데, 그가 올 때마다 오리 두 마리가 동남쪽에서 날아오므로 그물을 쳐서 잡고 보니, 그물 속에 신발 한 짝만 있었다는 고사에서 연유하였다. 《後漢書 卷28 王喬列傳》

405 산공의……감식안 : 인재를 정확히 꿰뚫어 보고 신중하게 선발함을 의미한다. 산공(山公)은 중국 진(晉)나라의 관리 산도(山濤)를 가리키는데, 이부 상서(吏部尙書)

금마[406]에 새로 뽑힌 관료들 모두 다 어질건만　　金馬新僚箇箇賢

사행(使行)의 마필(馬匹)이 책문(柵門)[407]에서 붙잡혔다가 나란히 쇄환되었는데, 당시에 나는 부모님 봉양을 위하여 고을살이를 청하였기 때문에[408] 3·4구에서 이렇게 말한 것이다. 윤계장(尹季章 윤봉오(尹鳳五))·김사빈(金士彬 김문행(金文行))·이여고(李汝固)[409]·유성천(兪聖天)[410]·김사서(金士舒 김양택(金陽澤))·이평일(李平一 이형만(李衡萬))이 홍문관의 신록(新錄)[411]으로서[412] 모두 언사(言事)하다가 귀양을 갔으므로[413] 5·6구 및

로 인물을 선발하여 상주(上奏)할 때 각 인물의 장단점을 품평하여 제목을 붙였다. 이때 인물에 대한 품평이 매우 정확하여 당시 사람들이 이를 '산공계사(山公啓事)'라고 부르며 칭찬하였다고 한다.《晉書 卷43 山濤列傳》

406 금마(金馬) : 홍문관을 가리킨다.

407 책문(柵門) : 조선의 국경과 접한 청나라 변방에 있던 땅의 이름으로, 구련성(九連城)과 봉황성(鳳凰城) 사이에 있었다. 김경선(金景善)의《연원직지(燕轅直指)》1832년(순조32) 11월 22일 기사에 실려 있는 〈책문기(柵門記)〉에, "본고장 사람들은 '가자문'이라 부르고, 내지 사람들은 '변문'이라 부르며, 우리나라 사람들은 '책문'이라 부른다.〔本處人稱架子門, 內地人稱邊門, 我人稱柵門.〕"라는 말이 보인다.

408 당시에……때문에 : 남유용(南有容)은 1747년(영조23) 5월에 충주 목사(忠州牧使)가 되어 나갔다.

409 이여고(李汝固) : 이게(李垍, 1707~?)를 가리키는 것으로, 여고는 그의 자이다. 조선 후기의 왕족 출신 문신으로, 본관은 전주이며 선조의 아홉째 서자 경창군(慶昌君) 이주(李珘)의 5대손이다. 1726년(영조2) 진사에 합격하고, 1743년 문과에 급제하였다. 정언·지평·수찬·사서·헌납·교리·보덕 등을 역임하며 주로 삼사(三司)에서 근무하였다.

410 유성천(兪聖天) : 유언민(兪彦民, 1709~1773)을 가리키는 것으로 보인다. 조선 후기의 문신으로, 자는 이천(伊天), 호는 석은(石隱)·기재(棄齋)이다. 자세한 행적은 알 수 없고, 1746년(영조22) 11월 21일에 유언민(兪彦民)을 부수찬으로 삼았다는《영조실록》의 기록이 보인다.

411 신록(新錄) : 녹(錄)은 홍문록(弘文錄)을 말하며, 신록은 홍문록에 새로 등재되었다는 뜻이다. 즉 홍문관의 교리와 수찬에 새로 사람을 선발하는 일, 또는 새로 선발된

결구(結句)에서 이렇게 말한 것이다.

사람을 가리킨다.

412 윤계장(尹季章)……신록(新錄)으로서 : 《영조실록》 22년(1746) 11월 9일 기사에, 대신 및 담당자들이 모여 도당록(都堂錄)의 회권會圈)을 시행하여 "6점에는 정순검(鄭純儉) · 민백상(閔百祥) · 김양택(金陽澤) · 윤동도(尹東度) · 김문행(金文行)을 뽑고, 5점에는 임집(任𤩪) · 김시위(金始煒) · 성범석(成範錫) · 이형만(李衡萬) · 이이장(李彝章) · 윤상임(尹尙任) · 이응협(李應協) · 조명채(曺命采) · 조중회(趙重晦) · 이규채(李奎采) · 한광회(韓光會) · 안집(安㙫) · 김선행(金善行) · 홍우한(洪羽漢) · 이의중(李毅中) · 신회(申晦) · 이게(李垍) · 유언민(兪彦民) · 성천주(成天柱) · 홍낙성(洪樂性) · 이세사(李世師) · 황합(黃柙) · 윤봉오(尹鳳五) 등 28명을 뽑았다."라는 말이 나온다.

413 모두……갔으므로 : 《영조실록》 23년(1747) 1월 19일 기사에, 교리 윤봉오가 병조 판서 원경하(元景夏)를 비판하는 상소를 올리자 윤봉오를 홍천 현감(洪川縣監)으로 전보시켰다는 기록이 나온다. 또 3월 22일 기사에, 부수찬 김양택이 원경하와 박문수(朴文秀) 등을 비판하는 상소를 올리자 영조가 붕당의 습속에 젖어있다며 산음 현감(山陰縣監)으로 전보시켰다는 기록이 나온다. 나머지는 홍문관 관원으로서 귀양 간 기록이 남아있지 않아 자세한 사정을 알 수 없다.

동포 김공[414] 시민 에 대한 만사

東圃金公 時敏 輓

공의 인품이야 내가 어렸을 때부터 알았고	識公眉宇自吾童
문체는 항상 좌중을 텅 비게 만들었네	文采常令四座空
절묘한 시구는 장경의 시체[415]를 갈고 닦았으며	妙句刮磨長慶體
청정한 담론은 영화의 풍조[416]를 다듬어 빛냈네	清談潤色永和風
말직에서 쓸쓸하게 그런대로 세상에 이바지했는데[417]	

414 김공(金公) : 김시민(金時敏, 1681~1747)을 가리킨다. 조선 후기의 문신·학자로, 본관은 안동이며 자는 사수(士修), 호는 동포(東圃)·초창(焦窓)이다. 김창협(金昌協)·김창흡(金昌翕)의 문인으로, 사옹원 주부·장례원 사평·낭천 현감(狼川縣監)·진산 군수(珍山郡守) 등을 지냈다. 경사(經史)에 밝고 성리학을 깊이 연구하였으며, 고체시에 뛰어났다. 덕망과 효행으로 이조 참의에 추증되었으며, 《동포집》이 남아 있다.

415 장경(長慶)의 시체(詩體) : 장경은 중국 당나라 목종(穆宗)의 연호로, 당시 문단을 풍미했던 백거이(白居易)·원진(元稹) 등의 시체를 장경체라고 부른다. 장경체의 특징은, 주로 고체(古體)를 구사하여 격률에 엄격하지 않고 당대 사회의 모습이나 상황을 쉽고 구성지게 풀어내는 데 있었다.

416 영화(永和)의 풍조 : 영화는 중국 동진(東晉)의 제5대 황제인 목제(穆帝)의 첫 번째 연호로, 명교(名教)를 중시하는 유가(儒家) 대신 현학(玄學)을 중심으로 한 형이상학적 주제를 천착하고 유가의 세속적 가치 대신 정신적 자유와 예술적 논의를 중시하였던 풍조를 가리킨다. 영화 9년(353)에, 당시 회계 내사(會稽內史)였던 왕희지(王羲之)가 손작(孫綽)·사안(謝安) 등 동진의 명사들을 회계군 산음현의 난정(蘭亭)에 초청해 성대한 연회를 베풀고 시를 쓰며 놀았던 것이 대표적이다.

417 말직에서……이바지했는데 : 김시민은 사옹원 주부·장례원 사평·낭천 현감(狼川縣監)·진산 군수(珍山郡守) 등을 역임하였는데, 낭천 현감 때 선정을 베풀어

	一官寂寂聊供世
귀밑머리 듬성듬성하도록 가난을 떨치지 못했네	雙鬢蕭蕭未送窮
금낭[418]에 수습하여 흩어지지 않게 해야 할 터인데	收拾錦囊應不泯
평생의 현안[419]인 사옹[420]이 계시다네[421]	百年玄晏有槎翁

읍민들이 거사비(去思碑)를 세웠으며 진산 군수 때 문교 진흥에 힘써 군민들이 사당을 세웠다고 한다.

418 금낭(錦囊) : 시를 지어서 넣는 주머니를 말한다. 중국 당나라의 시인 이하(李賀)가 매일 아침 아이 종에게 오래된 비단 자루를 등에 메고 따라오게 하면서 시상(詩想)이 떠오르는 대로 시를 지어 그 자루 안에 집어넣었던 데서 나온 말이다. 《新唐書 卷203 文藝傳下 李賀》

419 현안(玄晏) : 중국 서진(西晉)의 학자 황보밀(皇甫謐)의 호로, 작품의 가치를 인정받고 후대에 전하게 해주는 사람이라는 의미를 갖고 있다. 좌사(左思)가 10년 동안 구상하여 〈삼도부(三都賦)〉를 지었는데, 황보밀이 서문을 써서 칭찬하자 부자와 귀족들이 서로 다투어 베끼는 바람에 낙양의 종이 값이 일시에 폭등하였다는 고사가 전한다. 《晉書 卷92 文苑列傳 左思》

420 사옹(槎翁) : 이병연(李秉淵, 1671~1751)을 가리킨다. 조선 후기의 시인으로, 본관은 한산이며 자는 일원(一源), 호는 사천(槎川)・백악하(白嶽下)이다. 김창흡(金昌翕)의 문인이며, 벼슬은 음보로 부사(府使)에 이르렀다. 영조조 최고의 시인으로 일컬어졌으며, 김익겸(金益謙)이 그의 시초(詩抄)를 가지고 중국에 갔을 때 강남(江南)의 문사들이 "명나라 이후의 시는 이 시에 비교가 안 된다."라고 극찬하였다 한다. 평생 1만 300여 수의 시를 썼다고 하나 현재 전하는 것은 500여 수뿐이다. 저서로《사천시초(槎川詩抄)》 2책이 전한다.

421 평생의……계시다네 : 김시민의 저술은 모두 14권 분량이 남아있었는데, 김시민의 아들 김면행(金勉行)의 부탁을 받은 이병연이 산정(刪定)을 하여 전체 분량 중 3분의 1 정도는 산삭하고 8권 4책으로 편차하였다고 한다.

충주의 연당[422]에서 《택당집》[423]에 실린 시의 운을 써서 지었다

忠州蓮堂用澤堂集韻

십 년 동안 금란의 언덕[424]에서 영욕 겪은 몸	十載鑾坡寵辱身
소장 올려 고을살이 청함은 양친 때문이었네	陳章乞郡爲雙親
당명이 맑고 고원하니 마음 비로소 흡족하고	堂名淸遠心初愜
들녘에는 노인 있으니 고르게 봉양하려 하네	野有耆頤養欲均
주불[425]은 고사의 지취를 완성하지 못하고	朱紱不成高士趣
청산은 언제 봐도 고향 동산처럼 새롭네	靑山長似故園新
멀리서 생각하네 적벽에서 노닐었던 풍류의 자취를	遙思赤壁風流跡
하양에 복숭아꽃 오얏꽃 심은 지[426] 몇 년이나 되었는가	桃李河陽定幾春

422 연당(蓮堂) : 충주(忠州) 동헌(東軒)의 당호이다.

423 《택당집(澤堂集)》 : 조선 중기의 문신 이식(李植)의 시문집이다.

424 금란의 언덕 : 홍문관을 가리킨다. 옛날에 황궁의 정전(正殿)을 금란전(金鑾殿)이라 하고 그 곁에 있는 언덕을 금란파(金鑾坡)라고 하였는데, 이 금란파가 한림원(翰林院)과 잇닿아 있기 때문에 한림원을 금란 또는 금파(金坡)라고 불렀다.

425 주불(朱紱) : '붉은 인끈'이라는 뜻으로, 높은 벼슬을 의미한다.

426 하양에……지 : 중국 서진(西晉)의 문신 반악(潘岳)이 하양 현령(河陽縣令)으로 부임하자 곳곳에 복사꽃과 오얏꽃을 심어 온 고을이 꽃 천지가 되었다. 이에 사람들이 "하양은 온 고을이 꽃이다."라고 하며 미담으로 삼았다고 한다. 《白氏六帖 卷21》 여기서 전하여 수령으로 나가 고을을 다스리는 것, 혹은 수령이 고을에 치적을 남기는 것을 의미하게 되었다.

적벽(赤壁)은 영춘(永春)[427]에 있다.

427 영춘(永春) : 충청북도 단양(丹陽)의 옛 이름이다. 남유용(南有容)은 42세이던 1739년(영조15)에 영춘 현감으로 부임하였었다.

배를 타고 팔봉서원[428]에 이르니 유생들이 나와서 맞이하였다

泛舟至八峯書院 諸儒出迎

한나절 동안 참으로 만랑의 몸[429] 되었으니 半日眞成漫浪身
앉은 자리로 물고기와 새 가까이 다가오네 坐間魚鳥自來親
여울 소리 닻줄을 휘감으니 맑은 물 쏟아질 듯하고 灘聲繞纜淸如瀉
들 빛이 호미를 거치니 푸른 빛 가지런해지려 하네 野色經鋤翠欲均
사당 두각[430]은 한 그루 노송 선 곳에 조금씩 나타나고 祠角稍生孤檜處
뱃머리는 양 봉우리 새로운 곳으로 갑자기 바뀌네 帆頭驟換兩峯新
유생들의 의관 훌륭한 것을 눈앞에 보니 眼看諸子衣冠好
어떻게 영춘에 있을 때처럼 현가[431] 소리 얻었을까 那得絃歌似永春

428 팔봉서원(八峯書院) : 충청북도 충주에 있던 서원의 이름으로, 이자(李耔)·이연경(李延慶)·김세필(金世弼)·노수신(盧守愼)을 봉사하였다.

429 만랑(漫浪)의 몸 : 세속에 얽매이지 않고 방랑하는 문사(文士)를 뜻하는 말이다. 중국 당나라의 안진경(顔眞卿)이 〈용주도독 겸 어사중승 본관경략사 원군의 표묘비명〔容州都督兼御史中丞本管經略使元君表墓碑銘〕〉에서, "원결(元結)이 양수(瀼水) 가에 살면서 자칭 낭사(浪士)라 하고 〈낭설(浪說)〉 7편을 지었다가, 뒤에 낭관(郎官)이 되자 당시 사람들이 '낭자(浪者)도 부질없이〔漫〕 벼슬을 하는가?' 하고는 '만랑(漫浪)'이라 불렀다."라고 한 데서 나온 말이다. 여기서는 오랜만에 조정을 떠나 자연을 접하게 된 상황을 표현한 것으로 보인다.

430 두각(頭角) : 지붕 끝을 의미한다.

431 현가(絃歌) : 거문고를 타며 시가를 노래한다는 말로, 지방 고을을 예악에 의한

교화로 다스리는 것을 의미한다. 《논어(論語)》 〈옹야(雍也)〉에, "자유(子游)가 무성(武城)의 읍재로 있었는데, 공자께서 무성에 가시어 현악에 맞추어 부르는 노랫소리를 들으셨다. 공자께서 빙그레 웃으시며 '닭 잡는 데 어찌 소 잡는 칼을 쓰느냐?'고 말씀하시니, 자유가 '예전에 제가 선생님께 듣자오니, 『군자가 도(道)를 배우면 사람을 사랑하고 소인이 도를 배우면 부리기가 쉽다.』 하셨습니다.'라고 대답하였다. 이에 공자는 '제자들아, 자유의 말이 옳다. 방금 내가 한 말은 농담이다.'라고 하셨다."라고 한 데서 나온 말이다.

동북면에서 올라온 보첩[432]을 연달아 받았는데 흉악한 호랑이가 있어 사람을 잡아먹었다고 하였다. 급히 본주의 능숙한 포수 스무 명을 보내 산을 포위하고 굴을 태워 사흘 만에 호랑이를 잡고서 기쁜 마음에 시를 지었다

續得東北面報牒 有惡虎食人 亟發州砲能手二十 圍山焚穴 越三日斯得喜甚成詩

북산에는 나무가 많아 나무로 둘러싸인 듯하니 北山多木木如裹
호랑이 표범이 마치 소나 말처럼 사람들과 섞여 사네 虎豹雜人猶牛馬
사람을 잡아먹음에 과부와 또 갓난아기였으니 食人寡婦又赤子
모두 나의 백성들로 아무런 잘못 없는 이들이라네 皆我生民不辜者
나에게 사나운 짐승을 굴복시킬 만한 덕정이 없으니 我無德政伏猛獸
아무 잘못 없는 두 사람이 죽은 것은 오로지 내 탓이로다 殺不辜二亶由我
호랑이 머리를 베어오면 내가 씹어 먹으리니 斬來虎馘吾乃食
그러지 않는다면 무슨 수로 고아와 과부에게 사죄하리오 不者胡以謝孤寡
무사들을 나아오게 하여 방책과 계략을 주니 進厥武士授方畧
날랜 매처럼 길을 떠나 서리 내린 들판을 가로질렀네 去若快鶻橫霜野

432 보첩(報牒) : 하급 관아에서 상급 관아에 올리는 공문으로, 보장(報狀)이라고도 한다.

대대적으로 산림을 수색하여 호랑이 자취를 얻자 大索山林得虎跡
열 보 백 보 나아가며 아래위를 살폈네 十步百步見上下
호랑이도 사람들에 놀라 굴속 깊이 들어가고 虎亦驚人深入穴
사람들도 호랑이를 보고 놓치려 하지 않았네 人亦見虎不肯捨
아노가 불로 공격한 것은 하책이라 할 수 없으니[433] 阿奴火攻非下策
굴에다가 불을 피워 용광로처럼 만들었네 烘得一穴成鑪冶
호랑이가 뜨거운 열기에 외마디 소리로 울부짖고 虎乃大熱一聲叫
화염을 헤치며 포위를 뚫고 쏟아지듯 달려 나왔네 觸炎決圍走如瀉
백 발의 포 일제히 날아가고 포위도 점점 좁혀져 百砲齊飛圍漸蹙
호랑이를 보고 던진 것이 왼쪽이면 왼쪽에 맞았네 視虎所投左則左
좌군이 한 발 쏘아 목구멍을 맞히고 左軍一發撞其喉
우군이 한 발 날려 넓적다리를 꿰뚫었네 右軍一縱洞其髁
호랑이가 이에 펄쩍 뛰며 사람을 물려고 하다 虎乃大躍欲嚙人
대가리를 커다란 벼랑에 부딪쳐 바위들이 한꺼번에 떨어졌네
首觸巨崖石俱墮
바위가 떨어지자 대가리가 박살나 죽은 것이 완연하였으니
石墜首碎宛其死
예로부터 흉악하고 강포한 것들에게는 하늘이 재앙을 내리는 법

433 아노가……없으니 : '화공하책(火攻下策)'의 고사를 말하는 것이다. 중국 동진(東晉)의 신하 주숭(周嵩)이 술에 취하여 눈을 부릅뜨고 자기 형인 주의(周顗)를 쳐다보면서, "형의 재주가 아우인 나보다 못한데도 운이 좋게 중한 명성을 얻었다."라고 하였다. 이어 촛불을 집어 던지자 주의가 웃으면서, "아노야. 화공은 참으로 하책에서 나오는 것이란다."라고 대꾸하였다고 한다. 《世說新語 雅量》 '아노(阿奴)'는 부형(父兄) 등 윗사람이 자제(子弟) 등 아랫사람을 허물없이 부르는 칭호이다.

自古兕强天所禍

한 번의 포식이 어찌 한 번의 죽음을 보상할 수 있겠는가

一飽惡足償一死

눈빛은 이미 꺼졌으나 배는 아직도 불룩하네 目光已閉腹猶果

무부들이 의심스러워 앞으로 가지 못하고 武夫疑惑却不前

살았는지 죽은 척하는 것인지 기와 조각을 던져보네 眞生假死投以瓦

소가 끄는 수레에 실어서 관아에 바치는데 載以牛車獻公門

그 크기가 소를 가리고도 꼬리가 여전히 늘어져있네 其大蔽牛尾猶嚲

이에 큰 북을 치며 그 죄를 성토하고 爰伐大鼓聲厥罪

도수[434]를 불러다가 마구 살을 발라내었네 喚取刀手恣剮剮

죽은 이의 가족에게 고기를 주어 통쾌하게 복수케 하였으니

肉與死家快所讎

비록 쓰지 않고자 해도 귀신이 버려두겠는가[435] 雖欲勿用鬼其舍

혹자는 말하기를 산중의 호랑이가 한 마리가 아닌데 或言山中虎非一

지난번 그 호랑이가 이 호랑이인지 어찌 알겠냐고 하네

向者安知是虎也

이미 그 호랑이인지 모르는데 아닌지는 어찌 알랴 旣弗知是焉知非

요컨대 같은 무리이므로 죽여도 상관없다네 要是黨與誅亦可

434 도수(刀手) : 칼잡이를 이른다.

435 비록……버려두겠는가 : 《논어》 〈옹야(雍也)〉에, "얼룩소 새끼가 털이 붉고 또 뿔이 바르면, 비록 희생으로 쓰지 않으려 해도 산천의 신들이 내버려두겠는가?"라고 한 데서 나온 표현이다.

달천[436]을 출발하면서 임 장군의 사당[437]에 들렀다
發㺚川 過林將軍廟

달천에 아침 해 뜨자 나그네 배를 멈추니 㺚川初日客停舟
깊숙한 서원에 고목이 가을을 맞았네 書院深深古木秋
만 굽이 푸른 물결은 동쪽으로 흘러 바다로 들어가는데[438] 萬折滄波東入海
이제 다만 하얀 마름꽃 핀 물가[439]로 머리를 돌리네 秖今回首白蘋洲

436 달천(㺚川) : 충청북도 충주(忠州)에 있는 시내의 이름이자 땅의 이름이다.

437 임 장군의 사당 : 임 장군은 조선 시대의 장수 임경업(林慶業, 1594~1646)을 가리키며, 임 장군의 사당은 충주 달천에 있는 충렬사(忠烈祠)를 가리킨다.

438 만……들어가는데 : '만절필동(萬折必東)'을 의미하는 것으로, 중국의 황하(黃河)가 만 번을 꺾여 흐르지만 반드시 동쪽으로 흘러 황해로 흘러 들어간다는 데서 나온 말이다. 조선은 여전히 명나라를 사모하여 받들고 있으며, 명나라에 대한 임경업의 충심 역시 한결같았음을 비유하는 말이다.

439 하얀……물가 : 중국 양(梁)나라의 시인 유운(柳惲)의 〈강남곡(江南曲)〉에 나오는 말로, 오래도록 돌아오지 않는 벗을 그리워하는 심정을 읊은 시이다. 시의 원문과 내용은 다음과 같다. "물가 모래섬에서 하얀 마름꽃을 따는데 강남의 봄 풍경 속으로 해가 저무네. 동정에서 돌아오는 나그네가 소상강 가에서 나의 벗을 만났다네. 나의 벗은 어찌하여 돌아오지 않는가. 화사한 봄은 또 저물고 말 것인데. 새 사람과 사귀느라 즐겁다 하지 않고 그저 갈 길이 멀다고만 말하네.〔汀洲採白蘋, 日落江南春. 洞庭有歸客, 瀟湘逢故人. 故人何不返, 春華復應晚. 不道新知樂, 只言行路遠.〕"

나라 위해 목숨 바친 사람들을 애도하며
吊國殤

강물 소리 호탕하여 배가 뒤집힐 듯한데	江聲浩蕩欲翻舟
오래된 성루 쓸쓸하게 가을 갈대 우거졌네	古壘蕭蕭荻葦秋
만고에 초사 이소의 가곡이 남았으니[440]	萬古楚騷歌曲在
국상의 원한이 방주에서 목놓아 우네	國殤寃恨咽芳洲

440 만고에……남았으니 : 《초사(楚辭)》 가운데 굴원(屈原)이 지은 〈구가(九歌)〉 중 국상(國殤) 편을 가리킨다. 〈구가〉는 굴원이 지은 가곡(歌曲)의 이름으로, 본래 초나라 민간에서 제사 지낼 때 부르던 노래에서 비롯하였다. 동황태일(東皇太一)·운중군(雲中君)·상부인(湘夫人)·대사명(大司命)·소사명(少司命)·동군(東君)·하백(河伯)·산귀(山鬼)·국상·예혼(禮魂) 등 11편으로 이루어져 있는데, 국상은 특히 나라를 지키다가 죽은 장수와 병사들의 기개와 정신을 칭송하고 원혼을 위로하는 내용을 담고 있다.

탄금대를 지나며

過彈琴臺

탄금대 아래로 다시금 배를 옮기니	彈琴臺下更移舟
우륵이 선계로 돌아간 지 몇 번의 가을 지났나[441]	于勒仙歸閱幾秋
희음을 연주하고자 하나 사람들이 알지 못해	欲奏希音人不識
하얀 갈매기 붉은 여뀌만 물가에 가득하네	白鷗紅蓼滿汀洲

441 우륵이……지났나 : 신라 시대에 우륵(于勒)이 탄금대(彈琴臺)에서 가야금을 탔던 사실을 가리킨다. 가야국의 악성(樂聖) 우륵이 나라가 어지러워지자 가야금을 가지고 신라에 귀화하였다. 진흥왕이 기뻐하면서 충주에서 살게 하였는데, 우륵이 물가의 커다란 바위에 앉아 가야금을 즐겨 타니 그때부터 바위의 이름을 탄금대라고 하였다고 한다.

장암[442]의 옛집을 지나며

過丈巖舊宅

상소를 쓰고 세 번이나 바다를 건너는 배에 올랐으니[443]

442 장암(丈巖) : 충주 연풍현(延豐)에 있는 땅의 이름이자, 조선 후기의 문신 정호(鄭澔, 1648~1736)의 호이기도 하다. 정호는 조선 후기의 문신으로, 본관은 연일이며 자는 중순(仲淳)이다. 정철(鄭澈)의 현손이며, 송시열(宋時烈)의 제자이다. 1684년(숙종10) 문과에 급제한 후 대사간·대제학·대사성·대사헌 및 삼정승 등 요직을 두루 역임하였다. 일생을 노론의 선봉으로 활약하면서 파직과 유배를 거듭 당하였다. 1727년(영조3) 정미환국으로 관직에서 물러난 후 1729년 기로소에 들어가고 영중추부사로 죽었다. 충주의 누암서원(樓巖書院)에 제향되었다. 저서로 《장암집》이 남아있으며, 시호는 문경(文敬)이다.

443 상소를……올랐으니 : 상소를 올리고 임금의 심기를 거슬러 귀양을 갔었던 사실을 말하는 것으로 보인다. 1710년(숙종36) 4월 13일에, 당시 대사간이었던 정호가 최석정(崔錫鼎)이 영의정으로 있으면서 역적을 비호하였고, 또 그가 쓴 《예기유편(禮記類篇)》의 내용이 주자학과 상반된다며 그의 죄상을 열거하는 상소를 올렸다. 경상·충청 두 도(道)의 유학(幼學)들이 그의 의견을 지지하는 상소를 올리자, 당시 이조 참판이었던 윤덕준(尹德駿)이 이를 정호의 사주에 의한 것이라고 하였다. 이에 정호가 상소를 올려 이는 무함이라 반박하였으니, 이때 올린 상소가 《장암집(丈巖集)》 권6에 실린 〈윤덕준의 상소로 인하여 체직을 청하는 소〔因尹德駿疏乞遞疏〕〉이다. 그러나 숙종은 정호가 당론을 일삼는다며 갑산(甲山)으로 유배를 보냈다. 1722년(경종2)에 다시 상소를 올려 유봉휘(柳鳳輝)·조태구(趙泰耇) 등을 탄핵하였다가 강진(康津)의 신지도(薪智島)에 위리안치되었는데, 이때 올린 상소가 《장암집》 권7에 실린 〈임인년 정월에 군함 재향으로 환옥을 논한 소〔壬寅正月以軍銜在鄉論宦獄疏〕〉이다. 그 외에 1689년(숙종15)에 기사환국이 일어나면서 경성(鏡城)에 유배된 바 있고 1728년(영조4)에 정미환국이 일어나면서 영천군(榮川郡), 즉 경상북도 영주에 유배된 사실이 있다. 《肅宗實錄》《英祖實錄》

草䟽三登渡海舟

이 사람은 진정으로 《춘추》를 저버리지 않았네 斯人眞不負春秋

평생의 근심스럽고 즐거운 일 누구와 뜻을 함께 하였나

平生憂樂誰同志

우저와 단암이 또한 이곳 물가에 가깝다네 牛渚丹巖亦近洲

민 충문(閔忠文)[444]·민 문충(閔文忠)[445] 두 공의 별업(別業)이 우만(牛灣)[446]과 단암(丹巖)[447]에 있다.

444 민 충문(閔忠文) : 민진후(閔鎭厚, 1659~1720)를 가리킨다. 조선 후기의 문신으로, 본관은 여흥이며 자는 정순(靜純), 호는 지재(趾齋)이다. 민유중(閔維重)의 아들이자 인현왕후(仁顯王后)의 오빠이다. 송시열(宋時烈)의 문인으로, 1686년(숙종12) 문과에 급제한 후 정자가 되었으나 기사환국이 일어나자 아버지를 비롯한 일가친척들과 함께 관작을 삭탈당하고 귀양을 갔다. 1694년 갑술옥사로 인현왕후가 복위되자 다시 기용되어 대사간·한성 판윤·홍문관 제학·예조 판서 등을 역임하였다. 경종의 묘정에 배향되었으며, 저서로 《지재집》이 전한다. 시호는 충문(忠文)이다.

445 민 문충(閔文忠) : 민진후의 아우 민진원(閔鎭遠, 1664~1736)을 가리킨다. 자는 성유(聖猷), 호는 단암(丹岩)·세심(洗心)이다. 송시열의 문인으로, 대사성·각조의 판서·우의정·좌의정 등 요직을 두루 역임하였다. 1715년(숙종41) 대사성으로 있으면서 《가례원류(家禮源流)》를 둘러싼 당론이 치열해지자 노론인 정호(鄭澔)를 두둔하다가 파직, 문외출송되었다. 1721년(경종1) 왕세제의 대리청정을 건의해 실현하게 하였으며, 이후 영조의 탕평책에도 불구하고 끝까지 소론을 배격하는 노론의 선봉장으로 활약하였다. 영조의 묘정에 배향되었으며, 시호는 문충(文忠)이다.

446 우만(牛灣) : 경기도 여주(驪州)에 있는 땅의 이름이다.

447 단암(丹巖) : 경기도 여주(驪州)에 있는 땅의 이름이다.

누암서원[448]

樓巖書院

오래된 사당 시든 버들에 가던 배 매어두니 古祠衰柳繫行舟
돌길은 가파르고 풀빛은 가을이 완연하네 巖徑巃嵸草色秋
산속의 현가[449] 소리 옛날과 같으니 山裏絃歌如宿昔
오도[450]가 창주[451]에 있음을 비로소 알았네 始知吾道在滄洲

448 누암서원(樓巖書院) : 충주 가금면 누암리에 있는 서원의 이름이다. 숙종 때 지방 유림의 공의로 송시열(宋時烈) · 민정중(閔鼎重) 등의 학문과 덕행을 추모하기 위하여 세웠으며, 그 후 권상하(權尙夏) · 정호(鄭澔)를 추가 배향하였다.

449 현가(絃歌) : 거문고를 타고 시가를 노래하는 것을 말한다. 공자(孔子)의 제자 자유(子游)가 일찍이 무성(武城)의 재(宰)로 있을 적에 그곳 백성들이 모두 거문고를 타고 시가를 노래했다는 데서 온 말로, 전하여 예악으로써 백성들을 잘 교화시키는 것을 의미한다. 《論語 陽貨》

450 오도(吾道) : 유가(儒家)의 도를 가리킨다.

451 창주(滄洲) : 물가를 뜻하는 말로, 여기서는 충주를 가리킨다.

흥원[452]의 민가에서 묵었다
宿興元民家

황려[453]의 저녁 빛이 돌아가는 배에 어리는데	黃驪晩色帶歸舟
양 언덕에 벌레 우니 어느덧 가을이구나	兩岸蟲聲颯已秋
반날치 장부와 문서를 모두 물리치고	半日簿書渾擺却
이부자리 끌어안고 창주[454]로 들어가 묵네	携衾聊復宿滄洲

452 흥원(興元) : 지금의 강원도 원주(原州) 지역에 흥원창(興元倉)이 있었던 것으로 보아 원주에 있던 땅의 이름인 것으로 보인다. 이곳은 남한강을 사이에 두고 경기도 여주(驪州)와 마주 보고 있다.

453 황려(黃驪) : 경기도 여주의 옛 이름이다.

454 창주(滄洲) : 물가를 뜻하는 말로, 여기서는 흥원을 가리킨다.

여강[455]에서 비를 만나 배를 매어두고 출발하지 않았다
驪江遇雨 維舟不發

세찬 비 강을 지르자 물결이 배를 두드려　急雨橫江浪拍舟
외로운 배 옮겨 기댄 절벽에 가을이 완연하네　孤篷徙倚石崖秋
한 동이 술에 부질없이 등림의 흥취 저버리자　一樽空負登臨興
작은 모래톱 너머 청루[456]가 한눈에 들어오네　望裏淸樓隔小洲

455 여강(驪江) : 여주(驪州)를 지나는 한강을 가리킨다.

456 청루(淸樓) : 여주에 있던 청심루(淸心樓)를 가리키는 것으로 보인다.

양 능[457]을 바라보며

望二陵

지나는 비 쓸쓸하게 나그네의 배에 뿌리더니	過雨蕭蕭灑客舟
양 능의 소나무 잣나무에 청추[458]가 닥쳐오네	二陵松柏逼清秋
강산은 울창하고 아름다운 기운[459] 떠있는데	江山鬱鬱浮佳氣
저 멀리 석양 속 먼 모래톱에 서있네	極目斜陽立遠洲

457 양 능 : 영릉(英陵)과 영릉(寧陵), 두 왕릉을 가리킨다. 영릉(英陵)은 조선의 제4대 왕 세종(世宗)과 소헌왕후(昭憲王后) 심씨(沈氏)의 능이며, 영릉(寧陵)은 조선의 제17대 왕 효종(孝宗)과 인선왕후(仁宣王后) 장씨(張氏)의 능이다. 둘 다 지금의 경기도 여주시 능서면 왕대리에 있다.

458 청추(清秋) : 맑은 가을이라는 뜻과 함께 음력 8월의 별칭이기도 하다.

459 아름다운 기운 : 원문의 '가기(佳氣)'는 제왕의 상서로운 기운을 가리킨다. 술사(術士) 소백아(蘇伯阿)가 후한(後漢) 광무제(光武帝)의 가향(家鄉)인 남양(南陽) 용릉(舂陵)의 지형을 살펴보고, "상서로운 기운이 성대하게 일어난다.〔佳氣哉, 鬱鬱葱葱然.〕"라고 하였다는 데서 나온 말이다. 《後漢書 卷1 廣武帝紀》

용문산[460]이 나타나다

龍門山出

웃으며 거문고와 술동이를 두드리는 객 배 안에 가득한데 笑拍琴樽客滿舟
용문산 빼어난 모습을 바라보니 가을이로구나 龍門秀色望中秋
밭을 사 은거하겠다던 숙원은 어느 때야 이룰까 求田宿計何時了
날 저물도록 두약[461] 핀 물가를 배회하누나 日暮徘徊杜若洲

460 용문산(龍門山) : 경기도 양평(楊平)에 있는 산의 이름이다.

461 두약(杜若) : 향기로운 풀의 이름으로, 은자의 삶을 상징한다. 중국 초(楚)나라의 시인 굴원(屈原)이 《초사(楚辭)》 〈산귀(山鬼)〉에서 "산중의 사람이 향기로운 두약을 따며, 바위틈의 물을 마시고 송백의 그늘에서 쉬도다.〔山中人兮芳杜若, 飮石泉兮蔭松栢.〕"라고 하였다.

우만에 있는 민 장령[462]의 옛집을 지나며
過牛灣閔掌令故宅

가시 사립의 저녁 빛이 매어놓은 배에 가득한데　柴荊暝色滿維舟
번천[463]을 돌아보니 초목에 가을빛이 완연하네　回首樊川草樹秋
세상을 근심한 임종[464]이라 때로 성안에 들어갔으나　憂世林宗時入郭
선생의 본뜻은 창주에 눕는 것이었다네　先生本意臥滄洲

462 민 장령(閔掌令) : 민익수(閔翼洙, 1690~1742)를 가리킨다. 조선 후기의 문신으로, 본관은 여흥이며 자는 사위(士衛), 호는 숙야재(夙夜齋)이다. 여양부원군 민유중(閔維重)의 손자이고 민진후(閔鎭厚)의 아들이며, 대사헌 민우수(閔遇洙)의 형이다. 진사에 합격한 후 세마의 자리에 올랐으나 조정이 당론으로 소란스러운 것을 보고 과거를 포기한 채 동생 민우수와 함께 여강(驪江)으로 돌아가 은거하였다. 1729년 재행(才行)으로 별천(別薦)에 올랐고, 1740년 지평으로 대직(臺職)에 올라 그해에 장령으로 승진하였다. 그런데 같은 해 위시사건(僞詩事件) 및 종제 민형수(閔亨洙)의 사건에 말려들어 삭직되었다. 순조 때 이조 판서에 추증되었으며, 시호는 문충(文忠)이다.

463 번천(樊川) : 우만(牛灣) 부근에 있는 시내의 이름인 것으로 보인다.

464 임종(林宗) : 중국 후한(後漢)의 학자 곽태(郭泰, 128~169)의 자로, 높은 학문과 덕으로 일세의 숭앙을 받았다. 굴백언(屈伯彦)에게 사사하여 전적(典籍)에 두루 정통하였으며, 낙양에 가서 당시 하남윤(河南尹) 이응(李膺)과 깊이 교제하며 명성을 떨쳤다. 환제 때 조정에서 불러도 나가지 않고 향리에 은거하며 교육에만 전념하였는데, 제자의 수가 수천 명에 달하였다. 외척과 환관이 전횡(專橫)하는 세상에서도 절조를 굽히지 않았으나 언행이 신중하여 당고(黨錮)의 화를 면할 수 있었다.

대탄[465]

大灘

행인들 서로 대탄을 지나는 배를 경계하니	行人相戒大灘舟
성난 바위 치닫는 파도가 가을을 만났다네	怒石奔濤接素秋
근심스러운 곳 다 지나자 그제야 한바탕 웃고	過盡憂愁方一笑
가벼운 배 편안하게 앞 물가에 이르렀네	輕篷安穩到前洲

465 대탄(大灘) : 한탄강(漢灘江)의 옛 이름이다.

두미[466]

斗尾

두미에선 자주 상인의 배를 만나는데	斗尾頻逢賈客舟
서풍이 소슬하니 일만 돛배에 가을이 왔네	西風颯颯萬帆秋
도성이 그리 멀지 않은 줄 알겠으니	應知京郭無多遠
삼각산 맑은 빛이 저녁 물가에 떨어지네	三角晴光落晚洲

466 두미(斗尾) : 두미강을 말하는 것으로, 북한강과 남한강이 만나는 경기도 양평의 두물머리 일대를 가리킨다. 도미(渡迷), 두미(斗迷) 등으로 표기하기도 하였다.

가대인을 모시고 배를 타고 충주로 올라가며 삼가 내려주신 시의 운을 따라 지었다
陪家大人 舟上忠州 敬次下示韻

백 길 밧줄[467] 일세히 당기며 먼 여울을 오르니	齊牽百丈上遙灘
타루는 아늑하고 앉은 자리 편안하네	舵閣幽幽几簟安
이슬 차가우니 벌레 소리가 때로 억새를 흔들고	露冷虫聲時動荻
바람 가벼우니 배꼬리가 물결을 놀라게 하지 않네	風輕鷁尾不驚瀾
모래사장에선 술 거르느라 무리들 힘쓰는데	沙中釃酒勞群力
봉창 아래서 시 지으며 혼자만 한가한 것 부끄러워라	篷底題詩愧獨閑
용문산이 속세의 모습 아닌 것 가장 기쁘니	最喜龍門非世態
풍상이 옛날의 우뚝한 모습 바꾸지 못하였네	風霜不變舊孱顏

467 백 길 밧줄 : 배를 상류로 끌어올리는 밧줄을 지칭하는 말이다. 중국 파촉(巴蜀) 지방의 사람들이 물살이 센 곳에서 배를 상류로 끌어올릴 때 사용하던 밧줄로, 그 길이가 백 길이 된다 하여 붙여진 이름이다.

배 안에서 홍석이[468] 계억 아우의 시에 화운하였다
舟中和洪弟錫爾 啓億 韻

몇 년이나 동장[469] 차고 상유를 다스렸던가[470]	幾載銅章管上游
익숙하게 거문고와 학[471] 데리고 중류를 떠가네	慣將琴鶴泛中流
대삿갓 쓴 어옹은 마치 나의 벗인 듯하고	漁翁篛笠如吾友
거사의 정자 보니 어느 물가인지 알겠네	居士亭臺認某洲
벼랑 빛깔 쓸쓸한데 단풍잎은 새벽빛을 띠고	壁色蕭踈楓葉曉
기러기 소리 스산한데 벼꽃은 가을을 맞았네	鴻聲淅瀝稻花秋
밭 사고 집 구하는 것[472] 평생의 계획이라	求田問舍平生計

468 홍석이(洪錫爾) : 홍계억(洪啓億, ?~?)을 가리키는 것으로, 석이는 그의 자인 것으로 보인다. 《영조실록》 21년(1745) 8월 5일 기사에 따르면, 당시 사학유생(四學儒生) 홍계억 등이 상소하여 《어제상훈(御製常訓)》 가운데 '존주(尊周)'를 '존왕(尊王)'으로 바꾼 것에 대하여 원래대로 다시 되돌릴 것을 청하였다. 이에 영조가 "나이 어린 너희들이 어찌 감히 경솔하게 의논하느냐?" 하며 홍계억의 부친인 전 판관 홍우집(洪禹集) 등 7명을 친국하고, 그 외 여러 사람을 형신(刑訊)하고 찬배(竄配)하였다. 이후로 홍계억에 대한 행적은 전하는 것이 없으며, '사인(士人)'이라고 표현한 것이 보인다.

469 동장(銅章) : 구리로 만든 관인(官印)으로, 군현(郡縣)을 맡은 지방관이 차고 다니는 것이다.

470 몇……다스렸던가 : 남유용(南有容)은 1739년(영조15) 2월에 영춘 현감(永春縣監)이 되었다. 영춘은 충청북도 단양(丹陽)의 옛 이름이다.

471 거문고와 학 : 지방관으로 청빈하게 사는 것을 의미한다. 중국 북송의 관리 조변(趙抃)이 촉(蜀) 땅으로 들어갈 때 거문고 한 벌과 학 한 마리만 데리고 갔다는 고사에서 유래하였다. 《宋史 卷316 趙抃列傳》

472 밭……것 : 원래 원대한 포부는 없이 가산이나 경영하고 일신의 안위나 걱정한다

이르는 곳마다 가던 배 멈추고 잠깐씩 머무네　　到處征篷爲少留

는 뜻인데, 여기서는 벼슬에서 물러나 은거하려는 계책을 뜻하는 말로 쓰였다.

배를 타고 여주를 지나며 같은 배에 탄 제군들에게 보여주었다 눌재[473]의 〈충주남루〉[474] 운을 썼다
舟過驪州 示同舟諸君 用訥齋忠州南樓韻

백 리 길 황려를 사흘 만에 지나가니	百里黃驪三日過
배를 집 삼아 노니는[475] 흥취가 어떠한가	浮家趣事問如何
강산을 맞이하니 문서 장부보다 많고	江山應接多文簿
갈매기 백로 다가오니 비단옷 입은 미인 같네	鷗鷺親依當綺羅
선비를 사랑하면서 어찌 문거의 술[476]이 없겠나	愛士豈無文擧酒
임금을 그리워하며 때로 자첨의 노래[477]에 화답하네	戀君時和子瞻歌

473 눌재(訥齋) : 조선 중기의 문신 박상(朴祥, 1474~1530)의 호이다.

474 〈충주남루(忠州南樓)〉 : 박상의 《눌재집(訥齋集)》 권5에 실린 〈충주남루에서 이윤인의 운을 따라 지었다〔忠州南樓次李尹仁韻〕〉를 가리킨다.

475 배를……노니는 : 배를 집으로 삼아 물 위를 떠돌며 사는 생활을 말한다. 중국 당나라의 대신이자 시인인 장지화(張志和)가 "나의 소원은 배를 집 삼아 물 위에 살면서 소계(苕溪)와 삽계(霅溪) 사이를 왔다 갔다 하는 것이다.〔願爲浮家泛宅, 往來苕霅間.〕"라고 한 데서 나온 말이다. 《新唐書 隱逸傳 張志和》

476 문거의 술 : 문거(文擧)는 중국 후한의 학자 공융(孔融, 153~208)의 자이다. 그는 "자리에 빈객이 항상 많고 술동이에 술이 비지 않으면 나는 아무 근심이 없으리라." 라고 하면서 술과 빈객을 무척이나 사랑하였다고 한다. 《後漢書 卷70 孔融列傳》

477 자첨의 노래 : 중국 북송의 문신 소식(蘇軾)이 수조가두(水調歌頭)에 맞추어 지은 〈병진년 중추에 동이 틀 때까지 술을 마시고 크게 취하여 이 노래를 짓고 자유를 그리워하다〔丙辰中秋, 歡飮達旦, 大醉, 作此篇兼懷子由.〕〉를 가리키는 것으로, 수조가두는 사패(詞牌)의 이름이다. 소식은 이 시를 황주(黃州)로 귀양 가 있을 때 지었는데, 그 가사에 "나는 바람 타고 돌아가고 싶지만 다만 옥으로 만든 월궁이 높은 곳이라

판여[478]에 모시고 편안하게 봉양함이 마치 내 집 같으니 板輿溫凊如吾室

행색이 참으로 객을 향해 자랑할 만하네 行色眞堪向客誇

추위를 이기지 못할까 걱정이라네.〔我欲乘風歸去, 只恐瓊樓玉宇, 高處不勝寒.〕"라고 하였다. 이 노래가 전파되자 신종(神宗)이 듣고서 임금을 그리워하는 내용이라고 여겨, "소식이 끝까지 임금을 사랑하는구나."라고 하고는 죄를 감하여 귀양지를 여주(汝州)로 옮겨 주었다고 한다.

478 판여(板輿) : 노인을 편하게 모실 수 있는 푹신한 가마로, 지방관이 되어 노부모를 효성으로 모시는 것을 의미한다. 중국 진(晉)나라의 문인 반악(潘岳)이 〈한거부(閑居賦)〉에서, "모친을 판여에 모시고 가벼운 수레에 태워서, 멀리는 경기 지방을 유람하고 가까이는 집안 뜰을 소요한다.〔太夫人乃御板輿, 升輕軒, 遠覽王畿, 近周家園.〕"라고 한 데서 나온 말이다. 《御定歷代賦彙 外集 卷12》

또 홍 아우의 시에 화운하였다

又和洪弟韻

앉아서 일천 봉우리의 풍광을 두루 보았으나	坐閱千峯色
그저 하나의 강을 따라 돌아갔을 뿐	紆回只一江
간밤의 구름은 먼 물가를 뒤덮고	宿雲蒙遠渚
차가운 비는 엉성한 창에 들이치네	寒雨入踈牕
갈대숲 성글어 기러기 숨기 어렵고	葦薄難藏鴈
마을 외져서 삽살개도 짖지 않네	村孤不吠狵
봉창 걷고 그저 둘러보다가	褰篷聊騁目
나도 모르게 깊은 술독을 기울이네	未覺倒深缸

새벽에 배 안에서
舟曉

연기 흩어지자 벌써 새벽별 떴는데 烟霏初散已晨星
나그네 봉창을 여니 잠이 깨려 하네 客子開篷睡欲醒
강 안개 흐릿하니 외로운 섬 하얗고 江氣微茫孤嶼白
솔잎 소리 우수수 양 능[479]이 푸르네 松聲淅瀝二陵青
물가의 기러기는 이른 추위라 구슬픈 소리를 내고 汀鴻寒早多哀響
들판의 학은 황량한 가을이라 태반이 야위었네 野鶴秋荒半瘦形
타루에 베개를 높이 베고 누우니 한바탕 취할 만한데 高枕舵樓堪一醉
누가 알겠나 태수는 술에 흠뻑 취함 꺼리는 것을 誰知太守忌沉冥

479 양 능 : 경기도 여주(驪州)에 있는 영릉(英陵)과 영릉(寧陵), 두 왕릉을 가리키는 것으로 보인다.

소명을 받든 날[480]에 우연히 지었다 보아[481]의 시운을 따라 지었다

承召日偶成 次輔兒韻

작은 고을의 수령이 은혜로운 소명을 받들었으니	下邑承恩召
재주도 없는 것이 성명을 만났네	微才值聖明
방황하다 평소의 계획 어그러지고	彷徨違素計
미적거리다 헛된 명성 곤액을 당한다네	遲暵困虛名
절벽은 소나무의 성품을 알고	絶壁知松性
푸른 물결은 새의 뜻을 본다네	滄波見鳥情
종국에는 구루의 수령[482] 되기 기다려	終須句漏令
영지와 백출[483]로 남은 인생 양생하리	芝朮養殘生

480 소명(召命)을 받든 날 : 남유용(南有容)은 1747년(영조23) 5월에 충주 목사(忠州牧使)가 되어 내려갔다가, 9월에 세자시강원의 필선(弼善)에 제수되었다.

481 보아(輔兒) : 아들 남공보(南公輔)를 가리킨다.

482 구루(句漏)의 수령 : 구루는 중국 교지군(交趾郡)에 있던 현(縣)의 이름이다. 진(晉)나라의 갈홍(葛洪)이 신선술과 양생술(養生術)에 심취하였는데, 구루라는 작은 고을에서 좋은 단사(丹砂)가 난다는 말을 듣고 구루의 수령으로 가기를 자원하였다고 한다.

483 영지(靈芝)와 백출(白朮) : 모두 신선들이 먹고 산다는 약초이다.

종인의 아들 강로[484]에게 주었다

贈宗人子絳老

우리 집안에 훌륭한 선비가 많더니	吾宗多好士
너와 같은 후손이 나왔구나	後出乃如汝
눈동자와 눈썹은 마치 그려낸 듯하고	瞳眉如畫出
입에서 나오는 것은 모두 참신한 말이라	發口皆新語
시를 가지고 나를 전송하니	携詩送我行
이별의 뜻이 강가에 가득하네	別意滿江渚
우수수 나뭇잎 떨어지고	蕭蕭木葉墜
서걱서걱 서리 맞은 기러기 길 떠나네	淅淅霜鴻去
나는 이원례가 아닌데	我非李元禮
어찌하여 자명 같은 어자를 얻었는가[485]	安得慈明御

484 강로(絳老) : 남강로(南絳老, 1735~1775)를 가리킨다. 조선 후기의 문신으로, 본관은 의령이며 자는 언호(彦皓)이다. 1756년(영조32) 진사에 합격하고, 1771년 식년시에 장원으로 급제하였다. 이후 전적·정언·의주 어사(義州御史)·수찬 등을 역임하였다. 1775년 집의로 있으면서 당시 이조 판서였던 이담(李潭)을 논핵하였는데, 영조는 이를 당색(黨色)에 따른 무고라 보고 국문한 후 사형에 처하였다. 1776년에 관작이 회복되었다.

485 나는……얻었는가 : 원례(元禮)는 중국 후한(後漢)의 고사(高士)인 이응(李膺)의 자이며, 자명(荀爽)은 후한의 명사인 순상(荀爽)의 자이다. 이응의 명성이 천하에 드높아 많은 선비들이 그를 흠모하였는데, 어느 날 순상이 이응을 찾아가 만나보고 또 그의 말을 모는 어자(御者) 노릇을 하였다. 그리고는 집에 돌아가서 기뻐하며 말하기를, "오늘에야 이군(李君)의 어자가 될 수 있었다."라고 하였다 한다. 《後漢書 卷67

李膺列傳》 남유용은 이응과 같은 고사가 못 되는데, 순상과도 같은 남강로가 말을 몰아 주었다는 뜻이다.

판교[486]의 점사[487]에서 학사 평일[488]을 만나 써서 주었다
板橋店舍 遇平一學士寫贈

근심 걱정은 움직일 때마다 있으나	憂虞恒在動
사업은 정도를 벗어나지 않네	事業不離經
이런 생각 저런 생각 하고많은데	多少商量意
썰렁한 등불이 반벽에 푸르네	寒燈半壁青

486 판교(板橋) : 경기도 성남(城南)에 있는 땅의 이름이다. 충주에서 서울로 들어오기 직전의 마지막 숙박지이다.

487 점사(店舍) : 식사와 숙박을 해결하는 가게를 가리킨다.

488 평일(平一) : 이형만(李衡萬, 1711～?)의 자이다.

백학

白鶴

백학은 높이 날아가고	白鶴高飛去
강산엔 가을빛이 기네	江山秋色長
장부의 나이 오십이 되면	丈夫年五十
모름지기 나아가고 물러날 때를 알아야 하리	須是識行藏

모강의 촌사에 머물며 소장을 올리고 비답을 기다렸다 돌아가려 할 때 벽에다 써서 주인옹에게 사례하였다
住茅江村舍 陳章待批 臨歸題壁謝主翁

강가 마을에서 이레 동안 기식하였는데	江村七日寄炊烟
올 때는 쓸쓸하더니 갈 때는 담담하네	來是蕭然去澹然
가소롭구나 충주의 어리석은 태수는	可笑忠州愚太守
주머니 속에 산 살[489] 돈 늘 부족하니	囊中長乏買山錢

489 산 살 : 은거하려는 계획을 의미한다. 중국 진(晉)나라의 고승 지둔(支遁)이 심공(深公)에게 사람을 넣어서 인산(印山)을 사려고 하자, 심공이 "소보(巢父)와 허유(許由)가 산을 사서 은거했다는 말은 들어보지 못하였다."라고 한 데서 나온 말이다. 《世說新語 排調》

선정전[490]에 입시하였다가 일이 끝나자 물러나와 삼재 권공[491]의 〈감회〉 장률에 차운하였다[492]

入侍宣政殿 罷退 次三宰權公感懷長律

옛 건물 넓히고 새 어진 올리는 예를 나란히 행하니 拓舊躋新禮並行

이때에 영희전(永禧殿)을 증축하고, 숙묘(肅廟)의 어진(御眞)을 봉안하였다.[493]

궁실 공사 마치자마자 영정의 모사 완성되었다네 宮功纔訖幀摹成

용의 문양 찬란하고 장막의 비단 고운데 龍章爛燁帷紗靚

임금의 의표[494] 환히 빛나고 벽에 두른 병풍[495] 밝네 日表昭回壁扆明

490 선정전(宣政殿) : 창덕궁(昌德宮) 안에 있는 편전(便殿)의 이름이다.

491 삼재(三宰) 권공(權公) : 삼재는 의정부의 좌・우참찬(左右參贊)을 가리키며 권공은 권적(權𥛚)을 가리키는데, 권적은 당시 우참찬의 자리에 있었다.

492 선정전에……차운하였다 : 남유용(南有容)은 1748년(영조24) 1월에 숙묘어진모사도감(肅廟御眞模寫都監)의 도청(都廳)이 되었다.

493 이때에……봉안하였다 : 1748년(영조24)에 영희전을 5실로 중건한 후 창덕궁 선원전(璿源殿)에 있던 숙종의 어진(御眞)을 모사하여 영희전 제4실에 봉안하였다. 이날의 상황을 《국역 영조실록》에서 인용하면 다음과 같다. "24년(1748) 2월 25일. 임금이 먼저 선정전에서 동가 고유제(動駕告由祭)를 행하고 영정 1본을 선원전에 봉안하였다. 또 영정 1본을 신련(神輦)에 봉안하고, 이어 영희전(永禧殿)으로 따라 나아가 태조(太祖)・세조(世祖)・원종(元宗)의 어용(御容)을 제1실・제2실・제3실에 도로 봉안하였으며, 숙묘(肅廟)의 어용은 제4실에 봉안하고 작헌례(酌獻禮)를 행한 다음 이어서 환궁하였다."

494 임금의 의표 : 원문의 '일표(日表)'는 '해의 모습'이라는 뜻으로, 해는 임금을 상징한다. 여기서는 어진 속의 숙종의 모습을 가리킨다.

나라님 낳으심에[496] 일찍이 지극한 덕화 노래하였고	生國昔曾歌至化
요의 모습 보임에[497] 저절로 미천한 정성 북받치네	見堯今自激微誠
이제부터 네 성인[498] 함께 흠향하시리니	從玆四聖同芬苾
성대한 공렬 추억하며 감격의 눈물 마구 흐르네	盛烈追惟感涕橫

495 벽에 두른 병풍 : 어진의 뒤에 설치한 병풍을 가리킨다.

496 나라님 낳으심에 : 현재의 임금인 영조(英祖)를 낳았다는 말이다.

497 요(堯)의 모습 보임에 : 선왕(先王)을 몹시 그리워한다는 말이다. 요 임금이 죽은 뒤에 순(舜) 임금이 3년 동안이나 그리워하면서, "앉으면 담장에서 요 임금이 나타나고, 밥을 먹으려 하면 국그릇에서 요 임금이 보였다."라고 한 데서 나온 말이다.《後漢書 卷53 李固列傳》

498 네 성인(聖人) : 태조・세조・원종(元宗)・숙종을 가리킨다.

황주 유생 조성규에게 써서 주었다
書贈黃州趙生聖揆

조생(趙生)이 그의 할아버지 좌랑공(佐郎公) 의격(義格)[499]의 효행(孝行)에 대해서 기록해줄 것을 청하였다. 아! 공의 효행은 기록할 만한 뛰어난 행적이 많으나, 유독 차마 부모를 떠나 멀리 갈 수가 없어서 종신토록 벼슬을 구하지 않고 밭 갈고 고기 잡으며 봉양을 다하였으니 이것이 효자가 본분을 다한 지점이다. 내가 깊이 느끼는 바 있어 문득 짧은 시 한 수를 써서 청에 응하였다.

눈 속의 죽순과 얼음 속의 물고기는 두 사람과 짝하였으나[500]
雪笋氷魚偶二人

499 의격(義格) : 조의격(趙義格, 1645~1720)을 가리킨다. 조선 후기의 효자로, 본관은 배천(白川)이며 자는 공윤(公允)이다. 어려서부터 효성스러워 부모 봉양을 극진히 하였고 장성한 후에도 차마 부모 곁을 떠날 수 없어 벼슬에 나아가지 않았다. 손수 농사짓고 고기 잡아 부모를 모셨으며, 아버지의 병환이 위독해지자 단지(斷指)를 하여 연명케 하였다. 후에 그의 효행이 널리 알려져 형조 정랑에 추증되었으며, 정려문(旌閭門)이 내려졌다. 《雷淵集 卷22 孝子贈刑曹正郎趙公墓碣銘》《保晩齋集 卷12 贈刑曹正郎趙公墓誌》

500 눈……짝하였으나 : 중국 삼국 시대 오(吳)나라의 효자 맹종(孟宗)과 서진(西晉)의 효자 왕상(王祥)을 가리키는 것이다. 맹종의 어머니가 죽순 나물을 좋아하였는데 겨울이라 죽순을 구할 수가 없어 맹종이 대나무밭으로 들어가 슬피 우니 죽순이 돋아났다고 한다. 또 왕상의 계모(繼母)가 한겨울에 물고기를 먹고 싶어 하자 왕상이 강으로 가서 옷을 벗고 얼음 위에 누워서 녹이려고 하였는데, 얼음이 갑자기 갈라지면서 두 마리의 잉어가 뛰어나왔다고 한다. 《五倫行實圖 孝子》

지극한 정성은 원래 꼭 신령과 감통해야만 하는 것 아니라네
至誠元不必通神
밭 갈아 어른 봉양함은 대수롭지 않은 일이나　　耕田養老尋常事
마음 편히 처한 데서 바야흐로 참된 효자임을 알 수 있다네
安處方知孝子眞

'필(必)'은 '무필(無必)'[501]의 '必'이다.

501 무필(無必) : 《논어》 〈자한(子罕)〉에서 나온 말로, "공자(孔子)는 네 가지의 마음이 전혀 없으셨으니, 사사로운 뜻이 없으셨으며, 기필하는 마음이 없으셨으며, 집착하는 마음이 없으셨으며, 이기심이 없으셨다.〔子絶四: 毋意, 毋必, 毋固, 毋我.〕"라고 하였다.

승정원에서 숙직하면서 좌부승지 김 영공 사적[502]과 함께 읊었다

銀臺直中 同左副金令公士迪賦

궁궐의 물시계 더디고 화각은 어둑한데	宮漏遲遲畫閣陰
해당화 핀 뜰 가에 밤새가 내려앉네	海棠庭畔下幽禽
문서를 걷어치우고 서늘함 속에 누우니	文書捲盡乘凉臥
예와 같은 강호가 절로 내 마음속에 있네	依舊江湖自在心

502 김 영공(金令公) 사적(士迪) : 김한철(金漢喆, 1701~1759)을 가리키는 것으로, 사적은 그의 자이다. 조선 후기의 문신으로, 본관은 경주이다. 1731년(영조7) 문과에 급제한 후 사간원과 홍문관의 청요직을 두루 거쳤다. 홍문관에 있을 때 원경하(元景夏)가 새로운 당을 만든다고 탄핵하였다가 도리어 삭직당하였다. 후에 다시 서용되어 대사간·도승지·이조 참판·대사헌·우참찬 등 요직을 두루 역임하였다. 시호는 효간(孝簡)이다.

또 사적의 시에 화운하였다
又和士迪

오색구름 높은 곳에서 사흘 밤을 묵고[503]	五雲高處宿三宵
계사를 제봉하여 자소[504]에 올리네	啓事題封上紫霄
몹시도 반가워라 꾀꼬리 또한 고운 소리로	强喜黃鸝亦好語
정을 다해 금림[505]의 아침을 향해 우짖네	盡情啼向禁林朝

503 오색구름……묵고 : 승정원에서 사흘을 숙직하였다는 말이다. 오색구름은 다섯 가지 빛깔을 내는 상서로운 구름으로, 흔히 임금이 있는 곳을 가리킨다. 남유용(南有容)은 1748년(영조24) 3월에 동부승지가 되고 4월에 우부승지가 되었다.

504 자소(紫霄) : 높은 하늘을 가리키며, 보통 임금이 계신 곳을 비유한다.

505 금림(禁林) : 궁궐의 별칭이다.

임금께서 친히 진궁[506]에 제사를 올리고 감회를 읊으신 어제시에 받들어 화운하였다

奉和聖製親祀眞宮感懷韻

어필로 쓰시고 종이와 먹을 내리셨다.

선정전에서 팔채의 용안[507] 거듭 우러른 후	八彩重瞻宣政後
천중의 규장과 속백[508]을 군왕께서 친히 받드셨네	天中圭幣辟王親
모름지기 알지어다 성인을 한데 모으고 천관이 송축하였으나	須知會聖千官頌
규장[509] 한 자의 새로움에 미치지 못함을	不及奎章一字新

506 진궁(眞宮) : 어진(御眞)을 봉안하고 향사(享祀)하는 곳을 가리킨다.

507 팔채(八彩)의 용안 : 팔채는 '팔채미(八彩眉)'의 준말로, 원래 임금의 눈썹을 가리킨다. 《공총자(孔叢子)》 〈거위(居衛)〉에서 "옛날 요 임금은 키가 10척이었고, 눈썹은 여덟 가지 광채로 나뉘었었다."라고 한 데서 나온 말로, 이후 팔채는 임금의 얼굴, 혹은 훌륭한 임금을 가리키는 말로 사용되었다.

508 규장(圭璋)과 속백(束帛) : 옛날에 천자나 제후가 제사를 지내거나 조빙(朝聘)할 때 사용하던 예물이다. 규장은 규찬(圭瓚)과 장찬(璋瓚)으로 각각 제사 지낼 때 울창주(鬱鬯酒)를 따르던 옥그릇이며, 속백은 비단 묶음을 가리킨다.

509 규장(奎章) : 임금이 쓴 글이나 글씨를 가리킨다.

술을 가지고 찾아온 사람이 있어 함께 두보의 시에 화운하였다

有人携酒來訪 共和杜韻

저자에서 능히 술을 가져오나니	市陌能携酒
풍류만은 절로 대가로세	風流自大家
구름 걷히니 버들 빛깔 짙어지고	雲晴深柳色
숲속에 날 저무니 느릅나무 꽃 떨어지네	林晩落楡花
오래된 길은 양구의 오솔길이 가련하고[510]	古道憐羊逕
은거하리라던 기약은 모래밭의 기러기를 저버렸네	幽期負鴈沙
그대에게 그저 나의 뜻 의탁하노니	憑君聊託意
흐르는 세월 아껴 쓰도록 노력하게나	努力惜年華

510 오래된……가련하고 : '양구의 오솔길'은 '양중(羊仲)과 구중(求仲)이 다니던 오솔길'이라는 뜻으로, 은거하여 뜻이 맞는 사람들과 어울린다는 말이다. 중국 한나라의 장후(蔣詡)는 왕망(王莽)이 집권하자 벼슬에서 물러나 고향인 두릉(杜陵)에 은거하였는데, 집의 대밭 아래에 세 개의 오솔길을 내고 자신과 뜻이 맞는 벗 양중과 구중, 두 사람하고만 교유하였다고 한다. 《蒙求 蔣詡三逕》 은거하여 마음 맞는 벗과 어울리지 못하고 있는 상황을 한탄한 것이다.

초여름에 이광보 광 아우가 찾아왔기에 운자를 뽑아 함께 읊었다

初夏李弟光甫 㫾 見過 拈韻同賦

이끼 낀 오솔길도 없고 다만 절로 경사진	無容苔蹊只自斜
종남산 북쪽이 나의 집이라네	終南山北是吾家
뜰 앞에 손수 위령의 풀[511]을 심었건만	庭前手種威靈草
삼 년이 되었는데 아직 꽃을 못 피웠네	直到三年未作花

511 위령(威靈)의 풀 : 위령선(威靈仙)을 가리킨다. 미나리아재비목 미나리아재비과의 덩굴식물로, 5~6월에 꽃을 피우고 9~10월에 열매를 맺는다. 뿌리는 담(痰)·풍(風)·습(濕) 등을 다스리는 약재로 쓰이는데, 약의 성질이 위엄 있고 신선과 같이 영험하다 하여 이런 이름이 붙었다고 한다.

여름날에 벗들과 함께 읊었다

夏日 與諸友同賦

바람 맑은 문 앞 버드나무엔 인적 드물고 風淸門柳見人稀
술을 마주한 숲속엔 저녁볕이 말끔하네 對酒林中霽晩暉
어린 대나무는 겨우 산새가 움켜잡을 만하고 稚竹纔堪幽鳥把
새로 솟은 샘물엔 멀리 날아가는 구름 비치네 新泉欲暎遠雲飛
열흘 넘도록 깊숙한 골목에 가마[512] 오지 않으니 經旬深巷休珂馬
늘그막에 진실한 마음을 베옷 입은 이[513]와 나누네 垂老眞襟與褐衣
벽화 그린 허생은 나의 마음 너무 잘 아니 畫壁許生强解意
어느 해에야 나를 백구의 낚시터에 앉히려나 何年坐我白鷗磯

허임(許任)[514]이 나의 초당(草堂)에 그림을 그렸는데, 벽간이 모두 평평한 백사장에 있는 갈매기와 해오라기였다.

512 가마(珂馬) : 마노(瑪瑙)로 화려하게 장식한 거마(車馬)로, 벼슬아치가 타는 말을 가리킨다.

513 베옷 입은 이 : 벼슬을 하지 않은 선비나 서민(庶民)을 가리킨다.

514 허임(許任) : 1696~? 조선 후기에 활동한 도화서의 화원(畫員)이다. 본관은 양천(陽川)이며, 자는 경윤(景尹)이다. 조선 시대의 대표적 화원 가문인 양천 허씨(陽川許氏) 출신으로, 증조부부터 모두 화원이었다. 1718년(숙종44) 단의빈 예장도감(端懿嬪禮葬都監)을 시작으로 여러 차례 궁중 행사에 차출되었다. 따로 전하는 작품은 없다.

또 읊었다

又賦

아욱국에 보리밥 먹으며 산거하던 생각나니	羹葵飯麥憶山居
바로 꾀꼬리 날아다니던 오월 초였네	正是流鶯五月初
반평생 출처 끝에 마음 절로 분명하건만	半世行藏心自了
일신을 편히 구제할 계책 어찌면 그리도 허술한지	一身康濟計何踈
집이 가난하여 조회하러 가는 말 기르지 못하고	家貧不畜朝天馬
어버이 연로하심에 자주 걸군[515]의 편지를 쓰네	親老時裁乞郡書
형제 같은 벗에게 그저 나의 뜻 쏟아내니	爲向同袍聊寫意
작은 방에서 하루 종일 고관을 응접한다네	小齋終日接華裾

515 걸군(乞郡) : 조선 시대에 문과에 급제한 사람이 노부모를 봉양하기 위하여 부모가 거주하고 있는 고을이나 가까운 곳의 수령으로 보내 줄 것을 청하는 제도이다.

앞 시의 운을 거듭 따라지었다

疊前韻

여섯 자 평상[516]에서 혼자서 기거하니　六尺平牀自起居

지저귀는 꾀꼬리 날아다니는 나비에 한낮의 바람이 막 불어오네　語鶯游蝶午風初

가난하여 번잡한 것 다 버리니 일신에 구속이 없고　貧除冗雜身無累

게을러서 안부 인사 그만두니 세상과도 소원하네　懶廢寒暄世亦疎

오동잎에 내리는 비 마음을 일깨움이 오래된 경쇠와 같고　桐雨警心如古磬

대나무에 부는 바람 잠을 깨움이 새로운 책과 같네　竹風破睡當新書

무더위에 바로 쌍계의 물가가 생각나니　苦炎正憶雙溪水

어찌하면 날리는 여울에 하얀 옷자락[517] 적실 수 있을까　安得飛湍濺素裾

516 여섯 자 평상 : 일설에 주척(周尺)의 1척은 곡척(曲尺) 7촌 2푼에 해당하므로 6척은 4척 3촌 2푼의 키를 뜻한다고 하니, 육척의 평상은 소박한 평상을 의미하는 것이다.

517 하얀 옷자락 : 벼슬하지 않은 선비의 옷을 가리킨다.

취하여 태복 이지중[518] 정 의 시에 화운하였다

醉和李太僕止仲 瀞

푸른 안개[519] 집집마다 절로 주렴 가득하니 烟翠千家自滿簾

지난밤에 가랑비가 부슬부슬 내렸다네 前宵微雨也廉纖

그대가 추풍[520] 같은 말 가지고 있음을 아니 知君自有追風馬

우리 화정의 푸른 깃발[521] 아래서 흠뻑 취할 날 기다리네 期我華亭醉碧帘

518 이지중(李止仲) : 이정(李瀞, 1701~?)을 가리킨다. 조선 후기의 문신으로, 본관은 덕수이며 자는 지중이다. 동복 현감(同福縣監)을 지낸 통훈대부 이숭진(李嵩鎭)의 아들로, 1740년(영조16) 진사시에 1등으로 합격하였다. 그 외 자세한 사항은 알 수 없다.

519 푸른 안개 : 푸른 나무에 안개가 낀 모습을 표현한 것이다.

520 추풍(追風) : 바람을 따라잡는다는 뜻으로 말이 빨리 달리는 것을 의미하며, 진시황(秦始皇)이 탔던 일곱 명마 가운데 하나의 이름이기도 하다.

521 푸른 깃발 : 옛날 주점의 문 앞에 세웠던 청색 깃발을 가리키는 것으로, 전하여 주막집을 가리킨다.

시랑 서우경[522]의 임정에 제하여 부쳤다 임정 주인이 지은 시의 운을 썼다

寄題徐侍郎虞卿林亭 用主人韻

늙어가며 전원에 뜻을 부침 깊어져　老去田園寄意深
벼슬 그만두고 구름 덮인 봉우리에 누운 지 석 달이라네　休官三月臥雲岑
나귀는 조회하러 가는 길 익숙지 않고　驢兒不慣朝天路
제비는 여름을 보내는 마음[523] 응당 알리라　鷰子應知過夏心
술은 시절 걱정에 조금씩 홀짝대고　酒爲憂時聊細酌
시는 손님을 붙잡느라 또 길게 읊네　詩緣留客且長吟
훗날 분산[524]의 약속 잊지 마시오　他年莫忘分山約
나 또한 풍진에서 벼슬살이에 지쳤으니　余亦風塵倦笏簪

522 서우경(徐虞卿) : 서명구(徐命九, 1692~1754)를 가리키는 것으로, 우경은 그의 자이다.

523 여름을 보내는 마음 : 원문의 '과하(過夏)'는 중국 당나라의 과거 제도에서 나온 말로, 6월에 치르는 과거 시험에서 낙방한 응시생들이 귀향하지 않고 서울에 머물면서 계속 글공부를 하다가 7월에 다시 한 번 글을 지어 올려서 천거를 구하는 것을 뜻한다. 제비 역시 봄에 와서 여름을 지내고 가을이 끝날 무렵 따뜻한 나라로 떠나므로 여름이 지나는 것에 동병상련의 감정을 느낀다는 의미인 것으로 보인다.

524 분산(分山) : 친한 사람끼리 경치 좋은 곳에서 함께 사는 것을 말한다. 중국 송나라의 문신 장영(張詠)이 화산(華山)에 은거하고 있는 진단(陳摶)을 만나서, "원컨대 화산 반쪽을 나누어 살고 싶은데 되겠습니까?"라고 하자, 진단이 "다른 사람이면 몰라도 공이라면 내 마땅히 반을 나누어주겠소."라고 하였다는 데서 나온 말이다. 《宋史 卷457 隱逸列傳上 陳摶》

아우를 데리고 북영[525]의 정자에서 더위를 피하였는데 주군 형질 과 유생[526]이 종유하였다. '계' 자를 얻어 지었다

携舍弟 北亭避暑 朱君 烱質 兪生從 得溪字

일천 그루 빼어난 나무 푸른 빛깔 가지런한	秀木千章翠色齊
북영의 정자는 궁성의 서쪽에 있다네	北營亭子禁城西
엉성한 행적은 궐문 엿보기에 마땅치 않고	踈蹤不合窺青瑣
허연 머리는 외려 푸른 시내에 비춰볼 만하네	衰鬢猶堪照碧溪
잔풀 돋아난 시내와 언덕에는 기르는 말이 많고	細草川原多牧馬
엷은 구름 덮인 마을에는 닭이 울려고 하네	淡雲墟落欲鳴鷄
벗과의 시 모임 부질없이 그리워하며	故人詩社空相望
술 따른 후 새 시 다시 짓기를 게을리하네	酌後新篇懶更題

이날 유생 오경보(吳敬父)[527]와 약속을 남겼었는데 오지 못하여, 다른 벗들과 따로 모임을 가졌기 때문에 결구에서 이렇게 말한 것이다.

525 북영(北營) : 조선 시대 훈련도감의 본영(本營)으로, 창덕궁(昌德宮) 서쪽인 지금의 종로구 원서동에 있었다.

526 유생(兪生) : 유성기(兪盛基, ?～?)를 가리킨다. 자세한 행적은 알 수 없다.

527 오경보(吳敬父) : 오찬(吳瓚, 1717～1751)을 가리키는 것으로, 경보는 그의 자이다.

또 '동음풍패'[528]로 운을 나누어 '풍' 자를 얻었다
又以洞陰風珮分韻 得風字

얇은 적삼 벽라[529]에 부는 저녁 바람에 나부끼며　輕衫晚拂薜蘿風
몇몇 나그네 청려장 짚고 돌길을 함께 건네　數客靑藜石逕同
지난날 시구 썼던 곳 아직도 기억나니　却記去年題句處
연못 반쪽엔 가랑비 내리자 연꽃 붉게 피었네　半池微雨藕花紅

528 동음풍패(洞陰風珮) : 중국 동진(東晋)의 도교 사상가인 갈홍(葛洪)의 시에서 나온 말이다. 갈홍의 집에 세약지(洗藥池)라는 우물이 있었는데, 그곳에 "골짝 그늘 서늘하고 바람은 맑디맑네. 신선의 거처 영원하니 꽃과 나무 길이 무성하리.〔洞陰泠泠, 風珮淸淸. 仙居永劫, 花木長榮.〕"라는 4언시 1수가 남아있었다고 한다. 《古詩紀》

529 벽라(薜蘿) : 벽려(薜荔)와 여라(女蘿) 덩굴을 합하여 부르는 말로, 옛날에 은자(隱者)나 고사(高士)가 이것으로 옷을 지어 입었기 때문에 이들이 머무는 곳을 상징하기도 한다. 《초사(楚辭)》 〈구가(九歌) 산귀(山鬼)〉에 "벽려로 옷을 입고 여라로 띠를 둘렀도다."라고 하였다.

유생의 '동' 자에 차운하였다

次兪生洞字

돌아가려고 한 번 멀리 바라보니	欲歸一遠眺
석양 풍경 깊숙한 골짝에 희미하네	夕景曖幽洞
꾀꼬리 우는 소리 띄엄띄엄 들려오고	黃鳥更數聲
말머리는 두 그루 홰나무가 옹위하네	馬首雙槐擁
다만 한스러운 건 푸른 이끼 낀 오솔길에	但恨蒼苔逕
하얀 납의 입은 승려 전송하는 모습 보이지 않는다는 것	不見白衲送

주군의 '음' 자에 차운하였다

次朱君陰字

난간에 기대니 서늘한 바람 불어오고	倚檻微凉進
높은 구름은 객의 흉금을 풀어주네	高雲散客襟
맑고 시원하니 대궐의 개울 가깝고	淸泠御溝逼
푸르고 울창하니 황제의 제단[530] 깊숙하네	葱鬱帝壇深
연잎은 그쳐가는 빗방울을 거두고	藕葉收殘雨
송화는 먼 그늘 속에 떨어지네	松花落遠陰
꾀꼬리 우는 소리 정녕 아름다우니	黃鸝正好語
우리 장차 시 읊기를 멈추세나	吾屬且停吟

530 황제의 제단 : 대보단(大報壇)을 가리킨다. 1704년(숙종30년)에 쌓은 제단(祭壇)으로, 원래 임진왜란 때 일본의 침략을 저지하기 위해 군대를 파견했던 명나라 신종(神宗)의 은혜를 추모하기 위하여 만든 것인데, 영조 때 명나라 태조(太祖)와 의종(毅宗)을 아울러 향사(享祀)하였다. 창덕궁 금원(禁苑)의 옆에 있다.

낙재[531]의 '패' 자에 차운하였다

次樂哉珮字

맑은 시내에서 나의 발을 씻으니	清溪濯我足
그윽한 골짝에 나의 패옥 소리 울리네	幽洞鳴我珮
연못 황폐하니 어지러운 녹음 뒤엉키고	池荒亂綠交
숲에 날 저무니 남은 석양 물러가네	林晩殘紅退
아이 종 잠듦에 말은 제멋대로요	僮眠馬自放
들판의 풀은 가늘기가 아지랑이 같네	原草細如靄
인간의 삶은 금수가 아니거든	人生非禽獸
무리 지어 삶을 연모할 필요 있으랴[532]	何必戀群隊

531 낙재(樂哉) : 일행의 자(字)인 것으로 보이는데, 누구인지 알 수 없다.

532 인간의……있으랴 : 사람들이 사는 세상을 떠나 조수동군(鳥獸同群)하지 않겠다는 말이다. 《논어》 〈미자(微子)〉에서 나온 말로, 공자가 초(楚)나라의 은사 장저(長沮)와 걸닉(桀溺)을 보고 "조수와 더불어 무리 지어 살 수는 없으니 내가 사람의 무리와 더불지 않고 누구와 더불겠는가. 천하에 도가 있으면, 내가 더불어 변역시키려 하지 않을 것이다."라고 탄식하였다.

왕명을 받들어 목릉[533]의 제사를 섭행하다[534]

承命攝祀穆陵

원묘[535]에서 왕사를 받드니	原廟恭王事
높은 하늘에 별자리가 맑구나	高穹列宿晴
향 사르니 선왕의 능침 엄숙하고	燒香仙寢肅
축문 펼치니 임금의 봉함[536]이 밝네	展祝御緘明
구름 낀 나무는 자욱하여 한 빛깔이요	雲木深同色
서리 내린 벽돌은 고요함 속에 소리를 내네	霜甎靜有聲
어떻게 하면 오르내리심[537]을 알 수 있을까	于何知陟降
정성스러운 뜻 바야흐로 성대하게 피어나네	誠意藹方生

533 목릉(穆陵) : 조선의 제14대 임금인 선조(宣祖)와 원비 의인왕후(懿仁王后) 박씨, 그리고 계비 인목왕후(仁穆王后) 김씨의 능을 가리킨다.

534 제사를 섭행하다 : 임금의 제사를 대신하여 지낸다는 말이다.

535 원묘(原廟) : 종묘(宗廟) 외에 따로 세운 별묘(別廟)로, 고려의 경령전(景靈殿)이나 조선의 문소전(文昭殿)·광효전(廣孝殿) 같은 것이다. 원묘를 설치하는 것은 임금이 선왕에게 천향(薦享)함을 생존 시와 같이 하여 종묘의 제사와 구별하기 위한 것이다.

536 임금의 봉함 : 왕실의 제사를 섭행할 때 임금이 내리는 제문이나 축문의 봉함을 가리킨다.

537 오르내리심 : 《시경》〈문왕(文王)〉 제1장에서 나온 말로, 조상의 혼령이 오르내리면서 항상 상제(上帝)의 곁에서 그를 보좌하고 있다는 의미이다. 원문과 내용은 다음과 같다. "문왕이 위에 계시어 아! 하늘에 밝게 계시니, 주나라가 비록 오래된 나라이나 천명은 새롭도다. 주나라가 어찌 드러나지 않겠는가. 상제의 명이 어찌 때에 맞지 않겠는가. 문왕의 오르내리심이 상제의 좌우에 계시니라.〔文王在上, 於昭于天. 周雖舊邦, 其命維新. 有周不顯, 帝命不時. 文王陟降, 在帝左右.〕"

김절경[538] 이적 이 구름을 읊은 시를 차운하였다
次金節卿 履廸 詠雲

나는 한가하고 자네는 권태로워 기이한 유람 짝하게 되니 吾閑爾倦偶奇游
감히 서로 기약 못하다 백발이 다 되었네 不敢相期到白頭
상수 가에서 여라 옷 입고 구름 속에 누울 만하며[539] 湘水女蘿堪臥矣
촉천[540]의 구름 흰옷 됐다 검은 개 됨[541]을 또한 알지 못하는가

538 김절경(金節卿) : 김이적(金履廸, 1699~1756)을 가리키는 것으로, 절경은 그의 자이다. 본관은 안동(安東)이며, 호는 죽취(竹醉)이다. 김상용(金尙容)의 후손으로, 김시걸(金時傑)의 손자이자 김영행(金令行)의 아들이며 김이건(金履健)의 아우이다. 평생 아무 벼슬도 하지 않아 행적이 자세하지 않다. 《雷淵集 卷22 竹醉金君墓碣銘》

539 상수……만하며 : 중국 성당(盛唐)의 시인 이백(李白)의 〈백운가를 부르며 산으로 돌아가는 유십육을 전송하다〔白雲歌送劉十六歸山〕〉에서 나온 말로, 은자의 모습을 표현한 것이다. 시의 원문과 내용은 다음과 같다. "초산과 진산에 모두 흰 구름 끼었으니, 흰 구름 어디서나 그대를 늘 따르리. 늘 그대를 따르니, 그대가 초산에 들면, 흰 구름도 그대를 따라 상수를 건너리. 상수 가에서, 여라 옷 입고, 흰 구름 속에 누울 만하니 그대 어서 돌아가게나.〔楚山秦山皆白雲, 白雲處處長隨君. 長隨君, 君入楚山裏, 雲亦隨君渡湘水. 湘水上, 女蘿衣, 白雲堪臥君早歸.〕"

540 촉천(蜀天) : '촉(蜀) 땅의 하늘'이라는 뜻이다. 촉 땅은 본래 비가 많이 오는 곳으로, 중국 성당의 시인 두보(杜甫)의 〈거듭 왕 명부에게 편지 삼아 보내다〔重簡王明府〕〉에 "강 구름은 어느 밤에나 다하며, 촉 땅의 비는 어느 때에나 개일런고.〔江雲何夜盡, 蜀雨幾時乾.〕"라는 말이 보인다.

541 흰옷……됨 : 두보의 〈가탄(可歎)〉에서 나온 말로, "하늘의 뜬구름이 흰옷처럼 보이더니, 잠깐 사이에 검은 개처럼 변했네.〔天上浮雲似白衣, 斯須改變如蒼狗.〕"라고 하였다.

蜀天衣狗亦知不

음산한 구름 형산에 걷히니 미약한 정성 통하였으며[542] 氛開衡嶽微誠徹

찬란한 구름 〈우가〉[543]에 들었으니 옛 도가 유연하네 爛入虞歌古道悠

다만 두려운 것은 마침내 장맛비 되어 떠나가는데 秪恐終成霖雨去

산사람이 힘이 없어 붙잡아 둘 수 없는 것이라네 山人無力與遲留

공이 뜬구름을 가지고 노년의 사귐에 비유하니, 도(道)에서 먼 말이다. 그 뜻을 뒤집어서 화답하였으니, 어떻게 생각하는가.

542 음산한……통하였으며 : 중국 당나라의 문인 한유(韓愈)의 〈형악의 사당에 참배하고 산사에 묵으면서 문루에 제하였다〔謁衡嶽廟遂宿嶽寺題門樓〕〉에, "내가 찾아온 것은 마침 가을비 내리는 계절이라, 음기가 어둑하고 맑은 바람 없었네. 마음을 가라앉히고 말없이 기도를 올리니 마치 응함이 있는 듯, 어찌 정직한 이의 기도가 감통하지 않겠는가. 조금 있자 운무가 개며 뭇 봉우리 드러나니, 우러러보니 우뚝하게 창공을 버티고 서 있구나.〔我來正逢秋雨節, 陰氣晦昧無淸風. 潛心默禱若有應, 豈非正直能感通. 須臾靜掃衆峯出, 仰見突兀撑靑空.〕"라는 구절이 나온다. 이를 보고 북송의 문인 소식(蘇軾)이 〈조주 한문공 묘비〔潮州韓文公廟碑〕〉에서, "공의 정성이 형산의 구름을 걷히게 할 수 있었다.〔公之精誠能開衡山之雲.〕"라고 한 데서 나온 말이다.

543 우가(虞歌) : 〈경운가(卿雲歌)〉를 가리키는 것으로, 경운은 오색의 상서로운 구름이다. 순(舜) 임금의 조정에서 음악이 연주되고 있었는데, 갑자기 천둥 번개가 치고 돌풍이 불었다. 이에 순 임금이 하늘의 뜻을 알아차리고 우(禹)에게 황제의 자리를 선양하기로 하고 팔백(八伯)과 함께 노래를 주고받으며 불렀다. 그러자 바람이 잔잔해지고 경운이 뭉게뭉게 피어올랐는데, 이때 부른 노래가 바로 〈경운가〉이다. 〈경운가〉는 모두 3장으로 이루어져 있는데, 1장은 순임금이 부르고 2장은 팔백이 화답하였으며 3장은 다시 순임금이 노래를 불러 우에게 선위할 뜻을 확고히 하였다. 그중 순 임금이 부른 1장의 내용은 다음과 같다. "오색구름이 찬란함이여, 얽히어 늘어졌도다. 해와 달이 빛남이여, 휘황하고 또 휘황하도다.〔卿雲爛兮, 糺縵縵兮. 日月光華, 旦復旦兮.〕"

삼가 가대인의 〈칠석에 부질없이 짓다〉에 화운하였다
敬和家大人七夕漫題韻

오동잎 금정에 나부끼니 북두 자루 돌아가고[544]	桐飄金井斗旋杓
칠석의 서늘한 비는 나뭇가지를 씻어내네	七夕凉霏灑木梢
곱디고운 궁궐의 놀이는 채색 실을 남기고[545]	婉孌宮嬉餘綵線
황당한 신선의 만남은 은빛 다리를 가리키네[546]	荒唐仙會指銀橋
머리 숙여 바느질 솜씨를 구하는 나의 늙음 가련하고[547]	

544 오동잎……돌아가고 : 칠석이 되어 가을이 왔다는 말이다. 중국 성당의 시인 이백(李白)의 〈강남으로 가는 아우 이대경 사인에게 주어 작별하다〔贈別舍人弟臺卿之江南〕〉에 "오동잎이 금정에 떨어지니, 이파리 하나 은상에 날리누나.〔梧桐落金井, 一葉飛銀床.〕"라는 구절이 있으며, 북송의 시인 장뢰(張耒)의 〈칠석가(七夕歌)〉에 "인간 세상에 오동잎 하나 나부끼며 떨어지니, 욕수가 가을을 운행하여 북두 자루를 되돌리네.〔人間一葉梧桐飄, 蓐收行秋回斗杓.〕"라는 구절이 있다.

545 곱디고운……남기고 : 칠석날 밤에 궁중이나 민가에서 지내던 걸교제(乞巧祭)의 풍경을 읊은 것이다. 걸교제는 바느질 솜씨가 좋아지게 해달라고 직녀성에 비는 것으로, 중국 한나라 때 시작되어 당나라 때 우리나라에 전파되었다. 부녀자들이 과일과 떡을 차려 놓고 바느질 솜씨가 좋아지게 해줄 것을 빌었으며, 동편과 서편으로 나누어 솜씨를 겨루기도 하였다.

546 황당한……가리키네 : '황당한 신선의 만남'은 견우와 직녀의 만남을 가리키고, 은빛 다리는 오작교(烏鵲橋)를 가리킨다. 까마귀와 까치가 잇대어 있는 모습을 지상에서 보면 배의 하얀 부분만 보여 은색으로 보이기 때문이다.

547 머리……가련하고 : 중국 당나라의 문인 유종원(柳宗元)이 〈걸교문(乞巧文)〉을 지어 졸박함을 없애 주기를 기원하였던 사실을 자신에 빗대어 말한 것이다. 유종원은 칠석날에 여인들이 바느질 솜씨가 좋아지기를 기원하는 풍속을 흉내 내어 〈걸교문(乞巧文)〉을 지은 바 있다.

低頭乞巧憐吾老

뱃속에 말릴 책[548] 없다는 객의 조롱 개의치 않네 曬腹無書任客嘲

누가 천도복숭아를 오늘 같은 날 내려주어 誰遣瑤桃頒此日

인간 세상에 머리 하얗게 세는 것을 멈추어줄 수 있을까[549]

人間駐得鬢華凋

548 뱃속에 말릴 책 : 칠석날에는 장마철 동안 눅눅했던 옷과 책을 내어 햇볕에 말리는 폭의(曝衣)와 폭서(曝書) 풍속이 있었다. 그런데 중국 진(晉)나라의 시인 학륭(郝隆)이 칠석날 햇볕에 배〔腹〕를 내놓고 누워 있으므로 누가 그 까닭을 물으니, "나는 내 뱃속에 들어있는 서책들을 볕에 쬐고 있다."라고 한 데서 나온 말이다. 《世說新語 排調》

549 누가……있을까 : 칠석 무렵은 원래 복숭아가 많이 열리는 시기인데, 이를 보고 불로장생할 수 있는 서왕모(西王母)의 반도(蟠桃)를 떠올린 것이다. 한나라의 무제(武帝)가 장생의 비법을 얻으려 신선에게 제사를 올리자 서왕모가 칠석날 용이 끄는 수레를 타고 내려와 반도 7개를 선물로 주고 갔다고 한다. 서왕모의 반도원(蟠桃園)에는 3600그루의 복숭아나무가 있다고 한다. 입구 쪽에 있는 1200그루의 복숭아나무는 3000년에 한 번 열매가 열리는데 이를 먹으면 몸이 가벼워져 신선이 될 수 있으며, 가운데에 있는 1200그루는 6000년에 한 번 열매가 열리는데 이를 먹으면 불로장생할 수 있으며, 가장 안쪽에 있는 1200그루는 9000년에 한 번 열매가 열리는데 이를 먹으면 우주만큼 오래 살 수 있다고 한다. 동방삭(東方朔)은 이 복숭아를 3번 훔쳐 먹고 인간 세상에 유배되어 3000갑자년, 곧 18만년을 살았다고 한다.

중원절에 이웃마을의 제군들을 모아 소용당[550]에서 모시고 술을 마시면서 삼가 가대인께서 내려주신 시에 차운하였다
中元集隣里諸君 侍飮踈慵堂 敬次家大人下示韻

잠시 성긴 비를 만나 무더위를 흩어놓으니 乍逢踈雨散煩炎
매미 소리와 홰나무의 서늘함에 흥을 이기지 못하네 蟬語槐凉興不堪
다투어 술 살 돈 보내며 옛 풍속을 보존하고[551] 爭送酒錢存故俗
또 바둑판을 가져와서 청담을 이어가네 且携棋局續淸談
구름무늬 종이[552]는 색색이라 소리 높여 노래하게 하고 雲箋色色來高詠
바람 부는 대나무는 소리마다 얼근한 술기운 씻어주네 風竹聲聲灑半酣
스스로 믿노니 한 조각 마음에 충성과 공경 있어 自信寸心忠敬在
향당을 종유함에 혹시라도 부끄러움 없음을 從游鄕黨或無慚

550 소용당(踈慵堂) : 남유용의 증조할아버지인 남용익(南龍翼)이 지은 당(堂)의 이름이다.

551 다투어……보존하고 : 중원절이 되면 하인들에게 돈을 주고 하루 쉬게 하였는데, 하인들은 그 돈으로 장에 가서 술과 음식을 사고 물건도 샀다고 한다.

552 구름무늬 종이 : 시나 편지를 쓰는 종이를 가리킨다.

광문[553]의 집에서 절경을 불러다 술을 마셨다

廣文家邀節卿飮酒

주인은 손님을 붙잡아 사립문을 닫아걸었는데 主人留客關柴門
북두성은 하늘에 비끼고 이슬 젖은 나뭇잎은 반짝이네
星斗橫天露葉翻
풍계[554]가 계시지 않으니 어떻게 취할 수 있으랴 不有楓溪那得醉
월곡[555]이 세상에 없게 된 후로 말을 잊다시피 하였네 自無月谷欲忘言
백년 인생에 성긴 머리로 벼슬하기 부끄러워 百年短髮羞簪笏
만사에 소리 높여 노래 부르며 술동이를 두드리네 萬事高歌拍酒樽
병든 사내 큰 잔에 술 마심을 괴이히 여기지 마오 莫怪病夫能大酌
그대의 몸가짐에 전형이 남아있는 것 사랑스러워서라네[556]
愛君被服典刑存

553 광문(廣文) : 이연(李演, ?~?)을 가리킨다. 본관은 덕수(德水)이며, 그 외 자세한 사항은 알 수 없다.

554 풍계(楓溪) : 김상용(金尙容)의 호이다.

555 월곡(月谷) : 오원(吳瑗)의 호이다.

556 그대의……사랑스러워서라네 : 김이적에게 김상용을 비롯한 안동 김씨 명문가의 기품이 남아있다는 뜻이다.

내가 상산[557]에서 휴가를 얻어 서울로 가다가 도중에 신계현[558]에 이르러 청심정[559]에 오르게 되었다. 신계현은 고조이신 찬성공[560]께서 인애의 덕정을 남기신 고장으로 증조할아버님인 문헌공[561]께서 지으신 〈청심정기〉가 지금도 벽에 걸려있다. 경건한 마음으로 반복하여 읊다 보니 슬픈 눈물을 금할 수가 없어 삼가 선원[562]의 시에 차운하여 이를 기록하였다

余自象山乞暇走洛 道新溪縣 登淸心亭 縣蓋高祖贊成公遺愛之鄕 而曾王考文憲公所述亭記至今揭在壁間 莊誦三復 不禁愴涕 謹次仙源韻以識之

우리 선조께서 거문고 울리시던 곳[563] 吾祖鳴琴地

557 상산(象山) : 황해도 곡산(谷山)의 별칭이다. 남유용은 51세이던 1748년(영조 24) 8월에 곡산 부사가 되었다.

558 신계현(新溪縣) : 황해도 곡산군에서 남쪽으로 45리가량 떨어져 있는 현의 이름이다.

559 청심정(淸心亭) : 황해도 신계현에 있는 정자의 이름이다.

560 찬성공(贊成公) : 남유용의 고조할아버지인 남득붕(南得朋, 1604~1678)을 가리킨다. 자는 익오(益吾)이다. 음직(蔭職)으로 벼슬을 시작하여 경기전(慶基殿) 및 태릉(泰陵)의 참봉·군자감 주부 등을 지냈으며, 직산(稷山)·군위(軍威)·연천(漣川)·무주(茂朱)·신계(新溪)의 현감, 괴산 군수(槐山郡守), 인천 부사(仁川府使) 등 모두 7고을의 수령을 지내면서 선정을 베풀었다는 명성을 얻었다. 첨지중추부사에 임명되었으며, 작고하였다는 소식이 들리자 다스렸던 고을마다 천리 먼 길에도 부의를 보내왔다고 한다. 아들인 남용익이 귀하게 되어 의정부 좌참찬에 추증되었다. 《文谷集 卷18 贈左參贊南公墓碣銘》

561 문헌공(文憲公) : 남용익(南龍翼)을 가리킨다.

562 선원(仙源) : 김상용(金尙容)의 호이다.

외로운 정자만 물가에 완연하네　孤亭宛水湄
시냇가 운무는 물가의 난간에 피어오르고　溪雲生倚檻
푸른 산안개는 걷어 올린 휘장[564] 안으로 밀려드네　山翠逼褰帷
쇠잔한 백성에게 베푼 인애 남아있는데　遺愛殘氓在
오래된 자취 다시 수선함 기특하여라　重修古跡奇
천계라는 글자에 마음이 아파[565]　傷心天啓字
눈물 흘리며 성지[566]를 돌아보네　沾涕瞻城池

563 우리……곳 : 남득붕이 신계 현감을 지내며 선정을 베풀었다는 말이다. 원문의 '鳴琴'은 고을 수령의 정사가 간략하고 형옥(刑獄)이 맑아서 다스리지 않아도 잘 다스려짐을 뜻하는 말로, 《여씨춘추(呂氏春秋)》 〈찰현(察賢)〉에 "복자천(宓子賤)이 선보(單父)를 다스릴 때 악기나 뜯고 지내면서 당 아래로 내려가지 않아도 선보가 잘 다스려졌다."라고 한 데서 나온 말이다.

564 걷어 올린 휘장 : 지방관이 은혜로운 정사를 편다는 의미를 담고 있다. 중국 후한의 관리 가종(賈琮)이 기주 자사(冀州刺史)로 부임하면서 그를 영접하는 수레에 드리운 붉은 장막을 걷어 올리며, "자사는 널리 보고 들어 민정을 알아야 하는데 어찌 장막으로 가릴 것인가?"라고 한 데서 나온 말이다.

565 천계라는……아파 : 천계(天啓)는 중국 명(明)나라 희종(熹宗) 대의 연호이다. 〈청심정기〉에 쓰인 '천계'라는 연호를 보며 명나라가 망한 것을 가슴 아파하는 것이다.

566 성지(城池) : 적의 접근을 막기 위해 성의 둘레에 깊게 파 놓은 연못으로, 적의 침입으로부터 나라를 지킨다는 의미를 담고 있다.

학륜 상인에게 주다

贈學輪上人

일만 골짝의 소나무 삼나무에 온 사원 그늘졌는데	萬壑松杉一院陰
죽로[567]와 파리채[568] 가지고 깊숙이 들어앉았네	竹爐蠅拂坐深深
상산의 비단옷 입은 기녀들 그대는 자랑 말라	象山羅綺君休詑
고승이 정심[569]에 들어 파탈키 어려우니	難擺高僧入定心

성로(星老)[570]가 학륜에게 색진(色塵)[571]이 청정(淸淨)하냐고 물었는데 학륜이 눈을 부릅뜨고 대답하지 않았기 때문에 이렇게 말한 것이다.

567 죽로(竹爐) : 대나무를 엮고 그 속에 작은 쇠나 구리로 만든 주발을 넣어 불을 피우는 화로이다.

568 파리채 : 옛날에 청담(淸談)을 나눌 때 보통 손에 들고 있었던 물건이다.

569 정심(定心) : 수행으로 마음을 집중하여 산란이 멈추고 평온해진 상태를 가리킨다.

570 성로(星老) : 남유용의 친척 아우인 남유극(南有極, ?~?)을 가리키는 것으로, 자세한 사항은 알 수 없다.

571 색진(色塵) : 불교 용어로, 육진(六塵)의 하나이다. 우리 몸에 있는 이(耳)·목(目)·구(口)·비(鼻)·신(身)·의(意)의 육근(六根)에서 색(色)·성(聲)·향(香)·미(味)·촉(觸)·법(法)의 육진이 나오는데, 그중 눈으로 형상을 보면 색진이 되는 것이다.

선친의 묘소에 참배하고 물러나와 울면서 썼다[572]

신미년(1751, 영조27)

拜先墓退而泣書 辛未

말간 해 조각구름 먼 봉우리에 나지막한데	澹日斷雲低遠岑
아비 잃은 자식의 피눈물 봄 숲에 뿌려지네	孤兒血淚灑春林
고향에 돌아가는 것이 남은 생의 계획이니	歸依桑梓殘生計
구천에 재배하며 이 마음 맹세하네	再拜丘原矢此心

572 선친의……썼다 : 남유용은 1748년(영조24) 12월에 부친 남한기(南漢紀)의 상을 당하였다. 이 시를 쓴 시기는 삼년상을 막 마친 때인 것으로 보인다.

종암[573]의 뒷동산에서 꽃구경을 하고 있는데 문원[574]이 때마침 이르렀다

鍾巖後園看花 文遠適至

날씨 갓 개자 밝은 해가 먼 봉우리에서 일렁이고　新晴白日動遙岑
가는 아지랑이는 산들바람에 온 숲에 퍼지려 하네　細靄輕風欲滿林
집만 빌리면 잠깐 은거의 계획 이룰 수 있으니　借宅乍能成隱計
밭이 없어도 항상 돌아가고픈 마음을 말하네　無田長自說歸心
열흘 넘도록 손님 사절하니 몸은 완전 게을러지고　經旬謝客身全懶
늘그막에 꽃구경하니 뜻은 더욱 깊어지네　垂老看花意更深
알겠노라 그대 응당 고사의 모습으로　知子也應高士態
술에 취해 누런 송아지 타고 멀리서 찾아왔으리　醉騎黃犢遠來尋

573 종암(鍾巖) : 지금 서울의 종암동 일대로, 친구 오원(吳瑗)의 별업(別業)이 있던 곳이다. 이곳에서 친구들이 자주 어울려 놀았다.

574 문원(文遠) : 남유용(南有容)의 친구이자 매부인 이덕홍(李德弘, 1697～1768)의 자이다.

졸옹과 함께 술을 가지고 악록사에 이르러 운자를 뽑았다

與拙翁携酒至岳麓寺 拈韻

졸옹은 문원의 자호이다.

우연히 명주를 가지고 왔는데 때마침 날도 개어	偶携名酒屬新晴
흥취 있는 일 서로 이어지니 뜻마다 이루어지네	趣事相仍逐意成
북쪽 언덕에서 바위 빛깔만 볼 수 있으랴	可獨北崖看石色
문득 서쪽 산으로 와서 솔바람 소리를 듣네	却來西嶽聽松聲
바위틈에 물방울 떨어지니 눈이 막 녹았음이요	巖淙滴滴雪初盡
물가에 나뭇잎 향기로우니 봄이 절로 일어남이라	澗葉菲菲春自生
시냇물 소리 늘 귀에 들리는 것 가장 사랑하여	最愛溪流長在耳
동쪽 성곽 달리는 거마를 따르지 않네	不隨車馬走東城

서종숙인 한조 달보[575]가 찾아오셨기에 청령각[576]에서 마주 앉아 술을 마시다가 운을 불러 함께 지었다

庶從叔漢朝達甫來訪 對飮淸泠閣 呼韻同賦

시냇물 소리 청량한데 객이 누각에 오르니	澗籟泠泠客上樓
숲속의 꽃 막 터지고 새소리 그윽하여라	林花初綻鳥聲幽
산가의 대낮 이렇게 기니	山家白日長如許
남쪽 언덕에 말을 풀어놓고 잠시만 머물리라	放馬南皐且少留

575 한조(漢朝) 달보(達甫) : 남유용의 서종숙인 남한조(南漢朝)를 가리키는 것으로, 달보는 그의 자이다. 자세한 내용은 알 수 없다.

576 청령각(淸泠閣) : 친구 오원(吳瑗)의 집에 있던 다락의 이름이다.

달보가 시를 부쳐오셨기에 심부름꾼을 앉혀놓고 화운하여 보냈는데 어제 헤어질 때의 슬펐던 심정을 회상하여 적었다

達甫寄詩來 對使和送 追記昨別惆悵之懷

다음 기약까지 열흘 밤이 어찌 짧으랴 豈少前期更十宵
산촌에서 잠깐의 이별 몹시도 아득하네 山村乍別覺參寥
어슴푸레한 석양에 꽃기운은 바람을 따라 따뜻하고 微曛花氣從風暖
높은 베갯머리에 닭 우는 소리는 해와 함께 아득하였지 高枕鷄聲與日遙
홀로 남은 술 들고 돌 누각에 기대어 獨把殘醅凭石閣
멀리 시내 다리를 건너 돌아가는 말 바라보았지 遠看歸馬度溪橋
여유작작 열흘 뒤쯤 오겠다고 계획하셨으나 優游自作經旬計
흥이 일면 초대를 기다리지 말고 다시 오시길 有興重來莫待招

제자[577]와 함께 낙봉[578]에 올랐다

同諸子登駱峯

바위에 기대니 이끼 푸른 것 어여쁘고　據石憐苔綠
흐르는 물 굽어보니 햇빛 반짝임 사랑스러워라　臨流愛日華
구불구불 일천 시냇가의 버들이요　逶迤千澮柳
적막한 두어 마을에 핀 꽃이라　寂歷幾村花
봉황은 시옹의 댁에서 떠나가고[579]　鳳去詩翁宅
까마귀만 공자의 집에서 우네[580]　鴉啼公子家

577 제자(諸子) : 아들 또는 아들과 같은 항렬이 되는 사람을 통칭하는 말이다. 남유용의 아들 남공보(南公輔)는 이 시를 쓰기 3년 전인 1748년에 세상을 떠났고 당시에 다른 자녀는 없었으므로, 조카들을 가리키는 것으로 보인다.

578 낙봉(駱峯) : 서울의 낙산(駱山)을 가리킨다.

579 봉황은……떠나가고 : 시옹(詩翁)이 죽었으므로 영험한 새인 봉황도 떠나갔다는 말이다. 시옹은 조선 전기의 문신이자 시인인 신광한(申光漢, 1484~1555)을 가리키는 것으로 보인다. 신광한의 호가 낙봉(駱峯)이며, 그의 집이 낙산 아래에 있었는데 사람들이 신대(申臺)라고 하여 명승지로 꼽을 정도였다고 한다.

580 까마귀만……우네 : 더 이상 낙산에 공자(公子)가 살지 않아 적막하다는 말이다. 공자는 종실인 기성군(箕城君) 이현(李俔, ?~?)을 가리키는 것으로 보이는데, 명종·선조 대의 실록에 기록이 나오며 사옹원 제조로서 중국 사신을 접대하는 일 등을 하였다고 한다. 이정구(李廷龜)의 《월사집》 제37권 〈최락당기(最樂堂記)〉에 "낙산 기슭에는 옛날에 이름난 정원이 많았는데 기성 공자(箕城公子)의 저택이 그중 제일이었다."라는 말이 보이며, 신흠(申欽)의 《상촌집》 제14권에는 〈병오년 여름에 주 조사를 접대하는 재신으로 반궁에 나아갔다가 일을 마친 뒤에 호조 판서 한공·지중추부사 이공·예조 참판 오공·첨지중추부사 정공·첨지중추부사 김공과 함께 고삐를 나란히 하고 종실

평생 부를 노랫가락 있으니	平生歌曲在
마음 내키는 대로 갈건을 비스듬히 쓰네	隨意葛巾斜

기성군의 집에 갔다. 기성군은 왕손인데 본디 호방한 인물로서 이름난 정원을 두어 꽃나무며 대나무, 못물 등의 경관이 도성 안에서 으뜸이었다……〔丙午夏 以朱詔使接待宰臣詣泮宮 事竣 與戶判韓公 浚謙 知樞李公禮參吳公僉樞鄭公僉樞金公並轡往宗英箕城君家 箕城乃王孫 素豪擧 有名園 花竹池沼之勝甲都中……〕〉라는 제목의 시가 실려 있다. 또 인조의 셋째 아들인 인평대군(麟坪大君, 1622~1658)의 집 역시 이곳에 있었다고 하는데, 김육(金堉)의 《잠곡유고(潛谷遺稿)》 제12권 〈인평대군의 묘지명〔麟坪大君墓誌銘〕〉에 "인평대군의 집이 성의 동쪽 낙봉(駱峯) 아래에 있었는데, 수석의 아름다움이 장안에서 으뜸이었으며, 많은 기화요초를 옮겨 심어서 뭇 꽃들이 서로 어울려 비쳤다. 그리고 별도로 정원 가운데에 작은 당을 지은 다음 영파당(暎波堂)·청의당(淸漪堂)·최락당(最樂堂)·사의당(四宜堂) 등의 이름을 붙였다."라는 말이 보인다. 둘 다 '최락당'이라는 이름이 있는 것으로 보아 같은 집인 것으로 생각된다.

영미정에서 제자와 함께 지었다

穎尾亭同諸子賦

골짝 안에 봄날 개니 석양이 희미한데 洞裏春晴曖晚暉

숲이 깊어 산새 또한 날기를 잊어버렸네 林深幽鳥亦忘飛

시 지으려다 붓 들기 망설여져 그저 활쏘기만 보고 詩慳落筆聊觀射

술 마시려다 빈 병이 부끄러워 또 옷을 전당 잡히네 酒耻空瓶且典衣

귀는 솔바람 소리에 익어 멀리 물이 있는지 잊어버리고 耳慣松風忘水遠

걸음은 사슴 발자국 따르다 마을이 드물어진 것 깨닫네 步緣鹿跡覺村稀

평생 구전의 계획 저버리지 않았으니 平生不負求田計

오늘 내 영미[581]로 좇아 돌아가리 今日吾從穎尾歸

581 영미(穎尾) : 영미정을 가리키는 것이자 은거할 전원을 가리킨다. 영미는 '영수(穎水)'와 같은 말로, 요(堯) 임금 때 은사(隱士) 허유(許由)가 은거하였던 곳이다.

오문경[582]이 나를 초대하여 조촐하게 술자리를 갖고 제자들과 함께 지었다

吳文卿邀余小飮 與諸子同賦

먼 데 산은 말끔히 갠 빛을 머금고　　遙山含霽色
거문고 놓인 궤안은 봄날의 광채를 받네　　琴几受春暉
동산 고요하여 소나무는 늙기를 잊어버리고　　園靜松忘老
수풀 따뜻하여 새는 날아가기 애석해하네　　林暄鳥惜飛
외로이 시 읊으며 자주 난간 맴돌면서　　孤吟頻遶檻
매사에 한바탕 눈물로 옷을 적시네　　萬事一霑衣
아직도 기억나네 동쪽 바위 아래에서　　尙憶東巖下
글 읽는 등불이 종이 휘장 비추던 것을[583]　　書燈暎紙幃

582 오문경(吳文卿) : 오원(吳瑗)의 아들 오재순(吳載純, 1727~1792)을 가리키는 것으로, 문경은 그의 자이다.

583 아직도……것을 : 오원이 살아있을 때 그와 함께 오원의 동정(東亭)에서 자주 어울렸던 것을 추억하는 것이다.

안변 수령이 와서 함께 술을 마시고 운자를 뽑아 함께 지었다

安邊守來 與飮酒 拈韻同賦

소탈한 마음 여윈 몸으로 서로 나이를 잊고 살다가 踈襟癯骨各忘年
술동이 놓고 다시 백로의 절기를 만났네 樽酒重逢白露天
오래전 화전[584]을 걸을 땐 구름 아직 걷히지 않았고 舊步花甎雲未歇
봉도[585]에 가자고 은근히 기약할 땐 달이 늘 걸려있었네 幽期蓬島月常懸
새장 썰렁하니 병든 학은 가을 기운을 깨닫고 籠寒病鶴知秋氣
길이 익숙하니 돌아가는 까마귀는 저녁연기 띠고 가네 路熟歸鴉帶暝烟
서울에 있는 붕우들이야 원래 떨어져 있었지만 京洛朋遊元落落
사서가 또 영변으로 간다 하니[586] 견디기 어렵네 不堪舒也又寧邊

이야기 끝에 사서와 이별하는 심정에 이르게 되었으므로 결구에서 이렇게 말한 것이다.

584 화전(花磚) : 꽃무늬가 있는 벽돌로, 중국 당나라 덕종(德宗) 때 한림원 앞에 꽃무늬가 있는 벽돌을 깔았던 데서 한림원 또는 한림학사를 지칭하게 되었다.

585 봉도(蓬島) : 봉래산(蓬萊山)을 가리킨다.

586 사서가……하니 : 사서(士舒)는 김양택(金陽澤, 1712～1777)의 자로, 김양택이 영변 부사(寧邊府使)로 가게 된 것을 말한다.

북관으로 유배 가는 오경보에게 편지 삼아 부치다[587]

簡寄吳敬父北關謫行

어제오늘 동문 길에서	昨日今日東門道
쓸쓸한 비바람 속에 먼 길 떠나는 객을 전송하였네	風雨蕭蕭送遠客
먼 길 떠나는 객은 각각 남북으로 떠나가고	遠客各自南北去
여윈 말만 홀로 서산 너머 해 지는 속에 돌아오누나	羸馬獨歸山日夕

어제 민 대간(閔大諫) 이지(履之)를 동문(東門)에서 이별하였으므로[588] 이렇게 말한 것이다.

587 북관으로……부치다 : 오경보(吳敬父)는 오원(吳瑗)의 이복아우 오찬(吳瓚, 1717~1751)을 가리킨다. 오찬은 1751년(영조27) 문과에 급제하고 정언(正言)이 되어 징토를 엄히 할 것과 시비를 분명히 할 것 등을 상서(上書)하였다. 이 일로 영조의 심기를 불편하게 만들었는데, 이어서 사직 이종성(李宗城)이 흉역들과 어울린다는 상서를 올리고 내수사(內需司)를 파할 것을 청하였다가 영조의 진노를 사게 되었다. 이에 사판(仕版)에서 삭제되고 성문 밖으로 쫓겨났으며, 결국 7월 5일에 삼수부(三水府)로 귀양 가라는 명을 받게 되었다.

588 어제……이별하였으므로 : 민 대간(閔大諫) 이지(履之)는 조선 후기의 문신 민백상(閔百祥, 1711~1761)을 가리킨다. 1751년(영조27) 6월 23일, 당시 대사간이었던 민백상이 상소를 올려 아버지 민형수(閔亨洙)를 포함해 신임사화에서 화를 입은 인물들의 신원(伸寃)을 주장하고 가해자인 소론 일파를 처벌할 것을 극론하였다. 상소를 읽은 영조는 화가 나서 승정원에 명하여 상소를 불태우게 하고 민백상을 의금부에 하옥하여 국문(鞫問)케 하였으며, 6월 29일에 거제부(巨濟府)에 유배하라는 명을 내렸다.

성 진사 범조 에 대한 만사
成進士 範朝 輓

강기슭의 사립문이 백일 앞에 우뚝한데　　江岸柴扉白日前
국화에 술 없어도 또한 유연하구나[589]　　黃花無酒也悠然
벽간에 남긴 시어 글자마다 청진하니　　壁間字字淸眞語
군이 이미 고향의 무덤에 군의 명을 지었구려　　君已銘君杜曲阡

내가 처음에는 군을 알지 못하였다. 을축년(1745, 영조21) 가을에 우연히 동호(東湖)에 있는 친구의 집에 이르렀다가 벽에 시 한 구(句)가 쓰인 것을 보았는데, "강기슭의 사립문이 백일 앞에 우뚝한데, 국화에 술 없어도 또한 유연하구나.〔江岸柴扉白日前, 黃花無酒也悠然.〕"라고 하였다. 그 시가 한가하고 고요하며 자득(自得)한 것이 흡사 도(道)를 터득한 이의 말과 같은 것이 기뻐서 누가 지은 시인지 물었다가 군이

589 국화에……유연하구나 : 국화와 술을 유난히도 사랑한 중국 동진(東晋)의 시인 도잠(陶潛)이 지은 〈음주(飮酒)〉 가운데 제5수의 의경을 염두에 두고 읊은 것이다. 시의 원문과 내용은 다음과 같다. "마을에 오두막을 짓고 살아도 거마의 시끄러운 소리 하나 없구나. 그대에게 묻노니 어찌하면 그럴 수 있는가. 마음이 멀어지니 사는 곳 절로 외지다오. 동쪽 울타리 아래서 국화를 따다 유연히 남산을 바라보네. 산의 모습은 석양 속에 아름답고 새들도 함께 둥지로 돌아가네. 이 속에 진정한 의미 담겨있으니 설명하려다 이미 말을 잊었네.〔結廬在人境, 而無車馬喧. 問君何能爾? 心遠地自偏. 採菊東籬下, 悠然見南山. 山氣日夕佳, 飛鳥相與還. 此中有眞意, 欲辨已忘言.〕"

지은 것임을 알게 되었다. 빨리 그 사람을 한번 보고 싶었으나 마침내 멀리 떨어진 채로 만나지 못하였다. 슬프다! 군이 마침내 궁한 처지에서 죽게 되어 세상에 그의 어짊을 아는 이가 없다. 내가 그 사람과 시가 모두 민몰하여 전하지 못하게 될까 두려워 이에 그의 시를 기록하여 만사를 만들었으니, 식자(識者)들이 이를 읽고 애석해할 만함을 거의 알 수 있을 것이다.

새벽에 일어나 매화를 보았는데 꽃 한 송이가 이미 피었기에 기뻐하며 읊었다
晨起觀梅 一花已開 喜吟

눈을 비비며 한 송이 아리따운 꽃에 놀라니	拭目驚孤艷
남쪽 가지[590] 높다란 곳에 피어있네	南枝着處尊
향기를 나누어 오래된 《역》에 쐬어주고	分香熏古易
그림자를 투영시켜 맑은 술잔에 쏟아붓네	通影瀉淸樽
꼿꼿하기는 눈 속의 원생과 같고[591]	耿介袁生雪
현묘하기는 양자[592]의 말과 같네	玄幽揚子言

590 남쪽 가지 : 남쪽 가지, 즉 남지(南枝)는 그 자체가 매화를 가리키는 말이기도 하다. 중국 남조(南朝)의 시인 육개(陸凱)가 강남 태수(江南太守)로 있을 때 봄이 되자 매화 한 가지를 꺾어 친구인 범엽(范曄)에게 보내면서, "매화 꺾어 역사를 만나 농두 사람에게 부치네. 강남에는 가진 것 없어 애오라지 한 가지 봄을 보내노라.〔折梅逢驛使, 寄與隴頭人. 江南無所有, 聊贈一枝春.〕"라고 한 데서 나온 말이다.

591 꼿꼿하기는……같고 : 원생(袁生)은 중국 후한의 명상(名相) 원안(袁安, ?~92)을 가리킨다. 원안이 벼슬에 나가기 전에 낙양(洛陽)에 대설(大雪)이 내린 적이 있었다. 낙양의 수령이 순찰을 나가 보니 사람들이 모두 눈을 치우고 나와 식량을 구걸하고 있는데, 원안의 집 앞에만 사람의 자취가 없었다. 얼어 죽은 줄 알고 들어가서 보니 원안이 뻣뻣하게 누워 있었다. 왜 밖으로 나오지 않았느냐고 묻자 원안이 "큰 눈이 내려 사람들이 모두 굶주리고 있는데, 먹을 것을 구하는 것은 옳지 않다."라고 대답하였다. 이에 낙양의 수령이 그를 어진 사람이라 여겨 조정에 효렴(孝廉)으로 추천하였다 한다.《後漢書 卷45 袁安列傳》

592 양자(揚子) : 중국 전한(前漢)의 학자 양웅(揚雄, 기원전53~18)을 가리킨다. 어려서부터 배우기를 좋아하여 많은 책을 읽었으며, 만년에 경학에 뜻을 두어 《역경(易

장차 어떻게 고결함을 도울 것인가 將何助高潔
대나무에 맺힌 이슬을 뿌리에 부어주리 竹露爲澆根

經)》에 근거한 철학서인 《태현경(太玄經)》 등을 저술하였다.

김강백[593] 이건 이 술을 가지고 와 대접하면서 막 치명을 부르려고 하였는데 치명이 제 발로 찾아왔다. 취한 후에 함께 지었다

金剛伯 履健 携酒來餉 正欲邀稚明 而稚明自至 醉後同賦

가시 사립 엉성하면서 가지런한데 柴荊踈復整
석양 속에 먼 데 산이 다가오네 夕景遙山來
눈 내리니 소나무 모습 늙어 보이고 雪落松姿老
하늘 맑으니 학이 날아갈 길 열리네 天淸鶴路開
나를 사랑하는 벗의 뜻 저버리기 어려워 難孤惠好意
오랫동안 멈춰두었던 술잔을 거듭 드네 重擧舊停杯
갓 갠 날의 달빛 밟고 걸을 만하니 可躡新晴月
나귀 모는 아이 부질없이 재촉하지 마소 驢僮莫漫催

두 번째 其二

편지를 보내 초청하려 하였는데 折簡欲相請
기쁘게도 군이 제 발로 오셨구려 頎然君自來
마음의 기약은 백 년이 그것이고 心期百年是

593 김강백(金剛伯) : 김이건(金履健, 1697~1771)을 가리키는 것으로, 강백은 그의 자이다. 조선 후기의 문신으로, 본관은 안동(安東)이며 호는 간옹(澗翁)이다. 김상용(金尙容)의 5대손이다. 1721년(경종1) 사마시에 합격하여 생원이 된 후 참봉에 기용되었고, 이후 여러 고을의 수령 및 청도 군수, 청주 목사 등을 지냈다. 후에 이조 참판에 추증되었다.

천지에는 일양이 열렸네[594] 天地一陽開
호탕한 입산의 흥취요 浩蕩入山興
지리한 우국의 술잔이라 支離憂國杯
말을 잊은 채 내 이미 취했는데 忘言吾已醉
또 매화의 재촉을 입었네 又被梅花催

세 번째 其三

차츰차츰 병풍 안 따뜻해지더니 稍覺屛圍暖
시들시들한 얼굴에 술기운이 올라오네 衰顔酒上來
달은 응당 한밤중이 가장 좋고 月應中夜好
매화 또한 칠분가량 피었네 梅亦七分開
빙그레 웃으며 외로운 베개를 밀쳐놓고 莞爾推孤枕
거나하게 또 한 잔을 마시네 陶然又一杯
청정한 흉금은 누를 입지 않으니 淸襟不受累
시구 짓기를 군은 재촉하지 마오 詩句君休催

594 천지에는 일양(一陽)이 열렸네 : 동짓달이 되었다는 말이다. 《주역》에 따르면, 순음(純陰)인 곤괘(坤卦)에서 양효(陽爻) 하나가 다섯 음효(陰爻) 아래 새로 생기면 복괘(復卦)가 되는데 이를 만물이 태동하는 것으로 본다. 이는 절기로 동지에 해당하며, 따라서 동짓달인 11월을 일양지월(一陽之月)이라고 부른다.

뇌연집

제6권

詩 시

도헌[1] 정양래 형복[2] 가 술상을 사려놓고 초청하였는데, 계장[3]도 이르렀다 술 취한 후에 다시 앞의 운을 차운하다
鄭都憲陽來 亨復 置酒相邀 季章亦至 醉後又次前韻

사립붇 덩그마한 곡구[4]의 집	柴荊谷口宅
말에서 내려 남산을 찾아왔네	下馬南山來
메마른 버드나무는 연기와 어우러져 서 있고	枯柳和烟立
그윽한 오솔길[5]은 눈 쓸어놓아 열려있네	幽蹊掃雪開

1 도헌 : 대사헌(大司憲)의 별칭이다.

2 정양래 : 정형복(鄭亨復, ?~1769)으로, 본관은 동래이며 자는 양래(陽來)이다. 대사간·대사성·호조 판서·형조 판서 등을 역임하였고 강원도·전라도·황해도 관찰사 등 수령과 방백을 여러 차례 역임하였다. 그가 죽자 영조는 매우 슬퍼하면서 스스로 제문을 지어 보내는 한편, 그의 아들을 발탁하라는 특명을 내렸다.

3 계장 : 윤봉오(尹鳳五, 1688~1769)로, 본관은 파평이며 자는 계장(季章), 호는 석문(石門)이다. 할아버지는 호조 참판 윤비경(尹飛卿)이고, 아버지는 윤명운(尹明運)이다. 판서 윤봉구(尹鳳九)의 아우이기도 하다. 1714년(숙종40) 생원시와 진사시 두 시험에 합격하여 일찍이 왕세제(王世弟: 영조)를 측근에서 보필하였고, 1746년(영조22) 정시 문과에 병과로 급제한 뒤 필선이 되고 부수찬·교리를 역임하였다. 이듬해 홍천 현감으로 나갔다가 1759년 동지의금부사 및 대사헌을 역임하였다. 1763년 특진관(特進官)으로 판돈녕부사를 겸하고 1768년 기로소(耆老所)에 들어갔다. 저서로는《석문집》8권이 있다. 시호는 숙간(肅簡)이다.

4 곡구 : 한나라 때의 은사 정박(鄭樸)은 자가 자진(子眞)으로 일찍이 조정의 부름을 사절하고 곡구(谷口)에 은거했다. 양웅(揚雄)은《법언(法言)》에서 "곡구의 정자진은 자기의 뜻을 굽히지 않고 산골짝에서 농사를 지었는데, 그의 명성이 경사에 진동했다.〔谷口鄭子眞, 不屈其志而耕乎巖石之下, 名震于京師〕"라고 칭송한 바 있다. 정형복 역시 성이 정씨이기에 이 고사를 인용한 듯하다.

시절을 근심하며 눈물 한바탕 흘리고 憂時一灑淚
손님이 사랑스러워 잔 돌리기를 멈추지 않네 愛客不停杯
고고하고 차가운 본성이 있으니 自有孤寒性
흰 머리카락이 재촉한들 무슨 걱정 있으리 何傷鬢髮催

5 그윽한 오솔길 : '삼경(三徑)'의 고사를 사용하였다. 세 가닥 오솔길로 은자의 거처를 말한다. 한나라 장후(蔣詡)는 자가 원경(元卿)인데, 왕망(王莽)이 집권하자 벼슬에서 물러나 향리인 두릉(杜陵)에 은거하였다. 그 뒤로 집의 대발 아래에 세 개의 오솔길을 내고, 벗 구중(求仲)과 양중(羊仲) 두 사람하고만 교유하였다.

대나무를 보다가 느낀 바가 있어 읊조리다
觀竹感吟

석양[6]이 찬란히 눈 내린 울타리를 뒤덮으니 返景輝輝覆雪籬
몇 군데 대나무 떨기 소쇄하여 그 자태 빼어나네 數叢瀟灑尙風姿
외로운 뿌리가 따스하게 뽕나무 느릅나무의 힘 얻었기에[7]
孤根暖得桑楡力
흐느끼며 추운 가지 손에 쥐고 옛 시에 화운하네 泣把寒枝和舊詩

6 석양 : 원문의 '返景'은 저물녘의 해를 가리킨다. 당나라 시인 왕유(王維)의 〈녹시(鹿柴)〉라는 시에 "석양이 깊은 숲으로 들어와 푸른 이끼 위를 비추네.〔返景入深林 復照青苔上〕"라는 구절이 보인다.

7 뽕나무……얻었기에 : 저녁에 해가 뽕나무와 느릅나무 끝에서 반사된다고 하여 '상유(桑楡)'는 저물녘을 가리키는 말로 사용된다. 따라서 상유의 힘을 얻었다는 것은 저물녘에 비친 햇살의 온기를 받았다는 뜻이다.

사군 윤경이[8]의 집에서 김군필 상석,[9] 계장,[10] 경평,[11] 치명[12]과 술을 마시다가 앞의 운에 첩운하다

尹使君敬以宅 同金君弼 相奭, 季章, 景平, 穉明飮酒 疊前韻

날 개인 경치가 맑은 감상에 어울리기에　　霽景宜淸眺

8 윤경이 : 윤심재(尹心宰, 1701~?)를 가리킨다. 이최중(李最中)의 《위암집(韋庵集)》 권1에 〈이금제 기중이 동지서장인 둘째 형님 태중을 만에서 전송하고 돌아와 이여명 익진, 강서 수령 윤경이 심재, 나의 큰 형님과 함께 대동강에서 배를 띄우고……〔李金堤 箕重 送其仲氏冬至書狀 台重 於灣上還, 約李汝明 翼鎭, 江西倅尹敬以 心宰, 我伯氏泛舟遊大同江上……〕〉라는 제목의 시가 보인다. 이를 통해 윤경이가 곧 윤심재임을 알 수 있다. 윤심재는 윤봉오(尹鳳五)의 아들이다. 윤심재는 1767년부터 1769년 사이에 예천 군수로 재임한 사실이 있다.

9 김군필 : 김상석(金相奭, 1690~1765)으로, 본관은 연안이며, 자는 군필(君弼), 호는 시은(市隱)이다. 1724년 영조가 즉위하면서 노론이 집권하자 간관이 되어 소론의 이광좌(李光佐)·조태억(趙泰億)·이삼(李森)·심단(沈檀) 등을 탄핵하는 데 앞장섰다. 남인의 남구만(南九萬)·최석항(崔錫恒)·윤지완(尹趾完) 등의 종묘배향을 반대하였다. 교리(校理)·부수찬(副修撰)·의주 부윤·강화 유수·한성부 우윤을 거쳐 판돈녕부사로 재직 중에 사망했다. 저서로 《시은일록(市隱日錄)》이 있다. 시호는 정간(貞簡)이다.

10 계장 : 윤봉오(尹鳳五)로, 281쪽 주3 참조.

11 경평 : 윤심형(尹心衡, 1698~1754)으로, 본관은 파평, 자는 경평(景平), 호는 임재(臨齋), 시호는 청헌(淸獻)이다. 아버지는 부사 윤봉소(尹鳳韶)이므로, 윤봉오는 백부가 되고, 윤심재는 사촌 아우가 된다. 1721년(경종1)에 정시 문과에 장원하였고, 정언, 교리, 이조 좌랑, 헌납 등을 역임하였다. 저서에 《임재집(臨齋集)》 등이 있다. 그의 묘지명인 〈윤경평 묘지명(尹景平墓碣銘)〉이 《뇌연집》 권22에 실려 있다.

12 치명 : 김시찬(金時粲, 1700~1766)으로, 본관은 안동, 자는 치명(穉明), 호는 초천(苕川), 은귀헌(恩歸軒), 시호는 충정(忠正)이다. 노론에 속하였으며, 예문관 검열

서로를 초청하여 남곽으로 오게 하였네　相邀南郭來
화분에 심은 소나무는 학과 나란히 늙었고　盆松連鶴老
침상 맡에 놓인 책은 산을 향해 펼쳐져있네　床帙向山開
나이 순서대로 처음엔 자리 나누었으나　序齒初分席
형체를 잊고서 각자 술잔을 다 비우네　忘形各盡杯
나아가고 숨음은 본디 도에 맡겨야 할 뿐이니　行藏元信道
희끗희끗 귀밑머리가 재촉한다고 안타까워 마시게　休惜鬢華催

을 거쳐, 규장각 대교(奎章閣待敎)로 조태구(趙泰耉)·유봉휘(柳鳳輝)·이광좌(李光佐) 등 소론일파의 처벌을 청하였다가 당시 탕평책에 반대한다 하여 흑산도로 유배되었다가 수찬(修撰)으로 복관되고 대사간에 임명되었다. 1759년(영조35) 부제학을 제수받고 이를 사양하는 글을 바쳤으나, 그 글 속에 불경스러운 구절이 있다 하여 다시 흑산도에 유배되어 1764년(영조40) 풀려나왔다. 저서로는 《초천집(苕川集)》이 있다. 남유용은 그를 위해 〈김 부거 치명 만사〔金副學稚明輓〕〉(《뇌연집》 권8)와 〈홍문관 부제학 김 공 묘지명 병서(弘文館副提學金公墓碣銘 幷序)〉(《뇌연집》 권23)를 지어주었다.

치명[13]의 집에서 계장,[14] 이원명 의철[15] 과 작은 모임을 가졌는데, 김강백[16]이 좋은 술을 가져오고 훌륭한 안주까지 도착하여 날 저물 때까지 술에 취해 있는 바람에 술자리에 시운을 남겨둔 채 시를 짓지 못하다가 나중에야 전통[17] 속 시구의 고사를 채택해 쓰다

稚明宅 與季章, 李原明 宜哲 小集 金剛伯携美酒珍肴亦至 取醉至暝 席上留韻不賦 後用傳筒故事

책갈피와 약 꾸러미로 작은 집 청아한데　書籤藥裹小軒淸

세모에 벗들과의 약속 창졸간에 이루어졌네　歲晏朋期取次成

눈빛이 환하니 처마의 빛은 맑게 갠 하늘과 합쳐지고　雪皎簷暉通霽色

13 치명 : 김시찬(金時粲)으로, 284쪽 주12 참조.

14 계장 : 윤봉오(尹鳳五)로, 281쪽 주3 참조.

15 이원명 : 이의철(李宜哲, 1703~1778)로, 본관은 용인, 자는 원명(原明), 호는 도호(陶湖) 또는 문암(文庵)이며, 이재(李縡)의 문인이다. 1752년에 정언(正言)의 신분으로 왕이 언로(言路)를 막는다고 상소하여 영조의 노여움을 사서 제주도 대정(大靜)으로 유배되었다가 이듬해에 풀려나 승지와 예조 판서 등을 거쳐 홍문관 대제학에 이르렀다. 《문암집(文庵集)》을 비롯하여 많은 저서를 남겼다.

16 김강백 : 김이건(金履健, 1697~1771)으로, 본관은 안동, 초명은 제악(齊岳), 자는 강백(剛伯), 호는 간옹(澗翁)이다. 1721년(경종1) 사마시에 합격하여 생원이 되고, 이어 참봉에 기용된 뒤 여러 고을의 수령을 역임하였다. 청주 목사로 재직하면서 환곡의 관리를 잘하여 선치수령(善治守令)으로 뽑혔다.

17 전통 : '箋筒'은 편지 등을 넣은 대나무 통을 말한다.

바람 잔잔해지니 궁궐의 누각 소리[18]는 추운 소리를 전해오네

風殘宮漏遞寒聲

깊은 술잔으로 서로 잡은 것은 마음을 전하는 술이요

深杯互把傳心酒

약한 불로 새로 만든 것은 입이 즐거운 갱[19]이로다 慢火新烹悅口羹

술 취한 뒤에는 글을 남길 필요 없으니 醉後不須留翰墨

문장이란 끝내 부화한 명성에 가까운 것이 부끄럽구나

文章終愧近浮名

열구자(悅口子)는 작은 솥의 이름인데, 생선이나 고기를 넣으면 그 즉시 푹 고아지며 맛이 담담하고도 부드러워 '입을 즐겁게 한다〔悅口〕'는 이름을 얻은 것이다. 옛날 사람들은 친구들과 작은 모임을 가질 때면 커다란 사발에 술을 따라 차례대로 전하며 마셨는데, 이를 일컬어 '마음을 전하는 잔〔傳心杯〕'이라고 하였다.

18 궁궐의……소리 : 궁루(宮漏)는 중궁(中宮)에서 시각을 알기 위하여 설치한 누각(漏刻)을 말한다.

19 갱 : 갱은 국보다 좀 더 걸쭉한 형태의 마실 것을 말한다. 입이 즐거운 갱에 대해서는 아래에 남유용이 직접 붙인 원주에 자세히 나와 있다.

효순빈[20] 만사

孝純嬪輓詞

옥의 순수함과 금의 곧음이 자연히 합쳐졌었거늘　玉粹金貞合自然

이루어지고 어그러지는 이치 하나는 그 누가 관장하는가　成虧一理孰司權

시집가던 날에는 새벽에 작은 띠를 매었고[21]　晨鞶戒珮施衿日

머리 틀어 올리던 해에는 대낮 촛불[22]처럼 슬픔에 젖었네[23]

20 효순빈 : 효순황후(孝純皇后, 1715～1751)이다. 조선의 진종(眞宗), 즉 효장세자(孝章世子)의 비이다. 풍양 조씨로 조문명(趙文命)의 딸이다. 1727년(영조3)에 세자빈에 간택되어 효장세자와 가례를 올리고 1735년에 현빈(賢嬪)에 책봉되었다. 소생은 없었으나 훙서한 후인 1752년에 효순(孝純)이라는 시호를 받았다. 1776년에는 장헌세자(莊獻世子)의 장남(뒤의 정조)을 입양받아 승통세자빈(承統世子嬪)의 호를 받았다가, 정조의 즉위로 왕비로 추존되었다. 능호는 영릉(永陵)으로 경기도 파주시 조리면 봉일천리에 있다.

21 시집가던……매었고 : '반금(鞶衿)'이라는 말이 있는데, 바로 작은 띠와 주머니를 말한다. 《의례(儀禮)》 〈사혼례(士昏禮)〉에 딸을 시집보낼 때 어머니가 작은 띠와 수건을 매어 주며 "힘쓰고 공경하여 밤낮으로 집안일을 어기지 말라."고 훈계하고, 서모(庶母)가 문안에 이르러 작은 주머니를 매 주며 거듭 "공경히 듣고 네 부모의 말씀을 높여 밤낮으로 잘못이 없게 하기 위해, 이 작은 띠와 주머니를 보라."라고 훈계하였다는 말이 나온다. 또 '시금(施衿)'이라는 말이 있는데, 이는 시집간다는 뜻이다. "모친이 딸의 옷고름을 매 주고 허리에 수건을 채워 주면서 '부지런하고 공경히 하여 아침저녁으로 집안일에 어긋남이 없게 하라.'라고 일러 준다.〔母施衿結帨曰, '勉之敬之! 夙夜無違宮事.'〕"라고 하였다.

22 대낮 촛불 : 남편을 잃은 여인의 박복한 처지를 상징한다. 장유(張維, 1587～1638)의 문집 《계곡선생집(谿谷先生集)》 권25에 〈정양지의 죽음을 애도함〔哭鄭亮之〕〉이라

書燭哀纏上髻年

오매불망 구천만을 낙토(樂土)로 여기며 寤寐九泉爲樂地

세 윗전[24]에 의지하며 인자한 하늘이 되어주셨네 攀依三殿作慈天

요를 덥히고 밤을 구워[25] 봉양할 방도 없어졌어도 溫裀煨栗無方養

오직 이 세상 뜨기 전까지[26] 정성을 다했을 뿐이라네 只得殫誠纊息前

두 번째 수 其二

성구[27]께서 어짊을 칭송하시며 칭호를 내리시던[28] 초기에

는 시가 나와 있는데, 그중 아내를 잃은 누이를 읊으며 "가련타 누이 운명 어찌 그리도 기박한고! 여생이 마치도 대낮의 촛불 같은지라〔薄命憐我妹, 餘生如晝燭〕"라는 구절이 보인다.

23 머리……젖었네 : 효장세자는 1728년(영조4) 12월 16일(음력 11월 16일)에 사망했으니, 그 해는 효순황후가 열네 살 되던 해이다. 원문의 '上髻'는 계례(笄禮)를 말한다. 혼인을 하거나 15세가 된 여자는 머리를 올리고 비녀를 꽂음으로써 성인으로 인정받는다.

24 세 윗전 : 왕대비전(王大妃殿), 대전(大殿), 중궁전(中宮殿)을 말한다.

25 요를……구워 : 영조는 직접 효순빈의 묘지를 지어 이렇게 말했다. "방안의 좌탑(坐榻)도 그 요가 혹시라도 찰까 염려하여 탑(榻) 아래에다 깔아놓아 따스하게 만들었으니, 비록 몸으로 이불을 따뜻하게 만들었다는 효성인들 어찌 이보다 더할 수 있겠는가? 하루에 밥을 먹는 것이 한 번에 불과하고 숟가락을 드는 것도 몇 번 드는 것에 불과한데, 먹는 것이라고는 오직 내가 남기는 찬선(饌膳)뿐이었다. 내가 많이 먹으면 기뻐하여 많이 먹다가도 내가 수저만 대고 말면 걱정하면서 먹지 않았다. 나를 먹이려고 직접 스스로 밤을 삶았는데 영원히 졸서(卒逝)하던 날에도 삶아 놓은 것이 오히려 소반에 남아 있었으니, 이는 진상(進上)하려 하다가 병이 위독하여 하지 못한 것이다."

26 세상……전까지 : 원문의 '纊息'은 사망에 임박한 시점을 말한다. 옛날에는 사람이 죽기 전에 코에 솜을 가져다 댐으로써 호흡이 남아 있는지를 확인해보았기에 죽음에 임박함을 뜻하는 말로 사용하였다.

聖舅稱賢錫號初

여자 중의 증자와 민자건[29]으로 꽃다운 명예 드날렸네 女中曾閔播芳譽

상심한 세월 속에서도 화목하게 지내셨고[30] 傷心歲月怡怡在

화려한 구경거리 보실 때도 담담하기만 하셨네 過目芬華澹澹如

한 글자인들 일찍이 사사로이 문지방 밖으로 내보냈을까

隻字何曾私梱外

한 끼 식사도 오직 임금께 올린 후에 드셨네 一餐端爲敬君餘

왕비의 아름다움 드날리려면 훌륭한 사관이 있어야 하니

揄揚內美須良史

훗날 붉은 붓[31]의 꿈은 헛되지 않으리라 彤筆他年夢不虛

효순빈이 태어날 때 모부인의 꿈에 붉은 붓이 나왔다.[32]

27 성구 : 성상인 시아버지라는 뜻이므로 곧 영조를 가리킨다.

28 어짊을……내리시던 : 1735년(영조11)에 현빈(賢嬪)에 책봉된 것을 말한다.

29 증자와 민자건 : 공자의 제자 증삼(曾參)과 민자건(閔子騫)은 모두 효행이 지극한 것으로 이름났다.

30 화목하게 지내셨고 : '怡怡'는 형제 사이에 서로 화목하게 즐거워하는 정을 말한다. 공자의 제자 자로(子路)가 선비의 조건을 묻는 말에, 공자가 "붕우에겐 간곡하고 상세히 권면할 것이고, 형제에게는 화목하고 즐거워할 것이다.〔朋友切切偲偲, 兄弟怡怡.〕"라고 대답했다는 기록이 있다.《論語 子路》

31 붉은 붓 : 옛날에는 여사(女史)가 붉은 붓을 가지고 궁중의 정령(政令)이나 왕비의 언행 등을 기록하였기에 여사를 동사(彤史)라고 불렀다.

32 효순빈이……나왔다 : 영조가 지은 효순빈의 묘지에 "이 부인(李夫人)의 꿈에 어떤 사람이 동필(彤筆)을 건네주는 것을 받았는데 그러고 나서 드디어 동부(東部)의 숭교방(崇教坊)에서 빈(嬪)을 낳았으니, 진실로 우리 성고(聖考) 을미년 12월 14일이었다."라는 내용이 보인다.

세 번째 수 其三

한 쌍의 무덤이 우뚝이 마주하건만[33]	雙封玄室對崔嵬
흰 지팡이와 무성한 풀[34] 한 번 가서 돌아오지 않네	素仗紛蕤逝不回
연침[35]에는 조석으로 살피던 발자취 끊어지고	燕寢跡空晨夕覲
용포에는 무신년의 슬픔[36]으로 눈물 떨어지네	龍袍淚激戊申哀
시호에는 '효' 자를 넣어[37] 동궁을 따랐고	謚標孝字攀春邸
묘지는 규장[38]으로써 하여 야대[39]를 크게 빛냈네	誌用奎章賁夜臺
같은 달에 하종하여[40] 숙원을 이루었으니	同月下從諧宿願

33 한……마주하건만 : 《영조실록》 28년(1752) 1월 22일 기사에 "효순 현빈(孝純賢嬪)을 효장(孝章)의 묘소(墓所)에 부장(祔葬)하였다."라는 기록이 보인다. 효장세자와 효순빈은 경기도 파주시 조리면 봉일천리에 함께 묻혀 있다.

34 흰……풀 : 원문의 '素杖'은 왕족의 장례에 신하들이 집고 가는 흰 지팡이를 말한다. '분위유(紛葳蕤)'라는 말이 있는데, 이는 초목이 무성한 모습을 형용한 것이다. 따라서 장례를 치르고 난 뒤 풀만 무성해져서 다시는 이 세상으로 돌아오지 못하는 것을 표현한 것으로 볼 수 있다.

35 연침 : 왕의 처소에 육침(六寢)이 있는데, 하나는 정침(正寢)이고 나머지 다섯은 모두 뒤에 있다. 이를 통틀어 연침(燕寢)이라고 한다. 《周禮》 즉 왕의 침실을 가리킨다.

36 무신년의 슬픔 : 효장세자가 사망한 1728년이 바로 무신년이다.

37 시호에는……넣어 : 남편이 '효장(孝章)'의 시호를 받았듯이 '효순(孝純)'이라는 시호를 받았으므로 이렇게 말한 것이다.

38 규장 : 임금이 직접 쓴 글씨나 시문(詩文)을 가리킨다. 《영조실록》 28년(1752) 1월 22일 기사에, "어제(御製) 지문(誌文)에 이르기를"로 시작하여 영조가 지은 묘지를 수록하고 있는바, 영조가 직접 효순왕후의 묘지를 지었다. 이 글의 맨 마지막에서 영조는 "황명(皇明) 숭정(崇禎) 기원후(紀元後) 1백 24년 내가 즉조(卽阼)한 지 27년 되는 중동(仲冬)에 기록한다."라고 적었다.

39 야대 : 무덤을 가리킨다.

40 같은……하종하여 : '下從'은 남편이 죽으면 자신도 죽어서 지하로 따라간다는 뜻

매년 향과 축문이 하루 걸러 찾아오네　　每年香祝隔辰來

첫 번째 수의 결구(結句) 중편의 두 개의 대련(對聯) 및 이 수에서 "같은 달" 이하 운운한 것은 모두 〈어제행록(御製行錄)〉[41]에 나와있는 말이다.[42]

이다. 효장세자는 1728년 11월 6일, 열 살의 어린 나이로 세상을 떴고, 효순황후는 1751년 11월 14일에 세상을 떴다. 둘 다 11월에 죽었기에 같은 달에 하종했다고 표현한 것이다.

41 〈어제행록(御製行錄)〉 : 영조가 지은 묘지를 가리킨다.

42 첫……말이다 : 첫 번째 수 결구의 이야기는 289쪽 주25 참조. "같은 달" 운운한 것은 영조의 어제묘지 중 다음 구절에 보인다. "신미년 11월 14일 효장의 기일(忌日)을 하루 사이에 두고 창덕궁(昌德宮)의 의춘헌(宜春軒)에서 훙서(薨逝)하니, 곧 건극당(建極堂)의 동실(東室)이요 내가 예전에 거처하던 곳이다."

윤경유[43]의 집에서 치명,[44] 원명[45]과 함께 술을 마시다가 '한(寒)' 자를 얻어 함께 짓다

尹景孺宅 偕稚明, 原明飮酒 得寒字同賦

늘그막에 독서의 공력이 조금이나마 드러나고 暝年微見讀書力
세상일 겪은 것 많아질수록 마음 또한 넓어지네 閱世滋多心更寬
오도는 늘 담박한 중에 드러나나니 吾道常於淡中見
이렇게 시를 보냄으로써 추운 계절 나보도록 하세나 願言相贈以歲寒

두 번째 수 其二

기구하기 짝이 없는 이 세상일일랑 말하지 마시게 莫說崎嶇當世事
사람 마음 넓어지지 못하게 하나니 使人襟袍不能寬
평생토록 지녔던 천 칸 집처럼 넓었던 포부 平生廣廈千間意
잘 말아두었다가 늘그막에 추위나 잘 피하도록 하세 卷向桑楡好避寒

43 윤경유 : 윤급(尹汲, 1697~1770)으로, 본관은 해평, 자는 경유(景孺), 호는 근암(近庵)이며, 이재(李縡)·박필주(朴弼周)의 문인이다. 벼슬에서 여러 차례 부침을 거듭하였으나, 1763년(영조39) 참찬이 된 뒤 이조 판서·판의금부사·한성 판윤·예조 판서·형조 판서·좌참찬 등을 역임하고 기로소(耆老所)에 들어갔다. 영조의 탕평책을 계속 반대하여 자주 파직 혹은 좌천되었으나 의로운 주장이 많았기에 곧 서용되곤 하였다. 특히, 글씨에 뛰어나 독특한 서체를 이루었다. 저서로는 《근암집》·《근암연행일기》 등이 있다. 시호는 문정(文貞)이다.

44 치명 : 김시찬(金時粲)으로, 284쪽 주12 참조.

45 원명 : 이의철(李宜哲)로, 286쪽 주15 참조.

세 번째 수 其三

우리 모임 중에 이자[46]가 자리 함께하지 못한지라	吾黨李子不同席
취중에 떠올리자니 마음 편해지기 어렵구나	醉中相憶意難寬
어떻게 하면 불러와서 붓을 쥐게 하여	何由喚來令把筆
소나무 가지 끝 추운 학을 시로 짓게 할까	賦得松梢一鶴寒

46 이자 : '李子'는 남유용의 벗 모임을 보아서는 이천보(李天輔)를 가리키는 듯하다.

호서 안절사로 떠나는 치명[47] 영공[48]을 보내며 임신년(1752)

送稚明令公按節湖西 壬申

듣자니 조정의 법도가 새로워져 見說朝廷法度新

안위가 모름지기 울타리 같은 신[49]에게 달려있다 하였네
安危須仗翰屛臣

단단히 매어놓을 것[50] 어찌 세 가지 일 마무리하는 데 그치랴
綢繆何止了三事

깨끗이 정리함에 백성 하나라도 놓쳐서는 안 되리 爬櫛不宜遺一民

고삐 쥐고 맑은 바람 가르노라면 한양의 선비 그리울 테고
攬轡淸風懷漢士

채찍 준 기이한 계책 생각하면 진나라 사람에게 부끄러우리[51]

47 치명 : 김시찬(金時粲)으로, 284쪽 주12 참조.

48 영공 : 영공(令公)은 절도사의 별칭이다. 이때 김시찬은 충청 감사로 부임하게 되었다.

49 울타리……신 : 한병(翰屛)은 병풍과 기둥이라는 말이다. 《시경》 〈판(板)〉에 "큰 덕을 지닌 사람은 울타리가 되며 많은 무리는 담장이 되며 큰 제후국은 병풍이 되며 큰 종족은 기둥이 된다.〔价人維藩, 大師維垣, 大邦維屛, 大宗維翰.〕"라고 한 데서 비롯되었다.

50 단단히……것 : 환란을 당하지 않도록 미리 조처하여 예방하는 것을 말한다. 《시경》 〈치효(鴟鴞)〉의 "하늘에서 장맛비가 아직 내리지 않을 때, 저 뽕나무 뿌리를 거두어 모아다가 출입구를 단단히 얽어서 매어 놓는다면, 지금 이 아래에 있는 사람들이 혹시라도 감히 나를 업신여길 수 있겠는가.〔迨天之未陰雨, 徹彼桑土, 綢繆牖戶, 今此下民, 或敢侮予.〕"라는 말에서 나온 것이다.

贈鞭奇策媿秦人

어젯밤 달 밝을 때 두 말들이 술통 홀로 저버렸기에 朋樽孤負前宵月

역참의 버드나무도 봄을 맞아 이별의 정 늘어트렸구나

別意垂垂驛柳春

병가(兵家)에서는 성지(城池)와 갑병(甲兵)과 전곡(錢穀)을 세 가지 일로 삼는다.

51 채찍……부끄러우리 : 《춘추좌씨전》 문공(文公) 13년 조에 다음과 같은 기록이 보인다. 춘추시대 진(晉)나라 대부 사회(士會)가 진(秦)나라로 망명하자 진(晉)나라에서는 그가 진(秦)에 이용당할까 두려워 위수여(魏壽餘)를 보내 그를 설득하여 다시 진(晉)으로 돌아오게 하였다. 그가 귀국할 적에 진(秦)나라 대부 요조(繞朝)가 "채찍을 증정하면서 말하기를, '그대는 진(秦)나라에 사람 없다고 하지 말라. 나의 계책이 마침 채용되지 않았을 뿐이다.'라고 하였다.〔贈之以策, 曰: '子無謂秦無人, 吾謀適不用也.'〕" 후에 '증편(贈鞭)'은 말을 타고 신나게 달리는 것을 비유하는 말로 사용되었다.

경유[52]가 화전[53] 열몇 폭을 보내주었기에 그중 두 폭에 시를 적어 사례하다

景孺惠花牋十數幅 題其二幅爲謝

친구가 내게 붓 휘두를 곳을 많이도 보내주시어　故人饒我揮毫地
한 묶음의 운전[54]이 깨끗하고도 드넓구나　一束雲牋潔更寬
노란 국화 붉은 연꽃이 어지러이 눈에 비추는 통에　黃菊紅蕖紛照眼
주렴 밖에 봄바람 쌀쌀한 것도 알지 못하겠네　不知簾外春風寒

두 번째 수 其二

그림 속 노옹에겐 그래도 벗이 있어서　畫裏老翁猶有友
만나서 서로 읍함에 베옷 품이 넉넉하구나　相逢相揖褐衣寬
한 사람은 낚싯대 쥐고 한 사람은 거문고 집 들었는데　一携釣竹一琴帒
시내를 낀 사립문에 가을 나무가 추워라　夾澗柴扉秋樹寒

52 경유 : 윤급(尹汲)으로, 293쪽 주43 참조.

53 화전 : 화전지(花箋紙)로, 산수나 화조(花鳥) 등을 그려 인쇄한 편지지를 말한다. 시전지(詩箋紙)라고도 한다.

54 운전 : '雲箋'이라고도 쓴다. 구름 문양이 찍혀 있는 종이를 말한다.

의소세손[55] 만사

懿昭世孫輓詞

선황에서 뻗어 나온 정통 분파로[56]	疏派璇潢正
그 높은 이름 옥책[57]에 찬란히 빛났으니	隆名玉冊煌
반석과도 같은 청구국[58]에	靑丘磐石國
붉은 슬갑 실가의 왕이 나셨도다[59]	朱芾室家王
광채를 접하여 전성[60]의 뒤를 이으셨고	接曜前星後

55 의소세손 : 사도세자와 혜경궁 홍씨 사이에 태어난 맏아들이자 정조의 형으로, 3세 되던 해인 1752년(영조28)에 사망하였다.

56 선황에서……분파로 : 원문의 '疏派'는 흘러나온 가지 즉 지파(支派)를 말하고, '璇潢'은 '선극(璿極)' 혹은 '천황(天潢)'과 같은 말로 황족이나 제왕의 종실을 가리킨다. 즉 왕실의 자손임을 말한다. 《북사(北史)》 권15 〈위제종실전(魏諸宗室傳)〉의 논(論)에 "상곡공 등은 약목의 분지이자 천황의 소파이다.〔上谷公等分枝若木, 疏派天潢.〕"라는 말이 보이고, 북주(北周) 사람 유신(庾信)이 지은 〈고 주나라 대장군 의흥공 소공 묘지명〔故周大將軍義興公蕭公墓誌銘〕〉에도 "천황에서 파가 갈라지고, 약분에서 가지가 나뉘었다.〔派別天潢, 支分若木.〕"라는 구절이 보인다.

57 옥책 : 왕이나 왕후의 존호를 올릴 때 그 송덕문(頌德文)을 옥(玉)에 새겨 놓은 간책(簡冊)을 말한다.

58 청구국 : 예전에 중국에서 우리나라를 이르던 말이다.

59 붉은……나셨도다 : 주불(朱芾)은 천자 또는 제후의 복색이다. 《시경》 〈사간(斯干)〉에 "남자를 낳아서 평상에 재우며, 치마를 입히고 구슬을 희롱하게 하니, 우는 소리가 우렁차고 붉은 슬갑이 휘황하여 실가(室家)를 소유하며 군왕이 되리로다.〔乃生男子, 載寢之牀, 載衣之裳, 載弄之璋, 其泣喤喤, 朱芾斯皇, 室家君王.〕"라고 하였다. 즉 왕자로 태어나 한 나라의 왕이 될 것임을 말한 것이다.

60 전성 : 《한서(漢書)》 〈오행지(五行志)〉에 "심대성(心大星)은 천왕(天王)이고,

빛에 의지하여 북극[61]의 옆에 계셨네 依光北極傍
기린과 물수리가 상서와 서로 응함에[62] 麟雎相應瑞
난새와 봉황이 절로 아름다운 무늬를 이루었네 鸞鳳自雕章
품에 있을 때부터 요순을 알았기에 在抱知堯舜
엿을 물고서의 즐거움 사강과 같았네[63] 含飴樂姒姜
말하기도 전에 글자를 구분했고 未言能辨字
손가락으로 가리키며 방향 잃지 않았네 隨指不迷方
효애로운 모습 때때로 드러내었지만 孝愛形時見
총명함은 고요한 중에 감춰두었기에 聰明嘿處藏
보고 듣던 뭇 사람들 모두 경외하였고 瞻聆均拭聳
칭송하는 노래가 산과 언덕에 넘쳤네 謳頌溢陵岡
이제야 우리를 찾아온 듯 여겼건만 若有其來意

그 전성(前星)은 태자(太子)이고 후성(後星)은 서자(庶子)이다." 하였다. 따라서 전성은 세자를 가리키는 말임을 알 수 있다.

61 북극 : 임금을 가리킨다.

62 기린과……응함에 : 《시경》〈관저(關雎)〉와 〈인지지(麟之趾)〉를 염두에 두고 쓴 구절이다. 시의 서(序)에 〈관저〉는 문왕(文王)이 후비(后妃)와 화락한 모습을 읊은 시이고, 〈인지지〉는 문왕의 후비가 몸소 덕을 닦아 자손과 종족들이 모두 그 교화를 입어 착하게 되었음을 읊은 시라고 하였다. 따라서 물수리와 기린은 부모가 화락하고 덕을 닦은 덕분에 세자를 얻는 상서를 얻게 되었음을 말하고 있는 것이다.

63 엿을……같았네 : 원문의 '함이락(含飴樂)'은 후한 마황후(馬皇后)가 정사에 관여하지 않고 엿이나 먹으며 손자와 놀면서 노년을 보내겠다고 한 데에서 온 말로, 말년에 즐거운 여생을 보내는 것을 일컫는 말이다. 《後漢書 卷10 馬皇后紀》 '사강(姒姜)'은 주 문왕의 비인 태사(太姒)와 태왕(太王) 즉 고공단보(古公亶父)의 비인 태강(太姜)의 합칭이다. 즉 세손의 재롱을 보며 대비와 대왕대비가 즐거워했다는 뜻이다.

어찌 그리도 바삐 가버렸단 말인가　胡然適去忙
웃음소리가 통곡 소리로 순식간에 바뀌었으니　笑咷俄頃變
새싹과 꽃이 지는 것은 고금이 슬퍼하는 바일런가　苗秀古今傷
칼집 속의 보검은 새것이건 옛것이건 서글프고　匣寶悽新故
상자 속의 옷은 긴 옷이건 짧은 옷이건 버려져 있으며　笥衣委短長
지난날의 온기는 주상의 슬하에 남아있고　宿溫留御膝
옛날 장난치던 모습은 자모의 침상에 어렴풋하네　餘弄僾慈牀
시법으로는 응당 영원에 드리웠고　諡法應垂永
흠의[64]로는 상례[65]를 쓰지 않았네　廞儀不用殤
이제 영영 옥궐을 하직하고　悠悠辭玉闕
아득히 멀리 운향으로 오르려 하니　緲緲陟雲鄕
선장[66]은 처음 떠나는 길 슬퍼하고　仙仗悲初路
궁궐 관료들은 옛날 행렬 여전하네　宮僚宛舊行
모든 신하들 오늘 우러렀다가　群工今日望
이치를 잘 살피어 성궁이 강녕토록 하여야 하리　觀理聖躬康

64 흠의 : '廞儀'는 '거여(車輿)와 관복(冠服)'이라는 뜻으로, 왕가 장례의 행렬을 차리는 의식을 말한다.

65 상례 : 상례(殤禮)는 20세를 넘기지 못하고 일찍 죽은 자를 제사 지내는 예이다.

66 선장 : 궁중 예식에 쓰는 의장(儀仗)이다.

유자공[67] 만시

俞子恭輓

시서를 배운 것이 어찌 적으랴마는	豈少詩書學
군자유[68]가 되기란 쉽지 않다네	而難君子儒
고명함으로 도체를 간직하였고	高明存道體
충량함은 모범이 되기에 충분하였네	忠諒足身模
《주역》을 공부하였으나 원래 명을 알았고	玩易元知命
당에 명문을 걸어 우매한 자들에게 돌침을 놓았네[69]	銘堂亦砭愚

67 유자공 : 유숙기(兪肅基, 1696~1752)로, 본관은 기계(杞溪), 자는 자공(子恭), 호는 겸산(兼山)이다. 김창흡(金昌翕)의 문하에서 수학하였으며, 효릉 참봉(孝陵參奉), 종부시 주부(宗簿寺主簿), 임피 현령(臨陂縣令) 등을 역임하였다. 남유용의 첫 번째 부인의 오빠였다.

68 군자유 : 《논어》 〈옹야(雍也)〉에 보면 공자가 자하(子夏)에게 이르기를 "너는 군자유가 되고, 소인유가 되지 말라.〔女爲君子儒, 無爲小人儒〕"라고 한 대목이 나온다.

69 당에……놓았네 : 이와 관련된 내용은 《뇌연집》 권13 〈삼구재기(三苟齋記)〉에서 찾아볼 수 있다. "기계 유자공은 배움에 독실한 오당의 군자이다. 그러나 세상과 구차히 영합하려 하지 않고서 처자를 이끌고 강가로 귀은하여 띠풀을 베어 집을 지었으니, 구차하지만 비바람은 막을 수 있고, 담장 아래 뽕나무를 심었으니, 구차하지만 추위는 해결할 수 있으며, 남쪽 밭에서 몸소 농사를 지으니, 구차하지만 배고픔은 없을 수 있은즉 자공은 만족스러워했다. 이에 편액에 커다란 글자로 '삼구(三苟)'라고 적었으니, 이를 넘어선 그 밖의 것들은 만종의 부라 하여도 원치 않았다.〔杞溪兪子恭, 吾黨之篤學君子也. 於世不苟合, 挈婦子歸隱河上, 誅茅築室, 苟可以御風雨矣, 墻下樹之以桑, 苟可以無寒矣, 躬耕于南畝, 苟可以無飢矣, 則子恭厭如也. 大書其扁曰'三苟', 過此以外者, 萬鍾之富, 固不願也.〕"

삼수의 빛깔[70] 슬피 바라보며 悵望三秀色
하늘과 땅 사이에서 길게 탄식하노라 天地一長吁

두 번째 수 其二

밝고 드넓은 근원[71]으로 사학[72]을 전수하고 昭曠傳師學
형형히 빛나는 심령은 홀로 뛰어났네 心靈炯獨殊
경서를 공부하며 묘결을 궁구하였고 研經窮妙訣
세상을 근심하며 기이한 계책 가득 품었네 憂世鬱奇謨
일이 닥치면 넓은 틈 사이로 칼날을 휘두르듯 하였고[73] 事到恢游刃

70 삼수의 빛깔 : '三秀'는 영지(靈芝)를 가리키는데, 주로 뜻을 이루지 못한 한스러움을 상징하는 용어로 사용된다. 주희가 길을 가다가 운당포(篔簹浦)란 곳에서 쉬었는데, 그 벽에 새겨진 "빛나는 영지는 일 년에 세 번 맺히는데, 나는 홀로 어찌하여 뜻만 있고 이루지 못하는가.〔煌煌靈芝, 一年三秀, 予獨何爲, 有志不就〕"라는 글귀를 보고 감탄하여 여러 번 반복하여 읽었다. 이후 40년 뒤에 다시 그곳을 지났는데 그 글이 보이지 않았다. 이에 지난 일을 회상하며 시를 짓기를 "흐르는 백년 인생 얼마나 되는가, 영지가 세 번 맺힘은 무엇을 위함이뇨. 금단은 세월 늦도록 소식이 없으니, 운당포 벽 위의 시에 거듭 탄식하노라.〔鼎鼎百年能幾何, 靈芝三秀欲何爲, 金丹歲晩無消息, 重歎篔簹壁上詩〕"라고 하였다. 《朱子大全 卷84 題袁機仲所校參同契後》

71 밝고……근원 : 원문의 '昭曠之原'은 밝고 드넓은 근원이라는 뜻이다. 《성리대전(性理大全)》 권44에 주자(朱子)가 말하기를, "지금 공부를 해보고자 한다면 우선 모름지기 단정하고 장엄한 자세로 존양을 하여 밝고 드넓은 근원의 경지를 홀로 보도록 하여야 할 것이요, 공부를 허비하여 종이 위의 말만 뚫어지게 쳐다보아서는 안 될 것이다.〔如今要下工夫, 且須端莊存養, 獨觀昭曠之原, 不須枉費工夫, 鑽紙上語〕"라고 한 대목이 있다.

72 사학 : 스승을 통하여 배우는 것으로 곧 연원이 있는 학문을 말한다. 유숙기는 김창흡에게서 배워 이를 전수하는 데 힘을 기울였다.

73 넓은……하였고 : 《장자》 〈양생주(養生主)〉에 나오는 포정해우(庖丁解牛)의 고

문장을 완성하면 표주박을 그렸을까[74] 부끄러워했네 文成恥畫蘆
재목을 세상에 낸 뜻이 대체 어디 있을까 生材竟何意
얼굴 누렇게 뜬 사람이[75] 완부를 일으킬 수 있음일세[76] 黃馘揚頑夫

세 번째 수 其三

깨끗한 마름풀에선 집안 다스림을 볼 수 있었으며[77] 純荇觀家政
살아서건 죽어서건 한결같이 우애로웠네[78] 存亡一友于

사를 인용한 것으로, 무슨 일이든 여유 있게 잘 처리함을 비유한 것이다. 포정은 푸줏간의 백정으로 일찍이 문혜군(文惠君)을 위해 소를 잡았는데, 소 잡는 솜씨가 매우 뛰어나 문혜군을 감탄하게 하였다. 그는 소 잡는 도(道)를 말하면서 "얇은 칼을 틈새가 있는 곳에 넣으니, 널찍하여 칼날을 움직임에 반드시 여유가 있습니다.〔以無厚入有間, 恢恢乎其於遊刃, 必有餘地矣.〕"라고 하였다.

74 표주박을 그렸을까 : 원문의 '畫蘆'는 호로(葫蘆 표주박)를 그대로 따라 그린다는 말로 참신함이 없이 단순하게 남을 모방하는 것을 말한다.

75 얼굴……사람이 : 빈곤으로 인해 얼굴이 마르고 안색이 누렇게 된 것을 말한다. 《장자》〈열어구(列禦寇)〉에 의하면, 송나라 조상(曹商)이라는 사람이 말하기를 "누추한 시골구석에 살면서 구차하게 신이나 삼고 말라비틀어진 목에 얼굴빛마저 누렇게 된 것은 상(商)의 단점이다. 그러나 한 번 만승의 임금을 깨우쳐 종거(從車)가 백승이나 된 것은 상의 장점이다." 하였다.

76 완부를……있음일세 : 《맹자》〈만장 하(萬章下)〉에 "백이의 풍도를 듣게 되면 완악한 사내는 청렴해지고 나약한 사내는 지조를 세우게 된다.〔聞伯夷之風者, 頑夫廉, 懦夫有立志.〕" 하였다.

77 깨끗한……있었으며 : 부부 금슬이 좋았던 것을 뜻하는 듯하다. 《시경》〈관저(關雎)〉에 "들쭉날쭉한 마름 나물을 좌우로 취하여 가리도다. 요조한 숙녀를 거문고와 비파로 친애하도다. 들쭉날쭉한 마름 나물을 좌우로 삶아 올리도다. 요조한 숙녀를 종과 북으로 즐겁게 하도다.〔參差荇菜 左右采之 窈窕淑女 琴瑟友之 參差荇菜 左右芼之 窈窕淑女 鍾鼓樂之〕" 하였다.

개구리밥과 흰 쑥[79]이라도 형수[80]에게 넉넉히 대주었고 蘋蘩贍嫠嫂
시와 예법으로 어린 고아들을 세워주었네 詩禮立沖孤
온 식구들 영화로움과 초췌함을 같이 하고 百口均榮悴
세 집안이 있고 없는 것을 변통해 썼네 三家徹有無
지금 돌아가도 부끄러움 없으니 今歸不愧色
저승에서 이어서 어버이 즐거이 모실 수 있으리 泉下續怡愉

네 번째 수 其四

경박한 속세에는 덕을 알아주는 이 드물어 薄俗希知德
낮은 관직에 있으며 원대한 도모 막혔네 卑官局遠圖
제조에서 몇 차례 모자를 꺾었고[81] 諸曹幾折帽

78 우애로웠네 : 《논어》 〈위정(爲政)〉에, 어떤 사람이 공자에게 어찌하여 정사를 하지 않느냐고 묻자, 공자가 "《서경》에 효에 대하여 말하기를 '오직 효도하고 형제간에 우애하여 정사에 베푼다.〔惟孝, 友于兄弟, 克施有政.〕' 하였다. 이 또한 정사를 하는 것이니, 어찌 벼슬을 해서 정사를 하는 것만이 정사이겠느냐."라고 한 대목이 있다. 공자가 인용한 이 말은 《서경》 〈군진(君陳)〉에 나온다.

79 개구리밥과……쑥 : 변변치 못한 제수를 뜻한다. 《춘추좌씨전》 은공(隱公) 3년조에 "참으로 이 마음이 명백하고 신실하기만 하다면, 산골 도랑이나 늪가에 난 풀, 개구리밥, 흰쑥, 조류(藻類)와 같은 변변치 못한 나물, 투박한 대광주리와 솥 같은 기물(器物), 웅덩이에 잠겨 있거나 길에 고인 빗물도 귀신에게 올릴 수 있고 왕공에게 바칠 수 있는 것이다.〔苟有明信, 澗谿沼沚之毛, 蘋蘩薀藻之菜, 筐筥錡釜之器, 潢汙行潦之水, 可薦於鬼神, 可羞於王公.〕"라는 말에서 나온 것이다.

80 형수 : 원문의 '嫠嫂'는 과부가 된 형수라는 뜻이다. 이제 유숙기가 죽었기에 그렇게 표현한 것이다.

81 모자를 꺾었고 : '모자를 꺾다〔折帽〕'라는 표현은 곽종석(郭鍾錫)의 문집 《면우선생문집(俛宇先生文集)》 권 149 〈밀양 박씨 가례동 유허비〔密陽朴氏嘉禮洞遺墟碑〕〉에

하읍의 분부가 번갈아 내려왔네[82]	下邑遞分符
한데 모아 빗질하여 병든 물줄기 깨끗이 하였고	綜櫛淸流瘼
축축이 적셔주어[83] 야윈 사람들 일으켰네	呴濡起衆枯
평생토록 익힌 경세제민의 기술로써	生平經濟術
힘써 한 나라를 소생시켰어라	强使一邦蘇

다섯 번째 수 其五

늘그막에야 처음 입었던 옷[84] 품고서	垂老懷初服
띠풀 자르고 경치 좋은 곳 찾아냈네	誅茅選勝區

보인다. "광해군이 실덕함에 이르러 조정에 서는 것을 수치로 여겨 마침내 모자를 꺾고 돌아가 스스로 퇴휴자라 이름하였다.〔逮光海失德, 恥立於朝, 遂折帽而歸, 自號退休齋.〕" 따라서 모자를 꺾는다는 것은 관직에서 스스로 물러남을 의미하는 것임을 알 수 있다.

82 하읍의……내려왔네 : 하읍은 영하읍(營下邑), 즉 감영·유수영·병영이 있는 고을을 말한다. 유숙기가 나중에 임피 현령(臨陂縣令) 등 지방관을 역임한 것을 가리킨다.

83 축축이 적셔주어 : 원문의 '呴濡'는 애처롭게 여겨 보살펴 주는 것을 말한다. 《장자》〈대종사(大宗師)〉에 "물이 바짝 말라 물고기들이 땅바닥에 처하게 되면, 서로들 김을 내뿜어 축축하게 해 주고 서로들 거품으로 적셔 준다.〔泉涸, 魚相與處於陸, 相呴以濕, 相濡以沫.〕"라고 하였다.

84 처음……옷 : 벼슬을 떠나 처음에 살던 곳으로 돌아가 은거하고자 하는 뜻이다. 초복은 벼슬하기 전에 입던 옷을 말한다. 굴원(屈原)의 〈이소(離騷)〉에 "물러가 다시 나의 초복을 손질하리.〔退將復脩吾初服〕"라는 구절에서 유래하였는데, 진(晉)나라 손작(孫綽)이 십여 년 동안 산수(山水)를 유람한 뒤에, 산림(山林)에 은거하려고 마음먹은 처음의 뜻을 마침내 이루게 되었다는 내용으로 〈수초부(遂初賦)〉를 지었다. 《晉書 卷56 孫綽列傳》

벼슬길에서 잠시 노닐었으나	優游聊冕紱
끝내 돌아가 쉴 곳은 강호일 뿐이기에	歸宿是江湖
속세의 겁난(刦難)도 순식간에 환상이 되고	塵刦須臾幻
만경창파도 아침저녁 사이에 사라진다네	滄波日夕徂
산을 나누자던[85] 옛 약속 텅 비고 나니	分山空舊券
매사에 황로[86]를 바라보며 흐느끼게 되는구나	萬事泣黃壚

여섯 번째 수 其六

병들어 누웠을 때 일찍이 찾아가 위문했는데	病枕曾相問
옷을 걸치고서 부축받지 않은 채 앉아있었지	披衣坐不扶
좋은 말씀 해주시며 손 펴는 것[87] 슬퍼하였고	善言悲啓手

85 산을 나누자던 : 원문의 '分山'은 같이 한곳에 은거하자는 약속을 의미한다. 송(宋)나라 장영(張詠)이 화산(華山)에 은거하던 진단(陳摶)을 만나고는 화산에 은거하고 싶어 하자, 진단이 "다른 사람은 몰라도 공이라면 내 마땅히 분반(分半)해 주겠다."라고 한 데서 유래한 말이다. 《夢溪筆談 卷20》

86 황로 : '黃壚'는 진(晉)나라 때 죽림칠현(竹林七賢)이 모여서 노닐던 황공주로(黃公酒壚)의 줄임말로 옛날 친구들끼리 술을 마시던 곳을 뜻한다. 죽림칠현의 한 사람인 왕융(王戎)이 상서령(尙書令)이 되어서 황공주로 앞을 지나다가 뒤 수레에 탄 사람을 돌아보면서, "내가 옛날 혜강(嵇康)·완적(阮籍) 등과 함께 이 주점에서 술을 마시면서 죽림(竹林)의 노님에도 참가했었다. 혜강과 완적이 세상을 떠난 후로 나는 세상일에 몸이 묶여 지냈는데, 오늘 이곳을 보니 거리는 비록 가까우나 산하가 가로놓인 듯 아득하게 느껴진다." 하였다. 《世說新語 傷逝》 보통 세상을 떠난 벗을 추억할 때 사용한다.

87 손……것 : 《논어》 〈태백(泰伯)〉에, 증자(曾子)가 병환이 있자 문하의 제자들을 불러 말하기를, "이불을 열어 내 발과 손을 보아라. 시에 이르기를 '전전긍긍하고 깊은 못에 임한 듯 얇은 얼음을 밟는 듯하라.' 하였으니, 이제야 나는 이 근심을 면한 것을 알겠노라. 제자들아.〔啓予足, 啓予手. 詩云: 戰戰兢兢, 如臨深淵, 如履薄氷, 而今而後,

진정 기뻐하시며 풍우[88]를 외웠네 眞樂誦風雩
기운을 끌어모아 청명으로 돌아가고 攝氣淸明返
마음을 편안히 해 조화와 함께 하리 寧心造化俱
상자 가득한 월조[89]의 구절 盈箱月朝句
대다수가 벗들을 그리워하는 것이었어라 多是眷朋徒

일곱 번째 수 其七

우정이 얄팍해진 것 탄식하나니 歎息朋情薄
살갗과 털까지도 네 것 내 것 하는구나 膚毛且爾吾
우산 메고 수레 타고서[90] 전생의 약속 펼치려는데 簦車申夙契

吾知免夫! 小子.〕"라고 한 내용이 있다. '계수계족(啓手啓足)'은 생을 잘 마치는 것을 뜻한다.

88 풍우 : 《논어》 〈선진(先進)〉에 공자의 제자 증점(曾點)이 자신의 뜻을 말하라는 공자의 명에 슬(瑟)을 울리다 말고 "늦은 봄날 봄옷이 이루어지거든 어른 대여섯 사람, 동자 예닐곱 사람과 함께 기수(沂水)에서 목욕하고 무우(舞雩)에서 바람을 쐬고 시를 읊으면서 돌아오겠다.〔莫春者, 春服旣成, 冠者五六人, 童子六七人, 浴乎沂, 風乎舞雩, 詠而歸〕"라고 하는 내용이 보인다. 즉 기수에서 목욕하고 무에서 바람 쐬는 것을 최고의 형이상학적 즐거움으로 여겼다는 뜻이다.

89 월조 : '月朝'는 '월석화조(月夕花朝)'의 준말이다. 즉 달 뜬 밤과 꽃 핀 아침, 벗과 함께 하는 아름다운 시간을 뜻한다. 《구당서(舊唐書)》 〈나위전(羅威傳)〉에 "매번 꽃 핀 아침 달 뜬 저녁이면 빈좌들과 함께 시를 짓고 읊었는데, 참으로 정취가 있었다.〔每花朝月夕, 與賓佐賦詠, 甚有情致.〕"라는 말이 나온다.

90 우산……타고서 : 원문의 '簦'은 손잡이가 길고 삿갓 모양으로 생긴 우산인데, 주로 낮은 신분에 방랑하는 사람을 상징하는 말로 사용된다. 수레는 그와 반대로 높은 신분을 상징한다. 《풍토기(風土記)》에 월(越) 나라 민요가 소개되어 있는데, 내용은 이러하다. "그대는 수레 타고 내가 삿갓 썼거든, 다른 날 서로 만나 수레에서 내려 읍하게나.

종소리와 물시계는 어둠 향해 가는 길 재촉하네[91] 鐘漏戒冥趨
나는 이미 가을바람 되었고 我已秋風矣
공은 지금 흘러가 버린 물이 되었구려 公今逝水乎
슬픔 머금고 초사[92]에 기탁하나니 啣哀托楚些
글자 하나가 아홉 번의 '오호'[93]라네 一字九嗚呼

그대가 우산 메고 내가 말을 탔거든, 다른 날 서로 만나 그대 위해 말에서 내리리다.〔君乘車我戴笠, 他日相逢下車揖. 君擔簦我跨馬, 他日相逢爲君下〕" 따라서 신분고하를 막론하고 서로 사귀었음을 뜻하는 말로 사용되었다고 볼 수 있다.

91 종소리와……재촉하네 : 원문의 '鐘漏'는 '종명누진(鍾鳴漏盡)'의 준말로, 시간을 알리는 종은 울리고 물시계의 물방울은 다 떨어졌다는 뜻이다. 이는 노경(老境)을 비유하는 말로 종루의 경계는 거의 죽을 나이가 된 늙은이는 벼슬에서 물러나야 한다는 경계를 이른다. 《삼국지(三國志)》 권26 〈위서(魏書) 전예전(田豫傳)〉에 "나이가 70이 넘어서도 벼슬자리에 있는 것은 비유하자면 시간이 다하였는데도 밤길을 쉬지 않고 걷는 죄인(罪人)과 같다."라고 하였다.

92 초사 : 넋을 부른다는 의미를 지닌 노래인 《초사(楚辭)》의 〈초혼(招魂)〉은 초나라 민간의 초혼가(招魂歌)의 형식을 본떠서 지은 것인 까닭에 구절 끝에 사(些) 자가 있는데, 이로 인해 '초사(楚些)'라고도 부른다.

93 오호 : 보통 제문이나 만사는 중간에 '오호애재(嗚呼哀哉)!', '오호통재('嗚呼痛哉)!' 등을 넣어 슬픔의 극대화를 시도하는데, 바로 그 '오호'의 역할을 이 시는 한 글자 한 글자가 충분히 해내고 있음을 뜻한다.

이 상사 사회 명환[94] 의 집에서 모란을 감상하고 범 촉공의 운[95]을 쓰다
李上舍士晦 明煥 宅賞牧丹 用范蜀公韻

범 촉공(范蜀公)에게 〈모란(牧丹)〉을 읊은 율시 하나가 있는데, 사마온공(司馬溫公)[96] · 한자화(韓子華)[97] · 한지국(韓持國)[98] · 범요부(范堯夫)[99] 등이 모두 창화(唱和)하였으니, 꽃 중에 지우(知遇)를 입음이

94 이……사회 : 이명환(李明煥, 1718~1764)으로, '상사(上舍)'는 성균관 유생으로서 진사시에 합격한 사람을 가리킨다. 이명환은 본관이 전주, 자가 사회(士晦) 혹은 사휘(士輝)이며 호가 해악(海嶽)이다. 부교리 · 교리 · 부수찬 · 수찬 등 청요직을 번갈아 역임하였다.

95 범……운 : 범공은 송나라 명신 범진(范鎭, 1007~1088)이다. 자는 경인(景仁), 시호는 충문(忠文)이다. 구양수(歐陽修) · 송기(宋祁) 등과 함께 《신당서(新唐書)》를 찬수했다. 촉군공(蜀郡公)에 봉해졌기에 범 촉공이라고 부른 것이다. 여기서 남유용이 차운한 시는 〈성도에서 모란을 보다〔成都觀牡丹〕〉이다.

96 사마온공(司馬溫公) : 사마광(司馬光, 1019~1086)이다. 자는 군실(君實)이고 섬주 하현(陝州 夏縣: 지금의 산시성) 사람이다. 호는 우수(迂叟)이며 속수 선생(涑水先生)이라고 불리기도 했다. 시호는 문정(文正)이다. 온국공(溫國公)의 작위를 하사받아 사마온공(司馬溫公)이라고도 불린다. 《자치통감(資治通鑑)》의 저자로서 유명하다. 신법과 구법의 다툼에서 구법파의 영수로서 왕안석과 논쟁을 벌였다.

97 한자화(韓子華) : 한강(韓絳, 1012~1088)으로, 자는 자화이다. 후에 강국공(康國公)에 봉해졌으며, 시호는 '헌숙(獻肅)이다.

98 한지국(韓持國) : 한유(韓維, 1017~1098)로, 자는 지국이며, 한강의 아우이다. 신종 때 한림학사와 지개봉부(知開封府)를 역임했다.

99 범요부(范堯夫) : 범순인(范純仁, 1027~1101)으로, 자는 요부(堯夫)이고 시호는 충선(忠宣)이다. 범중엄(范仲淹)의 아들로 당시 '포의재상(布衣宰相)'이라 일컬어

성대하구나. 임신년(1752) 초여름에 사회(士晦)의 집에서 모란을 감상하였는데, 붉은 꽃 흰 꽃 수십 그루가 범상치 않게 곱기에 범 공의 운을 써서 제군자들에게 함께 짓기를 부탁하였다.

빼어난 아름다움은 나라를 기울일 만하니	絶艶傾城國
꽃다운 이름 남기기론 고금에 으뜸이라	流芳冠古今
조물주의 솜씨로 모양 마름질한 것 정교하고	天工裁樣巧
노을과 같은 빛깔로 단장 물들인 것 그윽하네	霞彩染粧深
상수의 채초[100]도 패물(佩物)로 삼기에 부끄럽고	湘茝羞登珮
연나라 여인도 값어치 없으리	燕姝不直金
난간에 기대어 한참을 홀린 듯 바라보노라니	凭欄凝睇久
장부의 마음에 부끄러움 많구나	多愧壯夫心

졌다. 일찍이 호원(胡瑗) · 손복(孫復) 등 철학가들을 좇아 학습했으며, 부친이 사망한 후에야 비로소 출사하여 원우 연간(元祐元年)에는 재상의 자리에까지 올랐다.

100 상수의 채초 : 상수(湘水)는 굴원(屈原)이 유배되어 비참한 말년을 보내던 장소이고, 채초는 향초(香草)의 하나이다. 굴원의 〈이소(離騷)〉에 "임금님이 나를 내치면서 혜초 띠를 주시고, 또 향초인 채초를 가려 뽑아 거듭 주셨네. 이 또한 내 마음에 달갑게 여기는 바이니, 아홉 번 죽더라도 후회하지 않으리라.〔旣替余以蕙纕兮, 又申之以攬茝. 亦余心之所善兮, 雖九死其猶未悔〕"라는 말이 나온다.

북으로 돌아가는 임생 지수[101]를 보내며

贈林生芝秀北歸

임생의 숙부인 하담거사(荷潭居士) 임항(林沆)[102]은 증왕고께서 북쪽으로 귀양 가셨을 적에[103] 배운 적이 있다. 여러 차례 경성을 오고 갔는데, 선군자께서 그가 떠날 적에 써주신 시가 몇 편 있기에 지금 그 시운 중 하나에 차운한다.

천옹[104]께서 그대를 가상히 여겨 친히 이름을 하사했으니

101 임생 지수 : 도암 이재의 문인이었다는 것 이외에는 알려진 행적이 없다.

102 임항(林沆) : 남용익(南龍翼)의 《호곡집(壺谷集)》 권8에 〈북청의 동몽 임항이 일찍이 처소를 찾아오고 거산역에도 들렀는데, 배움을 청하기가 매우 간곡하였으며, 걸어서 배소까지 이르더니 머무르겠다고 하였다. 내 그의 배움을 향한 정성을 가상히 여겨 절구 한 수를 준다.〔北青童蒙林沆曾來所, 過居山驛, 請學甚勤, 徒步至配所, 仍欲留住, 嘉其向學之誠, 題贈一絶〕〉라는 시가 수록되어 있다. 이를 통해 임항이 북청 사람임을 알 수 있다.

103 증왕고께서……적에 : 남유용의 증조부는 대제학을 지냈던 남용익(南龍翼, 1628～1692)이다. 남용익은 숙종이 장희빈이 낳은 아들(후에 경종)을 원자로 삼으려 하자 이를 극력 반대하였다가 1691년(숙종17) 함경도 명천(明川)에 유배되어 이듬해 2월 유배지에서 죽었는데, 여기서 북쪽으로 귀양 갔다고 한 것은 곧 이 사건을 가리킨다.

104 천옹 : 이재(李縡, 1680～1746)를 가리킨다. 호가 한천(寒泉)이기 때문에 이렇게 높인 것이다. 자는 희경(熙卿), 또 다른 호는 도암(陶菴), 본관은 우봉(牛峰), 시호는 문정(文正)이며 농암(農巖) 김창협(金昌協)의 문인이다. 1702년(숙종28) 알성 문과에 급제하여 출사하였으나 1721년(경종1) 도승지로 재임 중 소론의 집권으로 삭직되고, 1722년 임인옥사가 발발하자 인제(麟蹄)에 들어가서 성리학 연구에 전념하였다.

泉翁嘉汝錫名親

지초는 숲속에 있어도 수려한 빛깔 늘 새롭다네[105] 芝在林中秀色新

임생이 일찍이 도암(陶菴)의 문하에서 수학했는데, 도옹께서 그를 위해 이름을 지어주었다.

큰 나무에 꾀꼬리 있어[106] 나그네 보따리 머물렀으나 喬木有鶯淹客

높은 산에 봉황이 없어[107] 돌아가는 수레 움직였네 高岡無鳳動歸輪

왕담은 《주역》을 강설하였으니 바보 숙부 아니요[108] 王湛說易非癡叔

1725년 영조가 즉위한 뒤 복직되어 대제학・이조 참판을 지냈으나, 1727년 정미환국 때 문외출송되자 용인(龍仁)의 한천(寒泉)에 은거하면서 많은 학자를 길러냈다. 호락논쟁(湖洛論爭)에서, 이간(李柬)과 함께 한원진(韓元震) 등의 심성설(心性說)을 반박하는 낙론(洛論)의 입장에 섰다.

105 지초는……새롭다네 : 지초는 향초 중의 하나인데, 임생(林生)의 이름에 지(芝) 자가 들어가기 때문에 지초를 언급한 것이고, 수려한 빛깔도 그의 이름에 '수(秀)' 자가 있어 그렇게 표현한 것이다.

106 큰……있어 : 큰 나무에 꾀꼬리가 있다는 것은 벗을 찾아오는 것을 말한다. 《시경》 〈벌목(伐木)〉에 "나무 베는 소리 쩡쩡 울리거늘 새 우는 소리 꾀꼴꾀꼴 들리도다. 깊은 골짜기에서 나와 높은 나무로 옮겨 가도다. 꾀꼴꾀꼴 꾀꼬리 울음이여, 벗을 찾는 소리로다. 저 새를 보건대 오히려 벗을 찾아 우는데, 하물며 사람이 벗을 찾지 않는단 말인가.〔伐木丁丁 鳥鳴嚶嚶 出自幽谷 遷于喬木 嚶其鳴矣 求其友聲 相彼鳥矣 猶求友聲 矧伊人矣 不求友生〕"라고 하였다.

107 높은……없어 : 높은 뫼의 봉황이란 가장 높은 경지의 소유자라는 말이다. 《시경》 〈권아(卷阿)〉의 "봉황이 우나니 저 높은 뫼요, 오동이 자라나니 아침 해 뜨는 동산이라.〔鳳凰鳴矣 于彼高岡 梧桐生矣 于彼朝陽〕"에서 나온 말이다. 함련에서 말하고 있는 것은 임생이 벗을 찾아 먼 곳에서 이르렀지만 훌륭한 사람을 만나지 못해 다시 돌아가게 되었다는 뜻이다.

108 왕담은……아니요 : 진(晉)나라 때 왕제(王濟)는 진 무제(晉武帝)의 사위였는데, 당시 왕제의 숙부였던 왕담(王湛)을 온 집안사람들은 모두 치(癡), 즉 바보라 여겨 '치숙(癡叔)'이라고 불렀다. 왕제도 평소에 말이 없는 왕담을 존경하지 않았는데, 그가

구책은 《시경》을 배웠으니 또한 훌륭한 사람이라[109] 區冊聞詩亦可人
힘써 식사 많이 하시고 배움도 쌓으시어 努力加餐兼績學
남으로 오는 기러기 편에 소식 자주 전해주시오 好凭南鴈寄聲頻

《주역》의 이치를 깊이 분석하는 것을 보고 감탄하기를 "집안에 명사가 있는데도 30년 동안이나 몰랐으니 이는 나의 허물이다."라고 하였다.

109 구책은……사람이라 : 당나라 한유(韓愈)가 양산현(陽山縣)에 귀양 가 있을 때 구책(區冊)이라는 자가 남해(南海)로부터 배를 타고 와서 시서(詩書)·인의(仁義)에 대한 강설을 들었는데, 그가 새해를 맞아 고향으로 돌아가려고 하자 한유가 그를 위해 〈구책을 보내는 글〔送區冊序〕〉을 지어주었다.

동쪽 교외를 지나다 광보[110]를 만나 운자를 뽑아 같이 짓다

東郊路上遇光甫 占韻同賦

도성 문에 말 몰고 나오니 새벽빛 울창한데	都門騎馬曉蒼蒼
간밤에 잔뜩 내린 이슬에 풀과 나무 춥구나	宿露溥溥草樹凉
성곽 나서자마자 속세의 일 멀게 느껴지나니	出郭劇知塵事遠
귓전에는 늘 물소리가 길게 울린다오	耳邊常帶水聲長

110 광보 : 이광(李垙)으로, 하은군(河恩君)이라는 봉호를 받았다. 《뇌연집》 권5에 〈초여름에 이제 광보 광이 찾아왔기에 운자를 뽑아 함께 짓다〔初夏李弟光甫 垙 見過拈韻同賦〕〉라는 시가 있어 그가 이광임을 알 수 있다.

세검정에서 동촌[111]과 북동의 여러 벗들과 만나 저녁이 끝날 때까지 잔치하며 술을 마시다가 방옹[112] 문집 중의 운을 써서 함께 짓다

洗劍亭會東村北洞諸友 燕飮終夕 用放翁集韻同賦

멋들어진 연회의 노랫소리 저 하늘까지 닿을 듯한데 高筵歌嘯敵雲扃
물소리 맑디 맑아 계곡의 신령도 춤을 추네 水籟泠泠舞谷靈
옛날의 일을 글에 새겼으니 응당 돌이 있을 터이고 古事勒文應有石
시국의 근심으로 검을 씻었으니 정자에 이름까지 붙였으리 時憂洗劍尙名亭
시의 소리 낭랑하여 저 멀리 폭포로 돌아가고 詩聲寥朗歸遙瀑
술의 기운 영롱하여 푸른 병풍만큼이나 솟았구나 酒氣玲瓏聳翠屛
홍진 성곽에서 지낸 백일 동안 이런 자리 어려웠으니 塵郭十旬難此席
돌아가는 말 잠시 멈추고 저녁별을 보세나 且停歸馬看昏星

111 동촌 : 남유용 · 오원 · 황경원 · 이천보는 동사(東社)라는 시사를 결성하였기에 동촌파(東村派)로 불린다. 서울의 동쪽에 주로 살았기 때문에 이렇게 부른 것이다.

112 방옹 : 중국 남송 때의 문인인 육유(陸游, 1125~1210)로, 자는 무관(務觀), 호는 방옹(放翁)이다. 많은 산문과 1만여 편의 시를 남겼다. 시인으로 출발하여 간단하고 솔직한 표현, 사실주의적인 묘사로 당시 유행하던 강서시파의 고상하고 암시적인 시풍과는 다른 시를 써서 명성을 얻었다. 그러나 형식에 있어서는 보수적이어서 고체시를 많이 썼으며 율시에서도 탁월한 재능을 보였다. 그는 시에서 뜨거운 애국심을 표현하여 지금까지 애국 시인으로 불린다. 저술로 《검남시고(劍南詩稿)》가 있다.

중원일[113]에 태학의 제생들과 명륜당[114]에서 《주역》을 강했는데, 강을 마치고서 술잔을 몇 순배 돌리다가 입으로 네 개의 운을 불러 자리에 있는 사람들에게 보이다
中元日 與太學諸生 講易于明倫堂 講罷觴酒數行 口占四韻示席上

벽소[115]에 가을날 맑아 강석을 열었더니 辟沼秋晴開講帷
아침 내내 읍양하느라 즐거움에 피곤한 줄 모르겠네 終朝揖讓樂無疲
현가[116]는 유유자적 노니는 일 아니요 絃歌不是優游事
경세제민(經世濟民)하려면 끝내 담박한 자태 있어야 하네
經濟終須淡泊姿
함께 어울릴 훌륭한 선비 많은 것 이미 기쁘나니 已喜周旋多吉士
이들을 다듬어 연마하려면 훌륭한 스승이 있어야 하리
若要陶鑄待明師
다 늙은 이 몸은 부끄럽게도 광주리 받든 뜻[117] 저버리고서

113 중원일 : 음력 7월 15일로 백종(百種)·중원(中元), 또는 망혼일(亡魂日), 우란분절(盂蘭盆節)이라고도 한다.

114 명륜당 : 성균관의 유생들이 기거하던 재실(齋室)이다.

115 벽소 : 성균관을 의미한다. '벽소(辟沼)'는 '벽소(壁沼)', '벽수(壁水)', '벽지(壁池)', '반수(泮水)'라고도 한다. 고대 천자의 나라에 세운 태학(太學)을 벽옹(辟雍)이라 하였고, 벽옹의 사면에 물이 벽처럼 둘러 있었으므로 이렇게 말한 것이다.

116 현가 : 현가(絃歌)는 금슬(琴瑟)을 타고 시가를 노래하는 것을 의미한다. 공자(孔子)의 제자 자유(子游)가 일찍이 무성(武城)의 재(宰)로 있을 적에 그곳 백성들이 모두 거문고를 타고 시가를 노래했다는 데서 온 말로, 전하여 예악으로써 백성들을 잘 교화시키는 것을 의미한다. 《論語 陽貨》

龍鍾慚負承筐意

요요 울어대던 사슴의 옛 시조차 폐하였네 　　鳴鹿呦呦廢舊詩

117 광주리……뜻 : 《시경》 〈녹명(鹿鳴)〉에 "젓대를 불며 생황을 울리고, 광주리를 받들어 폐백을 올리니 나를 좋아하는 사람은 나에게 대도(大道)를 보여 줄지어다.〔吹笙鼓簧 承筐是將 人之好我 示我周行〕"라고 하였다. 빈객(賓客)을 연향(燕饗)하는 것을 읊은 시 구절로, 뭇 신하와 손님들이 자신에게 대도를 보여 주기를 소망하는 구절이다.

윤경평[118]의 시를 차운하여 관직을 그만두고 북으로 돌아가는 전 원외 영수[119] 를 보내다
次尹景平韻 送全員外 永壽 罷官北歸

시절을 아파하고 도를 근심한다는 말은 되려 진부하고 傷時憂道語還陳
말술 마시고 미친 듯 노래하는 뜻은 오히려 진실하네 斗酒狂歌意却眞
가련한 그대의 부평초 같은 종적은 실의한 사람에게 어울려 憐爾萍蹤宜落魄
습관처럼 가난한 골목 문 닫아건 사람만 찾는구려 慣尋窮巷閉門人

118 윤경평 : 윤심형(尹心衡)으로, 자세한 내용은 284쪽 주11 참조.

119 전 원외 : 전영수(全永壽, 1723~?)로, 본관은 천안이고, 전극창(全克昌)의 아들이다. 전적(典籍) 및 상운 찰방(祥雲察訪) 등의 관직을 역임하였다. 따라서 북으로 돌아간다는 것은 그의 고향인 함경도로 돌아가는 것임을 알 수 있다.

화협옹주[120] 만사 계유(1752)

和協翁主輓詞 癸酉

심원[121]의 꽃나무 날로 향기로워지는데 沁園花樹日芳菲
제자의 운중[122]으로 즐거움 아직 돌아오지 않았네 帝子雲中樂未歸
옥거울만 홀로 매달려 있어 난새는 춤추지 않고[123] 瑤鏡自懸鸞不舞

120 화협옹주 : 1733~1752. 영조의 일곱 번째 딸이자 영빈 이씨 소생으로, 사도세자의 친누나이다. 1743년(영조 19)에 화협옹주로 봉해지고 같은 해에 영의정을 지낸 신만(申晩)의 아들 영성위(永城尉) 신광수(申光綏)와 혼인하였다. 옹주가 혼례를 올린 시기에는 마침 가뭄이 닥쳤기 때문에 영조는 혼례를 미루려 하였으나 신하들의 간언으로 검소하게 치렀다. 1752년 11월 27일에 20살의 나이로 요절하였다. 무덤은 경기도 남양주시 평구마을에 있다.

121 심원 : 동한(東漢) 명제(明帝)의 딸 심수공주(沁水公主)가 전원(田園)을 갖고 있었던 데서 나온 말로 공주의 집 혹은 공주를 일컫는다.

122 제자의 운중 : 운중은 선계(仙界)를 가리키고, 제자(帝子)는 아황(娥皇)과 여영(女英)으로 전설 속 순 임금의 딸을 가리킨다. 이 시에서는 화협옹주를 대신 받은 말로 사용되었다.

123 옥거울만……않고 : 짝과 사별한 뒤 홀로 슬퍼하며 지냄을 말한다. 옛날에 계빈왕(罽賓王)이 난새 한 마리를 잡았는데, 난새가 우는 소리를 매우 듣고 싶었으나 울게 할 방도가 없었다. 금으로 된 울타리를 쳐주고 진귀한 먹이를 주어도 시름시름 앓기만 하고 삼 년 동안을 울지를 않았다. 그러자 계빈왕의 부인이 말하기를, "새는 자기 무리를 본 뒤에 운다고 들었는데, 어찌하여 거울을 걸어서 비치게 하지 않습니까?"라고 하였다. 이에 왕이 그 말에 따라 거울을 걸어 주었더니, 난새가 거울에 비친 자기 모습을 보고는 하늘에 사무치도록 슬피 울다가 숨이 끊어졌다는 고사가 전한다. 후에 '난경(鸞鏡)' 또는 '고란조경(孤鸞照鏡)'은 금슬 좋던 부부가 배우자와 사별한 뒤 쓸쓸하게 지내는 것을 비유하게 되었다. 《태평어람(太平御覽) 916권 난조시서(鸞鳥詩序)》 참조.

옥퉁소 울리지 않아 봉황도 날기를 그쳤네[124]	玉簫無響鳳休飛
궁녀들은 눈물 참으며 화려한 패옥을 거두고	宮娥忍淚收華珮
부족들은 혼을 맞이하여 흰 휘장 안에서 곡하네	夫族迎魂哭素幃
육룡[125]이 집에 이르던 날을 어찌 차마 말할까	耐說六龍臨第日
지금까지도 길을 가시며 또한 옷깃을 적시는 것을	秖今行路亦沾衣

124 옥퉁소……그쳤네 : 옛날 진 목공(秦穆公)의 딸인 농옥(弄玉)이 음악을 좋아하였는데, 소사(蕭史)라는 이가 퉁소를 잘 불어서 봉황이 우는 소리를 냈다. 이에 목공이 농옥을 그에게 시집보내고 봉루(鳳樓)라는 누각을 지어 주었는데, 이들 두 사람이 퉁소를 불면 봉황이 날아와서 모였다. 후에 이 두 사람은 봉황을 타고 날아갔다고 한다. 《列仙傳》

125 육룡 : 제왕의 수레이다. 즉 영조가 화협옹주의 집을 찾아왔음을 뜻한다. 《영조실록》 29년(1753) 1월 23일 기사에 "임금이 화협옹주의 집에 거둥하였는데, 이는 옹주를 새로 장사(葬事)지냈기 때문이었다."라는 기록이 보인다.

윤 판결사 흡[126] 만사

尹判決事 潝 輓

영욕에 쉬이 놀라지 않고 도도하게 웃던 시절　　榮辱難驚笑傲年
유유자적 지내던 중에 혜이[127]의 천성을 얻었네　　優游聊得惠夷天
청운[128] 무렵에는 의관을 가까이하였고　　衣冠偪側青雲際
백발 앞에서는 도필[129]을 종횡으로 휘둘렀네　　刀筆縱橫白髮前
낙토의 백성들은 감당나무에서 쉬던[130] 사랑을 노래하고

126 윤 판결사 : 윤흡(尹潝, 1689~1753)으로, 본관은 해평(海平), 자는 화숙(和叔)이다. 윤두수(尹斗壽)의 5세손이자, 저자의 종증조인 김창흡(金昌翕)의 문인이다. 1748년(영조24) 60세 때 통정대부(通政大夫)에 제배되었고 이듬해 수원부사 겸 경기좌방어사(京畿左防禦使)에 임명되었다. 영조 29년(1753) 1월 21일에 담병(痰病)이 심해져 향년 65세로 명례방(明禮坊) 정침(正寢)에서 졸하였다.

127 혜이 : 백이(伯夷)와 유하혜(柳下惠)의 병칭인데, 맹자가 일찍이 백이와 유하혜는 각각 청(淸)과 화(和)의 일편적인 성(聖)일 뿐이요, 공자(孔子)는 성(聖)의 집대성(集大成)이라고 평한 바 있다. 《孟子 萬章下》

128 청운 : 청운은 검은 머리를 상징하기도 하므로 여기서는 젊은 시절을 뜻하는 말로 쓰인 듯하다.

129 도필 : '刀筆'은 본래 종이가 발명되기 전에 죽간(竹簡)에 글씨를 쓰는 붓과 잘못된 글자를 긁어 고치던 칼이라는 뜻이다. 여기서는 글을 짓는 모습을 가리키는 용어로 사용되었다.

130 감당나무에서 쉬던 : 당발(棠茇)은 《시경》 〈감당(甘棠)〉에 "무성한 저 감당나무 가지를, 갈기지 말고 베지도 말라. 우리 소백이 쉬시던 곳이니라.〔蔽芾甘棠 勿翦勿伐 召伯所茇〕"라고 한 데서 나온 말이다. 이 시는 곧 남국을 순행하면서 문왕(文王)의 정사(政事)를 편 소공(召公)의 덕을 추모하여 부른 노래이므로, 전하여 지방관의 선정을 의미한다.

樂土岷歌棠茇愛

막다른 길에 처한 사람은 보리 실은 배[131]를 슬퍼하네

窮途人泣麥舟憐

바다 남쪽에서 보내온 편지가 평생토록 남아있는데 溟南尺素平生在

호방한 선비의 참된 흉금이 한 자 한 자 전해지는구나

豪士眞襟字字傳

131 보리……배 : 물품을 주어 상사(喪事)를 돕는 일, 즉 부의(賻儀)를 뜻한다. 송나라 범중엄(范仲淹)이 아들 요부(堯夫)를 시켜 고소(姑蘇)에서 보리 5백 섬을 운반해 오게 했다. 요부가 배에 보리를 싣고 단양(丹陽)에 이르렀을 때 석만경(石曼卿)을 보았는데, 만경은 돈이 없어 부모의 장례를 치르지 못하고 있었다. 그리하여 요부는 보리를 실은 배를 주고 빈 몸으로 돌아왔다. 그리고 석만경이 부모의 장사를 치르지 못하고 있는 사정을 범중엄에게 말했다. 이에 범중엄이 그러면 왜 보리를 실은 배를 주지 않았느냐고 하자 요부는 주고 왔다고 하였고, 그 후 이 말이 전하여 맥주가 부의라는 의미로 쓰이게 되었다. 《宋史 卷314 范仲淹列傳》

조 학사 규장 중회[132] 의 〈연행별첩〉[133]에 뒤늦게 쓰다
追題趙學士益章 重晦 燕行別帖

근년 이래 쇠해지고 게을러져 고음[134]을 그만두었는데 衰懶年來罷苦吟

연경(燕京)의 시는 하물며 또 쉬이 마음 상하게 함에랴 燕詩況復易傷心

황하 물 맑아지는 것[135] 정녕 그 언제의 일일까마는 河淸定是何年事

132 조 학사 규장 : 조중회(趙重晦, 1711~1782)로, 본관은 함안(咸安), 자는 익장(益章), 시호는 충헌(忠憲)이다. 이재(李縡)의 문인이다. 1736년(영조12) 정시 문과에 급제하여 설서・검열을 지냈고, 1743년(영조19)에 정언으로 왕의 빈번한 사묘(社廟) 참례(參禮)를 간하다가 파직당했다.

133 〈연행별첩〉 : 《영조실록》 27년(1751) 11월 7일 기사에 "사은 겸 동지정사(謝恩兼冬至正使) 낙창군(洛昌君) 이탱(李樘), 부사(副使) 신사건(申思建), 서장관(書狀官) 조중회(趙重晦)가 길을 떠났다."라고 하였으며, 다음 해인 28년(1752) 4월 22일 기사에 "동지사 낙창군 이탱과 부사 신사건, 서장관 조중회가 북경에서 돌아오니, 임금이 인견하고 그 나라의 사정을 물었다."라고 하였다. 따라서 조중회가 연경에 갔던 것은 1751년에서 1752년 사이였음을 알 수 있다.

134 고음 : '苦吟'은 고심하며 시구를 찾아내는 일을 말하는데, 넓게는 시를 짓는다는 의미이다.

135 황하……것 : '하청(河淸)', 즉 황하가 맑아진다는 것은 태평성대를 의미한다. 삼국 시대 위(魏)나라 이강(李康)의 〈운명론(運命論)〉에 "황하가 맑아지면 성인이 출현한다.〔夫黃河淸而聖人生.〕"라는 말이 나오는데, 그 주(註)에 "황하는 천 년에 한 번 맑아지는데, 그렇게 되면 그 상서(祥瑞)에 응하여 성인이 나온다고 세상에 전한다."라고 하였다.

서쪽으로 가는 그대에게 늦게나마 좋은 말로써 드리네

遲子西歸贈好音

《시경》〈비풍(匪風)〉의 마지막 장에 이르기를, "그 누가 서주(西周)로 돌아가는가? 내 좋은 말로 회유하리라.〔誰將西歸 懷之好言〕"라고 하였기에, 이러한 말을 늘어놓아 시인의 뜻에 붙였다.

남한산성 수어장대(守禦將臺)[136]에 올라 유수 이공 기진[137]의 운을 받들어 화답하다

南漢將臺 奉和留守李公 箕鎭 韻

바람 드넓은 성에선 군악 소리[138] 울리는데	風濶城笳發
말 머리 앞에 산천이 펼쳐지네	山川馬首來
안위는 이 한 면에 달려있고	安危當一面
경영은 뭇 인재들에게 의지하네	經理仗群才
첩첩의 계단은 별에 닿아 드높고	疊棧星磨聳
화려한 초루는 달을 끌어안고 도네	華譙月抱迴
하늘과 땅에 아직도 비분강개함 남았는지	乾坤餘慷慨
지는 해가 배회하며 비추는구나	落日照裵徊

136 수어장대(守禦將臺) : 원래 이름은 서장대(西將臺)이다. 처음 남한산성을 축조할 때 사방 네 곳에 지은 장대 중의 하나로 서쪽에 있어서 서장대라 하였는데, 영조 27년(1751)에 유수(留守) 이기진(李箕鎭)이 왕명으로 서장대 위에 2층 누각을 건립하고 외부 편액은 수어장대, 내부 편액은 무망루(無忘樓)라고 하여, 이후 수어장대로 불렸다.

137 유수 이공 : 이기진(李箕鎭, 1687~1755)으로, 본관은 덕수. 자는 군범(君範), 호는 목곡(牧谷)이다. 권상하(權尙夏)의 문인이다. 함경도 관찰사를 지내고, 이어 대사간을 지냈으며, 경상도 관찰사・형조 판서・경기도 관찰사 등을 두루 역임하였다. 1749년에 동지사로 청나라에 다녀왔고, 1751년에는 광주부 유수로 〈한봉도(汗峰圖)〉를 지어 올렸다.

138 군악 소리 : 원문의 '笳'는 호가(胡笳)를 가리킨다. 옛날 군중(軍中)에서 호가와 북을 사용했던 데서 전하여 군악(軍樂)을 가리킨다.

동호[139]의 배 안에서 경평[140]과 함께 술을 마시다
東湖舟中 與景平飮酒

맑은 바람 속 노에 기대어	倚棹淸風裏
강가의 술로 거듭 잔을 채우네	江醪屢上巵
목청 높여 노래 부르니 모래섬 새들이 날아오르고	放歌沙鳥起
두건을 젖혀 쓰니[141] 물가 꽃들이 늘어지누나	岸幘渚花垂
비녀 꽂고 홀 든[142] 나는 참으로 게으르고	簪笏吾眞懶
고기 잡고 나무하는 그대는 어리석지 않네	漁樵子不癡
유유자적 이 긴 저녁을 보내고서	優游聊永夕
성곽으로는 천천히 돌아가려 하네	城郭得歸遲

139 동호 : 중랑천과 한강 본류가 만나는 지점을 중심으로 압구정동과 옥수동 사이의 한강 지역을 지칭한다.

140 경평 : 윤심형(尹心衡)이다. 자세한 내용은 284쪽 주11 참조.

141 두건을……쓰니 : 두건을 뒤로 젖혀 써서 이마를 드러낸다는 뜻인데, 곧 태도가 소탈하거나 예모에 구애받지 아니함을 일컫는다. 안(岸)은 이마를 드러낸다는 뜻이다. 안건이나 안책(岸幘)으로도 쓴다.

142 비녀……든 : '簪笏'은 벼슬아치가 관(冠)에 꽂던 비녀와 손에 쥐던 홀(笏)을 아울러 이르는 말로, 곧 관리를 대신 받는다.

동호의 배 안에서 덕재[143]의 운에 화답하다 경평[144]

東湖舟中和德哉韻 景平

가느다란 풀이 닻줄 매어놓은 배[145]까지 뻗어있고	細草延風纜
가벼운 구름은 술잔 위를 건너가네	輕雲度酒巵
숲이 길어 꽃들은 적막하고	林長花寂歷
연기가 무거워 버들잎은 낮게 드리웠네	烟重柳低垂
시 짓는 흥은 나이 따라 줄어들지만	詩興隨年減
산 사랑하는 마음은 죽을 때까지 간절하네	山情到死癡
만나자마자 이별할 일 두렵기에	相逢恐相別
다만 천천히 여울을 거슬러 올라가고 싶구나	直欲上灘遲

143 덕재 : 남유용의 형인 남유상(南有常, 1696~1728)의 호이다.

144 경평 : 윤심형(尹心衡)으로, 자세한 내용은 284쪽 주11 참조.

145 닻줄……배 : 한유(韓愈)의 〈추회시(秋懷詩)〉 일곱 번째 수에 "돛단배를 탄 것처럼, 한 번 나아감에 붙잡을 수 없네.〔有如乘風船, 一縱不可纜〕"이라는 구절이 나오는데, 후에 '풍람(風纜)'은 물위에 정박하고 있는 배를 가리키는 말로 사용되었다.

남쪽 이웃의 꽃나무

南隣芳樹

꽃나무는 시절을 알아	芳樹知時節
봄바람 불자 저절로 꽃을 피웠네	春風自發花
아침 햇살 비추면 밝기가 꼭 눈 온 것 같고	朝暾明似雪
석양이 질 때면 아른거리며 노을 무늬 지어내네	夕景曖成霞
비취새의 깃털을 줍느라[146] 구슬 비녀가 떨어지고	拾翠珠簪落
붉은 꽃 사이를 뚫고 오느라 비단 언치[147] 기울었네	穿紅錦韉斜
방초 저 너머에 있는 작은 수레를	小車芳草外
한가로이 바라보자니 생각이 아득해지누나	閑眺意方遐

146 비취새의……줍느라 : 옛날 부녀자들이 수식(首飾)을 위해 비취새의 깃을 주웠던 데서 온 말인데, 전하여 후세에는 흔히 부녀자들의 봄놀이하는 것을 지칭한다. 조식(曺植)의 〈낙신부(洛神賦)〉에 "밝은 구슬을 캐기도 하고, 비취새의 깃을 줍기도 한다.〔或採明珠 或拾翠羽〕"라고 하였다.

147 언치 : 안장 밑에 까는 깔개를 말한다.

어가를 호종하여 북단[148]에 이르렀으니 기우제를 지내기 위해서였다. 가는 도중에 읊다

扈駕北壇 祈雨也 途上有吟

보련[149]이 구불구불 북쪽 성문을 나서는데	步輦逶迤出北城
바람과 구름 드넓게 펼쳐져 용정[150]을 인도하네	風雲浩蕩引龍旌
돌아오는 길의 흡족한 안색 응당 알 수 있나니	應知歸路欣欣色
세검정 앞에서 빗소리를 듣겠구나	洗劒亭前聽雨聲

148 북단 : '北壇'은 조선 시대 때 중앙, 북방, 서방, 동방, 남방의 오방(五方)에 흙으로 만든 용을 놓고 기우제를 지냈는데, 그 제단 중 하나인 북방 토룡단(北方土龍壇)이다. 서울 창의문(彰義門) 밖에 있었다.

149 보련 : 사람이 끄는 수레로 보만거(步挽車)라고도 한다.

150 용정 : '龍旌'은 용을 그린 깃발로, 고대에 왕의 의장용으로 사용되었다.

풍계 태고정[151]에서 동촌[152]과 북리[153]의 여러 벗들과 작은 모임을 갖다

楓溪太古亭 與東村北里諸友小集

이곳이 충신의 사당[154]인 것을 아는지	知是忠臣廟
천년을 두고 물도 돌도 청신하구나	千年水石淸
백악산 산색에 수레를 멈추고	停車白嶽色
푸른 소나무 소리에 의대를 풀었네	解帶碧松聲
머리카락과 살쩍 보니 서로 같이 늙었지만	鬢髮相看老
술 주전자 술잔 주고받음에 정이 끝도 없구나	壺樽未了情
이번 유람 스스로 자랑할 만하나니	玆遊堪自詑
자리를 두른 사람 절반이 서생이었다네	繞席半書生

151 풍계 태고정 : 풍계는 청풍계라고도 하며, 인왕산 동쪽 기슭의 북쪽에 있는 계곡으로 지금의 종로구 청운동 54번지 일대이다. 푸른 단풍나무가 많아서 그렇게 불렸으나 이곳에 김상용(金尙容, 1561～1637)이 별장과 함께 태고정이라는 정자를 지으면서부터 맑은 바람이 있는 계곡이라는 뜻의 '청풍계(淸風溪)'로 명칭이 바뀌어 불렸다고 한다. 태고정은 지금 청운동의 선희궁(宣禧宮) 뒤편 기슭에 있던 김상용의 옛 집터에 아직도 그 터가 남아 있다. 《淸陰集 卷11 近家十詠》 겸재(謙齋) 정선이 그린 한양의 진경에도 청풍계가 들어 있다.

152 동촌 : 조선 시대까지 성안 낙산 아래를 남경 혹은 한양의 동촌(東村)이라고 불렀다.

153 북리 : 지금 서울에서 북촌이라고 불리는 곳을 말한다.

154 충신의 사당 : 김상용은 1636년 병자호란 때 묘사(廟社)의 신주를 받들고 빈궁·원손을 수행해 강화도에 피난했다가 이듬해 성이 함락되자 성의 남문루(南門樓)에 있던 화약에 불을 지르고 순절하였다. 이에 충신의 대명사로 추앙받았는데, 청풍계에 그가 살던 집과 사당 등의 유적이 있었기 때문에 이렇게 말한 것이다.

중원일[155]에 종암[156]에서 여러 벗들과 함께 작은 모임을 갖다
中元日鐘巖 同諸子小集

풍진에 나는 이미 지쳤거니	風塵吾已倦
물고기 새들과 무리 짓고 싶어라	魚鳥欲同群
술기운이 푸른 벽 사이를 가로지르고	酒氣橫靑壁
시 낭송하는 소리가 흰 구름 밖으로 나가네	詩聲出白雲
간수에 흩날리는 물방울은 날 개자 다시 떨어지고	澗霏晴更滴
숲에서 들리는 바람 소리는 날 어두워지자 들려오네	林籟暝相聞
아득히 먼 영수 끄트머리[157] 밖으로	穎尾蒼茫外
돌아갈 가마는 반쯤 기운 석양 녘에 기대 있네	歸輿倚半曛

155 중원일 : 음력 7월 15일을 말하는데, 백중(百中)이라고도 하고 백종(百種)이라고도 한다

156 종암 : 지금의 성북구 종암동에 있던 마을로 고려대학교 뒷산에 북처럼 생긴 큰 바위가 있는 데서 마을 이름이 유래되었다. 이곳에 오원의 별장이 있었는데, 그중 동정(東亭)이라는 정자에서 황경원 · 남유용 · 이천보 · 오원 등 사가(四家)가 모여 자주 시회(詩會)를 가졌다.

157 영수 끄트머리 : 원문의 '영미(穎尾)'는 영수의 끝자락이라는 뜻으로 은거지를 상징한다. 송나라 구양수(歐陽脩)는 다른 사람에게서 귀한 선물을 받고서 지은 시에, "결국에는 자리 걷고 베개 들고 떠나서 맑은 영수 끝자락에 집을 짓고 전답 사서 살지 않겠나.〔終當卷簟携枕去 築室買田淸穎尾〕"라고 하였다.《文忠集 卷8 古詩二十一首》

경구당에서 밤에 술을 마시며

敬口堂夜飮

나귀 타고 온 객이 나의 오두막을 물으니	騎驢有客問吾廬
종암[158]에서 한바탕 웃고 난 뒤라	還是鐘巖一笑餘
세모에 잊기 어려운 것은 오직 술친구이고	暮歲難忘惟酒友
반평생 끝내지 못한 것은 여전히 유가의 서적이라	半生未了尙儒書
술잔 돌리니 강 그림자에 별의 움직임 담기고	行杯河影含星動
베개에 기대니 회나무 그늘에 성근 비 떨어지네	欹枕槐陰落雨踈
다음 모임은 모름지기 가을 물 빠질 때를 기다려	後會正須秋水退
외로운 배 잘 저어가서 강가의 물고기나 낚아보세	好撑孤艇獵江魚

158 종암 : 331쪽 주156 참조.

장차 성도[159]로 가려고 하면서 선영[160]에 성묘하고 서재종제[161] 유증[162]의 시운에 차운하다

將赴成都 拜掃先壟 次庶再從弟有曾韻

외로운 인생 기쁨 만났건만 도리어 슬픔이 생기니 孤生遇喜却生悲

뽕나무 가래나무[163] 맑은 가을에 이슬 맞아 잎 늘어졌네 桑梓秋淸露葉垂

언덕으로 돌아가려던 오랜 계획도 다 어긴 채 丘壟歸依違宿計

해마다 백당의 시[164]에 공연히 화답만 하고 있구나 年年空和柏堂詩

159 성도 : 평안남도 중부에 있는 성천군(成川郡)을 가리킨다. 남유용은 56세 되던 해인 1753년 8월에 성천 부사가 되었으나 부임 전에 체차된 일이 있다.

160 선영 : 남유용 집안의 선영은 경기도 양주 송산(松山)에 있었다. 남유용의 증조부인 남용익은 《호곡집(壺谷集)》 권15 〈운수암기(雲水菴記)〉에서 "우리 집안이 유양의 송산에 선영을 둔 것이 6대이다.〔故余家之卜先塋於維楊之松山者六世.〕"라고 하였다. 유양의 송산은 지금의 의정부시 송산동 부근이다.

161 서재종제 : 재종제는 육촌뻘 되는 아우를 말하며, 그 사람이 서자이기에 앞에 '서' 자를 붙였다.

162 유증 : 남유용이 시에서 서재종재라고 언급한 사람으로 남유형(南有衡)이 있는 것으로 보아 그와 형제인 듯하지만 확실치 않다.

163 뽕나무 가래나무 : 조상의 무덤이 있는 고향이나 고향의 집을 비유적으로 이르는 말이다.

164 백당의 시 : 백당(柏堂)은 남유용의 증조부인 남용익을 가리킨다. 《호곡집》 권15에 〈쌍백정기(雙柏亭記)〉가 실려있는데, 그 내용을 보면 남용익의 부친이 직접 두 그루 측백나무〔雙柏〕를 심어 35년 사이 튼튼한 나무로 자랐기에, 두 그루 측백나무 그늘에 세 칸짜리 모옥(茅屋)을 짓고 '쌍백당'이라 이름하였다고 하였다. 따라서 남용

익뿐만 아니라 그 집안 조상을 상징하는 것으로 보아도 무방하다. 남유용이 차운한 시는 남용익의 〈배에서 술에 취해 동리에서 쳐다보는 임낭에게 주다〔舟中 醉贈東里所眄壬娘〕〉이다.

운수암[165]에서 묵으면서 서재종제 유형[166]의 시운에 차운하다

宿雲水菴 次庶再從弟有衡韻

전원으로 돌아감이 좋은 것을 비로소 깨닫겠나니 始覺歸田好
오늘 밤 잠자리가 청아하구나 今宵枕簟淸
가을바람에 느릅나무 잎 떨어지고 秋風楡筴落
새벽이슬에 국화 꽃잎 피어나네 曉露菊花生
누웠다 일어났다 하는 사이에 봉우리 빛깔 세 번 바뀌지만 臥起三峯色
아침저녁으로 들리는 것은 한 물소리라네 朝昏一水聲
평생 품어 온 녹문의 기약[167] 平生鹿門計

165 운수암 : 《호곡집》 권15 〈운수암기(雲水菴記)〉에 의하면 승려 양빈(養彬)이라는 사람의 간청으로 남유용이 경비를 지원하여 선영 부근에 암자를 짓게 되었는데, 그 암자가 지어진 곳은 국사봉(國師峯: 경기도 동두천시와 포천시 신북면 경계에 있는 산) 아래였으며, 처음 이름은 '신흥암(新興庵)'이었다. 후에 남용익은 그곳의 경관을 살펴보고 이름을 '운수암'이라고 고쳤다.

166 유형 : 남유형(南有衡, 1715~1778)으로, 자는 군산(君山)이다. 남유용의 증조부 남용익의 서자인 남성중(南聖重)이 할아버지이고, 남한종(南漢宗)이 아버지이므로 남유용과 한 집안 친족 아우뻘 되는 사이라 할 수 있다. 《뇌연집》 권6에 〈운수암에서 묵으면서 서재종제 유형의 시를 차운하다[宿雲水菴 次庶再從弟有衡韻]〉라는 시가 있다.

167 녹문의 기약 : 세상을 피해 숨어 지내는 곳을 말한다. 후한 말의 명사 방덕공(龐德公)이 처자를 이끌고 녹문산(鹿門山)으로 들어가 약초를 캐며 세상 밖으로 나오지 않았

너에게만은 분명히 말할 수 있네　　　　　　　　　　　　　　與爾說分明

던 고사에서 유래한 말로, 함께 은거할 것을 약속했다는 뜻이다.《後漢書 卷83 逸民列傳 龐公》

서간 끄트머리에 적어 유문[168]이 면지[169]와 채색 붓을 보내준 것에 사례하다

書簡尾謝孺文惠綿紙彩管

목화 섞은 종이로 싼 포장을 여니 마치 비단을 펼쳐놓은 듯하고 綿楮開包若展紗
붉은 붓을 붓 갑에서 꺼내니 꽃이 피어날 듯하네 彤毫發甲欲生花
마르고 잘라 가히 시축에 보탤 만하니 可堪裁剪添詩軸
어찌 어루만지며 서예가들의 사치 더하는 데 그칠 뿐이랴 何止摩挲侈硯家

168 유문 : 김순택(金純澤, 1714~1787)으로, 원래 이름은 은택(殷澤)이었으나 후에 이름을 김순택으로 바꾸었다. 자는 유문(孺文), 호는 설창(雪窓)・옥계(玉溪)・지소(志素)이다. 남유용의 아우인 남유정(南有定)의 사위이기도 하다.

169 면지 : 백면지(白綿紙)로, 목화를 섞어 만든 품질이 좋은 백지이다.

정월 대보름날[170] 동호에서 얼음을 밟다 갑술년(1754)[171]

上元東湖蹋氷 甲戌

높고 낮은 사립문이 푸른 연기 속에 하나 되었는데 柴荊高下一蒼烟
강 언덕에 지팡이 짚고 나오니 멀리 하늘이 개었네 倚杖江皐霽遠天
저녁 빛 속에 사람들은 달맞이한 뒤 돌아가고 暝色人歸迎月後

강가 마을에 사는 남녀에게는 정월 대보름날에 달맞이하는 옛 풍습이 있다.

봄 소리에 물고기는 얼음 밟기도 전에 뛰어오르네 春聲魚躍蹋氷前
바둑으로는 한가로운 밤 즐기기에 부족하고 枯碁未足陶閑夜
약간의 술로도 흉년에 취할 만하네 小酒猶堪醉儉年
관직을 그만두지도 못하고서 늘 집만 묻고 다니지만[172] 未判休官長問舍
빈말로나마 준비하는 것도 맑은 인연이라네 空言料理也淸緣

170 정월 대보름날 : 원문의 '상원(上元)'은 정월 대보름을 말한다.

171 갑술년(1754) : 영조 30년으로, 남유용의 나이 57세 되던 해이다.

172 집만……다니지만 : '구전문사(求田問舍)'의 고사를 인용한 것으로 전답이나 살 집을 구하러 다닌다는 뜻으로 은거를 계획한다는 의미로 쓰인다.

종암에서 황대경[173]을 만나 월곡[174]의 시운[175]에 차운하다
鐘巖遇黃大卿 次月谷韻

지팡이 짚고 저녁 늦게 수풀에 나왔더니	負策林坰晚
둥근 연못에 몇 그루 버드나무 푸르네	環池數柳青
명예로부터 도망친 뒤에 백발만 남았고	逃名餘白髮
옛날을 그리워함에 현정[176]이 있구나	懷古有玄亭
신선 사는 동부(洞府)에는 봄이 늘 머물러 있고	仙洞春長在

173 황대경 : 황경원(黃景源, 1709~1787)으로, 본관은 장수, 자는 대경(大卿), 호는 강한유로(江漢遺老)이다. 호조 참판·홍문관 제학·대제학·형조 판서·예조 판서를 두루 거쳤다. 저서로 《남명서(南明書)》·《명조배신전(明朝陪臣傳)》·《강한집(江漢集)》 등이 있다. 시호는 문경(文景)이다.

174 월곡 : 오원(吳瑗, 1700~1740)으로, 호는 월곡(月谷), 시호는 문목(文穆)이다. 생부는 공조정랑 오진주(吳晉周), 생모는 김창협(金昌協)의 딸이다. 숙부인 해창위(海昌尉) 오태주(吳泰周)와 현종의 딸인 명안공주(明安公主)에게 입양되었다. 1728년(영조4) 정시 문과에 장원급제했다. 1732년 동지사의 서장관으로 청나라에 다녀왔으며 부제학·공조 참판 등을 역임하였고, 좌찬성에 추증되었다. 문집에 《월곡집(月谷集)》이 있다.

175 월곡의 시운 : 여기서 차운한 시는 《월곡집(月谷集)》 권3에 수록되어 있는 〈의숙, 덕재, 양지, 황대경 경원과 계정을 나서 택당을 운을 뽑다 짓다〔與宜叔, 德哉, 養之, 黃大卿 景源, 出溪亭拈澤堂韻〕〉이다.

176 현정 : '현정(玄亭)'은 학자가 은거하며 학문에 종사하는 집을 가리킨다. 한나라 양웅(揚雄)이 《태현경(太玄經)》을 지으면서 사천성(四川省) 성도(成都)에 있는 집에 머물렀기 때문에 그 집을 '초현당(草玄堂)' 또는 '초현정(草玄亭)'이라고 하였으며, 약칭으로 '현정(玄亭)'이라고 하였다. 여기서는 월곡 오원의 별장이었던 동정(東亭)을 상징하는 말로 사용되었다.

구름 속 누대에선 아직도 잠 깨지 않았네　　雲臺睡未醒
옷깃 잡아당겨 술이나 실컷 마실 것이니　　挽衣須痛飮
세상만사 다 잊고서 묻혀 지내고 싶구나　　世事欲沉冥

공필[177]이 동사[178]의 제군들과 모여 서울 동쪽 낙산에서 술을 마시다가 지은 시에 차운하다

次公弼與東社諸君會飮東駱韻

병든 외로운 몸 동악[179]에서 술 마시니	病孤東嶽飮
아름다운 시구가 질펀히 들려오네	佳句漫相聞
종려나무 지팡이로 계곡 멀리까지 뚫고 가노라니	棕策穿溪遠
이끼는 나무 따라 나뉘어 자라났네	苔茵逐樹分
생황의 노래는 반궁(泮宮)[180] 햇빛 아래 맑게 울리고	笙歌淸泮日
화려하게 장식한 말은 도성 구름 밑에 매어있네	珂馬禁城雲

이날 문과(文科)의 방방(放榜)[181]이 있었다.

177 공필 : 남공필(南公弼, 1715~1763)로, 남유용의 형인 남유상(南有常)의 아들이다.

178 동사 : '東社'는 남유용이 참여하였던 일종의 시 모임인데, 남유용과 오원, 이천보, 황경원 등이 주로 서울의 동쪽에 모여 살았기에 자신들의 시사(詩社)를 동사라고 부른 것이다.

179 동악 : 여기서 동악은 낙산(駱山)을 가리킨다. 서울의 동쪽에 있기 때문에 이렇게 부른 것이다.

180 반궁(泮宮) : 반궁은 본디 고대의 학교를 이르는 말인데, 여기서는 성균관을 가리킨다.

181 방방(放榜) : 창방(唱榜) 혹은 반패(頒牌)라고도 한다. 과거 합격자가 발표된 뒤에 궁중에서 방방의·창방의라는 의식이 치러졌다. 왕은 어좌에 앉고 시신과 백관이 서 있는 가운데 치러졌으며, 급제자는 차례대로 왕에게 사배례를 올린 다음 합격증인 홍패·백패와 모화·주과 등을 하사받았다.

배우지 마시게, 양양자가 莫學襄陽子

꽃에 홀려 임금 섬기지 않았던 일을[182] 迷花不事君

182 배우지…일을 : 이백(李白)의 시 〈맹호연에게 주다〔贈孟浩然〕〉에 나오는 구절을 인용한 것이다. 여기서 양양자(襄陽子)는 바로 맹호연을 가리킨다. 맹호연이 양양 사람이라 그렇게 부른 것이다. "나는 맹부자를 사랑하나니, 그 풍류가 천하에 떠들썩하다네. 젊은 시절에는 드높은 관도 버리더니, 늙어서는 소나무와 구름 속에 누워있다네, 달에 취해서 자주 성인〔淸酒〕에 걸려들었고, 꽃에 홀려서 임금도 섬기지 않았네. 높은 산과 같으니 어찌 우러러보리, 그저 맑은 향기를 경모할 뿐이라네.〔吾愛孟夫子, 風流天下聞. 紅顔棄軒冕, 白首臥松雲. 醉月頻中聖, 迷花不事君. 高山安可仰, 徒此揖淸芬〕"

여러 벗들이 술을 가지고 찾아와 대접해준 것에 사례하다
謝諸友携酒來餉

명리 좇는 길을 꿰뚫어 보고 나면 혹 신선에 가까워질까 透得名關或近仙
계곡 난초의 그윽한 향기가 고아한 자리까지 스며드네 谷蘭幽馥襲高筵
솔바람 부는 곳에서 새로 자란 잡초를 말이 뜯어먹고 新蕪馬齕松風地
곡우 날 꽃 피어난 마름 풀을 물고기가 흔드네 芳藻魚搖穀雨天
오래도록 바둑 두며 긴긴 낮을 보내고 久把局棋消永晝
또 기쁘게 술 마시며 흉년에 취해보네 且欣樽酒醉荒年
동쪽 마을의 옛날 풍속 내 아직 기억하나니 東村舊俗吾猶記
저녁 등불 밝히고[183] 노닐던 일 다시 이루어질 수 있으리 燈夕淸遊尙可圓

183 저녁……밝히고 : 원문의 '등석(燈夕)'은 '관등석(觀燈夕)'의 준말로, 정월 대보름 혹은 사월 초파일 밤에 등대를 세우고 온갖 등을 달아 불을 밝히는 것을 말한다. 이 시가 곡우 즈음에 지어진 것으로 보아 여기의 등석은 초파일 밤에 달아놓은 것임을 알 수 있다.

묘향산으로 유람을 떠나는 조생을 보내며

送曹生遊妙香山

묘향산의 수려한 경색은 꿈속에서도 기이한데　　香山秀色夢中奇
객을 전송하는 차에 마침 남풍이 불어오네　　正値南風送客時
주렴 친 누각 밖에 구름은 희고 하늘은 푸르니　　雲白天靑簾閣外
턱 괴고 종일토록 보이는 것마다 모두가 나의 시라네　　支頤終日看吾詩

천하에 가득한 것이 모두 시인데, 꼭 묘향산이어야만 하겠는가?

동사[184]의 여러 벗들이 밤에 나를 찾아와 주었기에 입으로 부르다

東社諸友夜訪口占

웃고 떠드는 소리가 홀로 누워있던 몸 놀라게 하더니	笑語驚孤臥
등불 막 켜자마자 객들이 누각에 오르네	初燈客上樓
연기에 싸인 나뭇가지는 새와 나란히 어둡고	烟柯連鳥暝
달빛 비치는 난간은 매미 소리에 휘감겨 그윽하네	月檻帶蟬幽
종소리 멀어지니 청아한 밤임을 알겠고	鐘遠知淸夜
강물 높아지니 초가을이 다가왔구나	河高逼小秋
아이들은 무엇이 그리 신났는지	兒曹太喜事
천렵할 배를 빌렸다고 말하네	云貰獵魚舟

184 동사 : 341쪽 주178 참조.

동리의 제군이 밤낮으로 저포희[185]를 일삼느라 시 짓는 일을 자못 빠트리기에 장난삼아 시 한 수를 읊어 절경[186]과 송계진 의손[187] 에게 보여주다

東里諸君 日夜爲樗蒱戱 頗缺詩課 戱吟一首 示節卿宋季振 宜孫

마을 깊고 일 적어 초대하여 부르는 일 습관이 되니 村深事簡慣招邀

진흙탕 무릅쓰는 것도 싫지 않거늘 하물며 날도 개었음에랴 不厭衝泥況霽霄

소박한 술상에 사람들은 절로 모이고 眞率杯盤人自有

지팡이와 나막신이 줄 이은 것은 집이 멀지 않음이라 聯翩笻屐室非遙

나비가 깜짝 놀라 깨어보니 오동나무 궤안이요[188] 蘧然蝶也方梧几

185 저포희 : 짧은 나무토막으로 만든 주사위를 던져서 엎어지고 젖혀진 사위로 승부를 겨루는 내기 놀이이다. 가죽나무〔樗〕와 부들〔蒲〕의 열매가 모양은 같으나 색이 달라서 그 열매로 주사위를 만들었다는 데에서 저포희라는 이름이 유래하였다.

186 절경 : 김이적(金履迪, 1699~1756)으로, 본관은 안동, 자는 백옥(伯玉), 호는 죽취(竹醉)·죽옹(竹翁)·절경(節卿)·죽로(竹老)이다.

187 송계진 : 송의손(宋宜孫)으로, 본관은 진천, 자는 계진(季振)이다. 《영조실록》 17년(1741) 7월 28일 기사에 관학 유생(館學儒生)으로서 사원(祠院)을 훼철하지 말 것을 상소했다는 기록이 보이고, 47년(1771) 2월 9일 기사에 "해운군(海運君) 이연(李槤)과 송의손(宋宜孫)의 관직을 삭탈하였다."라는 기록이 보인다.

188 나비가……궤안이요 : 《장자》 〈제물론(齊物論)〉 마지막에 "언젠가 장주가 꿈속에서 나비가 되었다. 나풀나풀 잘 날아다니는 나비의 입장에서 스스로 유쾌하고 만족스럽기만 하였을 뿐 자기가 장주인 것은 알지도 못하였는데, 조금 뒤에 잠을 깨고 보니 몸이 뻣뻣한 장주라는 인간이었다.〔昔者莊周夢爲胡蝶, 栩栩然胡蝶也. 自喩適志與, 不知周也. 俄然覺則蘧蘧然周也〕"라는 나비의 꿈 이야기가 나온다.

매미가 시끄럽게 울어봐야 또한 버드나무 가지라네[189] 嘒彼蜩斯亦柳條
듣자니 시 짓는 곳에서 목희[190]를 겸하여 聞說詩場兼牧戲
김삼이니 송백[191]이 하는 말이 동요에 들어갔다 하네 金三宋百入童謠

189 매미가……가지라네 : 《시경》 〈소변(小弁)〉에 "무성한 저 버드나무에 매미가 울어대네.〔菀彼柳斯 鳴蜩嘒嘒〕"라는 구절이 보인다.

190 목희 : 돼지 치는 놈들이나 하는 놀이라는 뜻이다. 《진서(晉書)》 권66 〈도간열전(陶侃列傳)〉에, 여러 참좌(參佐)들 중에 간혹 술 마시고 유희나 하면서 노는 자가 있자, 도간이 명을 내려 술 그릇과 주사위 도구들을 빼앗아 모두 강물에 던져 버리게 하고, 이장(吏將)에게 매를 때리면서 말하기를 "주사위 놀이는 돼지 기르는 종놈이나 하는 노릇이다.〔樗蒲者, 牧猪奴戲耳〕"라고 했다는 기록이 보인다.

191 김삼이니 송백이니 : 김은 절경 김이적을, 송은 계진 송의손을 가리킨다. 저포는 360자(子)로 된 놀이판에 사람마다 여섯 말을 가지고, 검고 흰 면이 있는 5개의 나무를 던져가며 노는 놀이이다. 따라서 '삼'과 '백'은 저포놀이에 나오는 숫자인 것으로 추정해 볼 수 있으나 자세한 내용은 알 수 없다.

장난삼아 절경[192]의 시운에 차운하다

戱次節卿

술자리 파한 뒤 높은 누각엔 등불 하나 밝은데　酒罷高樓耿一燈
일어나 정원 나무를 바라보니 이슬이 곱게 맺혔네　起看庭樹露華凝
귀뚤귀뚤 귀뚜라미는 오직 숲속의 즐거움만 좋아할 뿐　吟蛩只說林中樂
높은 층에 생황의 노래[193] 있음은 알지 못한다네　不識笙歌在上層

192 절경 : 김이적으로, 346쪽 주186 참조.

193 생황의 노래 : 《시경》 〈녹명(鹿鳴)〉에 "평화로이 우는 저 사슴이여, 들판의 쑥을 뜯는도다. 나에게 반가운 손들이 모여서, 슬도 타고 생황도 부네.〔呦呦鹿鳴 食野之苹 我有嘉賓 鼓瑟吹笙〕"라는 구절이 보인다. 이 시는 곧 임금이 어진 신하들을 불러 주연(酒宴)을 베풀면서 군신(君臣)의 화락한 정을 노래한 것인데, 후세에 와서는 또 주현의 시험에 급제한 공사(貢士)들에게 베푼 향음주례의 석상에서 그들의 전도(前途)를 축복하는 뜻으로 이 노래를 불렀다.

술에 취해서 동사[194] 제군의 시에 차운하다
醉次東社諸君韻

뜻 있는 선비들과 맑은 가을에 잠시 만나니	志士淸秋造次逢
한 동산의 푸른 소나무가 야윈 얼굴을 마주하는구나	一園松翠對癯容
한가한 중에 책을 꺼내니 책갈피 정리하기 어렵고	閑中拈帙籤難整
술 취한 뒤 시를 지으니 필묵이 진하지 않네	醉後題詩墨未濃
술 있다고 북쪽 대궐 근심하는 일을 감히 잊을까마는	有酒敢忘憂北闕
돈도 없이 공연히 동쪽 봉우리 사겠다고 말하네	無錢空說買東峯
학사의 견여 무겁다고 비웃지 마시게	莫嘲學士肩輿重
늙은이에겐 평생토록 짧은 지팡이 있다네	老子平生有短筇

194 동사 : 341쪽 주178 참조.

절경[195]이 장차 풍계[196]로 돌아가려 함에 골목을 마주하고서 함께 시를 짓고 술을 마시던 즐거움이 갑자기 이별의 근심이 되어버렸다. 이에 애오라지 그 시운에 화답함으로써 나의 서글픈 심정을 펼쳐본다

節卿將還楓溪 對閈詩酒之樂 翻成別愁矣 聊和其韻 以抒悵懷

그대의 청아한 흉금 덕택에 쌓인 울화를 풀었기에 賴爾淸襟散積炎

서로 마주한 작은 집은 종일토록 발을 말아 올려 두었지

小軒相望日鉤簾

올 때는 쪽지[197] 보낸 것 아니라 오직 손짓으로 불렀고

來非折簡惟招手

갈 때는 바둑 놓고 싸우다 간혹 수염 당기기도 하였지

去爲爭棋或挽髯

술 마시는 모습인즉 두건도 버선도 신지 아니하였고

酒態不巾仍不襪

노래하는 소리인즉 호방하게도 가늘게도 부를 줄 알았네

歌聲能放又能纖

195 절경 : 김이적으로, 346쪽 주186 참조.

196 풍계 : 청풍계(靑楓溪)를 가리키는데, 청풍(淸楓) 또는 풍계라고 하기도 한다. 인왕산 자락에 인접한 곳으로, 김상용(金尙容)의 후손이 대대로 그곳에 살면서 안동 김씨(장동 김씨)의 세거지가 되었다. 김이적도 안동 김씨이므로 이곳에 살았던 것으로 보인다.

197 쪽지 : 원문의 '절간(折簡)'은 가운데를 접은 짧은 편지를 말한다.

청아한 놀이 끝나지 않았건만 돌아갈 마음 다급한데 淸遊未竟歸心促
나무 위 늦여름 매미 소리가 이별 생각 더하는구나 一樹殘蟬別意添

절경[198]과 밤에 술을 마시다가 그의 시에 차운하다
을해년(1755)[199]

與節卿夜飮次其韻 乙亥

소나기 막 걷히고 까치가 뜨락을 쪼는데 急雨初回雀啄庭

두건을 뒤로 젖혀 쓰니[200] 숲 소리 그윽하게 들려오네 岸巾林籟入幽聽

노래로 계수나무를 부르니 이 몸 장차 은둔하고 싶어지고[201]
歌翻桂樹身將隱

거문고로 〈아양〉을 연주하니 손가락이 자꾸 멈추는구나[202]
琴度峩洋指屢停

서책[203]이라면 늘그막의 삶 버텨줄 만하겠지만 黃卷自堪支晚計

198 절경 : 김이적으로, 346쪽 주186 참조.

199 을해년(1755) : 영조 31년으로, 남유용이 58세 되던 해이다.

200 두건을……쓰니 : 이마가 훤히 드러나게 하는 것을 뜻하는데, 전하여 예법을 무시하고 아무에게나 친근하게 대면하는 것을 말한다.

201 계수나무를……싶어지고 : 한나라 회남왕(淮南王) 유안(劉安)에게 초빙된 인사들 가운데 소산(小山)이라 일컫던 문사가 지은 〈초은사(招隱士)〉에 "계수나무 숲 우거져 산이 그윽하니, 구불텅 뻗은 줄기 가지 서로 얽혔어라.〔桂樹叢生兮山之幽 偃蹇連蜷兮枝相繚〕" 하였다. 이후로 계수는 흔히 은자와 연결되어 쓰인다.

202 거문고로……멈추는구나 : 〈아양곡(峨洋曲)〉은 춘추 시대 백아(伯牙)가 타고 그의 벗 종자기(鍾子期)가 들었다는 금(琴)의 곡조이다. 종자기가 죽자 백아가 자기가 연주하는 곡조를 알아들을 사람이 없다고 하여 금의 줄을 끊고 다시는 금을 연주하지 않았다는 고사에서 유래하였다. 여기서는 절경이 이제 자신을 떠나게 되었으므로 이 고사를 인용한 것이다.

203 서책 : 원문의 '황권(黃卷)'은 책을 가리키는데, 종이 슬지 않도록 황벽(黃蘗)나

금단[204]이 어찌 늙고 쇠한 형체를 바꾸어줄까 　金丹那得幻衰形
동쪽 고개에 초승달 돋아난 것 잠시 보노라니 　稍看東嶺生新月
오직 산들바람에 술 쉬이 깰까 봐 겁나는구나 　秖怕微風酒易醒

무의 즙을 짜 서책에 발랐던 데에서 유래하였다.

204 금단 : 신선들이 장생불사를 추구하기 위해 복용하던 약을 금단(金丹)이라 한다. 그 금단은 아홉 번을 고아야 약이 된다고 한다. 그래서 구전단(九轉丹)이라고도 한다.

장차 북영[205]으로 피서차 떠나려던 자가 절경[206]을 찾아왔기에 붙잡아두고 저녁이 될 때까지 술을 마시다가 운자를 불러 각자 시를 지었다

將北營避暑者過節卿 留飮至夕 呼韻各賦

주머닛돈으로 나는 마을 남쪽에 땅을 사고 싶나니 囊錢吾欲買村南
그대 위해 띠풀 베어내고 취암이라 이름 지으려네 爲爾誅茅號醉菴
점차 깨닫는 것은 늘그막에 좋은 벗 얻기 어렵다는 것이니 漸覺暮年難好友
좋은 일이 빈말로 떨어지게 하지 말지어다 莫敎佳事墮空談
낡은 난간에서 바둑 두는데 홰나무에선 잎 떨어지고 棋圍古檻槐霏落
새로 뚫은 샘 가에서 거문고 뜯는데 댓바람 소리 어우러지네 琴瀉新泉竹籟參
촛불 앞에서 성근 귀밑머리 살펴본다면 試看燭前踈鬢色
흰 서리 기운 이길 길 없어 한껏 취하고 말 것일세 不禁霜氣十分酣

205 북영 : 창덕궁 북쪽 요금문(曜金門) 밖에 있던 훈련도감의 분영(分營)이다. 여기에 군자정(君子亭)·몽답정(夢踏亭)·괘궁정(卦弓亭) 등 정자가 있어, 조선 후기에 지어진 시에 북영에서 피서했다는 내용을 종종 접할 수 있다.

206 절경 : 김이적으로, 346쪽 주186 참조.

매화를 심어 놓은 화분이 담장이 허물어지면서 같이 깨져버렸는데, 기다란 가지가 멀쩡히 남아 있을 뿐만 아니라 더욱 맑고 빼어나게 느껴지기에 강백[207]이 보낸 시에 차운하여 조소를 해명하다[208]

梅盆爲壞墻仍破 而長枝宛然故在 更覺淸絶 次剛伯見寄韻解嘲

부옹의 심법[209]으로 네가 능히 지탱했는지	涪翁心法爾能持
난리를 만나고 난 뒤의 얼굴이 옛날보다도 낫구나	刦後容顔勝昔時
붙어 있던 잔가지 잘라내니 옛날 풍격 돌아오고	剗却附査還古格
어지러운 잎 베어내니 긴 가지가 돋아났네	芟來冗葉出長枝
높은 담 조심하지 않은 것은 본디 성근 본성 탓이지만	巖墻不戒元踈性
대대로 전하는 것[210]은 오직 담박한 자태일세	薪火相傳秪澹姿

207 강백 : 김이건으로, 286쪽 주16 참조.

208 조소를 해명하다 : 원문의 '해조(解嘲)'는 세상의 조롱에 대해 해명함을 이른다. 한나라 때 양웅(揚雄)이 빈한한 생활을 하며 《주역》을 모방하여 《태현경(太玄經)》을 저술하고 있을 적에 어떤 사람이 "당신의 도(道)가 아직 설익어서 이렇게 곤궁한 게 아닌가?"라고 조롱하자, 양웅이 〈해조〉를 지어 부귀영화를 초탈하여 담박하게 살아가려는 자신의 마음을 표현한 데서 비롯되었다. 《漢書 卷87 揚雄傳》

209 부옹의 심법 : 부옹(涪翁)은 송나라 학자인 정이(程頤)이다. 그가 부주(涪州)로 귀양 갔다가 풀려서 돌아왔을 때 안색이 귀양 가기 전보다 더 나아졌기에 제자가 "어떻게 하여 이럴 수 있었습니까?"라고 묻자 정이가 대답하기를 "학문의 힘이다. 학문은 환난(患難)과 빈천(貧賤)에 처하는 것을 배워야 하는 법이니, 부귀영달에 처하는 것은 배울 필요가 없다."라고 하였다. 《二程全書 卷50 伊川年譜》

210 대대로……것 : 원문의 '신화(薪火)'는 땔나무 불이란 뜻으로, 스승의 학예를 제자에서 제자에게로 계속 전수하는 것을 말한다.

물리를 고요히 관찰함이 참으로 자득하는 것이니 物理靜觀眞自得
차라리 속객을 가르칠지언정 다시 누구를 가르치랴 寧教俗客更何誰

우곡정사에서 운자를 불러 함께 짓다. 이날이 7월 초하루였다

藕谷精舍 呼韻共賦 是日七月初吉

맑은 구름이 손님을 붙잡아 높은 누각에 누웠더니 淸雲留客臥高樓
종남산[211] 개인 빛깔에 푸르름 걷히지 않았네 霽色終南翠不收
술을 작년처럼 마시며 이내 여름을 지내고 酒似去年仍過夏
시를 오늘 지으며 가을을 슬퍼하노라 詩成今日爲悲秋
고난과 위험에 점차 벼슬살이 권태로움을 느끼고 艱危漸覺朝衣倦
게으르고 산만하여 오직 들판 나막신의 그윽함만 안다네 懶散惟知野屧幽
우스워라, 죽옹[212]은 참으로 노년의 삶 잘도 견디나니 堪笑竹翁眞耐老
산 유람 겨우 마치자마자 다시 강 유람을 떠나는구나 山游纔罷又江遊

211 종남산 : 서울의 남산을 가리킨다.

212 죽옹 : 절경 김이적(金履迪)의 호이다.

절경[213]이 보내준 시에 화답하며 어젯밤 노닐었던 일을 기록하다

和節卿見寄 記昨宵遊事

서로 만나자마자 한 번 웃고 나서	相看一笑已
자잘한 예절 생략한 채 밖으로 나와 맞이했네	小禮省將迎
마을에 내리비친 햇살엔 의상 차림의 자태가 느긋하고	村日衣裳懶
홰나무에서 불어오는 바람엔 안석과 대자리의 운치가 맑구나	槐風几簟清
드러내는 말씨에 객쩍은 성품을 알겠고	露淘知客性
서리 내린 귀밑머리는 인정상 몰골이 부끄럽구나	霜鬢愧人情
돌아오는 옷소매에 산 달이 함께 하니	歸袂兼山月
쓸쓸도 하구나, 몇 경(更)이나 되었는지	寥寥也幾更

213 절경 : 김이적으로, 346쪽 주186 참조.

술에 취하여 죽로[214]와 졸옹[215]에게 주다

醉贈竹老拙翁

절경의 자호가 죽취이다.

서녁 내내 가을바람 불어와 술잔에 파도가 이는데　秋風一夕酒生濤
짧은 베옷에 긴 노래 부르자니 늙을수록 더 호매해지네　短褐長歌老更豪
소나무 가지에 서 있는 한 마리 학을 좀 보시오　試看松梢孤鶴立
소나무 키가 커야 학의 키도 커지는 법이라오　松高方得鶴身高

죽로와 졸옹이 술 마신 후에 지금 세상의 고사(高士)에 관해 논했다. 내가 말하기를 "당신들은 본디 고사인데, 내가 당신들을 불러올 수 있었으니 나도 한 등급 더 높아진 셈입니다."라고 하자 서로 껄껄 웃었기에 결구(結句)에서 이렇게 표현한 것이다.

214 죽로 : 제목의 주에 달린 것처럼 죽로는 절경 김이적이다.

215 졸옹 : 이덕홍(李德弘, 1697~1768)으로, 자는 문원(文遠)이고 호는 졸옹(拙翁)·백졸(百拙)이다. 남유용의 처남이기도 하다.

나는 가을 들어 괴롭게도 잠이 적어져서 닭의 둥우리를 엮어 닭을 길렀는데, 짜임새가 졸렬하다면서 강백[216]이 시를 지어 놀리기에 그의 운을 써서 조롱에 해명하다

余苦秋來少睡 縛籠養鷄 結搆拙朴 剛伯有詩戲之 用其韻解嘲

너덜너덜한 닭 둥우리지만 화려한 둥우리 부러워한 적 없으니 弊籠曾不羨雕籠
세 마리 암탉과 아홉 마리 새끼가 함께 깃들어 산다네 棲息三雌九子同
묵은 띠 풀로 엮었으니 깊숙이 비를 가릴 수 있고 編用宿茅深蔽雨
마른 대나무로 지지대 삼았으니 바람 따라 하늘거리네 撑將枯竹嫋因風
어리석은 비둘기는 둥지 트는 지혜에 자못 놀라고 鳩癡頗訝營巢智
약삭빠른 고양이는 울짱 빼앗을 공만 헛되이 계획하네 猫黠虛規刦寨功
사랑스러워라, 서재 창에 지는 달빛 비추는 새벽이면 最愛書牕殘月曉
시원스레 홀로 뽑는 곡조가 맑은 하늘에서 내려오네 泠泠孤奏下晴空

216 강백 : 김이건으로, 286쪽 주16 참조.

죽로[217]가 찾아오다

竹老見過

모르는 사이 옅은 서리가 간밤에 내리더니 不覺微霜昨夜過
몇몇 가지 노란 국화에 꽃송이 많이 돋아났네 數枝黃菊着花多
만사에 원만한 일 없음을 지극히 알겠나니 極知萬事無圓滿
술잔 쥐었지만 거리에서 노래하지 않는 것을 어찌하겠는가[218] 把酒其如巷不歌

동쪽에 사는 이웃 송생(宋生)[219]의 집에 초상이 나서 송씨들이 모두 모임에 참여하지 못했는데, 절경(節卿 죽로)이 이를 한탄스러워하기에 마지막 구절에서 이렇게 말한 것이다.

217 죽로 : 김이적으로, 346쪽 주186 참조.

218 술잔……하겠는가 : 《예기》 〈곡례 상(曲禮上)〉에서 "마을에 빈소가 있으면 길거리에서 노래하지 않는다.〔里有殯, 不巷歌.〕"라고 하였다.

219 송생(宋生) : 앞에 〈동리의 제군이 밤낮으로 저포희를 일삼느라 시 짓는 일을 자못 빠트리기에 장난삼아 시 한 수를 읊어 절경과 송계진 의손에게 보여주다〉는 시가 있는 것으로 보아 여기 나오는 동쪽 이웃 송생은 송의손인 것으로 보인다.

중양절에 북쪽 동네의 여러 벗들과 작은 술자리를 갖다
重陽同北洞諸友小飮

높은 곳에 올라 각자 관 정리할 필요 없으니 未用登高各整冠
가을바람에 서리 내린 귀밑머리도 서로 보기 좋다네 秋風霜鬢好相看
깊은 동산의 푸른 측백나무는 응당 시들어감을 잊을 테고 園深翠柏應忘老
고요한 울타리의 노란 국화는 추위 입지 않겠네 籬靜黃花不受寒
세상살이 맛일랑 점점 얇은 매미 날개를 따라가고 世味漸隨蜩翼薄
고향 그리는 마음 둥근 게 배딱지를 처음 쪼갰네[220] 鄕心初劈蟹臍團
평생토록 한 수레 탄 친한 벗[221] 있어 좋으니 平生自有同車好
나누어 강호 열 묘의 땅을 차지해보세나 分占江湖十畝寬

220 둥근……쪼갰네 : 《미암집(眉巖集)》 권1 〈중추절에 유후를 모시고 강서에서 노닐다〔中秋陪柳侯遊江西〕〉에 "멀리 추억하노니 호남 땅에 벼 익을 때면, 술자리에서 둥근 게 배딱지 다투어 찢었지.〔遙憶湖南香稻熟 酒邊爭擘蟹臍團〕"라는 표현이 보이고, 《점필재집(佔畢齋集)》 권21 〈능성현의 봉서루에 올랐는데, 공무에 바쁜 중이라서 달이 동쪽 봉우리에 올라서야 비로소 오늘이 중추임을 깨닫고, 이 도사 승복 · 최 동년 철석과 함께 간략하게 마시다〔登綾城鳳棲樓倥傯中月上東峯始悟今日爲中秋與李都事 承福崔同年 哲錫 小飮〕〉에도 "나그네 깃발은 또 서해를 따라 옮겨 갈 텐데, 손가락으로 둥근 게 농짝을 뻐개는구나.〔旌旆又遵西海轉 指尖將擘蟹臍團〕"라는 표현이 보인다.

221 한……벗 : 《시경》 〈북풍(北風)〉의 "나를 사랑하고 좋아하는 이와, 손잡고 함께 수레 타고 가리라.〔惠而好我 攜手同車〕"에서 온 말이다. 즉 마음 맞는 정다운 사이를 가리킨다.

자리를 파한 후 홀로 앉았노라니 별과 달이 창가에 이미 가득하기에 북쪽 동네의 여러 벗들에게 편지 삼아 올리다

席罷孤坐 星月已滿牕矣 奉簡北洞諸友

객들 흩어지고 밤은 아직 멀었는데	客散仍遙夜
고독한 정회를 누구에게 말할까	孤懷誰與言
돌아간 말 안장은 본디 한 골목이고	歸鞍元一巷
차가운 국화는 텅 빈 마을을 닮았네	寒菊似空村
별과 달은 온통 시의(詩意)로 가득하고	星月渾詩意
옷과 두건엔 아직 술 마신 흔적 남아있네	衣巾尙酒痕
알겠어라, 기쁜 일 있어서	心知有喜事
등촉에 자주 불을 붙이리	燈燭着花繁

북악산 아래에 사는 여러 군자들께서 홀연 장편시가 적힌 커다란 시축 하나를 보내왔는데, 모두 '광(狂)' 자를 운으로 쓰고 있었다. 혹은 시 읊는 미치광이〔吟狂〕라 칭하기도 하고, 혹은 술 취한 미치광이〔醉狂〕라고 칭하기도 하여 어느 말 하나 '광'이 안 들어간 구절이 없었으니, 심하구나 미친 작자의 옛날 작태[222]가 늙도록 쇠하지 않음이여! 읽고서 포복절도하며 절구시 한 수로써 화답하다

嶽下諸君子 忽寄長篇詩一大軸 皆用狂字爲韻 或稱吟狂或稱醉狂 無一言非狂 甚矣狂奴故態 老而不衰也 覽之絶倒 答以一絶

시가 있으니 그래도 시 읊는 미치광이라 부를 만하겠으나 有詩猶可號吟狂

술이 없는데 어떻게 취한 미치광이 노릇을 할까 無酒那能作醉狂

당시 주금(酒禁)이 있었다.

온 세상이 미치광이를 꺼려도 미치광이는 절로 존재하나니 擧世諱狂狂自在

이 늙은이의 미치광이 작태가 어찌 진짜 미친 것이랴 此翁狂態豈眞狂

222 미친……작태 : 후한의 고사(高士) 엄광(嚴光)에게 사도(司徒) 후패(侯霸)가 후자도(侯子道)를 보내 초청하였는데, 엄광이 후패를 매도하면서 입으로 간단히 대답하자 후자도가 보고할 말이 별로 없는 것을 혐의하여 몇 마디만 더 해 달라고 요청하니, 엄광이 "채소를 사면서 더 달라고 떼쓰는 격이다.〔買菜乎 求益也〕"라고 핀잔을 주었다. 후패가 이 사연을 적어서 광무제(光武帝)에게 보고하니, 광무제가 웃으면서 "미친 작자의 옛날 하던 버릇 그대로이다.〔狂奴故態也〕"라고 했다는 고사가 진(晉)나라 황보밀(皇甫謐)의 《고사전(高士傳)》에 나온다. 엄광은 광무제의 어릴 때 친구이다.

중양일에 공필[223]이 공무로 인해 반촌[224]에 있다가 재유[225] 신 상사 석규[226] 와 작은 술자리를 마련하고 시를 지었기에 그 운에 뒤이어 화답하다

重陽日 公弼以公事在泮村 與齋儒辛上舍 錫奎 小酌有詩 追和其韻

오사모 떨어뜨릴 필요 무엇 있으리[227]　　烏帽何須落
현가[228]가 벽옹[229]과 벽소[230] 촌에 울려 퍼지는구나　　絃歌辟沼村

223 공필 : 남공필로, 341쪽 주177 참조.

224 반촌 : 조선 시대 성균관의 사역인들이 거주하던 성균관 동·서편에 있던 동네이다.

225 재유 : 거재 유생(居齋儒生), 즉 성균관의 동재(東齋)와 서재(西齋)에 기숙하며 공부하는 유생을 말하는데, 혹은 반유(泮儒)라고도 한다.

226 상사 : 상사생(上舍生) 즉 소과인 생원시와 진사시에 합격하여 성균관에 입학한 유생을 말한다. 일반적으로 생원과 진사를 지칭하는 말로 쓰인다.

227 오사모……있으리 : 이날이 중양절이기 때문에 이 고사를 인용한 것이다. 진(晉)나라 때 맹가(孟嘉)의 고사이다. 맹가가 정서장군(征西將軍) 환온(桓溫, 312~373)의 참군(參軍)으로 있을 때 중양절을 맞아 환온이 막하 속료들을 거느리고 용산에서 연회를 베풀었다. 마침 바람이 불어 맹가의 오사모가 날려 땅에 떨어졌는데, 술에 취한 맹가는 미처 알아차리지 못하였다. 맹가가 용변을 보러 간 틈을 타서 환온이 맹가를 놀리려고 손성(孫盛, 302~373)을 시켜 글을 짓게 했다. 맹가가 돌아와 그 글을 보고는 즉시 답글을 지었는데, 문장이 매우 아름다워서 온 좌중이 감탄했다고 한다.

228 현가 : 《장자》 〈어부(漁父)〉에 "공자가 치유의 숲에서 노닐고 행단 위에서 휴식하였는데, 제자들은 글을 읽고 공자는 거문고를 퉁기며 노래를 불렀다.〔孔子遊於緇帷之林, 休坐乎杏壇之上, 弟子讀書, 孔子絃歌鼓琴〕" 하였는바, 학교에서 공부하고 노니는 모습을 묘사한 것이다.

229 벽옹 : 벽옹(辟雝)은 벽옹(辟雍)이라고도 쓰며, 서주(西周)의 천자가 설립한 대

맑은 구름은 괴고 있는 홀 너머 산굴로 흘러가고	淸雲笏外峀
추운 국화는 빗속에 놓인 술동이 옆에 피었으리	寒菊雨中樽
집안 살림은 세 묘 땅에 의지하고	家計依三畝
시절에 대한 근심은 만 마디 말을 멈추게 하네	時憂息萬言
이 늙은이 원래 잠도 적은데	老夫元少睡
맑은 달이 또 마루 깊숙이 비침에랴	晴月又深軒

학이다.

230 벽소 : 원문은 '소(沼)'인데 곧 '벽소(璧沼)'로 태학을 가리킨다. 옛날 중국의 벽옹(辟雍)은 사방에 물이 있어 구슬[璧]처럼 둥글게 만들었다. 벽옹과 벽소 모두 성균관과 성균관이 있는 반촌을 상징하는 말로 사용되었다.

호중[231]으로 돌아가는 윤계장[232]을 보내며

送尹季章歸湖中

대나무 잎은 기왕에 분별이 없다지만　　竹葉旣無分
국화마저 공연히 사립문에 어른거리네　　菊花空暎扉
비바람 부는 저녁 어찌 견디라고　　那堪風雨夕
또 돌아가는 벗까지 보내야 한단 말인가　　又送故人歸

231 호중 : 충청도 지방을 가리킨다.

232 윤계장 : 윤봉오(尹鳳五)로, 281쪽 주3 참조.

부사 황 시랑 대경[233]의 이별석상에서 '여(餘)' 자를 얻다
副使黃侍郎大卿別席 得餘字

기러기 소리 여운 속에 떠나는 이의 적삼에 이슬지는데 征衫墜露鴈聲餘
광활한 천지로 삼한 사자[234]의 수레가 떠나가네 天濶三韓使者車
가을바람이 이별의 한을 돋운 것 아니라 不是秋風挑別恨
습령 남겨진 노래[235]에 스스로 옷자락 적신 것이라네 隰苓遺曲自沾裾

233 황……대경 : 황경원(黃景源)으로, 339쪽 주173 참조.

234 사자 : 황경원은 1755년 8월에 진하 겸 사은부사(進賀兼謝恩副使)가 되어 연행에 참여한 바 있는데, 이 시에서는 이 당시의 일을 소재로 삼고 있다.

235 습령……노래 : '습령'은 《시경》 〈간혜(簡兮)〉를 가리킨다. 이 시는 주(周)나라의 성왕(聖王)을 그리워하여 지은 것이다. 〈간혜〉 말장(末章)에 "산에는 개암나무가 있고, 진펄에는 도꼬마리가 있도다. 내 누구를 생각하느뇨, 서방의 그리운 님이로다. 저 그리운 님은 먼 서쪽의 사람이라오.〔山有榛 隰有苓 云誰之思 西方美人 彼美人兮 西方之人兮〕" 하였다.

연경으로 가는 사람[236]을 보내며

送人赴燕京

서쪽 물굽이[237]로 난 길은 옛날 조천하러 가던 길　西灣一路舊朝天
성루가 쓸쓸해진 지 어느덧 이백 년이로구나[238]　堞壘蕭條二百年
만고토록 길이 걸려 있는 화표주[239]의 달　萬古長懸華表月
꿈길에서 요동 학을 따라 함께 훨훨 날아가리　夢隨遼鶴共翩翩

236 연경으로……사람 : 이 시 역시 황경원(黃景源)을 그리며 쓴 것이다.

237 서쪽 물굽이 : 의주를 가리킨다. 옛날 명나라가 있을 때 조천 행렬이 반드시 지나던 곳이 의주였기에 이렇게 표현한 것이다.

238 성루가……년이로구나 : 명나라가 망한 지 200년이 되었다는 뜻이다. 이 시를 쓰는 1755년은 명나라가 멸망한 해인 1644년으로부터 대략 210년의 시간이 흘렀다.

239 화표주 : 한나라 때의 도사 정령위(丁令威)가 신선이 되어 떠나갔다가 학이 되어 요동(遼東)에 돌아와 화표주(華表柱: 솟대)에 앉았다고 한다. 그래서 요동벌을 학야(鶴野)라고도 부른다. 연경으로 사신 갈 때 사신의 행렬이 요동 땅을 지나기에 화표주 고사를 인용한 것이다.

꿈에 감응하다

感夢

늘 천 번 만 번 생각했으나	常時千萬思
모습이 끝내 참모습 아니었네	面目終不眞
우연히 베갯머리에서 한 번 꿈꾸었더니	偶然一枕夢
도리어 평생 그 사람이었어라	却是平生人

손주
兒孫

손주 녀석[240]이 나귀에 탔는데　　兒孫騎驢兒
헌칠하니 풍골도 보기 좋건만　　昂然好風骨
기꺼이 도연명의 아들들을 배워　　肯學陶家子
그저 배 내놔라 밤 내놔라 하는구나[241]　　但索梨與栗

240 손주 녀석 : 남유용에게는 아들 둘이 있는데, 장자인 남공보(南公輔, 1721~1748)와 차자인 남공철(南公轍, 1760~1840)이다. 남공보는 일찍 죽었으나 그가 죽은 해에 아들 남인구(南麟耉)가 태어났다. 이 시가 지어진 해가 1755년이니, 이때 손자 남인구의 나이가 여덟 살이므로 여기서 '아손'이라고 부른 대상은 '손주' 남인구임을 알 수 있다.

241 배……하는구나 : 도연명의 〈자식들을 책망하다〔責子〕〉 시를 인용한 것이다. 도연명은 못난 다섯 아들을 한탄하는 시를 지으며 마지막 두 구절에서 "통자는 아홉 살이나 되었는데 배와 밤만 찾네. 천운이 이와 같으니 잔 속에 든 물건을 들이키는 수밖에.〔通子垂九齡, 但覓梨與栗. 天運苟如此, 且進杯中物〕"라고 읊었다.

절경[242]이 지은 시가 있기에 심부름꾼을 앞에 두고 화답해 부치다

節卿有詩 對使和寄

작은 동산에 세워놓은 지팡이, 다녀도 객이라곤 전혀 없고 小園植杖渾無客
눈발 속에 서 있는 소나무, 그 모습 역시나 야위었네 雪立寒松亦瘦形
술병과 술동이 물리쳐서 바야흐로 일은 줄었지만 屛却壺尊方省事
벗들과 짝을 손꼽아보니 여전히 그리운 마음 간절하네 筭來朋侶尙關情
숲에 의지한 늙은 학은 외로이 읊조리는 소리를 듣고 依林老鶴聞孤詠
벽에 어른거리는 갓 핀 매화는 홀로 깨어있는 나를 비웃네 照壁新梅笑獨醒
동사[243]의 좋은 기약 조만간 있으리니 東社佳期應早晩
시를 지으면 먼저 죽옹[244]에게 주어서 평을 받으리 題詩先與竹翁評

242 절경 : 김이적으로, 346쪽 주186 참조.

243 동사 : 341쪽 주178 참조.

244 죽옹 : 김이적의 호이다.

부학 김사서[245]가 술을 가지고 와 마시다가 밤이 되어서야 흩어졌는데 이튿날 새벽에 시 두 편을 부쳐와 창화를 요구하였다

金副學士舒携酒來飮 至夜方散 翌曉寄二詩求和

눈 속에 우뚝 선 말 雪裏亭亭馬
등잔 앞에 천천히 오고 가는 술잔 燈前冉冉杯
그대의 좋은 뜻을 잘 알기에 知君有好意
초가집 문 여는 것 허락해주었소 蓬戶許相開

두 번째 수 其二

내일 일일랑 말하지 마시고 莫言來日事
올해 마실 술잔이나 다 비웁시다 且盡今年杯
뚜렷이 보이는 남산의 빛깔이 唐突南山色
푸르르게 술잔 속으로 들어오는구려 蒼然入酒來

245 김사서 : 김양택(金陽澤, 1712~1777)으로, 본관은 광산, 자는 사서(士舒), 호는 건암(健庵)이다. 부제학(副提學)을 거쳐 원손사부(元孫師傅)·대사성·우빈객(右賓客)·대제학을 역임하고 우의정 및 영의정에 올랐다. 남유용과 가까운 벗이었던 이천보(李天輔)의 외종제였던 관계로 남유용과도 각별히 지냈다. 저서로 《건암집(健庵集)》이 있다. 시호는 문간(文簡)이다.

사서[246]가 앞의 시를 첩운하여 두 수를 부쳐왔기에 다시 이에 화운하다

士舒疊前韻二首寄來 又和之

나는 노쇠하여 일을 줄이고 싶으니　吾衰欲省事
술동이와 술잔 물리친다 해도 해될 것 없네　未害屛樽杯
누각에 발 내리고 유유자적 앉았노라니　簾閣脩然坐
남쪽 가지에 꽃눈 움튼 것이 눈에 비치네　南枝照眼開

두 번째 수 其二

차가운 매화는 아직 다 피지 않았고　寒梅開未了
납주[247]는 아직도 한 잔 넘게 남았네　臘酒又餘杯
내일은 오히려 취할 수 있으리니　明日猶堪醉
그대는 밤을 점쳐 마시러 오셔야 하오[248]　須君卜夜來

246 사서 : 김양택으로, 373쪽 주245 참조.

247 납주 : '臘酒'는 설에 마시기 위해 섣달에 빚어 놓은 술을 가리킨다.

248 밤을……하오 : 원문의 '복야(卜夜)'라는 표현은 춘추 시대 진경중(陳敬仲)이 제 환공(齊桓公)을 위해 주연을 베풀었는데, 환공이 흥이 도도하여 불을 밝혀 밤에도 계속 술을 마시자고 하자, 진경중이 "신이 점을 쳐서 낮은 길(吉)한 때로 잡았지만 밤은 길한지 점을 치지 못했습니다.〔臣卜其晝, 未卜其夜.〕"라고 하면서 사양한 데서 유래하였다. 《春秋左氏傳 莊公22年》

졸옹[249]과 함께 밤에 술을 마시다가 운자를 뽑다
與拙翁夜飮拈韻

고전(古篆) 같은 향 연기[250] 스러지고 눈이 사립문을 가렸는데 古篆香殘雪擁扉
추운 밤 숲속 가지로 자려는 새 날아오네 夜寒林杪宿禽飛
다생[251]의 인연은 먼지 낀 벼루만 남았을 뿐이요 多生緣業餘塵硯
늘그막에 마음 터놓을 이는 절반이 포의로세 垂老心期半布衣
세상사 익히 보니 가능한 일 하나 없고 世事熟看無一可
고인이 다시 살아오지 않으니 누구와 함께 돌아갈까 古人不作與誰歸
부화한 명성에 스스로 얽매임을 그대 응당 웃겠지만 浮名自累君應笑
나 또한 그대 알아주는 이 드문 것이 안쓰럽다네 吾亦憐君識者稀

249 졸옹 : 이덕홍으로, 359쪽 주215 참조.

250 고전(古篆)……연기 : 고전은 본디 서체(書體)의 하나인 전서(篆書)를 말하는데, 향불 연기가 타오르는 모양이 마치 전서의 획(劃)과 비슷하므로, 이를 전서에 비유한 것이다.

251 다생 : 중생이 선악의 업(業)을 지어 윤회의 고통을 받아서 생사가 서로 이어지는 것을 말하는 불교 용어이다.

소용당[252] 누각에서 밤에 '촌' 자를 얻다

踈慵堂閣夜 得村字

상림[253] 저 멀리 푸름이 뻗어있는데	上林延遠翠
커다란 나무를 보니 나의 마을인 줄 알겠구나	喬木識吾村
닭과 개는 온통 한가한 정취요	鷄犬渾閒趣
시와 서는 바로 고아한 말씀이로다	詩書是雅言
봄바람은 손에 쥔 붓 사이로 불어오고	春風來拈筆
계절의 빛깔은 기울인 술통으로 들어오네	歲色入傾樽
물 마시는 것이 응당 나의 분수이니	飮水應吾分
하나의 표주박에 가난이 또한 담겨있네[254]	一瓢貧亦存

새로 조정의 금령(禁令 주금(酒禁))이 내려와 정월 초하루부터 술그릇을 모두 없애게 했다.

252 소용당 : 남유용의 증조부인 남용익(南龍翼)의 거처이다. 남용익의 문집인《호곡집(壺谷集)》권15에 〈소용당기(疏慵堂記)〉가 실려있는데, "호곡거사가 '소용'으로 그 당의 이름을 삼은 것은 '호' 자의 속뜻을 취한 것이기도 하고 '소용'이라는 두 자가 거사의 본성에 또한 걸맞기 때문이다.〔壺谷居士以疏慵名其堂者, 蓋取壺字之俗義, 而疏慵二字, 又合於居士之本性.〕"라고 하였다.

253 상림 : 대궐의 동산을 뜻하는 말인 상림원(上林苑)이다.

254 물……담겨있네 : 안빈낙도를 상징한다.《논어》〈옹야(雍也)〉의 "어질다, 안회여. 한 도시락밥과 한 표주박 물로 누추한 시골에서 살면 다른 사람은 그 걱정을 견디지 못하건만, 안회는 도를 즐기는 마음을 변치 않으니, 어질다, 안회여!"를 인용하였다.

죽옹[255]의 옛날 매화를 보고 느낀 바를 읊다 병자년(1756)[256]
見竹翁舊梅感吟 丙子

국생이 한번 떠나고[257] 죽옹도 따라갔으니	麴生一去竹翁隨
그 어디서 봄바람 부는 좋은 시절 맞이하랴	何處春風趁好期
오로지 시든 매화 있어 옛 객을 마주하니	惟有殘梅對舊客
열 줄기 맑은 눈물을 추운 가지에 흩뿌리네	十行淸淚灑寒枝

255 죽옹 : 김이적으로, 346쪽 주186 참조.

256 병자년(1756) : 영조 32년으로, 남유용의 나이 59세 되던 해이다.

257 국생이……떠나고 : '국생(麴生)'은 술의 별칭으로, 술을 의인화한 것이다. 당시 주금(酒禁)에 있었기에 국생이 떠났다고 표현한 것이다.

어 정랑 신로 유임[258] 에 대한 만사
魚正郎莘老 有任 輓

향당에서 모두 효우의 순수함으로 천거하였고　鄉黨咸推孝友純
온화한 기운 역시 가까이할 만하였네　溫溫聲氣亦堪親
오직 외롭고 수척하여 장수에 방해되었을 뿐　秖應孤瘦妨長筭
하늘의 뜻이 이 사람 야박하게 대한 적 있었던가　天意何曾薄此人

두 번째 수 其二
가난한 집 쓸쓸하고 부뚜막 연기 식었는데　蓽扃蕭灑竈烟寒
눈앞에 가득한 먼지 쌓인 책은 읽고 남긴 것들이라네　滿目塵編是讀殘
평생에 〈삼례부〉[259] 바쳤다 누가 말하랴　誰道平生三禮賦

258 어……신로 : 어유임(魚有任, 1698~ 1756?)으로, 자는 신로(莘老)이고, 거주지는 서울이다. 1741년(영조17) 식년시에 진사에 합격했다. 정확한 몰년은 알려지지 않았으나 이 시가 지어진 해가 1756년인 것으로 보아 이해에 사망한 듯하다.

259 〈삼례부〉 : 〈삼례부〉를 바친다는 것은 출세를 위해 임금에게 글을 지어 바친다는 뜻이다. 두보(杜甫)는 나이 40살이 이미 넘어 천보(天寶) 10년(751)에 〈삼대례부(三大禮賦)〉를 바치면서 〈삼대례부를 바치는 표문〔進三大禮賦表〕〉도 함께 올렸다. 그 내용은 대략 이러하다. "일전에 도시에서 약을 팔고 친구 집에서 기식하면서 요 임금 때 늙은이의 〈격양가(擊壤歌)〉를 삼가 흠모하였는데, 마침 나라의 교묘례를 맞이하여 저도 모르게 손발이 춤을 추는 마음에 편장에 드러내게 되었사옵니다.…… 삼가 머리 조아리며 연은궤에 소장을 던지고, 표문을 바치며 〈조헌태청궁〉, 〈조향태묘〉, 〈유사우남교〉 등 세 편의 부를 바치옵니다. 신 두보 진실로 황공하옵나이다.〔頃者賣藥都市, 寄食朋友, 竊慕堯翁擊壤之謳, 適遇國家郊廟之禮, 不覺手足蹈舞, 形于篇章. ……謹稽首投延恩匭, 獻納上表, 進明主《朝獻太淸宮》,《朝享太廟》,《有事于南郊》等三賦以聞.

공명이라야 겨우 낭관 자리 하나 얻었을 뿐인 것을[260] 功名纔博一郎官

세 번째 수 其三

밤이 추워도 그 누가 백강의 옷을 어루만져주랴[261] 夜寒誰撫伯康衣
꿈속에 본 야윈 모습 깨어나면 사라지누나 夢裏癯容覺却非
늙은이가 흘리는 백 줄기 눈물 걷잡을 수 없으니 老淚百行收不得
늦게 와놓고 어찌 차마 먼저 가버렸단 말인가 後來何忍便先歸

네 번째 수 其四

한 쌍의 구슬[262] 있어 자리의 보배[263] 되었으니 自有雙珠也席珍

臣甫誠惶誠恐." 이에 현종(玄宗)으로부터 칭찬을 받고 집현원 대제(集賢院待制)의 명을 받고 관리로 뽑힐 순서를 기다렸으나, 끝내 임용되지 못했다.

260 공명이라야……것을 : 어유임이 정랑(正郎) 벼슬밖에 못 한 것을 가리키는 말이다.

261 백강의……어루만져주랴 : 형제간에 우애가 돈독한 것을 말한다. 송나라 때 사마광(司馬光)은 그의 형인 백강(伯康) 사마단(司馬旦)과 함께 우애가 돈독하여 백강의 나이 여든이 되도록 잘 섬기고 보살피며, 항상 식사 후 얼마 되지 않아서 배고프지 않냐고 묻고 날씨가 조금 차면 그의 등을 어루만지면서 옷이 얇지 않냐고 물었다고 한다.

262 한……구슬 : 원문의 '쌍주(雙珠)'는 출중한 두 형제를 말한다. 한나라 때 공융(孔融)이 위휴보(韋休甫)의 두 아들인 위원상(韋元將)과 위중장(韋仲將) 두 형제를 두고 지은 〈위휴보에게 주는 편지〔與韋休甫書〕〉에서 이르기를, "늙은 조개 속에서 진주 두 알이 나올 줄은 생각지도 못하였다.〔不意雙珠生于老蚌〕"라고 한 데서 유래하였다.

263 자리의 보배 : '석진(席珍)'은 자리 위의 보배라는 뜻으로, 뛰어난 학덕을 소유한 유자를 비유하는 표현이다. 춘추 시대 노(魯)나라 애공(哀公)이 공자에게 자리를 권하자, 공자가 모시고 앉아서 "유자는 자리 위에 귀한 보배를 준비해 놓고서 초빙해 주기

젊어서 화려한 문장이 이미 무리를 뛰어넘었네　妙齡華藻已超倫
슬프다, 병들어 베갯머리에서 남기신 간곡한 훈계가 堪悲病枕諄諄誡
오직 시서만 말할 뿐 가난 이야긴 없었어라　只語詩書不語貧

다섯 번째 수 其五

같은 갑자에 태어나고[264] 호리병 속으로 같이 숨어서[265]　生同一甲隱同壺
죽마고우의 우정 늙도록 유별났지　竹馬交情到老殊
만사는 쏜살같이 옛날이 되어버리고　萬事駸駸成曩昔
슬픔과 기쁨 다 겪고 난 뒤 이 몸 혼자임을 느끼겠네 悲歡閱盡覺身孤

를 기다리는 사람이다.〔儒有席上之珍以待聘〕"라고 말한 고사에서 유래하였다.《禮記 儒行》

264 같은……태어나고 : 어유임과 남유용은 같이 1698년에 태어났다.

265 호리병……숨어서 : '호중천(壺中天)'이라는 말이 있는데, 곧 선경(仙境)을 뜻한다. 후한의 술사(術士) 비장방(費長房)이 선인(仙人) 호공(壺公)을 따라 호리병 속으로 들어가서 선경의 즐거움을 한껏 누렸다는 전설에서 비롯된 말이다.《神仙傳 壺公》

죽옹[266]에 대한 만가

竹翁輓歌

세상 사람 관직을 사랑하나 그대는 시를 사랑했고 世人愛官君愛詩
세상 사람 돈을 사랑하니 그대는 술을 사랑했네 世人愛錢君愛酒
백 가지 물건 중 마음에 맞는 것 이것뿐이었으니 百態色中獨心期
흰 머리 되도록 기구하지 않을 수 있었으랴 得不坎坷到白首
세상에선 그대를 알아주지 않아도 그대는 절로 기이해 世不知君君自奇
그대를 알아주는 사람으로 오직 뇌연 늙은이 있었네 知君獨有雷淵叟
이 늙은이 시를 읊조릴 줄 알아 此叟解吟詩
술친구 만나지 않으면 붓 휘두르지 않고 不遇酒友不揮毫
이 늙은이 술을 마실 줄 알아 此叟解飮酒
시 벗 만나지 않으면 게 발 들지 않았네[267] 不遇詩朋不持螯
세모에 군을 만나 미친 듯 기뻤고 歲暮得君喜欲狂
월곡[268]에서 시와 학문하며 술자리 더욱 호방했지 詩學月谷酒更豪
동쪽 산 북쪽 기슭엔 물도 바위도 많아 東山北麓饒水石

266 죽옹 : 김이적으로, 346쪽 주186 참조.

267 게……않았네 : 진(晉)나라 필탁(畢卓)이 술을 좋아하여 "한 손엔 게 발 안주, 한 손엔 술 한 잔, 이만하면 일생을 보낼 만하지 않은가.〔一手拿着蟹螯, 一手捧着酒杯, 便足以了一生.〕"라고 말했던 '지오파주(持螯把酒)'의 고사를 인용한 것이다. 《世說新語 任誕傳》

268 월곡 : 서울 종암동에 있던 오원(吳瑗)의 별장이다.

여러 벗들과 손잡고 다니며 옷도 같이 입었지[269] 提携數子亦同袍
산가지 돌리고 촛불에 금 긋는 일[270]은 그대가 주관했는데
行籌刻燭君爲政
술기운 달아올라 문장 지으면 조무래기들 놀라게 했네
氣酣咳唾驚兒曹
천공께서 방달한 이 용납해주셨음을 홀로 기뻐했거늘 自喜天公容放達
조물주가 풍소[271]를 질투할지 누가 알았으리 誰知化兒妬風騷
정월 초하루에 주성이 사라지더니[272] 月正元日酒星亡
그대도 주성을 따라 너울너울 가버렸네 君隨酒星去翩翩
그대는 오지 않는데 공연히 바라만 보나니 君不來空相望
구름은 청산에 있고 달은 하늘에 있구나 雲在靑山月在天
이 늙은이 이때부터 문 닫아걸었으니 此叟從此不開門
산중과 천상만 홀로 어여뻐라 山中天上獨娟娟

269 옷도……입었지 : 원문의 '동포(同袍)'는 솜옷을 나누어 입는다는 뜻으로, 함께 전쟁터에 나아가 죽음을 같이하는 전우가 되겠다는 말인데, 의리를 지키면서 형제처럼 지내는 벗을 뜻하는 말로 쓰인다. 《시경》 〈무의(無衣)〉의 "내가 어찌 입을 옷이 없어서, 그대와 함께 군복을 입고 전쟁터로 나가는 것이겠는가.〔豈曰無衣 與子同袍〕"라는 말에서 나온 것이다.

270 산가지……일 : 산가지는 술 마시며 시를 지을 때 벌주를 세기 위해 사용하던 나뭇가지이다. 원문의 '각촉(刻燭)'은 초에 눈금을 긋고 촛불이 그 눈금까지 타는 동안에 시를 짓는 '각촉부시(刻燭賦詩)'에서 온 말이다.

271 풍소 : 시가〔風〕와 문장 혹은 사부〔騷〕을 아울러 이르는 말인데, 여기서는 뛰어난 글재주를 가진 이, 즉 김이적을 가리키는 말로 사용되었다.

272 정월……사라지더니 : 앞의 시에 작가가 붙인 자주(自註)를 보면 이해 정월 초하루부터 주금(酒禁)이 시행되었음을 알 수 있다.

올해 핀 꽃은 작년과 닮았건만 今年花發似去年
봄바람은 중천[273]에 닿을 힘이 없다네 春風無力及重泉
간로에게 너무 슬퍼 마라 말 전하니 寄言礀老莫過哀
즐거움 다하면 슬픔이 오는 것이야 이치가 그렇다네 樂盡悲來理則然
다시 어디를 향해 활짝 웃어볼 것인가 更向何處笑開口
떠난 자는 산 자의 가련함을 알지 못한다네 逝者不知生可憐

강백(剛伯)은 절경의 형인데, 자호가 간옹(礀翁)이다.

273 중천 : 땅속 깊은 곳, 즉 저승을 가리킨다.

마당에 있는 멋진 나무

庭中有嘉樹

마당에 있는 멋진 나무	庭中有嘉樹
붉은 꽃은 곱지만 번다하지 않네	朱蕚靚不繁
맑은 바람이 푸른 가지를 건드리면	淸風披靑條
향긋한 꽃내음이 내 방까지 풍겨오네	馨香聞我軒
간결하고 담박하여 마음에 쏙 드나니	簡澹可人心
마치 고아한 이와 이야기 나누는 것 같구나	似與高人言
아름다운 경지를 우연히 서로 만났더니	佳境偶相遭
한 번 지나감에 끝내 잊기 어려워라	一過竟難諼

기성[274]에서 입으로 부르다

騎省口占

가을 소리 가득한 동산 빛에 숲은 스산한데	秋聲苑色一蕭森
난간 귀퉁이에 오사모 쓰고 저녁 그늘에 기대 있네	欄角烏紗倚晚陰
오직 반생은 달관한 선비 아니었으니	秖爲潘生非達士
흰머리가 어찌 탁 트인 가슴을 흔들 수 있으랴[275]	二毛何得撼疎襟

274 기성 : 기성(騎省)은 병조(兵曹)의 별칭이다. 남유용은 이해(1756)에 병조참판이 되었다.

275 오직……있으랴 : 여기 나오는 반생은 진(晉)나라의 문장가 반악(潘岳)을 가리킨다. 이모(二毛)는 희끗희끗해진 머리를 말한다. 그가 일찍이 〈추흥부(秋興賦)〉를 지었는데, 그 서문에서 말하길 "내 나이 서른두 살에 처음으로 흰머리를 보았다.〔余年三十二 始見二毛〕"라고 하였다.

도정절의 〈음주〉에 창화하다 20수 정축년(1757)[276]

和陶靖節飮酒 二十首 丁丑

종성(鍾惺)이 말하기를, "도공(陶公)의 이 시는 흥취와 뜻을 기탁했을 따름인데 제목을 '음주(飮酒)'라 하였으니, 깨닫건대 한 부(部)의 도연명(陶淵明) 시집은 그 전체를 모두 음주로 제목을 삼을 수 있다."[277]라고 하였다. 지금 나라에 술이 없는데도 이 제목을 사용한 것 역시 이와 같은 뜻일 따름이다.

가는 것은 혹 가도록 시키는 것이 있음이요 行也或使之
멈추는 것은 혹 멈추도록 막는 것이 있음일세 止也或尼之
시키고 막는 것이 비록 남에게 있다고 하나 使尼雖在人
가고 멈추는 것은 오직 내가 정하는 시간에 달렸다네 行止惟我時

갈 때 혹 누군가가 시키고 멈출 때 혹 누군가가 막겠지만, 때론 가고 때론 멈추는 것은 역시 내게 달렸을 따름이다.

일찍이 군자의 가르침 받들었기에 嘗奉君子敎

276 정축년(1757) : 영조 33년으로, 남유용이 60세 되던 해이다.

277 종성(鍾惺)이……있다 : 종성(1574~1624)은 명나라 때 문학가로 자는 백경(伯敬), 호는 퇴곡(退谷)이다. 호광(湖廣) 경릉(竟陵) 사람이어서 같은 지역 출신인 담원춘(譚元春)과 더불어 경릉파(竟陵派)로 불린다. 도연명에 대한 이 평가는 그의 시평론집인 《시귀(詩歸)》에 보인다. "그가 흥취를 기탁한 것을 보면 깨닫건대 한 부의 도연명 시집 모두가 음주로 제목을 삼아도 좋을 것 같으니, 오묘함이 바로 여기에 있다.〔觀其寄興託旨, 覺一部陶詩, 皆可用飮酒作題, 其妙在此.〕"

깨어있을 때면 늘 이를 지켰네 　　寤言恒在玆
작록에 연연하는 것은 실로 내 마음 아니나 　　懷祿諒非情
기미를 살피다 간혹 의심을 남기기도 하였네 　　見幾或餘疑
조금도 머뭇거리지 않을 수만 있다면 　　惟能不竢日
돌아가는 옷소매를 그 누가 붙잡으랴 　　歸袂誰當持

작록(爵祿)에 연연하는 것은 비록 본심은 아니지만, 기미를 살피는 것에 밝지 못한 까닭에 결심하고 돌아가지 못하고 있다. 돌아갈 결심만 할 수 있다면 그 누가 나를 만류하며 가지 못하게 하겠는가?

두 번째 수 其二

소년 시절에는 자못 거칠 것이 없어 　　少年頗放曠
벼슬을 버리고 이름난 산에 들어갔었지 　　投簪入名山
산중에서 은사를 만났는데 　　山中逢隱士
손을 잡고 좋은 말씀을 해주셨네 　　携手托好言
그러나 그릇되이 헛된 명성에 얽매어 　　謬被浮名累
오래도록 머무르다 늘그막이 되고 말았네 　　淹留及暮年
단사 달이는 불이 몇 번이나 돌았을 터인데[278] 　　丹砂火幾轉
소식이 아득하여 전해지지 않네 　　消息邈不傳

세 번째 수 其三

중년에 교유를 끊었지만 　　中歲謝交游

278 단사……터인데 : 구전단(九轉丹)을 말한다. 단사(丹砂)를 아홉 번 제련해서 만든다는 도가의 선약(仙藥)이다.

몇몇 선비들은 유독 잊히지 않네 數士獨嬰情
좋아하는 이유는 마음 맞기 때문이지 所好在心期
어찌 그 명성을 좇아서일까 豈復徇其名
옷은 같이 하지만[279] 늙음은 같이 하지 못하니 同袍不同老
누구와 더불어 이 생을 즐길까 誰與樂此生
상자 속에 담긴 칠애편[280] 篋中七哀篇
쓰려고 보니 마음이 절로 놀라네 欲題心自驚
그림자 돌아보며 홀로 서글퍼하나니 顧影獨悲辛
머리 다 세었거늘 장차 무엇을 이룰 수 있을까 頭白將何成

네 번째 수 其四

새매가 막 깍지에서 벗어나 蒼鷹初脫韝
하늘에 닿도록 날아오르려 하네 意欲摩天飛
고개 돌려 평원을 내려다보니 矯首俯平原
여우와 토끼의 우는 소리 서글프구나 狐兎聲鳴悲
가시덤불 울창히 뒤덮인 곳에 荊榛莽蒼蒼
굴이 서로 붙어있는데 窟宅相因依
배회하며 덮치지 못하더니 徘徊不能擊
날개를 접고 다시 돌아가버리네 斂翅却還歸
봉황새는 볼 수 없고 鳳鳥不可見

279 옷은……하지만 : '동포(同袍)'에 관한 내용은 382쪽 주269 참조.

280 칠애편 : 칠애(七哀)는 위진시대 악부시(樂府詩)의 제목으로 지인들 가운데 세상을 떠난 이를 슬퍼하는 내용이 주를 이룬다.

대도는 어찌 이리 쇠하였는가 大道一何衰
가을바람만 공연히 매서운데 秋風空崢嶸
슬피 바라보니 일과 마음이 어긋나네 悵望心事違

다섯 번째 수 其五

쇠락한 세상에 대도가 숨으니 世衰大道隱
뭇 입들 어찌 그리 시끄러운지 衆口何啾喧
시비는 권세 좇아 이루어지고 是非逐勢成
애증은 정 따라 기우네 憎愛緣情偏
옥을 무함하여 돌이라 하고 誣玉以爲石
언덕을 가리켜 억지로 산이라 부르네 指丘强名山
각박함이 절로 습속이 되더니 澆薄自成俗
순후한 풍속이 다시 돌아오지 않는구나 淳風不復還
그래서 기미를 살피는 선비들은 所以見幾士
입을 다문 채 말하지 않으려 한 것이라네 緘舌欲無言

여섯 번째 수 其六

아득하구나, 바른 품평 사라진 지가 邈哉風議熄
비위 맞추기만 구하면서 옳은 것은 구하지 않네 求合不求是
태도와 낯빛으로 구차히 영합하고 態色苟相悅
입에서 나오는 대로 칭찬하고 훼방하네 信口生譽毁
그러나 바른 이치가 세상에 있으니 正理在天下
아! 저들은 또한 부질없도다 嗟爾亦徒爾
거친 베는 천 번을 베틀에 돌려도 麤葛經千杼

끝내 무늬 비단이 될 수 없다네　終不成文綺

일곱 번째 수 其七

기억하노니 지난날 지극한 치세에　憶昨至治世
밝히 드러내 기용한 자[281]는 반드시 빼어난 인재였네　明揚必儁英
하늘과 땅은 본디 아득히 떨어져 있지만　天壤勢固懸
깊고 은미하여 도리어 정이 통하였네　沕穆却通情
　지천(地天)이 태(泰)가 되는 이유이다.[282]
거칠 것 없이 쏟아지면 모인 무리들이 고요해지고　沛然會群精
호령을 발하면 만 개의 귀가 경청하였네　發號萬耳傾
그러나 세상이 낮아지고 사도가 미약해지니　世卑斯道微
높은 산등성이에서 봉황이 울지 않는구나　高岡鳳不鳴
늘그막에는 참으로 할 수 있는 일이 없어　垂老諒無爲
기대하는 바는 후생들에게 있다네　所期在後生

여덟 번째 수 其八

북산에 멋진 나무 있으니　北山有嘉樹
곧게 솟은 자태 구름을 찌를 듯하네　挺直干雲姿

281 밝히……자는 : 원문의 '明揚'은 귀천에 구애받지 않고 덕 있는 자를 기용하는 것을 말한다. 《서경》 〈요전(堯典)〉에 "이미 현위(顯位)에 있는 자를 드러내어 밝히고 미천한 사람도 올려서 쓴다.〔明明, 揚側陋.〕"라고 하였다.

282 지천(地天)이……이유이다 : 《주역》의 〈천지비괘(天地否卦)〉는 하늘과 땅의 기운이 서로 막혀서 통하지 않는 것을 상징하고, 〈지천태괘(地天泰卦)〉는 그 반대로 만물이 형통하게 되는 것을 상징한다.

그 뿌리에서 자줏빛 지초가 자라고　紫芝産其根
그 가지에서 누런 고니가 둥지를 틀었네　黃鵠巢其枝
솜씨 좋은 장인이 잘라다 기물을 만드는데　巧匠斲爲器
아로새긴 모습이 어찌 그리 기이한지　雕鏤一何奇
실로 사람들이 아끼는 완상품은 되었으나　諒爲人愛玩
본성을 해치는 것은 장차 어찌할 것인가　將乃伐性爲
그래서 참됨을 지키는 선비는　所以葆眞士
그림자 쉬게 하며[283] 얽매이는 것 마다한다네　息影謝羇羈

아홉 번째 수 其九

나무는 정기(精氣)를 뿌리에 감추어야[284]　維木始晦根
향긋한 꽃들이 때를 기다렸다 피어나고　芳華俟時開
선비는 덕 감추기를 귀히 여겨야　維士貴藏德
궁핍과 영달이 마음에 들어오지 않는다네　窮達不入懷
어찌하여 글 읽는 사람이　如何讀書人

283 그림자……하며 : 외식적인 도덕 세계를 버리고 자연의 진성(眞性)을 추구함을 뜻하는 말로, 《장자》 〈어부(漁父)〉에 나온다. 공자와 어부의 문답에서 어부가 제 그림자를 두려워하고 제 발자국을 싫어하여 그것을 떼 버리려고 달아난 사람을 비유로 들면서 그는 곧 "그늘 속으로 들어가 있으면 그림자가 없어지고 조용히 쉬고 있으면 발자국도 멈춘다는 사실을 몰라서 그렇게 된 것이다.〔不知處陰以休影, 處靜以息迹.〕"라고 하였다.

284 나무는……감추어야 : 남송의 학자인 유자휘(劉子翬)는 주희의 아버지와 벗이었는데, 그가 주희의 자(字)를 원회(元晦)라 지어 주며 남긴 축사에 "나무는 뿌리에 감추어야 봄의 자태가 찬란히 펴지고 사람은 몸에 감추어야 신명이 안에서 넉넉하다.〔木晦於根 春容燁敷 人晦於身 神明內腴〕"라고 하였다.

도리어 도와 어긋나는가　而反與道乖
옷자락을 추어올리고서 덤불 길을 지나고　褰裳涉榛徑
길을 잃고서 옛 거처를 잊는구나　迷行忘故棲
청운을 우러러보는 객은　瞻望青雲客
가슴을 치며 운니[285]를 탄식하지만　拊身嘆雲泥
저들에게도 또한 근심 있음을 알지 못하니　不知彼亦憂
만족함을 구하자면 늘 조화로움이 적어진다네　求足常寡諧

청운(靑雲)을 우러르는 객은 자신의 신세가 그렇지 못한 것을 탄식하지만 출세한 자들에게도 역시 만족하지 못하는 근심이 있다. 대개 사람이 늘 만족함을 구하자면 만족할 날이란 없고, 명리(名利)에 눈이 가려 공연히 그 성정만 잃을 뿐이다.

대그릇과 국 사발[286]에도 얼굴빛이 변한다면　簞豆一動色
성령이 어찌 미혹되지 않으리　性靈詎弗迷
주나라로 가는 길은 화살처럼 곧으니[287]　周道直如矢
수레를 멈추고 길 돌리길 바라네　弭節願言廻

285 운니 : '운니(雲泥)'는 '승운행니(乘雲行泥)'의 줄임말로 구름을 타는 것과 진흙땅 위는 걷는 격차를 표현하는 말이다.

286 대그릇……사발 : '단두(簞豆)'는 아주 작은 물건을 뜻한다. 《맹자》〈진심 하(盡心下)〉에 보면, 맹자가, "명예를 좋아하는 사람은 능히 천승의 나라를 양보할 수 있으나, 부귀(富貴)를 가볍게 여기는 사람이 아니면 대그릇에 담은 밥과 제기(祭器)에 담은 국을 가지고서도 본심을 얼굴에 드러낸다.〔好名之人能讓千乘之國, 苟非其人, 簞食豆羹見于色〕"라고 하였는데, 이 말을 인용한 것이다.

287 주나라로……곧으니 : 《시경》〈대동(大東)〉에 "주나라로 가는 길 숫돌처럼 판판한데 그 곧기가 화살 같도다. 군자가 밟는 바요 소인들이 우러러보는 바이니, 머리를 돌려 그 길을 돌아보며 줄줄 눈물을 흘리노라.〔周道如砥, 其直如矢. 君子所履, 小人所視. 睠言顧之, 潸焉出涕〕"라고 하였다.

열 번째 수 其十

성환촌[288]에서 말에게 꼴을 먹이는데	秣馬成歡村
구걸하는 자들이 길모퉁이에 가득하네	行丐滿道隅
흉년이 들어 고향을 떠나고	年饑去鄕里
뿔뿔이 흩어진 채 늘 길에서 산다네	流離長在道
나그네들 사이에서 걸식하지만	乞食行旅間
채찍질에 회초리질에 때론 내쫓기기도 한다네	鞭箠時見驅
이 모습 보고 마음이 슬퍼지니	見此心惻怛
내 어찌 나의 남은 것을 아끼랴	吾豈愛吾餘
그러나 밥 한 끼도 두루 베풀지 못한 것 같아	一飯恐不周
이리저리 뒤척이며 편히 거할 수 없구나	反側未安居

열한 번째 수 其十一

머리 허옇게 센 저 농부라고	皤皤彼田叟
꼭 도(道)에 통달했으리라는 법 없지만	未必能達道
고목처럼 울퉁불퉁한 덕분에	擁腫如枯木
깊은 산에서 늙어갈 수 있었다네[289]	深山自得老

288 성환촌 : 충남 천안시 성환읍이다.

289 고목처럼……있었다네 : 《장자》 〈소요유(逍遙遊)〉에 혜자(惠子)가 말하기를 "나에게 큰 나무가 있는데, 저(樗)라 부른다. 그 뿌리는 옹종(擁腫)하여 먹줄에 맞지 않고, 작은 가지는 굽어져 규구(規矩)에 맞지 않으므로, 길가에 서 있어도 대목(大木)이 돌아보지도 아니한다.〔吾有大樹, 人謂之樗, 其大本擁腫而不中繩墨, 其小枝卷曲而不中規矩, 立之塗, 匠者不顧.〕"라는 내용이 보인다. 즉 쓸모없는〔無用〕 덕분에 천수를 누릴 수 있다는 뜻이다.

얻은 것이 없으니 잃을 것을 근심하지 않고 無得不患失
영화로움 잊었거니 어찌 야위어감을 원망할까 忘榮寧怨槁
초연히 명리 바깥에서 지내며 超然名利外
오직 농사일 좋은 것만 알 뿐인지라 惟知稼穡好
쟁기와 보습을 담장 벽에 기대 놓고 耒耜倚墻壁
자식에게 전하며 보배로 삼게 하네 傳子以爲寶
진정 통달한 선비를 아직 보지 못하였으나 未見眞達士
이 또한 나의 사표가 될 만하리 是亦吾師表

열두 번째 수 其十二

선왕에게 법도가 있으나 先王有法度
덜고 보태는 것은 때에 따랐네 損益乃隨時
누가 예전 공정한 관석[290]을 가져다 誰將關石舊
어지러이 고쳐서 억울한 단사[291]를 은폐시켰는가 紛更蔽單辭
금 사발은 본디 결점이 없었으나[292] 金甌本無缺

290 관석 : '關石'은 화균(和鈞)과 함께 천하의 무게를 통일하기 위해 우(禹) 임금이 만든 것이라 한다. 《서경》 〈오자지가(五子之歌)〉에 "관석과 화균이 왕부에 있다.〔關石和鈞 王府則有〕" 하였다. 더 나아가 선왕들이 제정한 법전과 제도를 의미한다.

291 단사 : 《서경》 〈여형(呂刑)〉에 "사심 없이 깨끗한 마음으로 단사를 들으라.〔明淸單辭〕"라고 하였다. 공영달(孔穎達)의 소(疏)에 따르면, 단사는 증거가 없는 한쪽의 말이다.

292 금……없었으나 : 금구(金甌)는 금으로 만든 사발이다. 국가의 견고함을 비유할 때 금구무결(金甌無缺)이라고 하는데, 《남사(南史)》 〈주이전(朱异傳)〉에 "무제가 이르기를, 우리나라는 금 사발처럼 흠난 데가 없다.〔武帝言: 我國家猶若金甌無一傷缺.〕"라는 말이 나온다.

깎이고 약해진 것 실로 여기서부터 시작되었네 削弱實自玆
살덩이를 도려내 종기를 치료하더니[293] 剜肉以醫瘡
호령이 반포됨에 백성들 의심하기 시작했네 令出民始疑
떠돌며 유세하여 공명을 얻는다니 游談取功名
아! 나를 그 누가 속일손가 嗟我彼誰欺
사무에 밝은 선비를 얻어 願得識務士
왕을 위해 한번 바로잡아 보았으면 爲王一定之

열세 번째 수 其十三
저자의 사람들 대낮에 모여있다 보면 市人日中集
어지럽기 짝이 없는 것이 가지가지라네 擾擾非一境
술꾼들과 한데 어울려 지낼 때면 同游酒人群
누가 술 취한 자이고 누가 깬 자인지 어찌 구별할 수 있으리 誰復辨醉醒
세상에 이바지하려니 재주 없어 부끄럽고 供世愧不才
구름 낀 숲은 공연히 목 빼고 바라기만 할 뿐 雲林空引領
성명한 시절을 늘 그리워하기에 明時常結戀
감히 맑은 영수 가[294]에 눕지도 못하네 未敢臥清潁

293 살덩이를……치료하더니 : 당장 급한 불을 끄겠다고 더 중요한 것을 잃고 마는 상황을 비유하는 말이다. 당나라 시인 섭이중(聶夷中)은 시 〈농가를 읊다〔詠田家〕〉에서 "이월에 새 명주실을 팔고, 오월에 새 곡식을 내다 파네. 눈앞의 종기는 치료했으나, 심장 살덩이를 잘라내 버렸네.〔二月賣新絲, 五月糶新穀. 醫得眼前瘡, 剜却心頭肉.〕"라고 읊었다.

294 영수 가 : '영수(潁水)'는 은거지를 상징한다. 구양수(歐陽脩)가 다른 사람에게서

평생 슬퍼하거나 기뻐하는 일 적었거늘　平生寡戚欣
지금 홀로 시름겨워하네　於玆獨悄悄

열네 번째 수 其十四

지팡이 등에 메고 평평한 들판을 걷노라니　負策步平原
초목도 봄이 온 것을 아는 듯하네　草木知春至
만천은 벼슬했어도 은자나 마찬가지였고[295]　曼倩祿猶隱
차공이 미친 것은 취했기 때문 아니었네[296]　次公狂非醉
주나라 시[297]와 초나라 이소는　周雅與楚騷

귀한 선물을 받고서 지은 시에, "결국에는 자리 걷고 베개 들고 떠나서 맑은 영수 끝자락에 집을 짓고 전답 사서 살지 않겠나.〔終當卷簟携枕去 築室買田淸潁尾〕"라고 하였다.

295 만천은……마찬가지였고 : '만천(曼倩)'은 한나라 무제(武帝) 때 사람 동방삭(東方朔)으로, 해학과 직언을 잘하고 선술(仙術)을 좋아하였다. 일찍이 동방삭이 낭관(郎官)으로 있을 때 동료가 그에게 말하기를 "다른 사람들이 모두들 선생을 보고 미쳤다고 한다."라고 하니, 동방삭이 말하기를 "나와 같은 경우는 이른바 조정 안에 은거하여 세상을 피해 사는 사람이라고 할 수가 있다. 옛날 사람들은 깊은 산속에 숨어 살면서 세상을 피하였다."라고 하였다. 그러고는 술에 취해서 읊기를 "세속에 침체되어 있으면서 금마문(金馬門)에서 세상을 피해 사노라. 궁궐 속에서도 세상을 피해 살면서 자신의 몸을 보전할 수 있는데, 깊은 산속의 초가집 아래에서 살 필요가 뭐가 있겠는가."라고 하였다.《漢書 卷65 東方朔傳》

296 차공이……아니었네 : 차공(次公)은 한나라 선제(宣帝) 때 강직하기로 명성이 높았던 개관요(蓋寬饒)의 자이다. 술을 마시지 않아도 미친다는 것은 마음이 방달하여 세상을 오만하게 여기는 것을 말한다. 개관요가 일찍이 은평후(恩平侯) 허백(許伯)의 주연에 참석하여 말하기를, "나에게 술을 많이 따르지 말라. 내가 바로 술 미치광이이다."라고 하자, 곁에 있던 승상 위후(魏侯)가 말하기를, "차공은 술을 마시지 않아도 미치는데, 하필 술을 마셔야만 미치겠는가.〔次公醒而狂, 何必酒狂.〕"라고 한 데서 온 말이다.《漢書 卷77 蓋寬饒傳》

고아하게 노래할 때 순서가 없다네　　高詠無第次
나를 아는 이 드물다 탄식하지 말지니　　莫歎知我希
이제야 이 몸 귀한 것을 깨닫겠구나　　始覺此身貴

노자(老子)가 말하기를, 나를 아는 자가 드물어야 내가 귀해진다[298]고 하였다.

샘물 마시어 스스로 깨끗이 하면서　　酌泉用自潔
무미의 맛을 음미하고자 하네[299]　　願言味無味

열다섯 번째 수 其十五

내가 골짜기 입구 마을을 가노라니　　我行峽口村
가시덤불에 가려 우물이며 집이며 잘 보이지 않았네　　榛梗迷井宅
노인 한 명이 작은 집[300]을 지키는데　　一老守環堵
쌓은 눈 위에는 발자국조차 찍히지 않았네　　積雪無行跡
가산 다 털어내 관가에 진 빚 갚고 나서　　傾家還公負
남은 것 세어보니 채 백이 되지 않네　　餘筭未滿百

297 주나라 시 : '주아(周雅)'라고 하면 보통 《시경》을 가리킨다.

298 노자(老子)가……귀해진다 : 《노자》 제70장에 "나를 아는 자가 드물면 나에게 있는 것이 귀해진다. 그러므로 성인은 갈옷을 입고 보옥을 품는다.〔知我者希, 則我者貴. 是以聖人被褐懷玉.〕"라는 내용이 나온다.

299 무미의……하네 : 소식(蘇軾)의 〈약송(藥誦)〉에 "거사가 노래하여 답하기를, '일 없는 일을 일삼으면 모든 일이 다스려지고, 맛없는 맛을 음미하면 오미가 갖추어지네.'라고 하였다.〔居士則歌以答之曰: 事無事之事, 百事治兮; 味無味之味, 五味備兮.〕"라고 하였는데, 이를 인용하였다.

300 작은 집 : 원문의 '환도(環堵)'는 사방이 각각 1도(堵)인 집이라는 뜻으로, 가난한 집을 이르는 말이다.

이것으로 봄 농사 때까지 버티며 持此及春耕
까마귀 머리 희어질 때까지 기다리라[301] 하네 請俟烏頭白
도적인들 어찌 백성이 아니랴 盜賊獨非民
실로 목숨도 아까워하지 않아 이리 되었을 뿐이지 諒由死不惜

도적 역시 똑같은 백성일 뿐이다. 다만 추위와 배고픔이 너무도 심하여 목숨도 아까워하지 않는 지경에 이르면 못하는 짓이 없게 되는 것이다.

열여섯 번째 수 其十六

진부한 유자가 사무를 잘 알지 못해 腐儒不曉事
허연 머리로 낡은 경서를 지키고 있네 白首守殘經
장부는 둥근데 장부 구멍은 네모나니[302] 圓枘而方鑿
백 가지 일에 한 가지도 이룬 것이 없구나 百爲無一成
성질이 태어날 때부터 이러한데 性質自生初
무슨 수로 시대를 좇아 바꿀 수 있으랴 焉能逐時更
비녀와 갓끈[303]이 몸에 걸쳐있다고는 하지만 簪組雖嬰躬
어찌 밝은 조정에서 이름 떨친다 말할 수 있으리 豈曰揚明庭
비바람 불어 어두운 한밤중이건만 風雨晦中宵

301 까마귀……기다리라 : 불가능한 것을 표현하는 말이다. 《사기》 권85 〈자객열전(刺客列傳)〉에 "까마귀 머리가 하얘지고, 말 머리에 뿔이 돋으면 이내 허락하겠다.〔烏頭白, 馬生角, 乃許耳.〕"라는 말이 나오는데, 이를 인용한 것이다.

302 장부는……네모나니 : 둥근 장부는 네모진 구멍에 들어가지 않아 맞지 않는다는 뜻으로, 전하여 쌍방의 사물이 서로 어긋나서 맞지 않음을 이른 말이다. 《초사》 〈구변(九辨)〉에 "둥근 장부에 구멍은 네모짐이여, 서로 어긋나 들어가기 어려움을 내 본디 알았노라.〔圓枘而方鑿兮 吾固知其鉏鋙而難入〕"라고 하였다.

303 비녀와 갓끈 : 관직을 상징한다.

횃대의 닭은 울기를 그치지 않네 塒鷄不廢鳴
오도가 혹 틀린 것인가? 吾道豈非歟
이런 생각에 겨워하니 심정이 답답하구나 感此鬱衷情

열일곱 번째 수 其十七
언어로 가르침은 본디 얕은지라 言語教固淺
백 리마다 풍속이 같지 않지만 百里不同風
충신이 행해짐은 멀리 미치는지라 忠信行維遠
사해가 방안과 같아지네 四海比室中
이 뜻을 누가 듣지 못하였을까마는 斯義孰不聞
식자만이 능히 알 수 있다네 識者乃能通
예로부터 말할 줄 아는 선비로 古來知言士
나는 진중궁[304]을 보았네 吾見陳仲弓

열여덟 번째 수 其十八
명주가 바다 밑에 있는데 明珠在海底
어부에게 욕심이 없어야 얻을 수 있다네 漁者無心得
희귀한 보배란 진실로 감추어져 있기 마련이거늘 希珍諒所韞
자기 배를 가른다면 어찌 미혹됨이 아니랴[305] 剖腹寧非惑

304 진중궁 : 진중궁(陳仲弓)은 후한 때의 관리이자 명사인 진식(陳寔, 104~187)이다. 후한의 채옹(蔡邕)이 그를 위해 지은 비문에 "예의는 도덕의 표상이 되었고, 법도는 선비의 준칙이 되었다.〔文爲德表 範爲士則〕"라는 말이 나온다. 《文選 卷58 陳太丘碑文》

305 배를……아니라 : 어렵게 얻은 진주를 감추기 위해 자기의 배를 가르고 감추었다

군자인들 어찌 구하는 바가 없으랴마는 君子豈無求
도가 있으면 그 구함은 이미 이루어진 셈 道在求已塞
안생은 누추한 골목에서도 즐거워했고[306] 顔生樂陋巷
계씨는 노나라에서 가장 부유하였네[307] 季氏富魯國

군자가 추구할 것은 도(道)일 뿐이니, 도가 정말 내게 있다면 그 추구하는 것은 이미 이루어진 셈이다. 안자(顔子 顔淵)의 즐거움 또한 이와 같을 따름이다.

그런데도 지금 취할 바와 버릴 바를 알지 못한다면 於玆昧取舍
그만이로다! 내 마땅히 입을 다물어야 하리 已矣余當嘿

열아홉 번째 수 其十九

군자에게는 본분[308]이 있어 君子有素位
도를 근심하지 벼슬을 근심하지 않는다네 憂道不憂仕

는 이야기로, 《자치통감(資治通鑑)》〈당기(唐紀)〉 태종 정관원년(太宗貞觀元年) 조에 보인다. 즉 물건을 위해 자신의 목숨을 도리어 해치는 어리석은 행위를 가리키는 말이다.

306 안생은……즐거워했고 : 안연(顔淵)이 누추한 골목에서 한 소쿠리의 밥과 한 바가지의 물로도 아무 근심하지 않고 안빈낙도한 것을 말한다.

307 계씨는……부유하였네 : 계씨는 노나라의 집정대신으로 삼경(三卿) 중에서 가장 부귀하였다. 《논어》〈선진(先進)〉에 "계씨가 주공보다 부유하거늘 구(염구)가 그를 위해 취렴하여 더하니, 공자께서 말씀하시기를 '내 무리가 아니다. 너희들이 북을 치면서 공격해도 좋다.〔.季氏富於周公, 而求也 季氏富於周公, 而求也. 爲之聚斂而附益之, 子曰非吾徒也. 小子, 鳴鼓而攻之可也.〕"라는 내용이 보인다.

308 본분 : 원문은 '소위(素位)'로, '소기위이행(素其位而行)'의 줄임말이다. 이는 《중용장구》 제14장의 "군자는 자신이 처한 자리를 본분으로 여겨 행동하고, 그 밖에는 원하지 않는다.〔君子素其位而行, 不願乎其外.〕"라는 말을 원용한 것이다

한 번 나아갈 때 세 번 읍을 하니[309] 一進有三揖
귀히 여기는 바는 자신을 낮추는 데 있기 때문이라네 所貴在遜己
세상 사람들은 발 빠른 것을 자랑하며 世人誇疾足
얻는 것만 알고 부끄러움은 모르네 知得不知耻
홀을 손에 들고서 부형께 읍하고 擧笏揖父兄
시시덕거리며 향리에서 거들먹거리네 嘻笑傲鄕里
도도히 흐르는 저 강한은 滔滔彼江漢
실로 남국의 벼리라네[310] 實維南國紀
흘러가는 물결은 정통을 빼앗지 못하며 流波不奪倫
깊은 곳에 이르면 다시 멈추기도 한다네 到深時復止
멀리까지 이르는 데는 참으로 도가 있나니 致遠誠有道
숭고한 자리가 어찌 족히 믿을 만한 것이겠는가? 崇高安足恃

스무 번째 수 其二十

그 옛날 태곳적[311]을 기억하자니 憶昔木食世

309 한 번……하니 : '삼읍일사(三揖一辭)'라는 말이 있는데, 벼슬길에 나아갈 적에는 세 번 읍을 하고 나아가고 물러날 때는 한 번 물러난다는 뜻으로, 《예기》 〈표기(表記)〉에 보인다. "공자께서 말씀하시기를, '임금을 섬기는 데 나아가기를 어렵게 하고, 벼슬에서 물러나기를 쉽게 하면 지위에 순서가 있고, 나아가기를 쉽게 하고 물러나기를 어렵게 하면 어지러워진다. 그러므로 군자는 세 번 읍하고 나아가며, 한번 사양하고 물러남으로써 어지러움을 멀리하는 것이다.'라고 하였다.〔子曰, '事君難進而易退則位有序, 易進而難退則亂也. 故君子三揖而進, 一辭而退, 以遠亂也.'〕"

310 도도히……벼리라네 : 《시경》 〈사월(四月)〉의 "넘실넘실한 강한은 남국의 벼리로다.〔滔滔江漢南國之紀〕"라는 구절에서 유래하였다.

311 태곳적 : 나무 열매를 따먹고 살았던 태고 시절을 가리킨다.

유유자적[312]한 가운데 천진이 드러났네 于于見天眞
보궤[313]는 정성스럽고도 아름다웠으나 簠簋誠亦美
두려워하던 바는 순박함을 벗어나는 것이었네 所懼在離淳
만물의 이치란 늘 성대할 수 없어 物理不長盛
성명[314]이 이미 새로워지지 못하게 되었나니 聲明毋已新
성쇠[315]는 실로 하늘이 주재하는 것이라 乘除寔天爲
주나라 뒤를 이어 진나라가 들어섰네 周餘乃有秦
책을 불태우고 또 선비들을 땅에 묻으니 火書又土儒
예악이 티끌 하나 남지 않고 사라져버렸네 禮樂無遺塵
한나라 고조는 순박하고 고집 센 사람이나 漢祖木强人
마음 씀씀이는 어질고도 부지런하였고 用心良亦勤
무기를 쉬게 하고 노나라 사당에 절하니[316] 休戈躬魯祠

312 유유자적 : 원문의 '우우(于于)'는 세상사를 잊고 유유자적하는 것을 말한다. 《장자》 〈응제왕(應帝王)〉에 "태씨는 누워 잘 때는 안온하고 깨어있을 때는 유유자적하다.〔泰氏, 其臥徐徐, 其覺于于.〕"라는 말이 나오고 〈도척(盜跖)〉에도 "신농씨의 시대엔, 누워서는 안락하게 자고 일어나서는 유유자적하게 생활했다.〔神農之世, 臥則居居, 起則于于.〕"라는 말이 나온다.

313 보궤 : 고대의 예기(禮器)로, 보(簠)는 외방내원(外方內圓), 궤(簋)는 외원내방의 그릇이다.

314 성명 : 원문의 '성명(聲明)'에서 '聲'은 원래 석(錫)·난(鸞)·화(和)·영(鈴) 등의 방울 소리를 가리키고, '明'은 해〔日〕·달〔月〕·별〔星辰〕 등 깃발에 그려진 하늘의 밝은 것을 상징한다. 《春秋左氏傳 桓公2年》

315 성쇠 : 원문의 '乘除'는 원래 곱하고 뺀다는 뜻으로 일이 잘되고 못되는 것을 비유하는 말인데, 더 나아가 인간 세상의 소장성쇠(消長盛衰)를 비유하는 말로 사용된다.

316 노나라……절하니 : 《사기》 권47 〈공자세가(孔子世家)〉의 기록을 보면, "고조는 노 땅을 지나가다가 태뢰로써 공자에게 제사지냈다.〔高皇帝過魯, 以太牢祠孔子〕"라고

대의가 가까이 드러날 수 있었고	大意見得親
수수와 사수[317] 물줄기가 다시 흐름에	洙泗復開流
황제가 나서서 그 나루를 손으로 가리켰네[318]	由帝指其津
아아! 백 대 후에	嗟哉百世下
도포에 두건 쓴 사람 많아졌건만	濟濟多衿巾
어찌하여 도를 보익하는 공이	如何翼道功
관에 오줌 눈 사람[319]에게도 미치지 못한단 말인가	不及溺冠人

하였다.

317 수수와 사수 : 공자가 제자들을 가르치던 곳이다.

318 나루를……가리켰네 : 《논어》〈미자(微子)〉에 "장저와 걸닉이 김매며 밭 갈고 있을 때 공자가 지나가다가 자로를 시켜 나루터를 물어보게 하였다.〔長沮桀溺, 耦而耕, 孔子過之, 使子路問津焉.〕"라는 말이 나오는데 학문의 진로를 가르쳐 주기를 청하는 것을 말한다. 따라서 나루를 가리켰다는 것은 학문으로 나아갈 길을 알려주었다는 뜻이다.

319 관에……사람 : 한나라 고조가 일찍이 진(秦)나라에 반기를 들고 일어나 패공(沛公)으로 있을 때, 문장을 일삼는 선비를 좋아하지 않아서 선비를 보면 관을 빼앗아 그 안에 오줌을 누곤 하였다고 한다.

책을 볕에 쬐다

曬書

뇌연 늙은이 집에 만 권의 책이 있으니	雷老堂中萬卷書
이것에 정을 준 건 처음 말 배우던 때부터라네	託情元自學言初
지금은 눈병이 나서 글자 보기를 그만두었기에	如今病眼休看字
동풍에게 빌려주어 한 권씩 펼쳐보게 하였네	借與東風一卷舒

강가의 이른 봄

江上早春

얼음 물러간 강물이 안개와 어우러지니	氷退江烟合
봄 돌아온 들판은 빛깔도 곱구나	春還野色姸
아득히 펼쳐지는 만 리 밖 생각에	悠然萬里意
취한 채 양수[320] 머리 배 위에 오르네	醉上瀼頭船

320 양수 : 양수(瀼水)는 원래 사천성(四川省) 봉절현(奉節縣) 산간의 물 이름이지만 여기서는 한강을 뜻한다. 두보(杜甫)가 일찍이 기주(夔州) 지방에서 노닐 때 그곳 산천을 몹시 좋아하여 차마 떠나지 못하고 양수의 동쪽, 서쪽 등으로 세 번이나 집을 옮겨 살면서 서재를 모두 고재(高齋)라 명명했다고 한다.

민 장령[321]의 무덤에 절하다
拜閔掌令墓

공께서 돌아가시기 전에는 나라가 비지 않았으니	公不亡時國不空
위대하신 말씀이 아직도 포의들 사이에 남아있네	名言猶在布韋中
효상[322]이 오늘날 어떤 꼴인지 한번 보기를 청하노니	請看爻象今何似
산림이 세상 구한 공[323]을 비로소 믿게 될 것이네	始信山林救世功

321 민 장령 : 민익수(閔翼洙, 1690~1742)로, 자는 사위(士衛), 호는 숙야재(夙夜齋)이다. 일찍이 진사로서 세마(洗馬)의 자리에 올랐으나, 조정이 당론으로 소란스러운 것을 보고는 과거를 포기한 채 동생 민우수와 함께 여강(驪江: 경기도 여주)으로 돌아가 은거하였다. 그 뒤 공조 좌랑・사어(司禦) 등에 제배(除拜)되었으나 관직에 오르지 않았다. 1729년 재행(才行)으로 별천(別薦)에 올랐다가, 1737년 군자감 정(軍資監正)에 음보(蔭補)로 기용되고 1740년 지평(持平)으로 대직(臺職)에 올라 그해에 장령(掌令)으로 승진하였다.

322 효상 : 원래는 《주역》에 나오는 효사(爻辭)와 상사(象辭)를 뜻하는데, 여기서 사물이 서로 얽혀 드러나는 형상이라는 뜻이 생겨났으며, 더 나아가 길흉이나 형적(形迹)을 뜻하는 말로도 사용된다.

323 산림이……공 : 여기서 산림은 초야에서 지내다시피 한 민 장령, 민익수를 가리킨다. 즉 그가 죽고 나서 어지러워진 세상을 한번 본다면, 그가 세상에 남긴 공이 얼마나 큰 것이었는지 확인할 수 있다는 뜻이다.

정성왕후[324]에 대한 만사

貞聖王后輓詞

중순한 덕[325]으로 하늘을 떠받드니 中順承乾體
준철문명하신 분이 동방에서 나왔도다[326] 文明自震來
천왕의 가법은 엄정하였고 天王家法正
경실[327]의 부덕은 두루 갖추었네 京室婦儀該
단정한 행실로 평탄할 때나 험난할 때나 한결같이 하였고 貞度均夷險

324 정성왕후 : 1692~1757. 영조의 왕비로, 본관은 대구이며 달성부원군(達城府院君) 서종제(徐宗悌)의 딸이다. 1704년(숙종30) 숙종의 네 번째 아들인 연잉군(延礽君: 뒤의 영조)과 가례를 올려 달성군부인에 봉해지고, 1721년(경종1) 경종이 몸이 약하고 후사가 없어, 연잉군이 세제(世弟)로 책봉되자 동시에 세제빈에 봉해졌으며, 1724년 영조가 즉위함에 따라 왕비에 진봉되었다.

325 중순한 덕 : 황후의 덕을 말한다. 《주역》 〈곤괘(坤卦) 구오(九五)〉에 "황상(黃裳)이니 크게 길(吉)하다."라고 하였는데, 그 전(傳)에 "황(黃)은 중색(中色)이고 상(裳)은 하식(下飾)인데, 육오가 음으로써 높은 위에 거(居)하였으므로 중순(中順)의 덕이 안에 충만하여 밖으로 드러난다."라고 하였다.

326 준철문명하신……나왔도다 : 《주역》 〈설괘전(說卦傳)〉에 "상제가 동방에서 나오다.〔帝出乎震.〕"라고 하였는데, 이는 곧 성왕(聖王)이 남면(南面)하여 밝은 곳을 향해서 천하를 다스리는 것을 이른 말로, 여기서는 영조가 새로 등극한 것을 가리킨다. 진(震)은 동쪽에 해당한다.

327 경실 : 왕실을 뜻한다. 《시경》 〈사제(思齊)〉에 "엄숙한 태임이, 문왕의 어머니시니, 주강(周姜)을 사랑하사, 경실(京室)의 며느리가 되었도다. 태사(太姒)가 그 아름다운 명성을 이으니, 아들이 백 명이나 되도다.〔思齊太任 文王之母 思媚周姜 京室之婦 太姒嗣徽音 則百斯男.〕" 하였다.

보이지 않게 돕는 공으로 가르치고 기르는 일에 참여했네 陰功與化裁
성상께서 글[328] 지어 성대한 아름다움 펼치시니 宸章鋪盛美
일을 마무리함[329]에 영광과 애도[330]를 지극히 하시었네 終事極榮哀

두 번째 수 其二

몇 년 동안이나 갱장(羹墻)[331]의 앙모로 幾載羹墻慕
진궁에 자주 공경한 제사 올리셨네 眞宮展敬頻
효를 다해 다시 장락 침전[332]을 섬기고 孝仍長樂寢
정성을 실어 육상묘[333]의 제사를 모시었네 誠寓毓祥禋
부모님 섬길[334] 때는 옥 장식을 지녔고 珩珮承歡日

328 성상께서 글 : 원문의 '신장(宸章)'은 임금이 직접 쓴 글을 뜻한다. 여기서는 영조가 정성왕후를 위해 직접 지은 행장(行狀)을 가리키는 듯하다. 행장의 내용은 《영조실록》 33년(1757) 3월 12일 기사에 전문이 실려있다.

329 일을 마무리함 : '선왕종사(先王終事)'라는 말이 있는데, 죽은 임금을 위하여 어제(御製)나 《실록(實錄)》 등을 편찬하여 생전의 사업과 행적을 총괄할 때 쓰이는 말이다. 여기서는 죽은 정성왕후에게 영조가 행장을 지어준 일을 말한다.

330 영광과 애도 : 원문의 '영애(榮哀)'는 살아서는 모든 사람이 존경하고 죽어서는 모든 사람이 슬퍼한다는 말이다. 《論語 子張》 그러나 여기서는 살아서는 임금의 사랑을 입고 죽어서는 애도를 받았다는 뜻으로 사용되었다.

331 갱장(羹墻) : 앙모하는 마음이 지극함을 비유하는 말이다. 옛날 요 임금이 죽은 뒤에 순 임금이 3년 동안 앙모하여, 앉았을 때는 담장에서, 밥 먹을 때는 국그릇에서 요 임금을 보았다는 말이 있다. 여기서는 숙종을 앙모했다는 말이다.

332 장락 침전 : 대비가 거처하는 궁전을 말한다. 한나라 때에 태후가 장락궁에 거처하던 데에서 유래한 것이다. 여기서는 숙종의 비인 인원왕후를 가리킨다.

333 육상묘 : 영조의 친모인 숙빈 최씨를 모신 사당이다.

기일 되면 보잘것없는 푸성귀 올리고 읍했네　　菲蔬泣諱辰
초위[335]를 칠순까지 봉양하니[336]　　椒闈七耋養
기리는 노랫소리 시인들에게 있었네　　歌頌在風人

세 번째 수 其三

자애롭고 총명한[337] 오늘날의 명덕이시기에　　慈哲今明德
동궁[338]의 효성과 사랑이 지극하시었네　　青宮孝愛湛
누에 치는 공[339]은 얌전한 신부가 본받고　　蠶功佳婦相
경전의 가르침은 훌륭한 손자가 참작하였네　　經訓令孫參
천 대가 지난 후에 점쳐볼 수 있으리니　　可卜於千世
백남[340]을 둔 것과 무엇이 다르리오　　何殊則百男

334 부모님 섬길 : 원문의 '承歡'은 왕가의 며느리로서 임금과 대비를 잘 받들어 모심을 말한 것이다.

335 초위 : 왕후의 처소를 뜻한다. 산초 기름을 칠하였으므로 초전(椒殿), 초금(椒禁), 초위(椒闈) 또는 초각(椒閣) 등으로 불린다.

336 칠순까지 봉양하니 : 여기서 초위를 칠순까지 봉양했다고 표현한 것은 인원왕후를 모신 것을 말한다. 인원왕후와 정성왕후는 같은 해에 사망했는데, 날짜가 정성왕후가 1757년 음력 2월 15일에, 인원왕후가 같은 해 음력 3월 26일로, 며느리인 정성왕후가 한 달가량 빨리 세상을 떴다.

337 자애롭고 총명한 : 정성왕후에게는 1740년(영조16)에 혜경(惠敬)이라는 존호가 올려졌는데, 시법(諡法)에 따르면 "자애롭고 총명하며 식견이 멀리까지 미치는 것을 일러 혜라고 한다.〔慈哲遠識曰惠〕"라고 하였다.

338 동궁 : '청궁(青宮)'은 동궁(東宮)을 가리킨다. 청(青)은 동쪽과 봄을 의미하기 때문에, 동궁을 청궁 또는 춘궁(春宮)이라 한다. 여기서 동궁은 사도세자를 가리킨다.

339 누에……공 : 조선 시대에는 잠업을 장려하기 위해 왕비가 몸소 누에 치는 시범을 보였는데, 이를 친잠(親蠶)이라 불렀다.

하늘의 복이 바야흐로 성대하건만　天休方袞袞
어찌 그리 갑자기 말고삐를 재촉하시었나　胡遽促鸞驂

네 번째 수 其四

삼십육 년[341] 태평성대의 즐거움에　三紀昇平樂
백관들 양 궁에 축수를 올렸네　千官壽兩宮
북두성[342]처럼 산가지를 더하고[343]　籌添如北斗
금슬이 자리에 있어[344] 남풍이 불었네　琴御有南風
해와 짝이 되었을 때[345] 누런 치마[346] 빛났고　儷日黃裳煥
하늘을 받들 때 옥첩[347]이 드높았네　承天玉牒崇

340 백남 : '백남(百男)'은 주나라 문왕처럼 아들을 많이 두라는 뜻이다. 《시경》 〈사제(思齊)〉에 "태임(太任)은 문왕의 어머니시니……태사(太姒)가 아름다움을 이어 곧 백 명의 아들을 두겠도다.〔思齊大任 文王之母 ……大姒嗣徽音 則百斯男〕"라고 하였다.

341 삼십육 년 : 정성왕후가 왕비에 책봉된 해는 1721년이고 승하한 해는 1757년이므로 왕비로 지낸 세월이 정확히 36년이다.

342 북두성 : 북두성은 남산(南山)과 더불어 군주의 장수를 축원할 때 쓰는 말이다.

343 산가지를 더하고 : '주첨(籌添)'은 해옥주첨(海屋籌添)의 준말로, 장수를 기원하는 말이다. 해옥은 바다 위 선인(仙人)이 사는 곳인데, 이곳으로 선학(仙鶴)이 해마다 산가지 하나씩을 물어 온다는 전설에서 유래하였다.

344 금슬이……있어 : 《시경》 〈여왈계명(女曰雞鳴)〉에 "금슬이 자리에 있는 것도 고요하고 아름답지 않음이 없도다.〔琴瑟在御 莫不靜好〕" 하였다. 집안에서 부부의 금슬이 좋음을 비유한 것이다.

345 해와……때 : '여일(儷日)'은 하늘의 해와 짝이 된다는 말로, 왕비의 간택을 말한다.

346 누런 치마 : 《주역》 〈곤괘(坤卦) 육오(六五)〉에 황상원길(黃裳元吉)이라는 말이 있는데, 이는 음(陰)으로 극귀(極貴)한 자리에 오른 사람을 말한다. 여기서는 정성왕후를 가리키는 말로 쓰였다.

웃음도 울음도 순식간에 허환이 되어버리니　笑咷俄頃幻
현리는 아득하여 궁구하기 어렵구나　玄理渺難窮

다섯 번째 수 其五

부우[348]는 오직 성인을 위해 점지한 곳이니　鮒隅惟聖卜
성녕 헌원씨의 교산[349]과 가까울 것이네　端爲邇軒橋
침전은 고요한데 새벽 닭 울음소리 들리고　寢闃鷄聲曉
하늘은 맑은데 신거(蜃車)[350]가 떠나가네　天淸蜃衛朝
후대에 남길 명예를 위해 시법을 찾아보고　來芳徵謚法
가시지 않은 흠모의 정은 노래에 넣었네　餘慕入風謠
오르고 내리심[351] 응당 멀리 있지 않아　陟降應無遠
아침저녁으로 여전히 밝은 효성 다하시리　晨昏倘孝昭

효소(孝昭)는 대행 자성(大行慈聖) 혼전(魂殿)의 명호이다.[352]

347 옥첩 : 왕비 책봉의 옥책(玉冊)을 말한다.

348 부우 : 중국 상고시대의 임금 전욱(顓頊)과 구빈(九嬪)을 장례 지낸 부우산(鮒隅山)을 가리킨다. 흔히 왕과 왕비의 합장릉을 뜻한다.

349 교산 : 《사기(史記)》 권1, 〈오제본기(五帝本紀)〉에, "황제(皇帝) 헌원씨(軒轅氏)가 죽자 교산(橋山)에 장사 지냈다."라고 하였다. 이 역시도 왕의 능을 상징하는 말로 사용되었다.

350 신거(蜃車) : 신위(蜃衛)는 곧 신거로, 제왕의 영구(靈柩)를 뜻하는 말이다. 천거(輤車), 유거(柳車), 진거(軫車)라고도 한다.

351 오르고 내리심 : 《서경》 〈문왕(文王)〉에 "문왕이 오르내리면서 상제의 좌우에 계시니〔文王陟降, 在帝左右〕"라고 하였으니, 왕후의 혼령이 오르내리면서 복록을 내려 준다는 뜻이다.

352 효소(孝昭)는……명호이다 : 대행(大行)은 왕이나 왕비가 죽은 뒤에 시호를 아

직 정하기 전에 부른 칭호이다. 자성(慈聖)은 대비를 뜻하는 말이므로, 대행 자성 혼전이란 인원왕후의 혼전을 가리킨다.

자성 인원왕후[353]에 대한 만사

慈聖仁元王后輓詞

백세토록 영왕[354]을 앙모하였고	百世寧王慕
두 소성의 문모[355]로서 모시졌네	兩朝文母陪
자애로운 마음은 오르내리시는 조상의 영혼과 통하였고	慈心通陟降
보이지 않는 가르침은 기르고 북돋우는 데 이로웠네	陰敎利栽培
교화로 인해 가난한 여항이 실로 흡족해졌고	化實窮閭洽
은택은 가까운 인척들을 도리어 잘라냈다네	恩猶近戚裁
아름다움 드날릴 성상의 글[356] 있어야 하니	揚徽須聖筆
무덤으로 통하는 어두운 길에 해와 별이 맴도네	玄隧日星廻

353 인원왕후 : 1687~1757. 숙종의 계비이다. 본관은 경주(慶州). 이조 판서 김남중(金南重)의 3대손이며, 경은부원군(慶恩府院君) 김주신(金柱臣)의 딸이다. 1701년(숙종27) 인현왕후(仁顯王后) 민씨가 죽자, 간택되어 궁중에 들어가 다음 해에 왕비로 책봉되었다.

354 영왕 : 전대 왕을 가리키는 말로, 여기서는 숙종을 가리킨다. 본래 주 성왕(周成王)이 주공(周公)을 시켜 동정(東征)할 때 그 동정 사실을 천하에 알리면서 선왕인 무왕(武王)을 영왕(寧王)·영고(寧考)라고 일컬은 데에서 온 말인데, 후세에는 전왕을 일컫는 말로 인용되었다.

355 문모 : 임금의 어머니나 할머니를 높여 부르는 말로 여기서는 인원왕후를 가리킨다. 《시경》〈옹(雝)〉에 무왕(武王)이 문왕(文王)을 제사 지내면서 "이미 황고(皇考)를 높이고 또 문모를 높이게 하셨도다.〔旣右烈考 亦右文母〕"라고 한 데서 온 말이다.

356 성상의 글 : 영조가 지은 인원왕후의 〈행록(行錄)〉을 말한다. 《영조실록》 33년(1757) 3월 26일 기사에 그 전문이 실려있다.

두 번째 수 其二

편안할 때나 위태로울 때나 의지할 어머니 있었기에　安危有母恃
궁궐에 연모[357]가 남아있었네　帷闥燕謨存
의리는 천고에 공정하였고　義理公千古
종사는 한 마디 말로 올곧아졌네　宗祊正一言
존귀한 자리에 올랐으나 마음은 도리어 겸손했고[358]　履尊心轉小
고요한 중에 운행하였기에 교화에 흔적이 없었네　運嘿化無痕
영원히 궁구할 모범이 여기 있으니　永究儀刑在
선왕은 잊을 수 없다네　先王不可諼

세 번째 수 其三

장락전[359]에 봄날 햇살 펼쳐지니　長樂舒遲日
대궐에서 노년의 삶[360] 보냈네　重宸喜懼年

357 연모 : '연모(燕謨)'는 자손을 위한 좋은 계책을 의미하는 말로, 《시경》 〈문왕유성(文王有聲)〉에 "후손에게 계책을 남겨 주어 공경하는 아들을 편안하게 하셨다.〔詒厥孫謀 以燕翼子〕"라는 구절이 보인다.

358 도리어 겸손했고 : 두보(杜甫) 〈세병마행(洗兵馬行)〉의 "성왕은 공이 크나 마음이 더욱 겸손하고, 곽자의(郭子儀)의 깊은 모략 예로부터 드물지.〔成王功大心轉小 郭相謀深古來少〕"라는 구절을 차용한 표현이다.

359 장락전 : 인원왕후가 머물던 대전을 가리킨다.

360 노년의 삶 : 원문의 '희구(喜懼)'는 노모의 연세를 떠올리면 기쁜 한편으로 두려운 생각이 든다는 것이다. 《논어》 〈이인(里仁)〉에 "부모의 연세에 관심을 두지 않을 수 없나니, 한편으로는 오래 사셔서 기쁘기도 하지만 또 한편으로는 살아 계실 날이 얼마 남아 있지 않을까 두렵기 때문이다.〔父母之年, 不可不知也. 一則以喜, 一則以懼.〕"라고 하였다.

화락함을 끌어와 장수의 땅에 닿았고 導和連壽域
복을 수렴하여 인자하신 하늘[361]에게로 돌아갔네 斂福返慈天
기린의 송가[362]는 세 장과 부합하였고 麟頌三章叶
큰 이름은 십책[363]에 펼쳐졌네 鴻名十冊宣
천추토록 종묘[364]에서 제사를 누리시며 千秋世室享
길이길이 두 비[365]와 나란히 하소서 長與二妃肩

네 번째 수 其四
옥 계단에서 하늘에 빌며 눈물 흘릴 때 璇陛祈天淚
한밤중에 이슬에 엉겨 함께 떨어졌네 中宵露共零

361 인자하신 하늘 : 임금을 뜻하므로 여기서는 숙종을 가리킨다.

362 기린의 송가 : 《시경》의 편명인 〈인지(麟趾)〉를 가리킨다. 총 3장으로 구성되어 있고, 1장마다 11글자가 있다. 주(周)나라 문왕(文王)의 후비의 덕이 자손과 종족들에게까지 미쳐서 잘 교화가 된 까닭에 시인이 〈인지지(麟之趾)〉 시를 지어 이를 칭송한 것인데, 후비의 덕을 뜻하는 말로 흔히 쓰인다.

363 십책 : 《영조실록》 35년(1759) 5월 6일 기사를 보면 "생각건대 태모(太母)의 아름다운 법도와 성대한 정렬(貞烈)은, 전대의 철후(哲后)와 현비(賢妃)를 능가하였다. 우근(憂勤)과 척려(惕厲)의 시기에 성묘(聖謨)를 도와 교화가 궁중에 흡족하였고, 위의(危疑)롭고 판탕(板蕩)된 즈음에 국맥을 안정시켜 계책을 염유(簾帷)에서 결정하였다. 오기(五紀) 동안 높은 자리에 계셨으니 두터운 곤도(坤道)로 만물을 기르는 덕을 쌓았고, 십책(十冊)으로 아름다움을 드러냈으니 만년에 안한(安閑)한 즐거움을 누리셨도다. 아! 소자를 하늘이 돌보지 아니하여 휘음(徽音)이 하룻밤 사이에 갑자기 막혔노라."라는 내용이 나온다. 여기서 십책이란 인원왕후가 쓴 글인 듯하다.

364 종묘 : 영구히 신주를 모시는 종묘의 신실(神室)을 말한다.

365 두 비 : 여기서 두 비라고 지칭한 대상은 숙종의 비였던 인경왕후와 인현왕후를 가리킨다.

신민은 참으로 복이 없다지만　臣民眞不祿
묘사는 어찌하여 영험이 없단 말인가　廟社豈無靈
정침과 설위는 새벽에 서늘하고　寢設猶晨凊
제기에 올린 제수는 저녁에 향기롭네　籩羞是夕馨
비 내리고 볕 비춤에[366] 기뻐하고 근심하던 날들　雨暘忻惕日
옥 같았던 음성을 어찌 다시 들어볼까　那復玉音聆

다섯 번째 수 其五

중곤[367]이 빈전(殯殿)[368]이 되고 난 후　中梱成菆後
동조[369]께서도 이제 막 휘를 받드셨네[370]　東朝奉諱初
명계엔 몇 잎 명협이 자라났는데[371]　蓂階凡幾葉

366 비……비춤에 : 《서경》 〈홍범(洪範)〉의 서징(庶徵) 중 "임금이 정숙하면 제때에 비가 내리고, 민첩하면 제때에 볕이 비친다.〔曰肅時雨若 曰乂時暘若〕"라는 말에서 나온 것이다. 즉 임금이 조화로운 정치를 베푸는 것을 상징한다.

367 중곤 : 중궁이 거하던 내전을 가리킨다. 여기서는 정성왕후가 먼저 세상을 뜬 것을 이야기하고 있다.

368 빈전(賓殿) : 원문의 '찬(菆)'은 찬유(菆帷) 혹은 찬전(菆殿)으로 빈전을 뜻한다.

369 동조 : 동조는 일반적으로 태후를 지칭한다. 여기서는 인원왕후를 가리킨다.

370 휘를 받드셨네 : 봉휘(奉諱)는 후비(后妃)가 승하하여 상사(喪事)를 행함을 이른다. 즉 인원왕후마저 곧이어 세상을 뜬 것을 이야기하고 있다.

371 명계엔……자라났는데 : 요 임금 때에 상서로운 풀인 명협(蓂莢)이 났다고 하는데, 대궐의 섬돌에서 자라났기 때문에 대궐을 가리키기도 한다. 이 풀은 매월 초하루부터 15일까지는 매일 한 잎씩 나오고, 16일부터 그믐날까지는 매일 한 잎씩 떨어졌으므로, 이것으로 날을 계산하여 달력으로 삼았다는 고사가 전한다.《竹書紀年 卷上 帝堯陶唐氏》 따라서 정성왕후와 인원왕후가 한 달 상간으로 세상을 뜬 것을 명협에 비유한 것이라 할 수 있다.

훤배[372]엔 홀연 새로운 여막 지어졌네　萱背奄新廬
만수무강 빌던 가을 술잔은 텅 비고　萬壽虛秋酌
슬퍼하는 사람들은 상여를 에워쌌네　群哀擁月車
백성 근심이 여전히 임종의 유명이셨으니　民憂猶末命
심산궁곡에서조차 슬픈 눈물이 옷깃을 적셨네　窮谷亦沾裾

여섯 번째 수 其六

성상의 사모의 정이 풍수지탄(風樹之嘆)처럼 맺혔는데　宸慕纏風樹
슬프디 슬프게 성스러운 언덕에 묻히셨네　哀哀葬聖丘
세 개의 봉분[373]에 상석(象石)이 이어져있고　三封聯象設
하나의 문에 신선들과 노니는 모습이 어렴풋하네　一閤優眞遊
창오[374]의 저녁엔 신선의 패옥소리 들리고　仙珮蒼梧暝
소내[375]의 가을엔 후비의 옥잠이 보이네　宮簪素柰秋

372 훤배 : '훤배(萱背)'는 모친이 기거하는 곳을 말한다. 《시경》 〈백혜(伯兮)〉에 "어찌하면 원추리를 얻어 이것을 북당에 심을꼬. 생각하여 백(伯)을 그리워하는지라 내 마음 병드누나.〔焉得諼草 言樹之背 願言思伯 使我心痗〕"라고 한 데서 유래하였다.

373 세……봉분 : 숙종의 능인 명릉(明陵)은 인현왕후의 능과 동원쌍분각으로 조영되었고, 인원왕후의 능은 오른편 언덕에 단릉으로 모셔 쌍릉과 단릉, 동원이강의 특이한 형식을 볼 수 있다. 여기서 세 개의 봉분이라 한 것은 바로 숙종과 두 비의 능을 합쳐 부른 것이다.

374 창오 : '창오(蒼梧)'는 임금의 죽음을 의미한다. 《사기》 권1 〈오제본기(五帝本紀)〉에 "순(舜)이 제위 39년에 남쪽으로 순수하다가 '창오'의 들판에서 죽었으므로 강의 남쪽 구의산(九疑山)에 장사 지냈다."라고 한 데서 온 말이다.

375 소내 : 왕후의 죽음을 뜻한다. 한 성제(漢成帝) 때에 삼오(三吳)의 여자가 흰 꽃〔白花〕을 꽂아서 바라보매 마치 흰 능금꽃〔素柰〕과 같았는데, 이에 대하여 전하는

처량한 영모전이여　凄凉永慕殿
차마 다시 고개 돌리지 못하겠네　未忍更回頭

왕후께서는 경복당(景福堂)에서 승하하셨는데, 주상께서 그곳의 이름을 영모전(永慕殿)이라고 고치었다.

말에 "천공(天公) 직녀(織女)가 죽어서 그렇게 옷을 입은 것이다."라고 하더니, 이때 두 황후(杜皇后)가 붕어했다는 고사에서 온 말이다.

주 어사 형질[376]의 초상화를 보고 장난삼아 두 편의 시를 짓다. 주군이 장차 고림으로 가지고 돌아가려 한다

觀朱御史 烱質 畫眞 戲題二詩 朱君盖將携歸故林

상대부[377] 속에서 나와 고림으로 달려가면　來自霜臺府裏趨
바위틈 소나무와 시내 위에 뜬 달이 야윈 모습을 마주하리　巖松溪月對淸癯
누런 관과 오사모가 서로 보며 웃을 제[378]　黃冠烏帽相看笑
움직임과 고요함은 달라도 똑같은 나라네　動靜雖殊一是吾

두 번째 수 其二

수려한 수염에 맑은 눈동자는 그 기색이 남다른데　秀鬣淸瞳氣色殊
용면[379]의 붓끝에서 핍진하게 그려졌네　龍眠筆下十分模

376 주 어사 : 주형질(朱烱質)을 가리킨다. 《영조실록》 영조 22년(1746) 8월 18일 기사에 "북도의 도과(道科)를 설행하여 주형질(朱烱質) 등 4인을 뽑았다."라는 기록을 찾아볼 수 있고, 《연려실기술(燃藜室記述)》에서는 "8월 함경도 별시에서 주형질(朱烱質) 등 4명을 뽑았다."라는 기록을 볼 수 있다. 또 영조 45년(1760)에 사헌부 장령(掌令)으로 임명되었다는 기록도 《영조실록》에 나온다.

377 상대부 : '상대(霜臺)'는 사헌부의 별칭이다.

378 누런……제 : 황관(黃冠)은 황관야복(黃冠野服)으로 농부나 시골 노인의 평범한 복장을 말하고, 오사모는 유자나 관리의 복식이다. 즉 고향으로 돌아가 누런 관을 쓰고서 관리 복장으로 그려진 초상화를 쳐다보면 혼자 웃음 지을 것이라는 뜻이다.

379 용면 : 송나라 때 화가인 이공린(李公麟, 1040～1106)의 호이다. 시와 그림에 능했다.

가지고 가서 안사람에게 장난 한번 쳐보시오　携歸試向阿娘戲
열녀에게 두 남편이 생겼으니 기분이 어떠하냐고　烈女如何有二夫

장생 봉익의 〈삼세정려첩〉[380]에 쓰다

題張生鳳翼三世旌閭帖

장공의 집임을 알겠나니	知是張公宅
남겨진 터에 초목이 빛나는구나	遺墟草木光
한 명의 충신이 효열의 기초가 됨에	一忠基孝烈
세 개의 기둥에 윤상이 높이 걸렸네[381]	三楔揭倫綱

380 〈삼세정려첩〉 : 임진왜란 당시 의병장이었던 장핵(張翮, 1548~?) 집안의 정려첩이다. 그는 천안시 풍세면 출신으로, 태조 때의 개국 일등공신 화산부원군(花山府院君) 장사길(張思吉)의 후손이다. 왜구와의 싸움에서 전사하였는데, 몸속에 혈서로 쓴 '사국(死國)'이라는 휘장이 나왔다고 한다. 장핵의 아들 장사일(張士逸)도 아버지가 거느리던 남은 병사들을 수습하여 왜적을 소탕하기로 결심하고 전장에 뛰어들었다. 박제가(朴齊家)의 《정유각집(貞蕤閣集)》 권3에 〈장씨 삼세 정려비판 후에 쓰다〔題張氏三世旌閭碑版後〕〉가 실려 있는데, 자주(自註)에서 말하기를, "장씨는 이름이 핵이고, 임진년 의병장으로 순절하였다. 아들 사일은 여막에서 3년상을 치르다 몸이 상해 사망하였고, 차자인 사준 자한의 처 이씨는 병자년에 오랑캐에게 잡혀갔다가 스스로 목을 베 죽었다. 이에 나란히 정려하였다.〔張氏名翮, 壬辰義兵將, 殉節. 子士逸廬墓三年以毁死. 次子士俊子漢妻李, 丙子爲胡縶自刎死. 並旌閭.〕"라고 하였다. 장핵 집안 삼대의 장려를 위해 가장 먼저 나선 사람은 지촌(芝村) 이희조(李喜朝, 1655~1724)이다. 그는 천안 군수로 내려와서 장핵 부자의 행적을 듣고 장계를 써서 조정에 올렸고, 후에 어려운 절차를 거쳐서 숙종 때 포상이 내려 장핵을 가선대부 병조참판 겸 동지의금부사에 증직하고 정문을 내렸다. 정문은 마가산 아래 세웠으니 지금의 천안시 풍세면 가송리에 있다.

381 세……걸렸네 : 유척기(兪拓基)의 《지수재집(知守齋集)》 권15에 〈장씨 삼세정려첩 뒤에 쓰다(題張氏三世旌閭帖後)〉라는 글이 실려있는데, 그 가운데 "지금 화산 장씨의 〈삼세정려첩〉을 보니, 아버지는 충을 위해 죽고 자식은 효를 위해 죽었으며

그 이름을 행인들은 본받고	名姓行人式
남기신 성망을 지사들이 슬퍼하네	風聲志士傷
제봉[382] 가문에도 전해오는 유풍이 있으니	霽峯家傳在
영원토록 나란히 꽃다운 이름 드리우리	終古倂流芳

며느리는 열을 위해 죽었다. 아버지와 아들과 며느리 삼대에 충효열이 다 갖추어져 있다.〔今觀花山張氏三世旌閭帖, 父死於忠, 子死於孝, 婦死於烈, 父子婦三世, 而忠孝烈備焉.〕"라는 내용이 보인다. 따라서 세 개의 기둥에 윤상이 걸렸다는 것은 삼대에 이르도록 충효열로 세상에 본보기가 되었다는 뜻이다. 또 문장의 맨 마지막에 "장군 봉익이 이 첩을 가져와 내게 보이면서 몹시 간곡히 한 마디 말을 구하기에 끝내 말을 해주지 않을 수 없어 일단 이 글을 적음으로써 그 호의에 답한다. 무진년 11월 하순에 기계 유척기가 쓰다.〔張君鳳翼持是帖視余, 求一言甚勤, 不能終辭, 聊書此以塞其意. 戊辰復月下澣, 杞溪兪拓基識.〕"라고 되어 있어서, 장봉익이 이 첩을 가지고 다니며 처음 글을 구했던 것이 1748년이었음을 알 수 있다.

382 제봉 : 고경명(高敬命 : 1533~1592)으로, 자는 이순(而順), 호는 제봉(霽峰)·태헌(苔軒)이다. 1592년 임진왜란이 일어나자 김천일·박광옥과 의병을 일으킬 것을 약속하고, 6,000여 명의 의병을 담양에 모아 진용을 편성했다. 7월 10일 곽영의 관군과 합세, 금산에서 왜적과 싸우기로 하고 800여 명의 정예부대로 선제공격을 했다. 그러나 겁을 낸 관군은 싸울 것을 포기하고 앞을 다투어 도망갔다. 이에 사기가 떨어진 의병군마저 붕괴되었으나, 그는 물밀듯이 밀려오는 왜적에 대항하여 싸우다가 순절했다. 선조 때 고경명·고종후(高從厚)·고인후(高因厚) 삼부자에게 정려가 내려졌기에 결구에서 이렇게 말한 것이다.

졸옹[383]이 올해 회갑을 맞았는데, 이며 머리며 그다지 노쇠하지 않았기에 기뻐하며 시를 지어 드리다

拙翁今年回甲 而齒髮不甚衰 喜贈

잎이 진 베마른 녹나무지만 여전히 옛 모습 간직한 채　葉盡枯柟秪舊容
단비 내리건 모진 바람 불건 상관하지 않네　不關好雨與饕風
등불 앞에서 구부정한 내 그림자 바라다보니　燈前自顧龍鍾影
같은 예순 노인이라 불리기에 부끄럽구나　愧殺同稱六十翁

383 졸옹 : 이덕홍으로, 359쪽 주215 참조.

초여름에 중령포[384]에 있는 서씨의 정자로 놀러 나가 고기잡이 구경을 하였는데, 문원[385] · 강백[386] · 계진[387] 및 마을의 여러 소년들이 함께했다. 강백의 시를 차운하다

무인년(1758)

初夏出遊中泠徐氏亭觀漁 文遠, 剛伯, 季振及洞中諸少年俱 次剛伯韻 戊寅

촌락은 숲길 따라 반듯하다가 다시 비스듬히 기우는데 井落緣林正復斜
창 사이에서 높이 베고 누우면 곧 나의 집이라네 牕間高枕便吾家
힘차게 허연 머리 이끌고 흐르는 물가에 임했으니 强將素髮臨流水
맑은 술동이로 떨어지는 꽃 마주할 필요도 없다네 不用淸樽對落花
게으르고 졸렬한 인생 나 같은 이 적지만 懶拙百年如我少
평생토록 마음에 맞는 이들 누가 나보다 많을까 心期一世向誰多
나귀 우는 소리에 우연히 금을 잃은 슬픔[388] 터지니 驢鳴偶激亡琴淚

384 중령포 : 한양 도성에서 동쪽으로 15리 가량에 있던 포구이다. 양주에서 들어오던 물줄기가 이곳을 지나 한강으로 들어갔다. 이곳에 있던 다리가 바로 중량교(中梁橋)이다.

385 문원 : 이덕홍으로, 359쪽 주215 참조.

386 강백 : 김이건으로, 286쪽 주16 참조.

387 계진 : 송의손으로, 346쪽 주187 참조.

388 금을……슬픔 : 진(晉)나라 왕헌지(王獻之)가 죽자 그의 형 왕휘지(王徽之)가 왕헌지의 금(琴)을 가져다 연주하였는데, 한참을 연주해도 소리가 조화를 이루지 못하자 "아아, 자경아, 사람과 금이 모두 사라졌구나.〔嗚呼子敬, 人琴俱亡.〕"라고 탄식했다고 한 데서 유래하여, 죽은 아우를 애도하는 것을 이른다. '자경(子敬)'은 왕헌지의

풍계[389]를 바라보고 싶어도 저녁놀이 가로막고 있구나

欲望楓溪隔暝霞

강백(剛伯)이 타고 온 것이 죽옹(竹翁)[390]이 옛날에 타고 다니던 나귀였기에 결구(結句)에서 언급한 것이다.

자(字)이다. 《晉書 卷80 王羲之列傳 徽之》

389 풍계 : 인왕산 동쪽 기슭 청운동 골짜기를 지칭한다. 원래 이름은 청풍계(淸風溪)이다. 안동 김씨들의 세거지이므로 김이적, 김이건 형제도 이곳에 살았던 것으로 추정된다.

390 죽옹 : 김이적으로, 김이건의 아우이다.

냇가에서 운자를 뽑다
川上拈韻

냇가의 집들은 서로 찾아갈 때 약속 잡지 않고 溪戶相過不作期
가마며 나귀며 다 놓아둔 채 지팡이 하나로 따르네 車驢都屛一筇隨
소나무 가지 끝엔 사방 어두워 나무꾼의 바람은 멀리 불고 松丫八瞑樵風遠
마름 줄기엔 바람 잔잔하여 낚시꾼의 해 더디 가네 荇帶飄晴釣日遲
산 반쪽을 나누자던 약속은[391] 해진 문서만 남았고 分却半山留破券
내기하고 난 뒤 외로운 집엔 쓸쓸히 바둑판만 놓여있네 賭餘孤墅有零棋
해마다 말로만 간다 하고 가는 것을 온통 잊더니 年年說去渾忘去
이미 구공이 은퇴를 애걸하던 나이가 되어버렸네[392] 已及歐公乞老時

391 산……약속은 : 마음이 맞는 두 사람이 경치 좋은 한 구역을 나누어 나란히 은거하는 것을 뜻한다. 송(宋)나라 장영(張詠)이 포의로 있던 시절, 화산(華山)에 은거하고 있는 희이(希夷) 선생 진단(陳摶)을 만나서 "원컨대 화산 반쪽을 나누어 살고 싶은데 되겠습니까?" 하니, 진단이 "공에게는 당연히 그렇게 해줄 수 있지."라고 한 데서 온 말이다. 《漁隱叢話後集 卷19 張復之》

392 구공이……되어버렸네 : 구공(歐公)은 구양수(歐陽修)를 가리킨다. 구양수는 벼슬살이에 지쳐 일찌감치 은퇴할 생각을 하고 있었는데, 마침 영종(英宗, 1063~1067 재위)이 즉위하자 총 네 차례에 걸쳐 은퇴를 허락해 줄 것을 애걸하는 상소를 올렸다. 그러다 예순 살 되던 해인 치평(治平) 4년(1067)에 마침내 지박주(知亳州)가 되어 "유유자적 전원에서 노닐며 하늘이 내려준 명을 다하는〔優游田畝, 盡其天年〕" 목표를 이루었다. 이 내용은 《귀전록(歸田錄)》 자서(自敍)에 보인다.

정자의 주인인 시랑(侍郞) 서우경(徐虞卿)[393]이 10년 전에 이곳에 와서 함께 노닐었기에 5, 6구에서 언급한 것이다.

393 서우경(徐虞卿) : 서명구(徐命九, 1692~1754)로, 본관은 달성, 자는 우경(虞卿), 호는 약허(若虛)이다. 사간, 홍문관 부응교(弘文館副應敎), 승지를 거쳐 1741년 개성 유수가 되었다. 그가 공조 참판을 역임했기에 시랑이라고 부른 것이다.

강백[394]이 월곡을 그리워하며[395] 지은 시에 화운하다
和剛伯有懷月谷韻

동쪽 숲길을 밟지 못하니[396]	不蹋東林路
즐거운 일 적을 것임을 깊이 알기 때문이라네	情知樂事微
가을 샘물 흐르는 광릉[397]의 무덤	秋泉廣陵塚
봄 풀 가득한 고암[398]의 사립문	春草鼓巖扉
검의 뜻은 바람 부는 개오동나무[399]에 걸려있고	劒意懸風檟
거문고 소리는 저녁 햇살을 가리네	琴聲掩夕暉
머리 온통 백발이 되었어도 시름겹지 않지만	未愁頭白盡
소리를 감상해 줄 이 드문 것 못내 안타깝구나	終惜賞音希

394 강백 : 김이건으로, 286쪽 주16 참조.

395 월곡을 그리워하며 : 월곡 오원이 이미 죽고 없기에 그리워한 것이다.

396 동쪽……못하니 : 오원이 살던 곳이 서울의 동쪽 종암동이라 이렇게 표현한 것이다. 남유용을 위시한 동사(東社)에 속하는 시인들은 오원의 별장 월곡에서 모여 시를 짓고 술을 마시며 놀곤 하였다.

397 광릉 : 경기도 광주(廣州)의 별칭이다. 오원이 묻힌 곳이 바로 이곳이다.

398 고암 : 고암(鼓巖)은 지금의 성북구 종암동에 있던 마을로 뒷산에 북처럼 생긴 큰 바위가 있는 데서 마을 이름이 유래되었다. 북바위, 종암(鐘岩), 종암동(鐘岩洞)이라고도 하였다.

399 개오동나무 : 소나무와 개오동나무〔松檟〕는 묘지 주변에 심던 나무이다. 즉 무덤을 상징한다.

돌아올 무렵에 '림(林)' 자를 얻다. 주인 서군 유린[400] 에게 주다

臨歸得林字 贈主人徐君 有隣

높은 언딕 계수나무 숲[401]은 이미 그늘을 이루었는데 崇阿叢桂已成陰
지팡이 짚고 산 문에 서서 멀리 숲속을 바라보네 植杖山門睇遠林
가느다란 풀이 시내 따라 자라나 풀 뜯는 말 많고 細綠緣溪多牧馬
시든 꽃잎이 나무에 붙어 있어 지저귀는 새 있네 殘紅棲樹有啼禽
시정은 나도 모르는 사이 시름 속에 줄어들었지만 詩情未覺愁中減
교우의 도는 늘 담담한 곳에서 깊어지네 交道常從淡處深
이 모두 주인이 능히 객을 사랑하기 때문이니 惚爲主人能愛客
가을 오면 약속을 남겨두었다가 다시 찾아오리다 秋來留約復相尋

400 서군 : 서유린(徐有隣, 1738～1802)으로, 자는 원덕(元德), 본관은 대구이다. 1766년(영조42)에 문과에 오르고 벼슬이 이조 판서에 이르렀으며, 시호는 문헌(文獻)이다. 왕명으로 《증수무원록언해(增修無寃錄諺解)》를 찬수(纂修)하였다.

401 계수나무 숲 : 계수나무는 총계(叢桂)라고 하여 속세를 떠나 은둔하는 이의 거처를 상징한다. 〈초은시(招隱詩)〉에 "계수나무가 우거진 곳이여, 으슥한 산기슭이로다. 구불구불 이어진 가지여, 가지가 서로 얽혀 있구나.〔桂樹叢生兮山之幽 偃蹇連卷兮枝相繚〕"라고 하였다.

철쭉
躑躅

텅 빈 계곡에 자라난 철쭉	躑躅在空谷
봄바람에 붉은 꽃잎이 피어났구나	春風發紅蕚
그윽한 곳에 홀로 피어 보는 사람 없어도	幽獨無人見
피어나는 향기는 절로 서로 이어진다네	生香自相續
도시로 옮겨 와	移來都市中
하룻저녁에 만 명이 구경하였으나	一夕萬人覿
담박한 모습은 오직 옛날 자태 그대로요	澹泊只舊姿
빛깔도 꾸밈을 더하지 않았네	顏色不加飾
이를 보고서 물성을 깨닫고	覽玆悟物性
계단 따라 거닐며 일탄식을 하였나니	循階一歎息
도를 품고서 진실로 자중자애하면 그만일 뿐	懷道亮自珍
어찌 사람으로 인해 영화롭고 욕될까	豈以人榮辱

중하 기망일에 강백[402] · 문원[403] · 계진[404]과 함께 사충사[405]를 참배하였는데, 심질 공유[406] 및 종자인 공좌,[407] 그리고 심씨의 조카인 염조[408]도 왔다 강백의 시를 차운하다

仲夏旣望 與剛伯, 文遠, 季振同拜四忠祠 沈姪 公猷 及從子公佐, 沈之姪念祖亦來 次剛伯韻

한강 물가의 정자와 누대야 어찌 한량이 있을까마는 何限亭臺漢水湄

바람 안개 가득한 이곳이 가장 서글프다네 風烟此地最堪悲

안위의 순간마다 나라는 세 조정[409]의 원로에게 의지했고

402 강백 : 김이건으로, 286쪽 주16 참조.

403 문원 : 이덕홍으로, 359쪽 주215 참조.

404 계진 : 송의손으로, 346쪽 주187 참조.

405 사충사 : 노론 사대신(老論四大臣)인 김창집(金昌集) · 이이명(李頤命) · 이건명(李健命) · 조태채(趙泰采)의 신위를 모시고 제향하는 사우로, 노량진 사육신 묘역 근처에 있었다.

406 심질 : 심공유(沈公猷, 1724~?)이다. 본관은 청송이고, 자는 사원(士遠)이다. 정조 초기에 광주 목사(光州牧使), 서원 현감(西原縣監)을 지냈다는 기록을 찾아볼 수 있다. 남유용의 친모가 심한장(沈漢章, 1650~1714)의 딸이다. 심한장의 형인 심한주(沈漢柱, 1646~1714)의 아들이 심봉휘(沈鳳輝, 1666~?), 심봉휘의 셋째 아들이 심성희(沈聖希), 심성희의 아들이 심공유이다. 따라서 남유용에게는 외조부의 형의 후손이므로 외조카뻘이 된다.

407 공좌 : 남공좌(南公佐, 1740~1781)로, 자는 광지(匡之), 호는 상령(象靈)이다. 남유용의 아우인 남유정(南有定)의 아들이다.

408 염조 : 심염조(沈念祖, 1734~1783)로, 자는 백수(伯修), 호는 초재(蕉齋)이다. 심염조는 심성희의 아들인 심공헌(沈公獻)의 아들이므로 심공유에게 조카가 된다.

409 세 조정 : 여기서 삼조란 숙종, 경종, 영조를 가리킨다.

安危國賴三朝老

한 곳에 모신 사우에서 사람들은 향화로써 우러르네 香火人瞻一體祠

남겨진 모습은 몇 번이나 상전벽해의 변화를 겪었나 遺貌幾經桑海幻

외로움 마음은 본디 귀신의 알아줌 있다네 孤心元有鬼神知

우리들은 그저 태평성세의 즐거움만 알아서 吾曺但識昇平樂

기쁘게 물가 모래섬으로 달려가 흰 갈매기와 맹약할 뿐이네

好趁滄洲白鳥期

월파정[410]에 구불구불 오르다

迤登月波亭

가로세로로 펼쳐진 밭이 모래섬을 에두르는데 縱橫畦圃帶沙汀
들을 등지고 강을 머금은 곳에 이 정자가 있다네 背野呑江有此亭
새로 자란 보리가 휘감은 길을 지팡이 끌고 다니고 新麥繞蹊通曳杖
수양버들이 난간 간지럽히는 곳에서 배를 불러놓고 기다리네
垂楊拂檻待揚舲
여섯 개의 무덤[411]을 찾아오는 구름은 언제나 희고 雲來六墓尋常白
한 쌍의 사우[412]로 들어가는 산은 그저 푸르기만 하네
山入雙祠只麽青
사십 년 전 뜬구름 같은 세월의 감개 四十年前浮世感
이끼 무늬로 그래도 옛날 계단과 마당을 구별하겠네 苔紋猶辨舊堦庭

무술년(1718) 봄에 고인이 된 벗 유수인(兪守人)[413]과 이 정자에서 묵은 적이 있는데, 어느덧 41년이나 지났다.

410 월파정 : 노량진 앞 언덕 위에 있던 정자이다. 〈대한매일신보〉 1907년 기사에 보면 탁지부 재정고문들이 노량진 월파정에 모여서 연회하였다고 하여, 일제강점기까지 남아 있었음을 알 수 있으나, 지금은 허물어지고 없다.

411 여섯……무덤 : 사육신의 무덤을 말하는 듯하다.

412 한……사우 : 앞에서 말한 사충사를 말하는 듯하다.

413 유수인 : 미상.

간옹[414]의 어노[415]가 행주[416]로부터 물고기를 지고 와 바치기에 기뻐서 간옹의 시를 차운하다

磵翁漁奴自杏洲負魚來餉 喜次磵翁韻

부질없이 가을바람만 그리워하였지	漫爾秋風憶
행주 포구에서 물고기 올 줄 어찌 알았으리오	寧知杏浦魚
산골 밥상은 하얀 연뿌리에 놀라고	山盤驚雪藕
시골의 음식은 향기로운 채소에 부끄럽다네	野味愧香蔬
담백한 맛도 잊기 어려운데	淡故難忘也
달콤한 기억이야 응당 쉬이 무너지랴	甘應易壞歟
끝내 작은 거룻배 하나 마련하여	終須理小艇
그대가 강 가로질러 고기 잡는 것 구경해야 하리	觀子截江漁

414 간옹 : 김이건으로, 286쪽 주16 참조.

415 어노 : 당나라 때 은사 장지화(張志和)가 나무꾼을 계집종으로 삼고, 어부를 사내종으로 삼아 은둔생활을 했다. 이로부터 초비어노(樵婢漁奴)라는 말이 나왔다.

416 행주 : '행주(杏洲)'는 경기도 고양시 행주(幸州)의 다른 표기이다.

돌아오는 길에 달빛이 환히 밝기에 강가 누대에서 밤을 정해 노닐자던 처음 약속이 어긋났음을 몹시 슬퍼하다 마침내 헤어질 무렵의 시운을 썼다

歸路見月色皎然 尤悵江樓卜夜之失初計也 遂用臨散韻

이날 밤새도록[417] 달을 감상하려고 했으나 금세 하늘이 흐려져 그만두고 돌아왔다.

며칠에 만나자 약속을 잡았건만	商量幾日計
하룻밤의 인연 홀로 저버리고 말았네	孤負一宵緣
누대에 올랐을 때 비 온 것 탓하지 않았건만	不怪登樓雨
성곽에 들어서자마자 곧 하늘이 개었네	旋開入郭天
구름은 까마귀 등 뒤로 모두 따라가버리고	雲從鴉背盡
달이 말 머리 위로 둥글게 솟았네	月在馬頭圓
세상만사 그저 이와 같을 뿐이니	萬事只如此
오직 자연에 맡길 수밖에	惟應聽自然

417 밤새도록 : 원문의 '卜夜'는 밤새도록 마시고 즐기는 것을 말한다. 이 표현은 춘추시대 진경중(陳敬仲)이 제 환공(齊桓公)을 위해 주연을 베풀었는데, 환공이 흥이 도도하여 불을 밝혀 밤에도 계속 술을 마시자고 하자, 진경중이 "신이 점을 쳐서 낮은 길(吉)한 때로 잡았지만 밤은 길한지 점을 치지 못했습니다.〔臣卜其晝, 未卜其夜.〕"라고 하면서 사양한 데서 유래하였다. 《春秋左氏傳 莊公22年》

간옹[418]의 〈소나무 심는 노래〉에 화답하다
和礀翁種松歌

그대는 보지 못하였나 君不見
소나무 심는 산골 사람과 애기 나무를 種松山人木嬰兒
곧게 기르면서 해치지 않으면[419] 쉬이 성장한다 하였네[420]
直養不害易爲大
또 듣지 못하였나 又不聞
방장산 선옹와 자제 소나무를 方丈仙翁子弟松
마당 계단에 서서 시종하는 모습이 일산 쥐고 있는 듯하다네
立侍階庭如執蓋
나는 신선 되는 기술도 없이 머리엔 흰 눈만 가득 덮혔으니

418 간옹 : 김이건으로, 286쪽 주16 참조.

419 곧게……않으면 : 《맹자》 〈공손추 상(公孫丑上)〉에 "호연지기의 속성은 지극히 크고 지극히 강한 것이다. 따라서 곧은 것을 가지고 꾸준히 길러 가면서 해치는 일이 없게 하면, 장차 천지 사이에 가득 차게 될 것이다."라는 말이 나오는데, 이 구절을 염두에 두고 한 말인 듯하다.

420 소나무……하였네 : 이 구절은 당나라 유종원(柳宗元)이 지은 〈나무 심는 사람 곽타타전[種樹郭橐駝傳]〉을 떠올리게 한다. 곽탁타가 심은 나무가 유독 잘 자라 혹자가 그 비법을 묻자 곽탁타는 이렇게 대답했다. "저에게 나무의 수명을 길게 하거나 잘 번성하게 할 능력은 없으며, 나무의 천성에 순응하고 그 본성을 펼 수 있게 해줄 따름입니다..……타고난 것이 온전해지면 그 본성을 얻을 수 있습니다. 그러니 저는 그것이 성장하는 것을 해치지 않을 뿐, 나무가 커지고 무성해지도록 하는 능력이 있는 것이 아닙니다."

我無仙術雪盈頭

소나무 심고 정자를 지어도 진정 우스개밖엔 되지 않는다네

種松作亭眞戲語

백 년이면 송진이 나오고 천년이면 복령이 자란다는데[421]

百歲流肪千歲苓

늙은 나는 앞으로 몇 번의 추위 더위를 지낼 수 있나

老我能得幾寒暑

드나들며 돌아보고 어루만지면 出入且顧撫

잠시나마 나의 회포를 즐겁게 해주네 聊以娛懷抱

줄기가 한 마디쯤 벌써 쑥대 우거진 집을 넘어서려 하지만

寸莖已欲出蓬蒿

재목이 될지 되지 못할지는 하늘의 뜻에 맡길 뿐 其材不材聽蒼昊

장생은 달도하지 못하였기에 莊生不達道

부질없이 가죽나무 상수리나무의 수를 누리고자 하였다네[422]

徒懷樗櫟壽

421 백……자란다는데 : 갈홍(葛洪)의 《신선전(神仙傳)》에 의하면 송진이 땅속에 스며든 지 천년이 되면 복령이 되고, 복령이 다시 호박(琥珀)으로 변화한다고 한다. 또 《회남자(淮南子)》 〈설산훈(說山訓)〉에서도 "천년 묵은 소나무의 밑에는 복령이 있고 위에는 토사자가 있다.〔千年之松, 下有茯苓, 上有兎絲.〕"라고 하였다.

422 가죽나무……하였다네 : 무용지용(無用之用)을 설명한 것이다. 《장자》 〈소요유(逍遙遊)〉에 "내게 큰 나무가 있는데, 사람들은 이것을 가죽나무라고 합니다. 줄기는 울퉁불퉁하여 먹줄을 칠 수가 없고, 가지는 비비 꼬여서 자를 댈 수가 없습니다. 길에서 있지만 목수가 거들떠보지도 않습니다.〔吾有大樹, 人謂之樗. 其大本擁腫而不中繩墨, 其小枝卷曲而不中規矩, 立之塗 匠者不顧.〕"라는 내용이 보인다.

명당이 만년토록 남으려면 아름다운 재목 있어야 할 터인데

明堂萬年須美材

하늘의 뜻이 기꺼이 허락해주실지 아직 모르겠구나 未知天意肯許否

졸옹[423]의 해당화를 보고 감회를 읊은 시에 화운하다

和拙翁詠海棠感懷韻

고택에는 온통 교목들뿐이라	故宅皆喬木
봄바람 불어와도 꽃피우지 못하는데	春風吹不榮
젊은 나무라고는 오직 해당화뿐이더니	小年獨海棠
몇몇 가지가 눈에 환히 비쳐오네	數枝照眼明
계단을 빙빙 돌며 줄곧 슬픔에 잠겨있나니	循堦一怊悵
오랜 객은 나의 심정을 알 수 있으리라	舊客知我情
노란 꾀꼬리 소리는 청아한 시에 가까우니	黃鸝近淸咏
모두가 십 년 동안 불러온 소리로구나	共是十年聲

423 졸옹 : 이덕홍으로, 359쪽 주215 참조.

소용당[424]에서 문형연[425]을 받고 느낀 바를 적다

踈慵堂受文衡硯感賦

문형에는 오래된 벼루가 있고	文衡有舊硯
문헌[426]에게는 오래된 당이 있네	文憲有舊堂
오래된 당에 오래된 벼루가 돌아왔으니[427]	舊堂舊硯還
헤어졌다 만난 것이 그 몇 해 만이던가	離合幾星霜
높이 받들고 오매 매끄러운 손때가 생각나고	擎來想手澤
먹 갈았던 곳에는 묵향이 남아있네	磨處餘墨香
소손 외람되이 조상의 훈계 입었으나	小孫忝祖訓
그릇의 크기로 감당해내지 못할까 두렵구나	人器恐不當
하물며 문교가 피폐해져서	矧玆文教弊
사도가 막힌 채 펼쳐지지 못하는 터라	斯道鬱不張
한 가닥 채색 실을 가지고서는	難將一線彩
칠양의 문양을 꿰매기[428] 어렵다네	補得七襄章

424 소용당 : 남유용의 증조부인 남용익(南龍翼)이 거처하던 곳이다.

425 문형연 : 문형, 즉 대제학을 교대할 적에는 선임자가 후임자에게 전통적으로 내려오는 옥당의 벼루를 전하면서 시를 지어주던 관례가 있었다. 남유용은 이 시를 짓던 해(1758) 5월에 양관 대제학이 되었다.

426 문헌 : 남용익의 시호가 문헌(文憲)이다.

427 오래된……돌아왔으니 : 증조부인 남용익도 대제학을 지낸 바 있기에 이렇게 표현한 것이다.

428 칠양의……꿰매기 : 베를 짜서 아름다운 문양을 이룬다는 뜻이다. '칠양(七襄)'은

대를 이어 문형을 맡은 아름다움을 말하고 보니　既言世掌美
근심이 길고 김을 다시금 깨닫게 되네　重覺憂心長

일곱 번 성차(星次)를 옮기는 직녀성(織女星)을 말하는데, 흔히 직녀를 가리키는 말로 쓰인다. 《시경》〈대동(大東)〉에, "구석에 있는 저 직녀는, 하루 종일 일곱 번을 옮기도다.〔跂彼織女 終日七襄〕" 하였다.

관직을 파하고 동쪽 교외에 잠시 머물다

罷官出東郊僑居

안석에 기대있노라니 처마 위의 해는 서쪽으로 움직이고	隱几移簷日
교외 언덕엔 어느새 엷은 연기가 끼었구나	郊墟已薄烟
마을의 소리는 저녁 든 채마밭까지 들려오고	村聲通夕圃
나무의 빛깔은 맑은 시내를 건너가네	樹色度晴川
들판은 걸어놓은 수레[429] 밖에 드넓게 펼쳐지고	野濶懸車外
산은 괴고 있는 홀[430] 앞에 서 있는 것 같네	山如拄笏前
내 집처럼 좋아야 할 필요 없으니	不須吾舍好
그저 하룻밤 묵어보려 하노라	且寄一宵眠

429 걸어놓은 수레 : 현거(懸車)는 수레를 타고 다닐 필요가 없어서 집 안에 걸어놓는다는 뜻으로, 벼슬을 그만둠을 의미한다.

430 괴고……홀 : 주홀(拄笏)은 관원들이 가지고 다니는 홀을 턱에 괴는 것이다. 진(晉)나라 때 왕휘지(王徽之)는 성품이 잗단 세속 일에 전혀 얽매임이 없었는데, 그가 일찍이 환충(桓沖)의 기병 참군(騎兵參軍)으로 있을 적에 환충이 그에게 "경(卿)이 부(府)에 있은 지 오래되었으니, 요즘에는 의당 사무를 잘 알아서 처리하겠지." 하였으나, 왕휘지는 아무런 대꾸도 하지 않은 채 고개를 쳐들고 홀로 턱을 괴고는 엉뚱하게 "서산이 이른 아침에 상쾌한 기운을 불러온다.〔西山朝來, 致有爽氣耳.〕" 하였다. 《世說新語 簡傲》

공좌[431]가 비를 읊은 시에 차운하다
次公佐詠雨

시냇물 울음소리에 날이 어스름 저무는데　溪鳴日色薄
갑자기 퍼붓는 비가 사립문을 지나가네　驟雨度柴關
울타리 아래 새로 물길이 생기고　籬底生新水
창 동쪽으로 전부터 있던 산이 사라졌네　牕東失舊山
놀이하는 아이들은 작은 손가락을 어지럽게 움직이고　童游紛小指
물놀이를 하고 있는 것이다.
물에 멱을 감는 해오라기는 얼굴이 홀쭉 야위었네　鷺浴太癯顔
진중하기도 하여라, 저 호미 멘 노인[432]　珍重荷鋤老
옷이 다 젖어도 돌아간다는 말은 하지 않네　衣沾不道還

431　공좌 : 남공좌로, 431쪽 주407 참조.

432　호미……노인 : 도연명이 〈전원에 돌아가 살며〔歸園田居〕〉라는 시에서 "달을 띠고 호미 메고 돌아오니, 저녁 이슬이 나의 옷에 젖는 것은 아깝지 않으나, 다만 소원이 어김없었으면.〔帶月荷鋤歸 夕露沾我衣 衣沾不足惜 但使願無違〕" 하였는데, 그 구절을 인용한 것이다.

잠시 머물고 있는 정자를 찾아온 사람이 있기에 함께 운자 하나를 뽑았다

有人見訪僑亭 共拈一韻

나그네가 이제 막 말을 쉬게 하였더니	游人初歇馬
키 큰 나무에서 매미가 울려 하는구나	喬木欲鳴蜩
오묘한 시구에 가을의 빼어남 곁들여지고	妙句兼秋逸
청아한 이야기에 해가 멀리 지도록 앉아 있네	淸言坐日遙
강가에 부는 바람에 배 댄 언덕 바뀌고	江風舟改岸
산에 내린 비에 물이 다리까지 차올랐네	山雨水平橋
돌아가는 길에 응당 여흥이 있으리니	歸路應餘興
홀로 읊는 소리가 저물녘 나무꾼의 노래와 어우러지리	孤吟混夕樵

차운하여 정군범[433] 아우에게 주다

次韻贈鄭弟君範

기쁘게도 그대의 스승께서[434] 일찍이 시를 알아서　憐君函丈早聞詩
인생길 곤궁하다 하여 가던 길 바꾸지 않았네　不以途窮故轍移
샘 가의 강유[435]를 공연히 슬피 바라보며　泉上絳帷空悵望

433 정군범 : 《뇌연집》 권5에 〈정군범 주 아우가 한천 선생의 병침이라는 절구 하나를 읊기에 애오라지 화답하다〔鄭弟君範 鑄 誦寒泉先生病枕一絶。聊爾賡和〕〉라는 시가 보이므로 정군범이 곧 정주(鄭鑄)임을 알 수 있다. 그에 관한 행적은 자세히 알 수 없는데, 용인에 거주하였고, 아버지는 정찬지(鄭纘志), 아들은 정만제(鄭萬濟), 손자는 정도채(鄭度采)라는 정도만 알려져 있다.

434 스승께서 : 원문의 '함장(函丈)'은 강학하는 스승과 배우는 학생 사이의 한 길 정도 되는 거리를 가리키는데, 후에 강학하는 자리를 뜻하거나 전대의 스승을 가리키는 말로 사용되었다. 여기 나오는 스승은 한천 선생(寒泉先生) 이재(李縡, 1680~1746)인 듯하다. 김창협(金昌協)의 문인으로 노론의 중심인물로 활약하다가 소론의 집권으로 삭직되었다. 영조 즉위 후 복직하여 대제학을 지냈으나 1727년 정미환국으로 소론 중심의 정국이 성립되자 문외출송(門外黜送)된 바 있으며, 이후 용인의 한천에 거주하면서 많은 학자를 길러냈다. 남유용도 그에게서 수학하였으며, 그를 태학사로 추천하면서, "전 판서 이재는 경술(經術)에 정통하고 예의(禮儀)에 밝아 그 숙덕과 아망이 사림의 으뜸이 되고 있으니, 신이 생각하기에 전하께서 동궁을 위해 박사를 뽑아 그 예식을 돕고자 하신다면 마땅히 이 신하보다 나은 이가 없을 것입니다."라고 간언한 바 있다. 《雷淵集 卷9 論時事疏》

435 샘……강유 : '絳帷'는 붉은 휘장이라는 뜻으로, 강장(絳帳)이라고도 한다. 후한의 마융(馬融)이 생도들을 가르칠 때 항상 고당(高堂)에 앉아 붉은 비단 휘장을 드리웠던 데서 유래하여, 사문(師門)에서 강석(講席)의 경칭(敬稱)으로 쓰인다. 여기서 '샘 가'라고 한 것은 한천(寒泉)을 염두에 둔 표현이다.

병 속의 백급[436]을 몇 번이나 따라갔던가　壺中白笈幾追隨

사람이 그래도 사랑스럽지 까마귀가 무엇이 좋으랴[437]　人猶可愛烏何好

노래하는 자는 미치광이 아닌데 봉황은 실로 쇠하였네[438]　歌亦非狂鳳實衰

시냇가 집 작은 등불엔 머나먼 꿈 걸려있는데　溪戶小燈懸遠夢

가을 소리가 어젯밤에 이 매미에게 스며들었네　秋聲昨夜入蜩斯

436 병……백급 : 원문의 '壺中'은 '호중경(壺中境)' 혹은 호중천(壺中天)과 같은 말로, 호리병 속의 별천지라는 뜻이다. 후한(後漢)의 선인(仙人) 호공(壺公)이 시장에서 약을 팔다가 장이 파하면 문득 사람들 모르게 병 속으로 들어가곤 했는데, 우연히 다락 위에서 보게 된 술사 비장방(費長房)이 그를 따라 병 속으로 들어가 보니 그 속에 선경(仙境)과 같은 별천지가 펼쳐져 있었다는 고사에서 온 말이다.《後漢書 卷82 費長房列傳》 백급은 옥급(玉笈)으로, 도교의 비서(秘書)를 감춘 상자이다.

437 사람이……좋으랴 :《논어》〈미자(微子)〉에 "자로가 돌아와 그들의 말을 고하자, 공자는 실망한 빛을 띠며 말했다. 새나 짐승과는 더불어 살 수 없는 법이다. 내가 이 세상 사람들과 함께하지 않는다면 누구와 함께하란 말인가.〔子路行, 以告, 夫子憮然曰: 鳥獸不可與同群, 吾非斯人之徒與而誰與?〕"라는 구절이 나오는데 이를 인용한 것이다.

438 노래하는……쇠하였네 :《논어》〈미자〉에 나오는 접여(接輿) 고사를 인용하였다. 춘추 시대 초(楚)나라의 광인(狂人) 접여가 난세에 도를 행하려고 애쓰는 공자를 못마땅하게 여긴 나머지, 공자의 곁을 지나면서 노래하기를, "봉황이여, 봉황이여. 어찌 그리도 덕이 쇠했느뇨? 지나간 일은 탓할 수 없거니와 앞으로의 일은 고칠 수 있으니, 그만둘지어다, 그만둘지어다. 지금 정치하는 사람들은 위태로우니라.〔鳳兮鳳兮, 何德之衰. 往者不可諫, 來者猶可追, 已而已而, 今之從政者殆而.〕"라고 한 데서 온 말이다.

누각에 올라 우연히 짓다

登樓偶占

첫 매미 우는 곳 높은 누각에 올랐더니	初蟬啼處上高樓
허연 귀밑머리 성근데 다시금 가을을 맞았구나	霜鬢蕭踈又一秋
오랜 나루 모래밭은 물새들과 이어져 밝게 빛나고	古渡沙連禽皎皎
장정[439] 옆 나무는 객과 더불어 한가롭네	長亭樹與客悠悠
사람 마주해 임기응변하는 바둑판은 멈춰 있고	對人機變停棊局
나를 따라 유유자적하는 저 낚싯배 사랑스럽네	從我優游愛釣舟
온갖 계책 궁리해보면 돌아갈 날 있으리니	百計商量歸日在
시 지을 때 따라오는 갈매기[440] 마다할 필요 없으리라	裁詩不用謝從鷗

439 장정 : 옛날 길에 5리와 10리마다 각각 정자를 두어 행인들이 쉴 수 있도록 하였는데, 5리마다 있는 것을 단정(短亭)이라 하고, 10리마다 있는 것을 장정이라 하였다.

440 따라오는 갈매기 : 《열자(列子)》 〈황제(黃帝)〉에 "바닷가에 사는 사람으로 갈매기를 좋아하는 이가 있어 매일 아침 바닷가에 나가서 갈매기와 놀다 보니, 그곳으로 날아오는 갈매기가 백 마리도 더 되었다. 한번은 그의 아비가 '내가 듣건대 갈매기가 모두 너를 따라 노닌다 하니, 네가 갈매기를 잡아오너라. 내가 데리고 놀련다.' 하므로, 다음 날 그가 다시 바닷가에 나가니, 갈매기들이 공중에서 춤을 추며 내려오지 않았다. 〔海上之人有好鷗鳥者, 每旦之海上, 從鷗鳥遊, 鷗鳥之至者百住而不止. 其父曰: 吾聞鷗鳥皆從汝遊, 汝取來. 吾玩之. 明日之海上, 鷗鳥舞而不下也.〕"라고 한 데서 온 말이다.

선성[441] 현재에서 지어 집안 조카인 태수에게 보여주다
宣城縣齋 示舍侄太守

성주께서 신하의 봉양 애걸하는 마음[442] 어여삐 여기시어 聖主憐臣乞養情

조카로 하여금 수령 되어 고을을 맡게 하시었네[443] 故教猶子得專城

약간의 진미(珍味)인들 어찌 한 명의 노인이나마 빠트리랴 寸甘可敢遺人老

굶주린 저 백성들 내가 소생시켜주기 바라고 있다네 衆瘠須將等我生

오래된 집에 울리는 현가[444] 소리는 미풍양속을 되돌리고 古院絃歌回美俗

그대 집안의 빙벽[445]은 아름다운 명성을 간직하고 있구나

441 선성 : 경상북도 안동시 예안면(禮安面)의 옛 이름이다. 이곳에 남유용의 계모 심씨(沈氏)가 살고 있었다.

442 봉양……마음 : 문과 출신의 관원으로서 늙은 부모가 계실 때 그 봉양을 위하여 수령이 될 것을 주청하는 일을 '걸양(乞養)'이라고 한다.

443 수령……하시었네 : 원문의 '전성(專城)'은 자식이 고을 수령이 되어서 부모를 봉양하는 것으로 매우 영광스러운 일로 여겼다. 1758년 8월에 남유용은 계모인 심씨(沈氏)를 뵈러 예안으로 간 일이 있었는데, 당시 예안현을 다스리던 수령이 집안 조카였기에 이 시를 지었다.

444 현가 : 금슬(琴瑟)을 타고 시가를 노래하는 것을 말하는데, 공자의 제자 자유(子游)가 일찍이 무성(武城)의 재(宰)로 있을 적에 그곳 백성들이 모두 거문고를 타고 시가를 노래했다는 데서 온 말로, 전하여 예악으로써 백성들을 잘 교화시키는 것을 의미한다. 《論語 陽貨》

乃家氷蘗保佳聲

다스림이란 대소를 막론하고 규모가 있나니 治無大小規模在

범 숙부가 준 글은 한 글자 한 글자가 진실이라네 范叔書中字字誠

범문정(范文正 범중엄(范仲淹))이 조카에게 준 첩(帖)[446]에 대해서 회옹(晦翁 주희(朱熹))이 발문(跋文)[447]을 지었는데, 태수(太守) 된 자라면 세 번 반복할 만하다.

445 빙벽 : 차가운 얼음을 마시고 쓴 황벽나무를 먹는다는 '음빙식벽(飮氷食檗)'에서 온 말로 청빈한 생활을 뜻한다.

446 범문정(范文正)……첩(帖) : 이 글의 제목은 〈여러 아들을 훈계하는 편지〔誡諸子書〕〉이다. "너희들은 조심스럽게 관직을 지키며 남을 속여서는 안 된다. 동료들과 화목하게 지내고, 향친이 너희의 관할 지역으로 와 장사하게 내버려 두어서는 안 된다. 스스로도 청빈한 마음으로 관직생활을 하며 사적인 이익을 도모해서는 안 된다. 이 숙부가 어떻게 해왔는지를 보아라. 일찍이 사적인 이익을 도모한 적 있더냐? 각자 잘하고, 또 온 가문이 잘하여 조종을 빛내도록 하자꾸나.〔汝守官處小心, 不得欺事, 與同官和睦多禮, 莫縱鄉親來部下興販, 自家且一向淸心做官, 莫營私利. 當看老叔自來如何, 還曾營私否? 自家好, 家門各爲好事, 以光祖宗.〕"

447 발문(跋文) : 주희(朱熹)가 지은 발문은 다음과 같다. "이상은 범 문정공이 형의 아들에게 준 편지인데, 내용이 친근하면서도 알기 쉽다. 지금 벼슬하는 사람들이 이 글을 읽고서 근엄하게 관직을 지킨다면 스스로를 점검하고 또 외물에 미치기에 충분할 것이다.〔右范文正公與其兄子之書也, 其言近而易知. 凡今之仕者, 得其說而謹守之, 亦足以檢身而及物矣〕."

도산[448]에 들어가다

入陶山

남쪽에 내려와 도산의 돌에조차 침을 뱉지 못함은[449] 南來不唾陶山石
선현께서 거문고 타고 글을 외던 고장이기 때문이라네
爲是前脩絃誦邦
습속이 예스러워 마을 아이들 말에서 내릴 줄 알고 古俗里童知下馬
풍속이 순박하여 촌의 서리들 개들 놀라 짖지 않게 하네
淳風村吏不驚狵
산이 깊어 불 때는 집이라곤 겨우 세 가호뿐이고 山深烟火纔三戶
길이 익숙해 어부와 나무꾼 강 하나를 함께 하네 路熟漁樵共一江
홀로 낚싯대 끌어안고 저녁 물가 길 따라가자니 獨抱釣竿遵夕渚
흰 갈매기 할 일 없어 나와 짝이 되어주네 白鷗無事與吾雙

448 도산 : 예안현 동쪽 10리에 있다. 이황(李滉)이 그 가운데에다 집을 짓고, 도를 강의하고 거처하며 그 당(堂)에다 편액하여 도산서당(陶山書堂)이라 하고, 헌(軒)은 암서(巖栖)라 하고, 재(齋)는 완락(玩樂)이라 하였다. 그 서쪽에 또 농운정사(隴雲靜舍), 관란헌(觀瀾軒), 시습재(時習齋), 지숙료(止宿寮)가 있으며 또한 시와 기도 있다.

449 남쪽에……못함은 : 두보의 〈장인산(丈人山)〉 시에 보면, "청성에 살게 되면서부터 청성 땅에 침을 뱉지 아니하였네.〔自爲靑城客 不唾靑城地〕"라는 구절이 나온다.

암서헌[450]은 퇴도[451]의 서당인데, 명아주 지팡이며 책 읽던 책상이 모두 남아있다. 퇴계의 운을 쓰다

巖棲軒 退陶書堂也 藜杖書床在焉 用退溪韻

명아수 지팡이와 오동나무 책상에서 평소 모습 상상해보니 藜筇梧几想平居

걸어서는 시내와 산 찾았고 앉아선 책을 보셨겠구나 步有溪山坐有書

언덕 골짜기에 경제의 일꾼[452] 헛되이 버려두었으니 丘壑空抛經濟手

성명한 시대에도 예의 그물[453] 성근 것 한스러워라 明時猶恨禮羅踈

450 암서헌 : 도산서원에 있는 건축물로, 제자를 가르치며 휴식을 취하던 마루이다. 학문에 대한 자신감을 가지지 못해서 바위에 기대서라도 조그마한 효험을 바란다는 겸손의 뜻으로 이름을 취하였다.

451 퇴도 : 퇴도(退陶)는 이황(李滉)의 호이다.

452 경제의 일꾼 : '經濟'는 경세제민(經世濟民)의 줄임말이다. 경세제민의 능력을 지닌 자, 즉 퇴계를 가리킨다.

453 예의 그물 : 원문의 '예라(禮羅)'는 그물로 새나 물고기를 잡듯이 예로써 인재를 맞아들여 등용하는 것을 가리킨다. 당나라 대숙륜(戴叔倫)의 〈선사사의 화상인에게 부치다〔寄禪師寺華上人〕〉라는 시에 "예라에 벽옥을 더해 와서, 훌륭한 인재를 천거해 구름과 나란히 올린다.〔禮羅加璧至 薦鶚與雲連〕"라는 말이 나온다.

도산일곡은 명종 대왕께서 그리게 하고서 감상하셨던 곳이다.[454] 또 퇴계의 운을 쓰다
陶山一曲 明宗大王所畫看也 又用退溪韻

진정한 즐거움은 모름지기 하나의 편안한 곳 찾아야 하나니 眞樂須尋一箇安
소쿠리와 표주박으로는 안연처럼 되고자 하기에 부족하네 簞瓢未足便求顔
단청으로는 넉넉하고 한가로운 뜻 그려낼 수 없어 丹青莫狀寬閒意
그 옛날 산골에서 소요하던 모습[455]만 그렸네 只畫當年在磵槃

454 도산일곡은……곳이다 : 19세기 후반 이만여(李晩輿, 1861~1904)가 편찬한 《오가산지(吾家山誌)》에 보면 "명종 병인년(1566) 임금이 도산을 그리기를 명하고, 그 후 영조 계축년(1733)과 정조 임자년(1792)에 또 그림을 그려서 올리라 명하니, 도산을 그린 것이 청량에서 운암까지 구곡이 된다. 삼가 이 화본에 의거해 청량의 여러 시를 먼저 싣고 도산의 여러 시를 총체적으로 묶어서 청량에서 도산까지, 도산에서 운암까지 길을 따라 지은 시를 하나하나 갖추어 기록해 한 구역의 산천을 총괄한다. 구곡은 1곡이 운암(雲巖), 2곡이 월천(月川), 3곡이 오담(鰲潭), 4곡이 분천(汾川), 5곡이 탁영(濯纓), 6곡이 천사(川砂), 7곡이 단사(丹砂), 8곡이 고산(孤山), 9곡이 청량(淸凉)이다."라는 기록이 나온다.

455 산골에서……모습 : 원문의 '간반(磵槃)'은 '간반(澗槃)'이라고도 쓴다. 이는 산림에 은거하며 안빈낙도하는 은사의 생활을 즐기는 것을 형용한 말이다. 《시경》 〈고반(考槃)〉에 "산골 시냇가에서 한가히 소요하니, 현인의 마음이 넉넉하네.〔考槃在澗 碩人之寬〕"라는 구절이 나온다.

망미루[456]에 올랐는데, 이날이 중양절이었다

登望美樓 是日重陽

망미루 안에서 홀로 난간에 기대있노라니 望美樓中獨倚欄
미인이 저 오색구름 끝에 있음을 알겠구나 美人知在彩雲端
높은 곳에 오름은 가을을 슬퍼하는 뜻 아니니 登高不是悲秋意
국화를 꺾어 객의 관모 위에 꽂지 마시오 莫折黃花上客冠

두 번째 수 其二

이슬과 서리 속 수확하고 다듬이질하는 건 촌락의 일상사 露穫霜砧井落間
깊은 가을에도 백성들의 일은 완전히 한가하진 않다네 深秋民事未全閒
늙은이는 혼자서 도산 꿈을 꾸느라 老夫自作陶山夢
간밤에도 배 한 척 몰고서 달빛 거슬러 갔다 돌아왔네 前夜孤舟泝月還

456 망미루 : 현의 객사 문밖에 있던 누(樓)이다.

비암[457]에서 노닐다

遊鼻巖

한 가닥 길이 강을 따라 돌았는데	一逕緣江轉
기이한 바위 앉을 곳에 멈추어 있네	奇巖坐處停
시내의 마름풀 성근 곳에서 물고기를 구경하고	觀魚踈澗藻
산의 향기 아끼는 곳에 말을 매어 놓았네	繫馬惜山馨
모래가 멀리 펼쳐졌으니 구름이 흰빛을 부끄러워하고	沙遠雲羞白
이끼가 짙게 깔렸으니 돌 빛이 푸르게 변하였네	苔深石幻青
이곳에서의 노닒 또한 오묘한 이치이니	玆遊也妙理
취하지 않았기에 깰 일도 걱정할 것 없다네	無醉不愁醒

457 비암 : 예안현 읍치(邑治)로부터 남쪽 3리에 있던 바위 이름이다. 높이가 10여 장(丈)이고, 바위 위에 50~60명이 앉을 만하다. 앞으로 큰 시내에 임하여 고을 사람들의 유상(遊賞)하던 명소였다.

눈앞의 두 물건을 보고 짓다

賦眼中二物

말은 푸른 풀을 뜯고 기러기는 모래밭을 밟으니	馬吃青蕪鴈踏沙
이와 같은 한가로움 그 누가 더 많을쏘냐	一般閒意問誰多
시험 삼아 두 고개 높고 험한 곳 따라가	試從二嶺嶔崎處
고개 돌려보면 안개 낀 강에 만 리 물결 펼쳐졌으리	回首烟江萬里波

졸옹[458]이 선성에 올라 지은 시에 차운하다
次拙翁登宣城韻

물가 풀밭 십 리에 이슬이 맺혔는데 汀蕪十里露華零
먼 길 가는 기러기가 군 북쪽 정자에서 처음 날아올랐네 旅鴈初飛郡北亭
이전 시대의 흥망[459]은 허물어진 성가퀴에 남아있고 前代興亡殘堞在
남쪽 고을의 금대[460]는 하나의 강에 멈춰있네 南州襟帶一江停
소나무 그늘이 해를 따르니 가을 자리 정갈하고 松陰轉日秋筵潔
국화의 뜻이 서리를 끄니 저녁 패옥 향기롭네 菊意牽霜夕佩馨
돌아가는 길 견여는 천천히 걸어야 하리니 歸路肩輿須緩步
그림으로는 저 멀리 푸른 봉우리는 표현하기 어려우리 畫來難得遠峯青

선성(宣城)의 승경은 청량산(淸凉山) 바깥 봉우리들을 끌어모은 데 있다.

458 졸옹 : 이덕홍으로, 359쪽 주215 참조.

459 이전……흥망 : 고려 태조가 견훤을 토벌할 당시 성주인 이능선(李能宣)이 거의(擧義)하여 왕건에게 귀속하였기 때문에 태조가 그 의리를 가상하게 여기고 그의 이름인 선(宣)이라는 글자로 읍호를 '선성(宣城)'이라 하였는데, 이 일을 언급하는 듯하다.

460 금대 : 산천이 병풍처럼 주위를 에워싸 마치 옷깃이나 허리띠와 같다는 뜻으로 험악한 요새의 형세를 비유한 것이다.

선성에 올라 청량산[461]을 바라보니 뭇 봉우리들이 수려하고 아름다워 손으로 잡을 수 있을 것 같았다

登宣城望見淸凉 群峯姸秀可攬

영남 천 개 산 중에서 청량산이 기이하나니	嶺左千山淸凉奇
열두 봉우리[462] 빛깔이 무협[463]과 비슷하네	十二峯色巫峽如
칠성각[464] 아래에서 몇 명의 유랑객이	多少遊笻七星下
오로[465]가 보이지 않아 하릴없이 배회하였던가	五老不見空躊躇
소화 선옹[466]은 선성 제일 높은 곳에서	少華仙翁宣城頭
날마다 오로와 함께 기거하였네	日與五老同起居
묻노니 봉우리 아래 백세 노인이여	借問峯底百年叟

461 청량산 : 예안 근방에 있는 산으로, 퇴계 이황이 오가산(吾家山)이라 부르며 특히 좋아하였다.

462 열두 봉우리 : 청량산의 산봉우리는 모두 열두 개로, 장인봉(丈人峯), 외장인봉(外丈人峯), 선학봉(仙鶴峯), 축융봉(祝融峯), 경일봉(擎日峯), 금탑봉(金塔峯), 자란봉(紫鸞峯), 자소봉(紫宵峯), 연적봉(硯滴峯), 연화봉(蓮花峯), 탁필봉(卓筆峯), 향로봉(香爐峯)이다.

463 무협 : 사천성 무협현(巫峽縣)의 동쪽과 호북성의 경계에 있다. 양안이 절벽으로 매우 험준하며, 서릉협(西陵峽), 구당협(瞿塘峽)과 더불어 삼협(三峽)이라 일컬어진다.

464 칠성각 : 청량사 연화봉 기슭에 자리한 청량사(淸凉寺)에 있는 산신각을 말하는 듯하다. 산신각은 칠성각(七星閣) 혹은 삼성각(三聖閣)이라고도 불린다.

465 오로 : 오로봉(五老峰)을 가리키는 듯하나, 정확치 않다.

466 소화 선옹 : 남유용의 호가 소화이므로, 스스로를 칭한 듯하다.

그대는 오로가 정녕 어디인지 아시는가 君知五老定何許
어지러운 돌과 흩뿌리는 샘이 도처에 가득한데 亂石飛泉處處是
고개 들어도 보이는 것은 오고 가는 구름뿐이네 擧首但見雲來去
어찌 알았으리, 등 뒤에서 뜬 구름이 일어나 那知却出浮雲背
선옹의 궤석 안에서 날아갈 듯 춤을 출 줄을 飛舞仙翁几席內

선성 모당에서 쉬며 우연히 퇴지[467]의 시 한 구절을 읽다가 이내 흥이 일어 마침내 벽에다 적어 태수 조카에게 보이다

憩宣城茅堂 偶誦退之詩一句 仍以起興 遂書其壁 示太守侄

산수 좋은 고을의 수령 되어 나와	出宰山水縣
소나무 계수나무 숲에서 책을 읽는다[468]	讀書松桂林
옛날에 이 시를 읽을 때면	我昔誦此詩
유유히 가슴이 흡족했건만	悠然愜素襟
그릇되이 허명에 얽매이는 바람에	謬被虛名累
갑자기 화잠[469]을 물리치지 못하고 있네	未遽辭華簪
궁사[470]도 이미 외람된 자리이었으니	宮師亦已叨
양제[471]는 실로 적임이라 할 수 없네	兩制諒匪任
벼슬이 높아질수록 학문 후퇴하여 부끄럽고	宦成愧學退
보답할 길 없어 은혜 깊은 것 두려웠기에	報蔑懼恩深

467 퇴지 : 당나라 문인 한유(韓愈)의 자(字)이다.

468 산수……읽는다 : 이 두 구절은 한유(韓愈)가 지은 〈현재독서(縣齋讀書)〉에 보인다. 전후 내용은 다음과 같다. "산수 좋은 고을의 수령이 되어, 소나무 계수나무 숲에서 글을 읽네. 한적하게 사소한 일 던져 버리고, 처음 먹은 마음과 만나게 되었네.〔出宰山水縣 讀書松桂林 蕭條捐末事 邂逅得初心〕"

469 화잠 : 화려한 비녀라는 뜻으로 높은 관직을 가리킨다.

470 궁사 : '궁사(宮師)'는 왕자의 스승을 가리킨다.

471 양제 : 왕을 대신하여 제고(制誥)를 짓는 직책인데, 내제(內制)와 외제(外制)의 구분이 있다.

옛날부터 품어온 언덕과 계곡으로 돌아갈 뜻일랑　宿昔丘壑志
미루고 미루다 마침내 오늘에 이르렀네　淹留遂至今
어머님은 손자에게 봉양을 맡기고[472]　有母就孫養
한강 가로 관직 생활하러 나갔다가　之官洛江潯
휴가를 애걸하여 어머님 뵈러 달려갔으나　乞暇得趨省
두 고개에 가파른 산봉우리도 넘어야 했네　二嶺涉岑崟
오직 이곳은 추로지향[473]이라　玆惟鄒魯邦
선보의 금[474]처럼 다스릴 수 있으며　可理單父琴
땅이 맑아 고요한 나무 많고　地淸多靜樹
까마귀마저도 아름다운 소리를 내는구나　烏鳥亦好音
장부와 문서로 가끔 응수하면 되고　簿牘簡應酬
시서는 마음껏 탐구할 수 있으니　詩書恣討尋
소유[475]는 진정한 선각자라　少游眞先覺

472 어머님은……맡기고 : 예안에 살고 있던 계모 심씨를 가리킨다. 여기서 손자라고 지칭한 것은 예안 태수로 있는 남유용의 조카이다.

473 추로지향 : 추(鄒)나라는 맹자의, 노(魯)나라는 공자의 고향이라 문교(文教)가 홍성한 지방을 상징하는 용어로 사용된다.

474 선보의 금 : 《설원(說苑)》 〈정리(政理)〉에 "복자천이 선보(單父)를 다스릴 적에 거문고를 타며 당을 내려가지 않아도 선보가 잘 다스려졌다.〔宓子賤治單父, 鳴琴, 身不下堂而單父治.〕"라는 구절이 보인다. 이후로 자천과 선보는 훌륭한 지방관을 이르는 말로 쓰인다. "오직 이곳은……"부터는 예안 태수로 있는 조카를 염두에 두고 쓴 구절이다.

475 소유 : 후한 마원(馬援)의 종제(從弟)이다. 마원이 관속(官屬)에게 말하기를 "내가 강개하여 뜻이 큰 것을 보고 나의 종제 소유(少游)가 '선비가 한 세상을 살면서 의식이 족하고 하택거(下澤車)를 타고 관단마(款段馬)를 몰면서 군의 하급 관리가 되

어리석은 숙부[476]가 어찌 흠모할 만할까 　　癡叔安足欽
작은 당에 새로 띠 풀을 올리니 　　小堂蔭新茆
소쇄하여 맑은 그늘을 드리우네 　　瀟灑可晴陰
여기에서 두건도 치마도 풀어 헤치고 　　於焉散巾裳
애오라지 휘파람 불며 읊조려보네 　　聊以發嘯吟
매어 있던 새가 어쩌다 새장에서 벗어났으니 　　羈禽偶脫樊
하늘 위로 날아가고픈 마음이 어찌 없을까마는 　　豈無雲霄心
고개 돌려 도성을 바라봄에 　　矯首瞻京國
끝도 없는 근심을 금할 길이 없구나 　　憂思浩難禁

어 조상의 선영(先塋)이나 지키면서 향리 사람들에게 선인(善人)이라 불리면 그만이니, 그 나머지를 구하면 스스로 괴로울 뿐입니다' 하더라." 하였다. 《後漢書 24卷 馬援列傳》

476 어리석은 숙부 : '치숙(癡叔)'은 왕제(王濟)의 숙부 왕담(王湛)으로, 온 집안이 모두 그를 어리석다〔癡〕고 하였다. 왕제가 평소에 말이 없는 숙부를 존경하지 않다가 《주역》의 이치를 깊이 분석하는 것을 보고 감탄하기를 "집안에 명사가 있는데도 30년 동안이나 몰랐으니 이는 나의 허물이다.〔家有名士, 三十年而不知, 濟之罪也.〕"라고 하였다. 《晉書 卷75 王湛列傳》 여기서 숙부는 바로 남유용 자신을 가리킨다.

청도 수령 김강백[477]이 부쳐온 시를 차운하다

次淸道守金剛伯見寄韻

가을 깊을 제 남루에서 길게 바라다보니　秋晚南樓送目長
높이 나는 기러기 떼 모두 남쪽으로 날아가네　高飛鴻鴈盡隨陽
강 소리의 절반은 선성군으로 들어가고　江聲半入宣城郡
나뭇잎은 온통 좨주의 당으로 날아가네　木葉全飄祭酒堂
오랜 객지 생활에 자꾸만 옷 얇아진 것에 놀라고　久客頻驚衣袖薄
유람에 지치고 보니 남은 것은 다 벗겨진 머리뿐이라네　倦游贏得鬢絲光
벗과 시찰을 주고받으며 서로를 기억해서인지　故人詩札來相憶
소리와 모습이 각기 다른 곳에 있음을 깨닫지 못하겠네　未覺音容各異鄉

477 김강백 : 김이건으로, 286쪽 주16 참조.

주자의 〈감흥〉 시[478]에 삼가 차운하다 20수

謹次朱子感興 二十首

옛날 마도[479]가 아직 나오기 이전에	馬圖昔未出
천지는 그저 높고 넓기만 했었네	天地徒崇廣
옛날 서계가 아직 창제되기 이전에도	書契昔未創
고금은 절로 오고 가고 하였네	古今自來往
눈에 물건이 처음으로 보였을 때	目中物始覩
산이 우뚝 서자 백성들이 모두 우러렀고	山立民具仰
오묘한 교화가 완성되자	化妙見裁成
문리가 환히 밝아졌네	文理臻昭朗
만 가지 선이 모두 나에게 갖추어져 있으나	萬善皆備我
근심스러운 바는 위태로움과 어두워짐이라	所憂在殆罔
그 말씀 육경에 실려있는데	其言載六經
알기 쉽기가 마치 손바닥을 보는 듯하다네	平易如視掌

478 주자의……시 : 주희(朱熹)의 〈재거감흥(齋居感興)〉 20수를 가리킨다.

479 마도 : 용마(龍馬)와 하도(河圖)의 준말로, 하늘이 이른바 하도(河圖)와 낙서(洛書)를 내려주었다는 뜻이다. 복희씨(伏羲氏)가 황하(黃河)에 출현한 용마의 무늬를 숫자로 환치하여 하도를 만든 뒤 팔괘를 그었다 하며, 하우(夏禹)가 치수(治水)할 때 낙수(洛水)에 출현한 신귀(神龜)의 반점을 본받아 《서경》 〈홍범(洪範)〉의 구주(九疇)를 만들었다고 한다. 《주역》 〈계사전 상(繫辭傳上)〉에 "황하가 도를 내고, 낙수가 서를 내니, 성인이 이를 법으로 삼았다.〔河出圖, 洛出書, 聖人則之.〕"라는 말이 나온다.

두 번째 수 其二

만민을 낳은 것은 본디 한 가지 이치이니	生民原一理
모두가 천지의 중기(中氣)를 고루 받았다네	均受天地中
어리석은 자가 비록 스스로 끊어버리지만	愚人雖自絶
천명이란 진실로 끝이 없는 법	天命諒無終
슬그머니 불선한 행위를 가리나니[480]	厭然揜不善
바야흐로 그 처음이 서로 같았음을 알게 되네	方知厥初同
맹씨[481]는 참으로 선각자라	孟氏眞先覺
입언하여 뭇 귀머거리의 귀를 틔워주셨네	立言牖群聾

세 번째 수 其三

대도가 날로 어두워졌으나	大道日已晦
어두워지지 않은 것은 오직 천기뿐이라네	不昧獨天機
물고기와 새들이 자연의 도를 얻으면[482]	鱗羽得自然
시내에 잠기고 구름 높이 날아오르네	川潛而雲飛

480 슬그머니……가리나니 : 《대학장구》 전 6장에, "소인이 홀로 있을 때에 악행을 하되 못하는 짓이 없다가, 군자를 본 다음에는 슬그머니 그 악행을 덮어 가리고 선행을 나타내지만, 남이 자기를 보는 것이 마치 폐간을 들여다보듯이 하니, 무슨 유익함이 있으리요.〔小人閒居, 爲不善, 無所不至, 見君子而后, 厭然揜其不善, 而著其善, 人之視己如見其肺肝然, 則何益哉〕" 한 데서 온 말이다.

481 맹씨 : 맹자를 말한다. 맹자가 성선설을 주장하면서, 모든 사람에게는 양지양능(良知良能)의 본성이 있음을 일깨운 것을 두고 한 소리이다.

482 물고기와……얻으면 : 물에 물고기가 뛰어놀고 하늘에 솔개가 나는 것〔魚躍鳶飛〕을 말한 것으로, 만물이 저마다의 법칙에 따라 자연스럽게 살아가면 천지와 조화를 이루게 되어있다는 오묘한 도를 설명하였다.

갓난아기에게는 거짓소리란 없고	嬰兒無假聲
진나라와 월나라[483]도 그 소리가 서로 어긋나지 않는다네	秦越聽不違
즐기는 것에 깊이 빠지면 사람이 영명하지 않고	嗜深人不靈
때가 많이 끼면 거울도 빛나지 않네	垢深鑑不輝
먼지와 때는 하나 때문에 가려지고	塵垢一以蔽
청명함은 하나 때문에 희미해지네	淸明一以微
외물을 섬기고 하늘을 섬기지 않으면서	事物不事天
아아! 어디로 돌아가려 하는가	嗟哉欲何歸

네 번째 수 其四

오직 마음에는 만 가지 변화가 있어	惟心有萬化
정을 좇다 보면 각기 다름이 생겨나나니	緣情各異出
군자는 도를 위해 도모하지만	君子爲道謀
소인은 외물의 부림을 받는다네	小人爲物役
온갖 후생의 도구는	百爾厚生具
선왕께서 나라를 경영하는 방도이건만	先王所以國
무엇 하러 토호들을 모아서	胡爲萃豪里
봉식[484]이 끝나지 않게 하는가	封殖無終畢
내 듣기로 밤에 순시하는 사졸이	吾聞巡夜卒
사방으로 도둑들의 흔적을 찾아다닌다 하는데	四索穿窬跡

483 진나라와 월나라 : 진나라는 서북쪽에 있고 월나라는 남동쪽에 있어 서로 멀리 떨어진 곳을 비유할 때 주로 두 나라를 언급한다.

484 봉식 : 재부를 취렴하는 것을 말한다.

도둑질 않는 자들에게 상을 주어 　何如賞不竊
청정[485]함을 백성들의 도로 내보임이 어떠한가 　淸靜視民極

다섯 번째 수 其五

한 명의 현신이 어찌 나라를 흥성케 하여 　一賢豈興邦
민풍을 온화하게 할 수 있겠으며 　能使民風夷
한 명의 간신이 어찌 나라를 기울게 하여 　一奸豈傾國
뭇 현인들을 떠나게 할 수 있겠는가 　能令衆賢離
옛날 신하들과 정사를 논할[486] 제 　自昔兪咈際
근심 걱정은 언제나 여기에 있었으니 　憂虞恒在玆
등촉 아래를 혹 비추지 못하기도 하고 　燭下或遺照
칠실에서 눈물만 부질없이 흘리기도 한다네[487] 　漆室涕空洏

485 청정 : 한나라 때 재상이었던 급암(汲黯)은 정사에 있어 청정함을 좋아하여 승사(丞史)를 잘 골라 맡기고는 큰 틀만을 챙기고 잔단 일은 까다롭게 문제 삼지 않는 인물이었다. 그래서 동해 태수(東海太守)로 있을 때 아픈 데가 많아 규합(閨閤) 안에서 누워 지내며 나오지 않았음에도 동해가 잘 다스려졌다고 한다. 《史記 卷120 汲黯列傳》

486 옛날……논할 : 원문의 '유불(兪咈)'은 '도유우불(都兪吁咈)'의 줄임말로, 도유는 찬성, 우불은 반대를 뜻하는 말인데, 요(堯) 임금이 신하들과 정사를 토론할 때 찬성과 반대의 의견을 기탄없이 개진하였던 데서 유래한다. 일반적으로 밝은 임금과 어진 신하가 서로 뜻이 맞아 정사를 토론하는 것을 뜻한다.

487 칠실에서……한다네 : 낮은 신분으로 나랏일을 근심하는 것을 비유하는 말로 쓰인다. 노(魯)나라 칠실(漆室) 고을의 과년한 여자가 기둥에 기대어 울고 있기에 이웃 여인이 그 이유를 묻자, 대답하기를 "노나라의 임금은 늙었고 태자는 어리기 때문이다."라고 하였다. 이웃 여인이 "그것은 경대부(卿大夫)가 근심할 일이다."라고 하니, 과년한 여자가 말하기를 "그렇지 않다. 예전에 손님의 말이 달아나 내 남새밭을 밟아서 내가 한 해 동안 남새를 먹지 못하였다. 노나라에 환난이 있으면 군신・부자가 다 욕을 당할

군자에게는 진정한 즐거움이 있어 君子有眞樂
이것을 관대나 홀[488]과 바꾸지 않고 不以易組珪
지사는 평소 지키던 바에 힘쓰며 志士勵素守
구차히 나가는 일은 아무리 곤궁해도 하지 않네 苟進窮不爲
마침내 옛 도를 숨게 하였으니 遂令古道隱
족히 식자를 슬프게 하는구나 足令識者悲
성을 보존하는 길은 삿됨을 막는 데 있고 存誠在閑邪
귀한 바는 그 기미를 밝히 아는 데 있다네 所貴燭其幾

여섯 번째 수 其六

나라를 경영하는 데는 본디 기술이 많다지만 爲邦固多術
현철한 이야말로 나라의 기강이라네 賢哲乃其綱
무당들이 비록 기도에 능하다 해도 巫師雖善禱
약과 침의 훌륭함은 버리지 않고 無棄藥石良
헤엄 잘 치는 이가 비록 강을 건널 수 있다 해도 善游雖截河
배와 다리를 버리지 않는다네 無棄舟與梁
해가 대로 위에 걸려있으면 白日懸通衢
반딧불과 횃불은 빛을 발하기 어렵고 螢爝難爲光
비와 이슬이 좋은 싹을 자라게 하면 雨露滋良苗
동쪽이고 남쪽이고 경계 두지 않는다네 不限東南疆

것인데 어찌 여자만 피할 곳이 있겠는가?"라고 하였다. 《列女傳 魯漆室女傳》

488 관대나 홀 : 원문의 '조규(組珪)'는 관리가 차는 의대와 옥으로 만든 부신(符信)을 말하는데, 고관을 상징하는 물건이다.

꿩이 봉황의 울음소리를 빌리자 山鷄假鳳鳴
악작[489]이 날아오지 않았고 鸑鷟不來翔
연석[490]이 수놓은 비단에 싸이자 燕石被錦繡
기이한 보배가 사방에서 들어오지 않았네 奇珍止四方
훌륭한 농부에게 버려지는 밭은 없어도 良農無棄畝
벼와 강아지풀이 같이 무성하지 않으며 禾莠不幷昌
위대한 악사에게 기이한 기교는 없어도 大樂無異巧
문무(文武)와 무무(武舞)가 제때 펼쳐진다네 文武得時張
물리란 본디 자연스러운 것이거늘 物理固自然
어찌 나를 상심하게 하겠는가 而何令我傷

일곱 번째 수 其七

굳건한 나라에는 절로 도가 있으니 固邦自有道
산과 계곡으로 봉쇄할 필요 없네[491] 不以山谿封

489 악작 : 왕업을 이루게 될 때 나타난다는 봉황새의 일종이다. 《국어(國語)》 〈주어 상(周語上)〉에 "주나라가 흥할 때에 악작이 기산에서 울었다.〔周之興也, 鸑鷟鳴於岐山.〕"라고 하였다.

490 연석 : 옥(玉)과 유사한 돌을 뜻하는 말로 별로 귀중하지 않은 것을 지칭한다. 《태평어람(太平御覽)》에 "송나라에 사는 어떤 어리석은 사람이 오대(梧臺)의 동쪽에서 연석(燕石)을 하나 주워서는 큰 보물로 여겼다. 주(周)나라 사람이 찾아가자, 주인은 예복을 갖추고서 열 겹으로 된 상자 속에서 열 겹으로 싸서 둔 그 돌을 꺼내어 보여주었다. 그 사람이 웃으면서 하찮은 벽돌 조각과 다를 것이 없는 연석이라고 말하자, 그 주인은 화를 내며 더욱 깊이 간직해 두었다."라는 고사에서 유래된 말이다.

491 산과……없네 : 《맹자》 〈공손추 하(公孫丑下)〉에 "나라를 공고히 하되 산과 강의 험한 지세로 하지 않으며, 천하에 위엄을 떨치되 병기와 갑옷의 우세한 장비로 하지

대부가 이익을 말하지 않으니　　大夫不言利
백성들의 풍속이 도탑고　　所以厚民風
직언하는 선비가 감히 얼굴을 범하니　　直士敢犯顏
간특하고 흉포한 자 꺾이었네　　所以折姦凶
흙으로 만든 섬돌이[492] 비록 백성과 가까웠으나　　土堦雖近民
우러르기를 북극성처럼 높이 하였네　　瞻印北極崇
위엄을 밝히어 스스로를 단정히 하고　　明威端自我
자신을 공경히 하여 상천을 강림케 하였네　　恭己格皇穹
세상이 쇠하여 순박한 민풍이 멀어짐에　　世衰淳風邈
예를 버리고 한갓 공업을 숭상하였고　　棄禮徒上功
사사건건 이익을 위해서만 움직이면서　　穰穰爲利動
스스로 천하의 공도를 끊어버리네　　自絶天下公
살찌고 건장한 모습을 서로 자랑하지만　　肥健自相高
우러러보면 덕의 모습 없네　　瞻視無德容
학교가 축국장으로 변해버리고　　庠塾爲鞠場
못된 아이가 늙은 노인을 제압하네　　頑童制老翁
슬프구나! 이 습속을 기른다면　　哀哉長此習
무엇으로써 몽매한 이들에게 내보이겠는가　　何以示昏蒙

않는다.〔固國不以山谿之險, 威天下不以兵革之利.〕"라는 말이 나온다.

492 흙으로……섬돌이 : "요 임금은 천자가 되고 나서도, 비단옷을 겹으로 입지 않았고, 밥상에는 두 가지의 맛있는 반찬을 놓지 않았으며, 석 자 높이의 섬돌은 흙으로 만들었고, 지붕의 띠풀도 가지런히 자르지 않았다.〔堯爲天子, 衣不重帛, 食不兼味, 土階三尺, 茅茨不剪.〕"라는 말이 《태평어람(太平御覽)》 권996에 윤문자(尹文子)의 말로 인용되어 나온다.

여덟 번째 수 其八

신령한 교룡은 함부로 헤엄치지 않으며	神蛟不妄游
아득히 깊은 못 속에 비늘을 잠기고 있는데	潛鱗在九淵
붉은 잉어가 교룡의 벗이 되어주고	赤鯉與爲友
구름과 우레가 온갖 샘과 교통하네	雲雷通百泉
옛날부터 기구의 고장[493]이라	自昔耆舊鄉
부지런히 애쓰면서[494] 앞장서서 유풍을 일으켰네	亹亹興儒先
포거와 옥백[495]이 길에 늘어서고	蒲車玉帛路
산과 물이 절로 면면히 이어져있네	山水自連緜
재목을 낳음에 어찌 옛날과 다를까마는	生材豈殊古
재목을 기름은 옛날과 같지 않구나	養材不古然
일찍이 듣자니 《대역》의 상에	嘗聞大易象
띠풀을 뽑아 올리듯 서로 손잡고 나온다 하였네[496]	拔茅茹則牽

493 기구의 고장 : '耆舊'는 덕망 높은 노인을 가리키는 말인데, 여기서는 안동이라는 고을이 대대로 기구를 배출했던 곳임을 가리키는 말로 사용되었다.

494 부지런히 애쓰면서 : 원문의 '亹亹'는 힘쓰는 모습을 형용한 것이다. 《시경》 〈문왕(文王)〉에 "미미하신 문왕이여, 아름다운 성문이 그치지 않네.〔亹亹文王 令聞不已〕"라는 말이 나온다.

495 포거와 옥백 : '포거(蒲車)'는 덜거덕거리지 않게 부들 잎으로 수레바퀴를 싼 수레인데, 현사를 초빙할 때에 사용한다. '옥백(玉帛)' 역시 현사를 초빙할 때에 사용하는 예물로, 주로 보옥과 비단을 가리킨다.

496 띠풀을……하였네 : 《주역》 〈태괘(泰卦) 초구(初九)〉의 효사에 "서로 뒤엉켜 있는 띠 풀을 뽑아 올리듯, 어진 사람들과 어울려서 함께 나아오니 길하다.〔拔茅茹, 以其彙, 征吉.〕"라는 말이 나온다. 이는 조정에 도가 행해지면 현자들이 동류(同類)를 이끌고 나와 임금의 정사를 돕는 것을 비유한 말이다.

아홉 번째 수 其九

그윽한 난이 계곡 입구에 자라는데　幽蘭在谷口
봄 이슬이 그 빛을 윤택하게 해주네　春露滋其光
옥 같은 꽃이 맑은 바람에 목욕하고　瑤華沐淸風
녹색 잎이 위 아래로 하늘거리네　綠葉相低昂
이는 오직 왕자의 향이니　玆惟王者香
그 어떤 뭇 풀이 너를 상대하랴　衆草孰汝當
난을 따서 나의 패물로 차니　採掇紉我珮
나의 패물이 어쩌면 이리도 찬란한지　我珮何煌煌
길 가다 화려한 공자를 만났는데　行逢繁華子
멋진 옷 차려입고 길옆을 내달리네　衒服馳道傍
너의 패물은 내가 좋아하는 것과 다르니　爾珮異我好
비취새 깃털은 남방에서 온 것이란다[497]　翠羽來南方

열 번째 수 其十

도를 위해야지 사람을 위해서는 안 되고　爲道匪爲人
세상을 잘 다스리려면 모름지기 자신을 잘 다스려야 하네　善世須善己
바위와 시내 깊은 곳에 잠기어 살고 있으나　潛居巖川幽

497 비취새……것이란다 : 비취새는 물총새로 아름다운 녹색 깃털을 지녔는데, 옛날에는 귀중한 물건으로 여겨져 장식품으로 쓰였다. "조선 시대 때 유구에서 조선으로 들어온 물품 중에는 공작우(孔雀羽), 취우 등의 특산품과 수우각, 서각(犀角), 상아(象牙) 등의 각류(角類)가 있었고, 물소, 공작, 앵무새, 원숭이 등의 진귀한 동물이 들어오기도 하였다."《하우봉 외, 朝鮮과 琉球, 아르케, 1999, 149~164쪽》

움직이면 나라의 기강이 되니 動爲邦國紀
울창한 저 남산의 나무 있기에 鬱彼南山木
온갖 새들이 머물 곳을 알았네 衆鳥知所止
연나라 소왕이 현자를 초징하려 할 때 燕昭欲招賢
곽외가 먼저 예우를 입었고[498] 郭隗先見禮
조앙이 두 선비를 죽이자 趙鞅殺二士
공자께서 황하에서 탄식하였네[499] 宣尼歎河水

498 곽외가……입었고 : 전국시대 연(燕)나라 소왕(昭王)에게 곽외(郭隗)가 "죽은 말 한 마리의 뼈를 500금(金)에 사들였더니, 1년도 채 안 되어서 살아 있는 천리마 세 마리가 찾아왔다."라는 고사를 인용하면서, 자기부터 우선 대우를 잘해 주면 천하의 현사들이 저절로 모여들 것이라고 말하자, 소왕이 연경(燕京)에 황금대를 세우고 인재를 초빙하니, 악의(樂毅)와 극신(劇辛) 등의 명사가 대거 찾아왔다는 고사가 전한다. 《戰國策 燕策》

499 조앙이……탄식하였네 : 두주(竇犨)는 자가 명독(鳴犢)으로 진(晉)나라의 현대부였다. 순화(舜華)도 진나라 대부로, 역시 어질다는 명성이 있었는데, 둘 다 조간자(趙簡子), 즉 조앙(趙鞅)에게 죽임을 당하였다. 《공자가어(孔子家語)》 권22 〈곤서(困誓)〉에 다음과 같은 내용이 보인다. "공자가 위나라에서 장차 진(晉)으로 들어가려 할 때 황하에 이르렀는데, 조간자가 두주와 순화를 죽였다는 말을 듣고는 강물에 임하여 탄식하기를, '아름답도다. 넘실거리는 물이여! 내 이곳을 건너지 못함도 운명이로구나!' 하였다. 자공이 나아와 말했다. '무슨 뜻인지 감히 묻습니다.' 공자가 대답했다. '명독구주와 순화는 진나라의 현대부이다. 조간자가 아직 뜻을 이루지 못하였을 때는 이 두 사람이 있어야지만 정사를 살필 수 있었는데, 뜻을 이루고 나자 죽였다. 내가 듣건대 배를 갈라 태아를 죽이면 기린이 그 교외에 이르지 않고, 못을 마르게 하여 물고기를 잡으면 교룡이 그 못에 머물지 않으며, 새집을 엎어 알을 깨면 봉황이 그 고을에 이르지 않는다 하였다. 어째서이겠느냐? 군자는 같은 부류를 다치게 함을 피하기 때문이다. 조수도 불의에 대해서는 피할 줄을 알거니, 하물며 사람이겠느냐?' 마침내 돌아가 추나라에서 쉬면서 〈반조〉를 지어 이를 애도하였다."

감격하여 일일이 말하기 어려우나 感激難具陳
고금이 한 궤도를 같이 하였네 古今同一軌

열한 번째 수 其十一

강하가 밤낮으로 흘러 江河日夜流
드넓은 물결이 대시를 적시는데 洪波浸大坤
바람과 천둥소리가 그 기운을 북돋우니 風霆鼓其氣
묶여있던 악어 그 무늬 찬란했네 絞鱷爛其文
바다 가운데에서 지주[500]를 만났는데 海中遇砥柱
우뚝 솟아올라 거침없는 치달음을 막아내고 雄峙拒橫奔
물결을 돌려 동으로 가게 하니 回瀾使東之
천공은 스스로 존재하지 않았네 天功不自存
세도에 갑작스레 물결이 치달으니 世途劇奔波
그 물결 터짐이 하나의 문 아니었네 潰決非一門
누구일까, 그 추세를 바로잡아 誰哉正厥趍
왕풍을 도탑게 만들 이는 一令王風敦

열두 번째 수 其十二

각박한 세상 실로 진실되기 어려운지라 薄世苦難眞
말로써 서로를 속이게 되니 言語以相訛
허물만 말하고 선은 말하지 않으며 言過不言善
적은 것을 부풀려 많은 데로 나아가네 演少以就多

500 지주 : 중국 황하(黃河)의 거센 물살 가운데 우뚝 서 있는 바위산이다.

자잘한 인간이야 본디 좋아하겠지만　細人固自喜
군자라면 응당 어찌해야 할까　君子當如何
지혜로운 자는 입을 세 번 봉하고[501]　知者所三緘
뜻을 펼칠 때는 휘파람과 노래로 한다네　舒志用嘯歌

열세 번째 수 其十三

지극한 도는 내면을 지키는 것을 귀히 여기건만　至道貴內守
군자들은 어찌하여 돌아보지 않는가　君子胡不省
내가 갈옷 입었음은 알지 못하고서　不知我衣褐
비단 홑옷 입을 생각만 하고　而思錦其絅
나의 말이 노둔한 것은 알지 못하고서　不知我馬駑
채찍을 높이 들고 멀리 치달을 것을 도모하네　揚策圖遠騁
빈말만 일삼고 경전을 전수하지 않으면　空言不傳經
어찌 그 요령을 잡아낼 수 있겠으며　何得挈要領
온갖 색 섞어 그림만 그리고 흰 바탕에 근본하지 않으면　雜繪不本素
어디에서 울창하고 환한 모습을 보겠는가　何所見蔚炳
슬프구나! 이렇게 늙어지고 만다면　哀哉以沒齒
그 누가 밝고 광달한 경지를 볼 수 있을까　誰窺昭曠境

501 지혜로운……봉하고 : 신중하게 발언하는 것을 뜻한다. 공자가 주(周)나라 태묘(太廟)에 갔을 적에 입을 세 겹으로 봉한〔三緘其口〕 금인(金人)을 보았는데, 그 등 뒤에 새긴 명문(銘文)을 보니 "옛날에 말조심하던 사람이다. 경계하여 많은 말을 하지 말지어다. 말이 많으면 실패가 또한 많으니라.〔古之愼言人也 戒之哉 無多言 多言多敗〕" 라고 쓰여 있더라는 고사가 전한다. 《孔子家語 觀周》

열네 번째 수 其十四

꽃들은 가을을 기다렸다 쉬고 芳華俟秋歇
초목은 바야흐로 어둠 속에서 뿌리를 기른다네 草木方晦根
드러남과 감추어짐이 상도를 벗어나지 않는 것에 顯晦不離經
하늘과 사람의 도가 있다네 天人道所存
이상하구나, 저 초현옹[502]은 异哉草玄翁
용사행장[503]에 어찌 그리도 어두웠는가 用舍何其昏
오직 성인만이 권도(權道)에 통달할 뿐이라 惟聖能達權
나머지 사람들의 죄는 따지지 않겠네 餘子罪不原

열다섯 번째 수 其十五

내가 듣자니 도술을 좋아하던 선비가 吾聞好道士
산과 못 사이로 진인을 찾아다녔는데 訪眞山澤間
손을 들어 두 물건으로 변한 다음 擧手狀二物
길게 휘파람 불며 구름 골짜기로 떨어졌다 하네 長嘯墜雲關
하나는 단약 달이는 노인이 되었는데 一作鍊藥翁
머리 다 세도록 단약 완성하지 못하였고 髮白不成丹
하나는 강과 바다를 나는 새가 되었는데 一爲江海鳥

502 초현옹 : 한나라 때 학자인 양웅(揚雄)을 가리킨다. 양웅이 벼슬에 나가지 않고 조용히 들어앉아《태현경(太玄經)》을 초(草)했다는 말에서 나와, 후에 조용히 앉아 문필에나 종사하고 있는 사람에 비유하는 말로 쓰였다.

503 용사행장 : 세상에 쓰이면 나아가서 자기의 도를 행하고, 버림을 받으면 물러가서 숨는 것을 말하는데, 공자(孔子)가 안연(顔淵)에게 "조정에서 나를 써 주면 나아가서 나의 도를 펼치고, 조정에서 나를 버리면 물러나 나의 도를 마음속에 간직한다.〔用之則行, 舍之則藏.〕"라고 말한 데에서 유래했다.《論語 述而》

울며 날아올라 날개를 펄럭였다 하네　翔鳴振羽翰
이런 재주 가지고 도시로 들어갔으나　持此入都市
망연히 알아보는 이 드물었다는데　茫然知者難
찾아 나서고 싶지만, 아득해라 어찌 찾을까　欲訪杳何尋
이에 전전반측하며 불안해하네　反側心不安

열여섯 번째 수 其十六

가르침의 완성은 자식에게서 나오는 것 아닌데　成教不出子
어찌 다시 현우를 가리겠는가　豈復擇賢愚
언행은 그가 보는 것을 조심해야 하니　言行愼厥視
서로 돌아본다면 허망함이 없을 것이네　相顧諒無虛

그가 보는 것이란 자식이 보는 것을 말하고, 서로 돌아본다는 것이란 말이 행동을, 행동이 말을 돌아본다는 것이다. 허망함이 없다란 진실되다는 것이다.

몸을 단속함으로써 자식을 단속하고　律躬以律子
있는 것을 책해야지 없는 것을 책해선 안 되네　責有不責無

자기에게 있는 것으로써 책해야지 자기에게 없는 것으로써 책해서는 안 된다는 뜻이다.

의형은 명령하지 않는 데 있나니　儀刑在不令

몸으로써 가르치고 말로써 가르치지 않아야 한다.

선한 행동을 보았을 때 스스로 나아갈 줄 알아야 하네　見善自知趍
덕을 갖춘 준마[504]는 망아지 때라 하여도　德驥雖爲駒

504 준마 : 《논어》 〈헌문(憲問)〉에 "준마는 그 힘이 센 것을 일컫는 게 아니라, 그 덕이 있는 것을 일컫는 것이다.〔驥不稱其力, 稱其德也.〕"라는 말이 나온다.

걸음 걸으며 길을 벗어나지 않는다네 　擧足不詭塗
희망은 후생에게 있으니 　所希在後生
힘써 시서를 섬겨야 하리 　努力事詩書

열일곱 번째 수 其十七

가르침의 도는 인의에 근본을 두나니 　敎道本仁義
천하에 버려지는 재목이란 없다네 　天下無棄材
초목에 본디 품이 많은 것이지 　草木固多品
물과 흙이 어찌 다르게 키우겠는가 　水土寧異培
공명을 얻는 학문이 생겨난 이후로 　自有功名學
마침내 이익으로 달리는 길이 열리었네 　遂令利道開
이사(李斯)가 진나라에서 어찌 재목이 아니었을까마는[505] 　斯秦豈不材
전형[506]이 한 번 어그러지고 난 뒤에 　型範一已乖
남을 무너뜨리고 스스로도 해치어 　壞人且自戕
천고토록 주벌당한 죄수의 우두머리가 되었네[507] 　終古爲誅魁

505 이사(李斯)가……아니었을까마는 : 이사가 비록 분서갱유(焚書坑儒)를 종용하고, 진시황이 사구에서 죽자 조고(趙高)와 결탁하여 유서의 내용을 날조해 동생 호해(胡亥)를 황제로 즉위하게 하고, 부소에게는 거짓 조서를 보내 자살하도록 하였으며, 후에 결국 자신도 요참(腰斬)에 처해지는 등, 비참한 말로를 맞이했으나, 그는 한비자(韓非子)와 더불어 순자(荀子)에게서 공부한 법가 사상가로서 통일제국의 체제를 구축하였고, 〈간축객서(諫逐客書)〉를 올려 진나라의 국력을 키우는 데 일조하였으며, 소전(小篆)을 창안하는 등, 훌륭한 재목이었음은 부인할 수 없다.

506 전형 : 원문의 '형범(型範)'은 규범이나 모범이라는 뜻이다.

507 죄수의……되었네 : 이사는 결국 자신의 잘못된 선택으로 인해 결국 진나라를 멸망으로 몰아넣었고, 자신도 처형당했다.

후인들은 어찌 살피지 못하는가　　後人胡不省
그 처음은 참으로 미미했다는 것을　　其原信微哉

열여덟 번째 수 其十八

군자는 기미를 아는 것이 귀한데　　君子貴知微
기미를 아는 데도 본디 방도가 있다네　　知微固有方
힘써 실오라기 하나도 갖추어야 하고　　黽勉具絲毳
더운 곳에 있을 때 서늘함이 있음을 알아야 하네　　在熱知有凉
헛되이 기르기만 하고 방비를 하지 않으면　　徒養不爲防
개와 짐승이 당실을 넘본다네　　犬畜窺室堂
평평한 바꾸어 산과 못으로 만들되　　變夷爲山澤
너무 많이 바꾸면 평평한 대로가 줄어들고　　多變損康莊
만물에 붙으면 음이 되는데　　附物乃爲陰
너무 많이 붙으면 양이 사라질까 두렵네　　多附恐消陽
일찍이 〈육관〉의 책[508]을 읽어보았는데　　嘗讀六官編
이 의리를 살핌이 유독 상세하였네　　此理看獨詳
삼대는 어찌면 그리 길고　　三代一何長
후세는 어찌면 그리 빨리 끝났는지　　後世一何忙
희언[509]을 누가 듣게하랴　　希言孰令聽

508 〈육관〉의 책 : 《주례》를 가리키는 것으로 보인다. 주나라의 관제(官制)인 천(天)・지(地)・춘(春)・하(夏)・추(秋)・동(冬)의 육관(六官)을 분류 설명한 책이자 국가 제도를 기록한 최고의 책이다

509 희언 : '希言'이라는 말은 《도덕경(道德經)》 23장에 나오는데, 왕필(王弼)은 주석에서 "들어도 들리지 않는 것을 희(希)라고 하니, 들어볼 수 없는 소리를 말한다.〔聽

갈림길에서 부질없이 배회하네　　　岐路空徊翔

열아홉 번째 수 其十九

칡덩굴[510]이 키 큰 소나무에 붙어 자라는데　　　葛藟附長松
훤칠한 키가 백 길이나 되네　　　落落高百尋
향긋한 난초가 담쟁이덩굴과 이웃하는네　　　芳蘭隣蘿蔦
시들시들 날마다 침범을 당하네　　　靡靡日見侵
서로 얽혀 있는 곳이 결국 같으니　　　縈絡竟同窠
누가 꽃다운 마음 품고 있을지 어찌 알리오　　　孰知懷芳心
굳건히 서면 만물이 이루어지지만　　　剛立乃成物
유선[511]으로는 스스로 감당하기 어렵다네　　　柔善難自任
이를 보고서 물성을 깨닫고　　　覽玆悟物性
세 번 탄식하며 흰 옷깃[512]을 어루만지네　　　三歎撫素襟

소나무는 칡덩굴을 자기 몸에 붙이고도 높이 자랄 수 있지만 난초는 도리어 담쟁이덩굴로 인해 덮침을 당함으로써 그 꽃다운 마음을 스스로 드러내지

之不聞名曰希, 不可得聞之音也.〕"라고 하였다.

510 칡덩굴 : 《시경》 〈한록(旱麓)〉의 6장에서 "무성한 칡넝쿨이여 나뭇가지에 뻗어 있네. 화락한 군자여 복을 구함이 삿되지 않도다.〔莫莫葛藟 施于條枚 豈弟君子 求福不回〕"라고 하였다.

511 유선 : 주돈이는 사람의 성품이 강유(剛柔)와 선악(善惡)에 따라 강선(剛善), 강악(剛惡), 유선(柔善), 유악(柔惡)의 네 가지로 구분된다고 하였다. 강선은 엄격하고 과감하며〔嚴毅〕, 결단력 있고〔斷〕, 의지가 굳은 것〔幹固〕이며, 강악은 강경하고〔强梁〕, 편협한 것〔隘〕이다. 유선은 자애롭고〔慈〕, 순하고〔順〕, 부드러운 것〔巽〕이고, 유악은 나약하고〔懦弱〕, 간사하며 아첨하는 것〔邪佞〕이다. 《通書述解 卷下》

512 흰 옷깃 : 본심을 상징한다.

못하고 만다. 그래서 세 번 탄식한 것이다.

원컨대 이 얽힌 것을 떼어서 　　願言離此結
송백의 수풀로 옮겨가게 하고 싶구나 　　施彼松栢林

스무 번째 수 其二十

나는 들었네, 동몽자[513]는 　　吾聞東蒙子
세속의 말을 알아듣지 못하였고 　　不解世俗言
단정히 거하며 벗들도 마다한 채 　　端居謝朋儔
옛날에 들은 것을 스스로 온습할 수 있었다고 　　舊聞得自溫
세상 피해 살았던 갈관자[514]는 　　避世鶡冠子
양쪽 귀에 시끄러운 소리 하나 들리지 않았고 　　兩耳無一喧
차가운 샘을 길어다 스스로 정결히 하며 　　寒泉用自潔
먼지와 때로 인해 어두워지지 않았다고 　　不受塵垢昏
고목에 비녀 꽂고 갓 씌워도 　　枯木被簪纓
태도와 낯빛의 번거로움 없고 　　而無態色繁
천인의 학문 보기를 좋아하여 　　好觀天人學
도의 근원을 자못 통찰할 줄 알았다네 　　頗亦洞道原

513 동몽자 : 동몽(東蒙)은 노(魯)나라 동쪽의 몽산(蒙山)으로, 여기에 숨어 살았던 노래자(老萊子)를 가리키는데, 보통 은사(隱士)를 지칭할 때 쓰는 표현이다.

514 갈관자 : 춘추 시대 초(楚)나라의 사상가로 알려져 있으나 성명은 자세하지 않다. 도가의 사상을 가지고 깊은 산골에 살면서 갈조(鶡鳥)의 꽁지깃으로 장식한 관을 쓰고 다녔기 때문에 붙여진 이름이라고 한다. 그의 저서인 《갈관자》는 《한서》 〈예문지〉에 기록되어 있으나, 지금 전해지고 있는 책은 한나라 가의(賈誼)의 〈복조부(鵩鳥賦)〉를 표절한 위서(僞書)로 알려져 있다.

영호루[515]에서 현판에 적힌 증조부 문헌공[516]의 시를 차운하다

暎湖樓 謹次曾王考文憲公板上韻

훌륭한 수령의 다스림 이루어져 좋은 일도 많았기에	良宰治成好事多
새로 단장한 누각의 빛깔이 십분 환해졌네	新樓顔色十分加
난간은 저 멀리 삼각주의 버드나무까지 뻗어있고	欄干逈出三洲柳
연기는 비스듬히 큰길의 인가와 통하네	烟火斜通九陌家
세모 식어버린 맹세에 흰 새 보기 부끄럽고	暮歲寒盟慚白鳥
타향에서 맞이하는 가절에 국화가 안타깝네	異鄕佳節惜黃花
가을의 음산함 다하고 강물 소리 우렁차니	秋陰落盡江聲動
이 몸이 팔월의 배에 올랐는가 의심하노라	怳訝身登八月槎

515 영호루 : 경상북도 안동시 정하동에 있는 정자로, 진주 촉성루, 밀양 영남루와 더불어 영남 3대 누각의 하나로 유명하다.

516 문헌공 : 남용익(南龍翼, 1628~1692). 남유용의 증조부이다. 자는 운경(雲卿), 호는 호곡(壺谷). 좌참찬, 예문관제학 등을 역임했다. 1689년에 소의 장씨(昭儀張氏)가 왕자를 낳아 숙종이 그를 원자로 삼으려 하자, 여기에 극언으로 반대하다가 명천으로 유배되어 3년 뒤 그곳에서 죽었다.

지은이 **남유용(南有容)**

1698(숙종 24)~1773(영조 49). 조선 후기의 문신. 본관은 의령(宜寧). 자는 덕재(德哉), 호는 뇌연(雷淵)·소화(小華), 시호는 문청(文淸)이다. 서울 출신으로, 증조부는 대제학 남용익(南龍翼), 조부는 대사헌 남정중(南正重), 아버지는 동지돈녕부사 남한기(南漢紀), 어머니는 청송심씨(靑松沈氏)이다. 이재(李縡)의 문인이다. 1721년(경종 1) 진사가 되고, 강릉 참봉·영춘 현감 등을 지냈으며, 1740년(영조 16) 알성문과에 급제했다. 정언으로 있을 때 간관은 의리와 시비를 명확히 밝혀야 한다는 상소를 올렸는데, 이것이 탕평책을 펴는 영조의 뜻을 거슬려 해남으로 유배당했다. 1742년 풀려나 홍문관에 등용된 뒤 오랫동안 세자시강원에 있었다. 1747년 응교로 있을 때에는 군덕10조(君德十條)를 진언하여 군주의 성실을 특히 강조했고, 1754년에는 원손보양관이 되어 뒤에 정조가 된 세손을 세살 때 무릎에 앉혀놓고 글을 가르쳤다. 양관대제학·원손사부를 거쳐 예조참판·우빈객이 되었고, 1767년 벼슬에서 물러난 뒤 봉조하가 되었다. 문장과 시에 뛰어났고 글씨에도 일가를 이루었다. 저서로는 《뇌연집》외에도 《명사정강(明史正綱)》·《천의리편(闡義理編)》 등이 있다.

옮긴이

이주해(李珠海)

연세대학교 중어중문학과를 졸업하고 타이완국립대학에서 석사 및 박사학위를 받았다. 현재 이화여자대학교 한국문화원 연구교수로 재직 중이다. 저서로 〈펑쯔카이 만화 고시사(豊子凱漫畵古詩詞)〉(공저), 〈집단감성의 계보〉(공저)가 있고, 역서로 〈육구연집〉, 〈파사집〉, 〈한유문집〉, 〈우초신지〉 등이 있다.

홍학희(洪學姬)

1965년 서울에서 태어났다. 이화여대 국어국문학과를 졸업하고 동대학원에서 〈율곡 이이의 시문학 연구〉로 박사학위를 받았다. 현재 이화여대 한국문화연구원 연구교수로 재직하고 있다. 〈한국 도학시 연구의 몇 가지 문제〉, 〈18~19세기 성해응 집안 여성들의 삶〉 등을 저술하였으며 《부사산 비파호를 날듯이 건너(成大中의 日本錄)》, 《19세기·20세기 초 여성생활사 자료집 1》, 《강한집》, 《월곡집》, 《진암집》 등을 번역하였다.

권역별거점연구소협동번역사업 연구진

연구책임자 김동준(이화여자대학교 국어국문학과 교수)

공동연구원 조혜란(이화여자대학교 국어국문학과 교수)

교열 김동주(전통문화연구회 국역위원)

책임연구원 이주해(이화여자대학교 한국문화연구원 연구교수)

홍학희(이화여자대학교 한국문화연구원 연구교수)

뇌연집 3

남유용 지음 | 이주해 · 홍학희 옮김

2022년 12월 31일 초판 1쇄 발행

편집 · 발행 학자원

등록 2011.4.6 제2011-14호

주소 (134-814) 서울시 강동구 천호대로 1121

전화 02-6403-1000 | 팩스 02-6338-1001 | 이메일 hakjaone@daum.net

값 40,000원

ISBN 979-11-6247-282-8 94810

979-11-6247-254-5 (세트)